세계교육론 총서 제8권

교육의
위대한 말씀
후편 2
세계교육론 결론

염기식 지음

세계교육론 총서 제8권

교육의
위대한 말씀
후편 2
세계교육론 결론

염기식 지음

하나님이 천지 만물을 창조하고 쉼 없이 인류 역사를 주재한 데는 그만한 이유가 있다. 세상과 인류를 지극하게 사랑하신 것인데, 그 세상과 인류가 그만 종말이란 총체적 위기를 맞이했다. 그렇다면 정말 이런 상황을 어떻게 해야 하는가? 전통적인 종교들이 문제를 해결하고자 하였지만, 그렇게 한 결과로써 인류 영혼은 절반도 구원되지 못했다. 그들이 노력한 결과는 결국 선천 종교로서 도달한 세계관의 한계성일 뿐이다.

　　그래서 하나님이 인생 삶의 근본부터 전 역사를 관장해 더욱더 구체적이고 폭넓게 인류를 구원하고자 계획을 천명한 것이 곧 **"교육의 위대한 말씀"**이다. 이미 세계적으로 보편화된 교육이란 제도를 통해 죽음 이후의 영혼 세계는 물론이고, 산 자들의 인생 삶과 그들이 추진해야 할 미래 역사를 말씀의 가르침으로 선도하는 것이 현실적인 구원 역할이다.

　　교육이 추구해서 달성해야 할 사명 목적을 새롭게 설정해서, 하나님이 교육을 통해 이루고자 하는 보편적인 인류 구원 역사의 장대한 뜻을 아로새기리라.

인류 구원에 공헌할 교육의 보편적 목적

  교육은 하늘의 준엄한 명령이다. 왜 명령인지 이유를 알아야 우리는 교육을 통해 인류를 구원할 위대한 사명을 일깨울 수 있다. 『중용』에서 말하길, "교육의 첫걸음은 天命, 즉 하늘의 명령이다(天命之謂性)"[1]라고 하였다. 우리는 어떤 교육에 관한 논의와 실천을 하기 이전에 하늘로부터 뜻을 구하고, 부여된 命을 알고, 받드는 것이 중요하다. 그렇지 못하면 인간을 가르치고자 한 모든 교육 행위가 天命과 어긋나 인류의 영혼을 선도할 수 없다.[2]

  본 교육론, 아니 현대 교육론은 지금까지 교육이 지닌 문제점으로부터 출발해야 하는 만큼, 그 요지는 과연 무엇인가? 오늘날 교육이 인간 죄악과 인간성의 황폐화를 저지하지 못하고, 세계의 심판과 종말을 촉발한 것은 하늘의 뜻을 알지 못해서이다. 하나님이 인간을 어떻게 창조하고 命한 것인지를 알아야 했다. 교육과 天命은 밀접하게 연관되어 있고, 주체는 天

---

1) 『실패한 교육과 거짓말』, 노암 촘스키 저, 강주헌 역, 아침이슬, 2001, p.5.

2) 『중용』은 그러나 선천의 교육관인 만큼, 왜 교육이 하늘의 명령인지에 대해서는 밝히지 못했다. 명령의 주체와 목적을 알아야 함에, 절대적 이유는 오직 한 가지, 하나님이 천지를 창조해서이며, 그래서 교육의 궁극적 목적은 창조 목적(뜻=命)을 밝히고, 구현하는 데 초점을 두어야 한다. 그리해야 인간이 본연의 길을 갈 수 있고, 이루게 됨.

命에 있어, 天命을 받드는 데 **"교육의 위대한 말씀"**이 있다. 교육은 하나님의 대명령이나니, 고래로부터 교육에는 준엄한 天命이 숨어 있다. 이것을 동서양의 지성들이 줄기차게 사상으로 피력하고 천명(闡明)하였다. 그 뜻이 무엇이든 뜻을 이루는 데 있어 이상적인 수단은 교육이었다. 먼저, 하늘의 뜻을 어떻게 알 것인가에 학문하는 목적과 배움의 가치를 두었고, 뜻을 어떻게 전달하는가에 교육자적 사명과 원리의 적용이 있으며, 뜻을 어떻게 구현하는가에 구도자적 실천과 방법이 있었다. 돌이킬 수 없게 된 인간성과 문명 역사를 어떻게 회복할 것인가? 여기에 **"인류 구원에 공헌할 교육의 보편적 목적"**이 있다.

하나님은 종국에 교육을 통한 가르침과 일깨움 역사로 만백성을 구원하고, 그 나라를 건설하길 원하셨다. 하나님은 일찍이 모세를 앞세워 이스라엘 백성을 바로의 압제로부터 구원하여 젖과 꿀이 흐르는 가나안 땅으로 인도하셨듯, 오늘날은 피폐한 인류를 치유와 화평의 땅으로 인도하시리라. 정비공은 고장 난 차를 수리하여 새 차처럼 만들 수도 있듯, 하나님은 능히 창조 권능을 교육력으로 승화시켜 인간성을 회복하리라. 알고 보면, **교육은 인류를 구원할 수 있는 가장 객관적인 방법이고, 가장 확실한 결과를 기대할 수 있는 구원 수단이다.** 나아가 현실적인 제도 안에서 인류를 빠짐없이 구원할 수 있는 사도(使徒=스승) 육성이 가능한 길이다. 위대한 메시지와 가르침과 인격 도야를 병행해야 하나니, 가르침과 깨달음으로서만 영혼 위에 미칠 교육의 보편적 구원 역사를 기대할 수 있다. 교육을 통한 가치 일굼과 목적 설정과 방법 모색으로 인간성을 회복하는 것이 현실적으로 인류를 구원하는 길이다. 이전에는 교역자들이 하나님을 믿고 신앙하게 하는 것이 인류를 하나님께로 인도하는 주된 방법이었지만, 그렇게 해서 거둔 성과로서는 인류 영혼을 1/3도 구원하지 못했다. 그래서 지금은 방법적인 면에서 만인을 빠짐없이 구원할 수 있는 새로운 길을 마련해야 했는데, 그것이 바로 인류사에서 보편적, 객관적, 합리적으로 확대된 교육이란 제도와 방법을 통해서이다. 교육은 실로 인류를 하나님께로 인도하고, 하나님과 함께해서 교감할 수 있게 하는 최고의 방법이고, 이런 뜻과 목적을 자각해서 구체화하는 것이 **"교육의 위대한 말씀"**이다. 교직은 천직임에, 하나님의 보편적인 구원 뜻을 자각한다면 교직은 그야 말로 하늘의 명령을 따르는 온전한 직업이라고 할 수 있다. 장차 만 인류를 구원하고, 이 땅에서 하나님과 함께하는 이상적인 나라를 건설하기 위해서는(지상 천국) 특정 종교들이 표방한 교리의 이념화 실현을 통해서가 아니다. 교육을 통해야 하고, 교역자가 아닌 교육자가 구원 역사의 전면에 나서 하늘의 명령을 충실히 수행하는 사역자 역할을 담당해야 한다.

하나님이 창조한 인간성의 성장과 변화와 개화 과정을 낱낱이 살피고 판단해서 올바른 방향으로 이끌 자란 이 대지 위에 부모도 그 무엇도 아닌, 가르침의 자격을 지닌 선생님밖에 없다. 이분들이 天命을 자각하고 교육적 사명을 수행하는 스승의 역할을 다할진대, 그 직분은 온전히 부름을 입은 "구원의 사도"로서 승화되리라.[3] 지구상에는 곳곳에서 무지하고 차별받고 소외된 하나님의 백성이 있다. 이들이 한 영혼도 빠짐없이 구원되어야 하는 것은 하나님이 이들 백성을 사랑으로 창조했기 때문이고, 그들이 마저 구원되어야 그들과 함께하는 나라를 건설할 수 있다. 그러기 위

---

3) 교육의 위대한 사명은 하늘의 명령, 곧 하나님이 인류를 구원하고자 한 보편적 목적을 수행하는 데 있고, 명령의 소리를 자각하고 직분을 수행하는 자가 교사이다. 그래서 교육은 하늘의 명령 [天命]이고, 교직은 천직이며, 교사는 사도(使徒)를 넘어선 천도(天徒)임.

해서는 먼저 인류가 하나님을 바르게 알고, 창조된 본의를 깨달아야 하며, 참된 가치관으로 삶을 헌신할 수 있도록 이끌어야 한다. 그리해야 하나님의 품 안에 안기는 위대한 가르침의 역사, 위대한 교육의 역사, 위대한 구원의 역사가 보편화할 수 있다. 인류가 일군 존재의 역사와 전통과 문화를 한결같이 길이길이 보전하고 계승해야 하는 것이 하나님의 창조 목적이고, 그것이 만개한 꽃으로서 가치 있는 결정체란 사실을 일깨워야 한다. 이 땅과 하늘과 山下와 인간성은 장차 하나님이 건설할 지상 천국의 밑거름이다. 이런 의식의 자각과 지킴과 선도 역할을 무엇이 담당할 것인가? 교육이다. 죄악과 타락을 막고, 환경오염과 자연의 파괴를 막고, 멸망의 자초 요인을 제거하는 데 교육이 앞장서야 한다. 구원의 진리적 불씨를 지피는데 **"교육의 위대한 말씀"**이 있다.

그래서 이 연구는 과거에 시도한 구원적 방법을 일소하고, 밝힌 본의와 말씀의 역사를 통해 인류의 영혼을 깨우치리라. 교육을 통해 만백성을 하나님의 품 안으로 인도할 대구원 프로젝트를 마련하리라. 이를 위해 이 연구는 "세계교육론"을 공통된 주제로 하고, 제1권 제호를 『교육의 위대한 사명』-세계교육론 서론, 제2권을 『교육의 위대한 원리』-세계교육론 본론, 제3권을 『교육의 위대한 실행』-세계교육론 각론, 제4권을 『교육의 위대한 지침』-세계교육론 세부 각론, 제5, 6, 7, 8권을 『교육의 위대한 말씀』-세계교육론 결론(전편 1, 2) (후편 1, 2), 제9권을 『길을 가며 가르치며 생각하며』-세계교육론 부록(교육수상집)으로 구성하였다.

일찍이 동서양의 선현들이 한결같이 이루고자 한 인류의 이상은 언제 어떻게 실현될 것인가? 지난날은 어떤 방법으로도 목적의 달성이 요원했다는 사실을 지적하면서, 기대하건대 교육이 바로 인류가 품은 그 이상적인 꿈을 종합적으로 이룰 실질적인 길이라는 것을 거듭 확인하고자 한다. 이 연구는 "세계교육론"을 통해 인류를 하나님께로 인도할 수 있도록 최선을 다해 완성된 길을 펼치고자 한다. 이 교육적인 사명을 과연 누가 부여하고, 누가 알리고, 누가 수행할 것인가? 하나님이 부여하고, 이 연구가 뜻을 받들며, 사명을 자각한 우리가 모두 실행해야 하리라. 『중용』에서는 "대덕자 필수명",[4] 곧 대덕(大德)을 구현하는 자는 반드시 命을 받는다고 하였다. 그 대덕이 지금은 모든 면에서 종말을 맞이한 인류를 구원할 보편적인 목적이 되어야 함에, 교육 위에 하나님이 命한 창조 목적과 합치된 인류를 빠짐없이 구원할 진리력이 내포되어 있다는 사실을 알고, 천직 사명을 중점적으로 수행하는 이 땅의 교육자들은 자나 깨나 하늘이 命한 명령의 소리를 귀담아듣고 새겨, 교육으로 이상 세계 건설과 인류 구원 역사에 동참해야 하리라. 지대한 교육적 명령을 행동으로 실천할 수 있길 바라면서…… 천직 수행, 그것이 곧 하나님의 명령 수행 과정이자, 자신과 만 인류를 구원하는 길이라는 사실을 확신하길 바라면서……

2024년 8월
경남 진주에서
염기식

---

4) 『중용』, 제17장.

차 례

제13편 자연 현상론

제14편 본성 구원론

제16편 대결론

제12편

진리 규정론

기도: 하나님, 이 자식이 이제 간절히 간구하오니, 하나님의 얼굴 모습을 제게 보여 주소서! 인류 역사상 참으로 오래 참으시고 기나긴 세월을 거쳐 드디어 이 순간 하나님이 저희 앞에 하나님의 존안을 나타낼 때가 왔고, 조건을 갖춘 것을 믿습니다.

말씀: "에녹은 육십오 세에 므두셀라를 낳았고, 므두셀라를 낳은 후 삼백 년을 하나님과 동행하며 자녀를 낳았으며, 그가 삼백육십오 세를 향수하였더라. 에녹이 하나님과 동행하더니 하나님이 그를 데려가시므로 세상에 있지 아니하였더라(창, 5: 21~24)."

증거: "내가 네게 命한 것이 아니냐. 마음을 강하게 하고 담대히 하라. 두려워 말며, 놀라지 말라. 네가 어디로 가든지 네 하나님 여호와가 너와 함께하느니라 하시니라(수, 1: 9)."
구원의 목적=창조의 목적, 동일함. 선한 일-지으신(창조) 목적. 빛이 어디에 있느냐? 창조의 목적대로 산 사람-영원한 삶.

제51장 개관(하나님의 모습)

1. 길을 엶

현실적으로 진리를 일구고 진리와 함께하며 진리대로 사는 것이 이 땅에 강림하신 하나님과 함께하는 것이다. 진리는 곧 하나님이심.

진리통합은 진리가 세상에 드러난 하나님의 몸 된 본질이기 때문에 분열하고 분파한 진리를 꿰뚫고, 일관하고, 일치시킴을 통해 이루어지게 되었다. 따라서 세계의 핵심 된 본질은 그렇게 해서 이룬 몸 된 본체 안이 한통속이란 사실이다. 하나님의 몸 된 본질, 본체, 몸통이 그러하다면, 그로써 완성된 하나님의 존재 모습, 그중에서도 얼굴 모습은 어떠할까? 어떤 형상을 **"하나님의 모습"**이라고 해야 하는가? 맞선을 보는 사람은 사진부터 건네받아 보기도 하는데, 그것은 키, 몸에 관한 정보보다는 얼굴 모습과 인상에 대해 궁금함이 우선하기 때문이다. 예수가 장사 된 지 사흘 만에 부활해서 제자 앞에 나타났을 때 도마는 예수가 살아있다는 사실에 대한 실질적 증거를 요구하였다. 존재 자체에 관한 확인 말이다. 그래서 예수는 자신이 결코 환영이 아니라는 것을 알리기 위해 직접 손으로 만져보라고 하셨다. 예수가 십자가에 못 박혀 죽음을 맞이했기 때문에 부활해 생존해 있다는 사실을 확인할 필요가 있었다. 예수가 어떤 모습을 갖춘 분이란 것은 생전에 알고 있었다. 그래서 얼굴을 보고 당신이 정말 예수인가 하는 여부는 재차 물어볼(확인) 필요가 없었다. 보면 알 수 있기 때문이다. 하지만 하나님이 지닌 존재 조건은 이와 다르다. 진리적 난제를 해결하고자 하는 만큼이나 궁금한 것은 하나님이 어떤 분인가 하는 존재 본성과 속성과 권능성도 있지만(존재 형태, 특성), 모습도 궁금하다. 팔과 다리와 손가락과 발가락, 그리고 몸통은 누구나 공통으로 갖추고 있어 그것을 보면 인간이란 사실은 알 수 있지만, 그 사람이 어떤 인간이고, 누구인지까지는 알 수 없다. 그것만으로서는 누구의 몸인지 알 수 없다. 얼굴 모습을 확인해야 한다. 하나님은 창조주인 탓에 당연히 전지, 전능, 전선하고 초월적, 차원적, 절대적, 불변적 권능을 지닌 분이란 것은 선각들이 규정한 바 있다. 여기에 더해서 이 연구는 선재성, 통합성, 화신성까지 보태었다. 그런 본체적, 역사적 특성을 체득하고 깨달으면 하나님은 우리와는 분명 차원이 다른 神이란 사실을 알게 된다. 하지만 문제는 모습을 보지 못하고 알지 못한 상태이다 보니 '道이다, 梵이다, 太極이다, 空이다, 理이다, 일원상이다, 알라다, 여호와다, 예수다, 성령이다'라고 하여, 말하고 부른 이름이 모두 달랐다(한 분 하나님을 전혀 다른 분인 것으로 판단하고, 그렇게 알고, 그렇게 이름 붙임). 예수처럼 살아생전에 얼굴을 알고 있는 제자라면 그림이든 환영이든 어디서 어떻게 보아도 그분이 예수란 사실을 알고 분간할 수 있다. 하지만 창조 이래 하나님은 그렇지 않다. 얼굴 모습을 직접 뵌 자가 없다. 궁금해서 물어보기도 하였지만, 돌아온 대답은 "나는 스스로 있는 자이다." "하나님은 영이시니……"라고 하여 실감할 수 있는 모습과 형상이 아니었다. 즉답을 회피했다. 이유가 어디에 있는가? 인류 역사는 다름 아닌 하나님의 창조 뜻과 의지와 목적과 본체, 그리고 모습을 드러내기 위해 주재 되고 생성된 역사라고 할까? 그러니까 세계적 본질이 분열을 완료하기까지는 **"하나님의 모습"**이 세상 위에 나타날 수 없었다는 뜻이다. 하지만 이제는 때가 되어 하나님이 이 땅에 오신 '지상 강림 역사'를 완수하였다는 것은 역사 위에 하나님의 모습을 볼 수 있는 직전까지의 본체 조건을 갖추었다는 뜻이다. 그래서 무르익게 된 최종 과제가 이 순간 하나님의 얼굴 모습을 나타내어 규정하는 역사이다.

물론, 모습이 어떤 유형인지? 인간과 같은 모습을 갖춘 것인지, 아니면 전혀 다른 모습인지는 알 수 없지만, **하나님, 이 자식이 간절히 간구하오니, 하나님의 얼굴 모습을 제게 보여 주소서! 인류 역사상 참으로 오래 참으시고 기나긴 세월을 거쳐 드디어 이 순간 하나님이 저희 앞에 존안을 나타낼 때가 되었고, 조건을 갖춘 것을 믿습니다.** -제1문 그런데도 **직접 보여 줄 수 없는 상황이라면 그려서 보여 주든지 사진을 찍어 보여 주든지 어떡하든 후천 하늘에서는 세상 어디서도 그렇게 계시가 되고 지침한 모습을 보면, 그를 통해 인류가 하나님이 하나님인 것을 확인하고 분별할 수 있게 하여 주소서!** -제5문 그렇게 보이고 나타내 알리기 위해 창조 이래 진리의 성령으로서 진리를 형상화하고 만법을 밝힌 것이라 믿습니다. 바야흐로 밝힐 본체, 즉 드러난 몸통 위에 하나님이 얼굴을 그려내고 나타내어 인격신인 하나님이 존재자로서 모습을 완성하시리라 믿습니다. 차원적인 권능 특성을 갖춘 본체를 드러낸 만큼, 그 같은 특성을 주재하고 포괄할 수 있는 권능에 합당한 얼굴 모습일 것이라고 믿습니다. 정확히 말하자면, 여태껏 생성된 만물, 만상, 만법, 만생을 주재, 일관, 합일, 조화시켜 인류 사회를 하나 되게 할 수 있는 컨트롤 타워 형태일 것을 예측해 봅니다.

하나님, 제가 간구한 궁금증은 그대로 인류 전체를 대변한 궁금증이고 기도이며, 언젠가는 해결하고 밝혀야 하는, 대 정신적 과제인 것을 믿습니다. **거룩한 하나님의 진리 영역 안에 발을 내딛는 순간("진리 규정론") 큰 부담을 품었고, 무엇을 어떻게 해야 할 것인지 앞이 막막하였나이다. 하지만 이제는 하나님의 전에 나아가 뜻을 구하고 받들 화두를 붙들었고, 기도함에 대한 초점을 잡았습니다. 이것은 저의 간절한 간구 요청인 동시에 하나님의 뜻과 교감한 하나님 자체의 뜻에 대한 의지적 반영인 것을 믿습니다. -제2문** 그 뜻을 제가 준비하여 하나님의 전에 나아가겠나이다. 이슬람교 신자는 사원에 들기 전에 손발을 물로 씻어 정화하는 사전 절차를 거친다고 하거니와, 그와 같은 의식으로 부족한 이 자식은 하나님께 나아가 바칠 간구 보따리를 챙기나이다. 바치는 번제물, 예물, 선물 보따리가 아니고, 오히려 하나님이 우주의 운행 전체를 총집중해야 하는 무거운 성령의 역사 짐을 부족한 이 자식이 외람되게 떠안기는 것이리라고 생각합니다. 하지만 사랑하는 인류 자녀를 두기 위해 천지 만물을 창조하시고, 죄 많은 인류를 구원하기 위해 노심초사한 나의 하나님, 은혜를 베풀어 주시옵고, 역사의 끈을 놓지 말아 주소서! 제가 머나먼 길의 추구 과정 위에서 중차대한 역사의 고비 길에 들어섰나이다. 과연 하나님이 오늘 이 순간 거듭해서 역사해 주실 것인가? 하지만 모든 어려움에도 불구하고 저는 굳게 믿습니다. 하나님이 이 길과 저의 영혼과 인류를 사랑하고 계신다는 것을…… **끝까지 길의 과정을 완수하고, 하나님의 영광된 모습을 뵐 수 있게 하여 주소서! 그 모습은 일찍이 그 어디서도 볼 수 없었던 찬란한 빛 자체이리니, 빛으로 인해 저와 인류의 눈이 멀어 버릴지 우려되나이다. -제7문** 이 모든 것을 고려하여 하나님의 영광된 존안을 뵐 기회를 부여해 주소서! 함께할 수 있게 하소서!

하나님은 어떤 분인가를 묻는 것과 하나님은 어떤 모습을 가진 것인가를 묻는 것은 다르다. 하나님이 어떤 분인가에 대한 답은 철학자, 신학자들이 이미 정의해 놓았다. 단지 사실성을 증험, 증명, 증거하는 것이 문제였을 뿐…… 그리고 그 위에 더해야 하는 것이 바로 하나님이 어떤 모습인가 하는 것이다. 하나님은 자체 모습을 인류에게 어떻게 나타내실 것인가? 아니 모습 보이심이 가능한가? 하나님이 인격적인 神이고 우리를 닮은 존재자인 한 반드시 어떤 형태로든 우리처럼 모습을 갖추고 계시리라.

하나님의 본체는 성령이시니, 이것을 인류는 기억해야 한다. 그리고 그 위에 드러날 하나님의 본체 모습은?

하나님은 지난 역사에서 다양한 모습으로 화신하셨다는 사실은 이 길의 변함없는 믿음인바, 하나님은 그처럼 모습을 인류 앞에 모두 나타낸 것일 수도 있다. 그렇다면 문제는 그처럼 나타내고 보였는데, 그것이 하나님의 본체 모습이란 사실을 몰랐다는 데 있다. 그래서 각자가 말한 하나님과 이름이 달랐다(궁극적 실재=하나님의 창조 본체). 또한, 지난 역사에서 이미 나타내 보인 것이라면, 다시 중요해지는 것은 '무엇을 기준으로 해야 그것이 하나님의 참모습인 것을 판단할 수 있는가?'이다. 그때는 미처 몰랐지만, 알고 보니 그것이 하나님의 모습이었다는 것을 알아챌 수 있는 근거 기준? 예를 들면, 인상착의 같은 것? 알고 보니 그분이 그분이었다고 하는 것…… 하나님의 모습은 하나님의 본체와는 또 다른 특징이 있으리라.

神의 모습은 누구도 보지 못했다. 그리고 神의 존재를 확인할 수 없다는 것과 물 자체를 인식할 수 없다는 것은 같은 말이다. 선천 하늘을 통틀어 인류는 누구도 神과 물 자체를 보지 못했다. 그런데도 그것을 볼 수 있는 방법이 있다면?

하나님은 존재하고 계시지만 무감각, 무존재, 무형상적이라고 여긴 생각을 어떤 혁명적 사유로 타파할 수 있을 것인가? 사실 알고 보면, 하나님은 세계와 함께하고 있으시고, 자체의 존재 사실을 숱하게 알려왔다. 단지 인류가 눈치채지 못했고, 깨닫지 못했고, 그것이 그것이란 사실에 대한 사전 인식, 판단 기준, 정보, 지식, 경험이 없어서일 뿐이다.

하나님이 부족한 이 자식에게 모습을 보여 주시면(하나님의 모습이 어떻다는 것을 직접 계시해 주시면), 이 연구는 그동안 추구하고 역사한 길을 통하여 인류가 하나님의 존안을 뵐 수 있는 길과 방법을 제시할 수 있게 되리라. 하나님의 모습이 어떻다는 것을 분별할 수 있는 안목을 틔우고 판단할 수 있는 기준을 세우리라. -제4문

진리, 그것이 바로 하나님의 모습 자체인가?

하나님의 뜻을 인지하는 체제와 하나님의 모습을 보는 체제는 다르다. 뜻은 말씀을 듣고 아는 것이고, 모습은 눈으로 보고 아는 것이다. 하나님은 과연 어떤 방법으로 자체 모습을 길 앞에 보이실 것인가?

2. 간구

　하나님, 부족한 이 자식이 아버지의 존전에 나아가고자 하나이다. 그것도 작정한 역사상 가장 무거운 화두를 마음속에 품고서입니다. 하나님도 차마 대답하기 어려울, 그래서 이전까지는 직설하길 피하기조차 했던 물음이나이다. 하지만 그때는 세계적인 여건과 구하고자 하는 자의 준비가 부족했기 때문이지만, 지금은 길을 준비한 탓에 조건을 갖추었고, 때가 이른 것으로 생각하나이다. **하나님, 아버지께서 이 길 위에, 이 세상 가운데, 그리고 역사 위에서 얼굴 모습을 보인다는 것은 전무후무한 대우주적 사건입니다. 그 이룸의 중차대함을 알기 때문에 부족한 이 자식이 하나님 앞에 나아가고자 함이 심히 두렵고 발걸음이 떨어지지 않습니다. 하지만 모든 염려를 떨쳐내고 용기를 다지면서 존엄한 아버지의 성전에 나아가 무릎 꿇고 간구하고자 하나이다. -제3문** 하나님 아버지, 하나님이 저희를 낳고 생명 주신 아버지이신데, 저희가 아버지의 얼굴과 모습을 알지 못합니다. 40년이 넘도록 은혜와 사랑으로 길을 인도하신 하나님, 이 자식이 이제 장성하므로 아버지를 대면하여 뵐 기회를 간청하오니, 확인할 수 있겠나이까? 유사 이래 역사적인 만남의 순간이 주어지길 간절히 원하나이다. 성령으로 역사해 주시옵고, 말씀하여 주옵소서! 영광스러운 계시 역사로 깨닫게 하여 주소서! 아, 그것이 하나님의 모습이고, 그것이 하나님의 얼굴이었다는 것을 확인할 수 있게 하여 주소서! 제게 보이고 제게 나타냄이 그대로 인류와 역사 앞에 보이고 나타냄이라는 것을 믿습니다. 그렇게 하는 것이 제가 수행해야 할 사명이고, 지상 명령인 것을 깊이깊이 새기겠나이다. 저의 기도를 들으시고, 간구를 열납하여 주소서!

하나님, 아버지께서 부여한 이 신성한 아침의 시간, 이 존엄한 아버지의 성전에 나아와 무릎 꿇었나이다. 아버지의 말씀을 듣고, 모습을 뵙고, 말씀을 받들기 위해 믿음으로 나아왔습니다. 기대와 설렘이 있기 이전에 두려움과 준엄함으로 역사적인 순간을 맞이하였나이다. **하나님, 이전에도 임하셨고 함께해 주셨지만, 오늘의 이 만남은 얼굴을 마주 대하고 뵙는 최초의 순간이 될 것을 믿습니다. 무형이 아닌 실체적 나타남, 그리고 소리가 아닌 시각적인 보임까지 가능할 것인지요? 저의 기대가 잘못이라면 그런 점까지 깨우쳐주소서! 하나님께 간구하고 기도하나이다. -제6문** 저의 간구 위에 아버지의 뜻이 함께해 주옵소서!

3. 성경 말씀

"에녹은 육십오 세에 므두셀라를 낳았고, 므두셀라를 낳은 후 삼백 년을 하나님과 동행하며 자녀를 낳았으며, 그가 삼백육십오 세를 향수하였더라. 에녹이 하나님과 동행하더니, 하나님이 그를 데려가시므로 세상에 있지 아니하였더라(창, 5: 21~24)."

4. 말씀 증거

2022. 8. 8, CTS 기독교 TV, 새벽 5시 30분, 생명의 말씀.
제목: "하나님과 동행하는 삶"

말씀: 역사의 한 길목에서 언젠가는 맞이해야 할 피할 수 없는 순간을 맞이했다. "내가 네게 命한 것이 아니냐. 마음을 강하게 하고 담대히 하라. 두려워 말며, 놀라지 말라. 네가 어디로 가든지 네 하나님 여호와가 너와 함께하느니라 하시니라(수, 1:9)." (이 말씀은 길이 하나님의 모습을 궁금하게 여기고 간구함이 두려워할 일이 아니고, 하나님이 길 위에 命한 것이라고 하심. 하나님의 모습 보이심은 이 연구의 억측적 요청이 아니다. 하나님이 이 자식에게 命한 의도 뜻임) **어떤 경우에도 불구하고, 어떤 모습을 나타내었어도, 어떻게 계시하셨어도, 설사 이 자식이 요청한 바대로 응답하지 않았다고 해도, 그것은 하나님의 뜻이며, 함께하지 않아서가 아니다. 그렇게 역사하실 넓은 의도를 깊이 헤아려라.** 그래서 주실 역사와 말씀에 대해 마음을 강하게 하고 담대한 각오를 사전에 가다듬으라고 하시다. 그러므로 어떤 불미한 조건 속에서도 하나님이 뜻하고 함께하며 命한 말씀인 이상, 이 연구가 하나님의 모습을 드러내고 형상화하여 인류 앞에 존재자로서 모습을 볼 수 있도록 하는 것은 하나님이 부여한 존엄한 사명이다. 성업을 완수할 수 있게 하려고 하나님이 지금까지 은혜 내려 전 길의 과정을 인도하셨다. 하나님이 에녹의 일생과 동행한 삶의 역사를 일러 가르치고 내게 보이신 것은 하나님이 전 길의 과정을 통해 동행하셨고, 역사한 사실을 일깨우심이다. 그렇게 동행한 전 삶의 과정을 통해, 전 길의 추구를 통해, 그리고 전 인류 역사 과정을 통해 하나님이 오늘날 지상 강림 본체를 드러낸 것이므로, 우리가 하나님의 모습을 보고 싶다고 해서 당장 보일 수 있는 상황이 아니었다. 적어도 이 연구가 지난날 완수한 길의 완수 과정만이라도 종합해야 모습을 나타낼 수 있다. 왜 에녹이 육십오 세에 므두셀라를 낳았다고 강조하셨는가? 이것이 하나님의 모습을 나타내

는 역사와 무슨 상관이 있는가? 말씀의 증거 과정에서는 어떤 연결고리도 찾지 못했지만, 말씀을 정리하고 있는 이 순간, 하나님의 의도 뜻을 알아차렸다. 본인 나이가 올해로 육십오 세(1957년생)라, 길의 추구 과정에서 이날 이때 이 자식이 하나님의 모습을 간구할 것을 사전에 알고 계셨다는 뜻이다(필연적으로 예비된 역사 때에 대한 순간 포착임). 그 의미는 실로 새로운 생명 탄생과 같은 새로운 역사 진입 상황이다. 이전 과정에서는 차원 막 뒤에서 말씀과 성령으로 역사하셨지만, 이제는 막을 거둬내고 직접 존재자로서 모습을 나타내어 인류와 동행하는 역사를 펼치겠다고 하심이다(이것이 곧 지상 강림 역사시대임). 모습과 얼굴을 나타내어 인류와 함께할 동행 역사를 약속하셨다. 하지만 지침한 대로 우리의 생명은 에녹처럼 한정적이므로, 동행한 삶의 과정 역시 영원할 수는 없으리라. 따라서 인류는 하나님이 열린 가르침으로 역사하는 이 한정된 길의 추구 과정 안에서 모습을 나타내어 역사하는 하나님을 실감할 수 있어야 하리라. 어떻게? 지금, 이 순간 길 위에 임하여 있으신 말씀의 가르침 역사를 통해……에녹은 삼백 년 동안 하나님과 동행하였다고 했지만, 이 길도 언젠가 맞이할 사명적 삶이 다하여 하나님이 데려가시면 인류 역사는? 그래서 증거된 성경 구절을 하나하나 확인해 나갔다.

1) 하나님은 어떤 자와 동행하실까요?

에녹이 하나님과 동행함. 죽음을 보지 않고 그대로 동행함(창, 5: 24). 들림 받은 사람-동행하는 사람이 되고 싶지 않으냐? 하나님을 섬기면 이 땅에서 죽음을 보지 않고 데려가심. 죄를 범하면 동행할 수 없다. 악한 사람은 떠남. 다윗-뜻에 합당. 그러나 죄를 범하자 떠남. 아, 내가 죄를 지었구나. 하나님, 떠나지 마옵소서! "~ 主의 성신(聖神)을 내게서 거두지 마소서! (시, 51: 11)" 열 가지 재앙을 내림. 홍해를 건넌 사건. 모든 인생의 쓴물을 달게 하신다. 축복의 공식을 가르쳐 주심. 이스라엘 민족도 죄를 범하면 동행하지 않겠다. 죄를 짓지 않아야 하나님이 기뻐하심. 예수님, 항상 기뻐하는 일을 하심. 순종함. 순종이 제사보다 낫다. 예배의 성공자=인생의 성공자. 섬기는 자가 성공한다. 에녹은 하나님을 기쁘게 하는 증거를 받음(히, 11: 5). 시키는 것을 해야 함-죄를 범하지 않음. 죄는 범하지 않아도 하라는 것을 해야 한다. 하지 않는 것-불순종.

2) 에녹은 어떻게 하나님과 동행하는 자가 되었는가?

처음부터 동행한 것은 아님. 육십오 세에 므두셀라를 낳음(창, 5: 21). 이름의 뜻이 심판. 므두셀라가 죽으면 하나님이 심판하신다. 그때부터 예배에 성공하는 사람이 되기 위해 노력함. 므두셀라-마을을 지키는 용사. 창 잡은 자가 죽으면 - 심판. 이전에는 예배하고 싶으면 하고 선택함. 이후는 항상 함. 하나님은 주는 분. 무엇이 있어야 할 것을 아는 하나님이 모든 일에 복을 주심-예배의 성공자. 힘들고 어려운 일 다 떨쳐 버림. 복을 받을 사람을 축복하심. 대축복자가 되다. 솔로몬, 이스라엘의 모든 재산을 물려받음. 세상의 온갖 쾌락을 다 누림. 그러나 모든 것이 헛되도다. 태어나 제멋대로 살면 되는 줄 알았다. "~ 하나님을 경외하고, 그 명령을 지킬지어다. 이것이 사람의 본분이니라. ~(전, 12: 13~14)." 죽으면 심판이 있구나. 경외함으로 섬김(예배함)(시, 2: 11). 구원의 목적=창조의 목적 동일함. 선한 일-지으신(창조) 목적. 빛이 어디에 있느냐? 창조의 목적대로 산 사람-영원한 삶.

5. 길을 받듦

말씀이 주어진바 하나님이 이 순간에 임하시고 함께할 것을 예고하심이다. 제목을 들으니 "하나님과 동행하는 삶"이라. 잡힐 듯 말 듯 직감으로 하나님의 모습과 연관하여 무언가 과정적이라는 점을 느낀다. 정확하게 초점이 맞는 것은 아니지만, 에녹의 일생에 관한 말씀인데, "말씀 증거"가 끝날 때까지 개념적인 인식으로서의 **"하나님의 모습"**에 관한 직설은 끝까지 없었다. 그렇다면? 하나님의 모습은 본질이므로, 본질이 생성하는 과정을 통해 답을 얻고 모습을 구해야 한다. 하나님이 우리처럼 실체적인 모습으로 존재하는 것이라면 그것은 이 연구가 지금까지 길을 통해 밝힌 하나님의 본성 규정에 대해서도 이율배반이다. 하나님의 지상 강림 본체는 무수한 생성 과정을 거친 결과 위에서 드러나셨다. 그렇다면 그 위에 더할 하나님의 얼굴 모습도 그러해야 하리라. 과정적인 역사와 과정적인 삶과 오랜 세월에 걸쳐 인류와 동행한 역사를 통해 모습을 나타내시는 것이다. 고정된 실존자로서의 하나님이 아니다. 세계를 포괄한 전체자인데, 그 세계는 곧 생성을 본질로 한 관계로, 일체 과정을 거친 원인에 대한 결과적 요소로서 모습을 구성한다. 바로 그 같은 결과 요소를 끌어낼 기반을 이 연구가 이룬 길의 완수 과정을 통해 쌓고 또 쌓았다. 그리하여 하나님의 계시 지침에 바탕을 두고 이 연구가 현재까지 내릴 수 있는 최종 결론은? 하나님의 모습은 그대로 진리 자체이다. 계시 말씀이 주어지기 이전에도 그 같은 사실은 포착하였지만, 그때는 예견한 상태였고, 지금은 모든 과정을 거친 결론적 단안이다. 이것이 왜 중요한가 하면, 하나님의 모습은 진리라는 관점에 근거해서 **"진리 규정론"**을 논거할 것이고, 이런 판단을 뒷받침할 것이기 때문이다.

　하나님의 말씀은 비단 본 편뿐만 아니고, 전체 세계 영역으로까지 영향을 끼친다. 존재적인 본질로서 규정한다고 함이다. 앞에서는 말하고 싶어도 미처 다 표현하지 못하고, 간구하지 못한 것을 하나님이 백분 헤아려 계시해 주셨다면, 본 편은 하나님이 대답하기 곤란한 문제를 앞세웠고, 어려움을 익히 알고 있는 만큼, 이번만큼은 하나님의 뜻을 헤아려서 능히 주어진 본분을 다해야 한다. 다름 아닌, 그동안 일군 진리 전체가 하나님의 모습을 구성하는 본질적 요소인 만큼, 그 같은 진리를 바탕으로 하나님이 이 땅에서 터 닦을 수 있는 존재적 기반을 마련하고, 얼굴 모습을 형상화하는 것이다. 그리하면 인류가 **"하나님의 모습"**을 확인하고 직접 뵐 수 있게 되리라. 사실 본인은 하나님께 무리한 요구를 하였다. 아직 태어나지도 않은 아이의 얼굴이 어떤 모습일 것이냐고 물으면 부모는 대답할 수 있을까? 존재자로서 모습을 갖출 세상의 성장 과정이 필요한데, 당장 모습을 보이라고 한다면 어떻게 대답할 수 있겠는가? 이런 문제를 해결해야 한다. **하나님의 뜻은 길을 통해 이루어지고, 길의 뜻은 하나님을 통해 이루어진다.** 결국은 그것이 그것이다. 하나님이라고 해서 이 자식이 요구한 것이 다 가능하지도, 하나님에게 의존한다고 해서 문제가 다 해결되는 것도 아니다. 하나님은 차원적인 존재자인 탓에 세상 안에서는 직접적인 모습으로 거하심이 어렵다. 그래서 대언자를 두셨고, 화신체로 강림하셨다. 인류 앞에 모습을 나타내심도 그러하다. 하나님은 부족한 이 자식이 대신해서 말씀을 전하고 뜻을 이룰 수 있는 지상의 사명자로 삼으셨고, 하나님의 모습을 나타낼 수 있도록 사전 기반을 터 닦게 하셨다. 따라서 하나님의 얼굴 모습이 어떠한가 하는 화두는 하나님과 이 연구가 이 순간까지 동행한 길의 추구 과정을 집약해서 신인 합작 역사로 풀어나가야 한다.

　"말씀 증거"의 전체 요지는 제목 그대로 하나님과 동행하기 위해서는 신앙인이 어떤 삶을 살아야 하는가 하는 내용이다. 그런 증거 가운데서 기대한바 "하나님의 자체 모습은 이런 것이다."라고 직접 밝힌 말씀은 없었다. 하지만 미루어 짐작할 수 있는 말씀은 하셨다. "빛이 어디에 있느냐?" 이것은 본인의 간구에 공명한 하나님의 응답 확인 메시지이다. "나(하나님)의 모습이 어디에 있느냐?" 한순간, 빛이 곧 하나님의 모습이라는 말씀이기도 하고, 빛과 같은 존재가 하나님의 모습이라는 말씀이기도 하다. 먼저, 빛은 찬란함 자체이다. 그래서 본인은 만약 하나님이 정말 눈앞에 모습을 보이신다면, 그렇게 나타나심에 혹여 눈이 멀까 두려워하였다. 빛은 찬란한 영광이지만, 너무 빛난 탓에 직접 볼 수 없다(빛은 있지만, 빛의 모습은 볼 수 없다. 빛을 발산하는 태양은 존재하지만, 상상을 초월한 눈부심 탓에 도무지 볼 수 없다). 하나님의 모습이 그러하다. 그렇다면? 직접 모습을 눈으로 확인할 수는 없지만, 빛이 지닌 권능적 역할, 곧 만상을 밝게 비추고, 만생을 살리고, 어디에도 미치지 않음이 없음으로 가늠할 수 있다. 그런 권능자로 존재하고 있으신 그것이 바로 하나님의 모습이고 얼굴이다. 존재하고 있으시지만 직접 볼 수 없는 얼굴 모습. 그래서 이 연구는 이 같은 계시 뜻을 받들어 하나님이 갖춘 빛과 같은 권능적 역할을 통해 하나님의 모습을 나타내고 인류 앞에 증거하리라. 진리 자체의 존재자적 본질 규명 노력을 통해…… 하나님이 모습을 직접 나타내지 않고 구체적으로 묘사하지 않음으로써 이 연구가 **"하나님의 모습"**을 더욱 확실하게 규정할 수 있는 혜안을 일깨워 주셨다(역설적으로 하나님의 모습에 대한 논거 초점을 명확하게 맞춤). 하나님 자체의 권능적 조건이 아닌, 부족한 이 자식이 원하고 간구한 조건에 맞추어 모습을 가닥 잡을 수 있게 해 주셨다.

"길을 받듦" 과정은 하나님이 주신 말씀을 기준으로 순서에 따라 이 연구가 뜻을 받들고자 한 의지 표명이며, 응답한 말씀에 대해 직관한 깨달음 서술이다. 그러므로 본인은 이해하는 데 문제가 없지만, 제삼자의 입장에서 보면 두서가 없으므로 주제에 맞추어 길의 간구에 대한 응답 말씀을 대조해서 해석을 덧붙이고자 한다. "말씀 후편 1"에서도 이와 같은 형식을 취하였듯, 본 편에서도 같은 형식을 취함으로써(중복되는 내용도 있음) 하나님이 진리의 성령으로서 계시한 가르침의 역사를 일목요연하게 확인할 수 있도록 재구성하고자 한다.

제1문: 하나님, 이 자식이 간절히 간구하오니, 하나님의 얼굴 모습을 제게 보여 주소서! 역사상 참으로 오래 참으시고 기나긴 세월을 거쳐 드디어 이 순간 하나님이 저희 앞에 존안을 나타낼 때가 되었고, 조건을 갖춘 것을 믿습니다.

해석: 이 연구는 왜 **"진리 규정론"**을 개관하면서 역사상 모습을 드러내지 않은 하나님이 오늘날의 이 순간, 모습을 나타낼 때가 된 것을 판단했는가? 이유는 길의 추구 단계에 따른 완수 절차에 있어서 '궁극적 실재=하나님의 창조 본체'란 사실을 증거함으로써("말씀 후편 1", 제11편 궁극 실재론) 하나님의 본체에 해당한 몸통을 밝혀낸 상태이다. 그렇다면 남은 것은 몸 된 본체 본질을 각인한 것이 진리이므로, 세계적 본질이 분열을 완료한 이때 만화 된 진리 요소를 종합하면 하나님의 모습을 세상 위로 나

타낼 수 있을 것이란 가능성을 인지해서이다. 창조 이래 하나님이 역사 위에, 아니 인류 앞에 모습을 나타낼 수 있는 만반 조건을 갖춘 탓에 이 연구가 세계의 본질상, 그리고 특성상 가능성의 때를 인지하였다. 그런 판단에 대해 하나님이 어떤 말씀으로 확약하셨는가? 언급한바 "에녹은 육십오 세에 므두셀라를 낳았고"란 말씀을 통해서이다. 정확하게 올해 본인의 나이 육십오 세 때, 길의 단계적인 과정상 하나님의 모습을 나타내어 보여달라는 간구가 있을 것을 예정하셨다.

제2문: 거룩한 하나님의 진리 영역 안에 발을 내딛는 순간 큰 부담을 품었고, 무엇을 어떻게 해야 할 것인지 앞이 막막하였나이다. 하지만 이제는 하나님의 전에 나아가 뜻을 구하고 받들 화두를 붙들었고, 기도함에 대한 초점을 잡게 되었나이다. 이것은 저의 간절한 간구 요청인 동시에 하나님의 뜻과 교감한 하나님 자체의 뜻에 대한 의지적 반영인 것을 믿습니다.

해석: "내가 네게 命한 것이 아니냐." 즉, 길의 뜻이 하나님의 뜻이고, 하나님의 뜻이 길의 뜻이란 합일 의식이다. 이 연구의 주관적인 간구 요청을 하나님이 공명한 응답 말씀으로 뒷받침하신다. 그 결과, 길의 뜻이 하나님의 뜻으로 승화된다. 무슨 말인가 하면, 때가 되어 하나님의 얼굴 모습을 보여달라고 한 간구가 사실은 하나님이 이 자식에게 命한 하나님의 자체 의지이고 뜻이란 말씀이다.

제3문: 하나님, 아버지께서 이 길 위에, 이 세상 가운데, 그리고 역사 위에서 얼굴 모습을 보인다는 것은 전무후무한 대우주적 사건입니다. 그 이룸의 중차대함을 알기 때문에 부족한 이 자식이 하나님 앞에 나아가고자 함이 심히 두렵고 발걸음이 떨어지지 않습니다. 하지만 모든 염려를 떨쳐 내고 용기를 다지면서 존엄한 아버지의 성전에 나아가 무릎 꿇고 간구하고자 하나이다.

해석: "마음을 강하게 하고 담대히 하라. 두려워 말며, 놀라지 말라. 네가 어디로 가든지 네 하나님 여호와가 너와 함께하느니라 하시니라." 이 말씀은 하나님과 본인과의 심정적인 공감과 합일 상황이다. 역사상 하나님의 얼굴 모습을 구함에 있어서 엄습한 두려운 마음가짐에 대해 무한한 위로와 함께 용기를 북돋는 말씀이다.

제4문: 하나님이 부족한 이 자식에게 모습을 보여 주시면(하나님의 모습이 어떻다는 것을 직접 계시해 주시면), 이 연구는 그동안 추구하고 역사한 길을 통하여 인류가 하나님의 존안을 뵐 수 있는 길과 방법을 제시할 수 있게 되리라. 하나님의 모습이 어떻다는 것을 분별할 수 있는 안목을 틔우고 판단할 수 있는 기준을 세우리라.

해석: 이 연구는 하나님의 존전에 나아가 단도직입적으로 하나님의 모습을 보여달라고 간구하였고, 아울러 만약 조건에 합당한 계시 말씀이 주어지면 진정 인류 앞에 하나님의 얼굴을 뵐 수 있는 길과 방법을 제시할 수 있다고 다짐하였다. 그런데 정작 주신 말씀은 알다시피 "하나님과 동행하는 삶"이 주제였다. 본인이 기대한 것은 하나님의 얼굴 모습에 대한 묘사였는데, 초점이 어긋났으므로 그 순간에는 의도 뜻을 놓쳤다. 하지만 다시 전후 과정을 살피는 과정에서 진의를 깨달았다. 즉, 에녹은 므두셀라를 낳은 후 그가 죽음에 이를 때까지 무려 삼백 년 동안 하나님과 동행하였나니, 본인이 추구한 길의 과정 역시 하나님이 함께한 동행적 삶이다. 그것

을 연수로 따지면 길의 가시적인 출발 기록을 남긴 1976년(19세)부터 이 순간까지의 세월이다. 길도 하나님과 동행한 삶이 한두 해가 아니다. 이것이 무엇을 의미하는가 하면, 동행한 삶의 과정을 통해 하나님이 모습을 나타낼 것이라고 하심이다. 그리고 이것은 그대로 이 연구가 **"진리 규정론"**을 통해 하나님의 얼굴 모습을 묘사하는 방법이 된다. 나 자신이 여태껏 걸어왔고 경험한 바인데도 정작 결정적인 순간에 길과 방법을 엉뚱한 데서 구했고 기대한 어리석음을 계시 말씀으로 깨우쳐 주셨다. 정녕 함께 길을 걷고 함께한 삶이 얼마인데, 동행한 자가 하나님의 얼굴 모습을 모를 리 만무하다. 단지 때가 이르지 않고 조건을 갖추지 못한 탓에 시도하지 못했던 것뿐이다. 그렇다면 하나님의 모습을 드러낼 구체적인 방법은? 하나님은 진리의 성령인 탓에 길의 추구 과정을 통해 본체를 분열시킨 진리적인 요소를 집약시키면 모습을 규명할 수 있다. **"하나님의 모습"**이 생성하는 세계 안에서는 지극히 경과적이고, 총합 된 전체자로서 구성된다. 더 구체적으로는 선현들이 각성해서 일군 진리성을 빠짐없이 포괄한 그 무엇이다. 그 진리 덩어리를 이 연구가 성심을 다해 조각(진리 규정 절차)함으로써 하나님의 모습을 나타내고 완성하리라.

제5문: 직접 보여 줄 수 없는 상황이라면 그려서 보여 주든지 사진을 찍어 보여 주든지 어떡하든 후천 하늘에서는 세상 어디서도 그렇게 계시가 되고 지침한 모습을 보면, 그를 통해 인류가 하나님이 하나님인 것을 확인하고 분별할 수 있게 하여 주소서!

제6문: 하나님, 이전에도 임하셨고, 함께해 주셨지만, 오늘의 이 만남은 얼굴을 마주 대하고 뵙는 최초의 순간이 될 것을 믿습니다. 무형이 아닌 실체적 나타남, 그리고 소리가 아닌 시각적인 보임까지 가능할 것인지요? 저의 기대가 잘못이라면 그런 점까지 깨우쳐 주소서! 하나님께 간구하고 기도하나이다.

제5문, 제6문 해석: 기대하는 사람과의 첫 만남을 기다릴 때는 온갖 상상을 할 수 있다. 이 연구가 하나님의 얼굴 모습을 보여달라고 요청한 데도 상황은 비슷하다. 마치 먹을 것을 달라고 보채는 아이처럼 이 연구가 하나님께 매달린 억지 간구이고, 억측적 요구일 수도 있다. 하지만 나타날 다양한 하나님의 모습과 방법에 대한 추측, 즉 그려서 보여 주든지 사진을 찍어 보여 주든지…… 형식은 문제 될 것이 없으므로 수단과 방법을 가리지 않고 모습을 눈앞에 나타내어 달라는 것이 이 연구의 간구 요지이다. 그리고 나타내실 경우의 수에서도 인간적인 인식 조건 범위 안에 있는 무형이 아닌 실체적 나타남, 그리고 소리가 아닌 시각적인 보임까지 기대하였다. 하지만 결국 결론은 '버킹엄'이라고 하였듯, 하나님은 끝내 그 같은 억측적 기대를 무산시켰고, 반향된 응답 말씀은 없었다. 그러니까 침묵이 금이라고도 하듯, 그것이 오히려 하나님의 모습을 드러내고 규정할 수 있는 방법론을 찾고 판단할 수 있는 기준이 된다. 곧, 잘못된 기대를 접게 함을 통해 옳은 길을 지침하심이다. 조각하면서 필요 없는 부분을 도려내면 표현하고자 한 형상이 부각되는 것처럼…… 어떤 방법을 통해서도 결국은 이 자식의 간구에 응답하시고, 무지한 영혼을 깨우치시리란 믿음을 확인시켜 주신다. 하나님은 나의 아버지시오, 이 부족한 자식을 깨우치는 위대한 스승이시로다.

제7문: 끝까지 길의 과정을 완수하고 하나님의 영광된 모습을 드러낼 수 있게 하여 주소서! 그 모습은 일찍이 그 어디서도 볼 수 없었던 찬란한 빛 자체이리니, 빛으로 인해 저와 인류의 눈이 멀어 버릴지 우려되나이다.

해석: 이 연구가 간절히 매달린 하나님의 모습을 직접 보여달라는 간구 요청에 대한 표면적인 응답 말씀으로써, 하나님은 진리 자체인 동시에 빛과 같은 모습이다. 이것이 오늘날 진리의 성령으로서 이 땅에 강림하신 하나님의 진리적인 본체 모습을 규정하는 기준 관점이다. 다시 말하면, 하나님은 존재하시고, 살아 계시고, 인격적인 존재자로서 몸통과 수족과 얼굴과 마음과 의지와 영성을 완비하고 계시지만, 인류가 호흡하고 있는 세상의 질서 조건 안에서는 모습을 실체적, 감각적으로 직접 뵐 수 없다. 마치 태양은 찬란히 빛나고 있고 만사를 비추고 있지만, 우리가 두 눈으로 직접 태양을 대면할 수 없는 것처럼…… 이것이 현재 단계에서 이 연구가 깨달음으로 내릴 수 있는 하나님의 모습 형상에 관한 판단이다.

제52장 진리 해결 과제

규정(規定)은 규칙으로 정함이다. 진리는 사실 자체이며, 이치에 맞은 무엇인데, 전에 없었던 새로운 것을 밝히고 결정해서 정의해야 하는 논거 절차가 필요한가? 하지만 이 같은 진리에 대한 기존 인식이 바로 진리로 인해 초래된 제반 세계관의 분열, 그리고 대립을 일으킨 원인이다. 진리는 하나란 사실을 믿고 싶지만, 여기저기서 내세운 진리 명제가 한둘이 아니며, 내린 정의도 각양각색이다. 이 같은 다양한 개념들이 세계를 분열시킬 대로 분열시켜 인류 사회를 파국으로 치닫게 한다는 사실을 직시해야 한다. 여기저기서 이것만이 진리라고 내세운 것은 역사적인 사실이므로 그 것을 전적으로 기준 삼아서는 안 된다. 진리를 찾은 뿌리, 즉 본질을 파헤쳐야 한다. 창조 본질이 진리의 꽃으로 만개한 오늘날은 진리 개개의 정의 개념을 벗어나 진리의 본질이 무엇인가를 종합적으로 정의해야 하는 절차, 즉 **"진리 규정론"**을 정립해야 한다. 우리는 과학적인 진리를 사실적이고 객관적인 진리로서 인정한다. 하지만 한편으로 대다수 기독교인은 "나는 길이요 진리요 생명이다."라고 한 예수 말씀을 진리라고 믿는데, 도대체 과학적인 진리와 복음의 진리와는 무슨 상관이 있는가? 양단 간을 판정해야 하는 선택 문제인가? 연결은 가능한가? 이처럼 세계에 가로놓인 진리 영역의 분파 양상, 독단적 판단, 그리고 진리에 대한 물러설 수 없는 가치와 신념 문제를 풀어야 하는 것은 종말에 처한 인류 사회를 보편적으로 구원하는 문제와 직결된다. 그래서 이 연구가 '길'을 위해 출발했을 때의 동기 화두도 각자의 진리에 관한 주장과 정의와 신념이 다른 상황에서 진정 '길은 어디에 있는가?' 무엇이 참된 진리인가에 대한 의문이었다. 진리이면 진리로서 전부여야 하는데 그중에서 다시 옳고 그름을 판단해야 하는 상황은 결코 정상적이지 않다. 이것은 정말 해결할 수 있는 문제인가? 선현들이 문제를 풀려고 하였지만, 세계를 더욱 깊은 분열의 늪으로 빠뜨리는 데 일조하고 말았다.

이에, 이 연구는 일찍이 세계의 분열과 분파 문제를 해결하기 위해 진리통합이란 과제를 수행하였고, 그렇게 해서 얻은 결과를 바탕으로 "세계통합론"을 저술한 바 있다.[1] 서양 철학은 플라톤 철학에 대한 각주란 통찰이 있듯, "세계통합론" 저술 이후 지금까지 펼친 논거 역시 "세계통합론"을 통해 밝힌 진리적 전제를 주제별로 세분화해서 구체화한 것이라고 할 수 있다. 진리통합은 현실적으로 세계통합까지 이룬 상태는 아니고, 미래 역사에서 실현할 수 있는 진리적 기반을 다진 역사이다. 그래서 본 편을 통해 세계의 진리를 규정하고자 하는 시점에서 이 연구는 진리로 인한 종말 원인을 해소하고 진리를 통한 실질적인 세계통합 과제를 풀기 위해 하나님의 모습 나타내심을 요청하였고, 또 간구하였다. 왜 하나님이 모습을 나타내는 것이 **"진리 규정론"**의 주된 목적이 되어야 하는가 하는 것은 이후부터 밝혀야 할 과제이다. 분열을 본질로 한 선천 하늘에서 진리 영역은 그야말로 부여된 창조 본질을 끊임없이 분열시켰고, 선현들은 애써 일구는 데 정열을 쏟았을 뿐, 누구도 종합적인 관점을 확보해서 규정한 절차는 거치지 못했다. 그러니까 진리에 대한 정의가 제각각이었다. 진리 세계가

---

1) 졸저, 다짐, 1995년 1월 5일 발행.

분파된 원인이 여기에 있다. 분열되고 나뉜 세계를 통합할 수 있어야 하는데, 그렇게 할 수 있는 세계 본질적 여건이 순숙되지 못했고, 무엇보다도 중요한 이유는 분열을 본질로 한 세계 안에서 통합할 수 있는 구심 본체가 드러나 있지 못했다는 데 있다. 그러니까 논리적, 사고적, 인식적, 개념적 등등. 어떤 방법으로도 분열된 세계를 통합할 수 있는 관점을 확보할 수 없었다. 정상에 오르지 못하면 산 전체를 발아래 둘 수 없고, 너머 세계를 조망할 수 없는 것처럼……

하지만 바야흐로 때가 이른 오늘날, 이 연구는 인류 앞에 진리 세계를 통합할 수 있는 실질적인 길을 열고, 가능한 길을 열린 가르침으로 지침하기 위해 세계 전체를 **"존재자적 관점"**에서 논거하고자 한다. 이를 위해 이 연구는 지난 과정을 통해 길의 본질이 진리통합의 완수 위에 드러난 보혜사 성령의 실체였다고 밝혔고, "지상 강림 역사"를 통해서는 보혜사 하나님이 진리의 성령이란 본체성까지 증거한 만큼, 남은 과제인 얼굴 모습까지 드러내면 드디어 하나님을 존재자로서 완성할 수 있게 된다. 다시 말해, 하나님이 진리의 성령으로서 역사하여 밝힌 진리 세계를 종합적으로 구성하면 하나님을 존재자적 조건을 갖춘 모습으로 완성할 수 있다. 그리하면 하나님이 인류와 함께한 사실을 확인하는 것은 물론이고, 분열된 세계를 일관할 수 있는 세계통합 난제를 풀 수 있다. 이런 지상 과제를 해결하기 위해 이 연구가 직접 하나님의 실체적인 모습을 나타내어 달라고 요청하였나니, 이런 간구에 부응하여 은혜로우신 하나님께서 이 자식의 귀를 활짝 열어 천둥 같은 울림으로 일깨우셨다. 곧, 보혜사 하나님이 진리의 성령으로서 계시한 가르침이다. 세상 처음부터 일군 진리 세계를 통합할 수 있는 지혜 관점과 끝 날까지 완수할 통합 관점을 밝히 드러내어 주셨다. 응답 말씀으로 확인할 수 있듯, 길의 요구 조건에 대해 하나님의 모습은 이런 것이라고 직접 말씀하신 것은 없다. 하지만 그렇게 말씀하지 않음을 통해 모습을 더욱 밝히 드러낼 수 있게 된 역설이 하나님의 역사 실상이다.

지적했듯, 흉상을 제작하기 위해서는 반죽한 석고를 붙여가는 방법도 있지만, 통째인 석고를 파서 조각하는 방법도 있다. 하지만 이것은 어떤 모델이 있는 상태에서 취할 수 있는 방법상의 차이이다. 반면에 이 연구가 묘사하고자 하는 하나님의 모습은 주체가 본인이 아니라 하나님이다. 눈앞에 있는 모델을 보고 조각하는 것도 아니다. 하나님이 역사하여 나타내면 이 연구가 의도한 뜻을 판단하는 형태이다. 당연히 하나님이 어떤 형상을 가진 모습인지 정확하게 알 수 없는 탓에 최선을 다해 예측할 수 있는 경우의 수를 따져 이렇게도 생각하고 저렇게도 생각한 추론 모습을 나열하였다. 이것이 바로 이 연구가 사전에 마련한 하나님의 모습을 초점 잡기 위해 마련한 원판 석고이고, 세운 방법이며, 전제한 조건 구성이다. 모델이 없는 상태이므로 이 연구가 주도적으로 무엇을 남기고 무엇을 버려야 하는 것인지는 판단할 수 없다. 따라서 차원 밖에 계신 하나님이 자체 모습이 이런 것이라고 묘사해서 차원 안에서 인식의 제약을 받는 본인에게 알리기 위해서는 어떻게 하실 것인가? 이처럼 차원과 차원 간의 전달 방법인 모습 보임의 어려움을 생각해서 이 연구가 예측할 수 있는 경우의 수를 나열하였고, 그로부터 불필요한 것을 제거하는 방법, 곧 흉상을 조각하는 방법을 적용하였다.[2] 이 같은 방법으로 말씀을 받들어 비록 하나님

---

2) "하나님은 과연 어떤 방법으로 자체 모습을 길 앞에 보일 것인가?"라고 한 질문에 대한 하나님의 결론적 해답임. 그리고 "본 편에서는 하나님께서 대답하시기 곤란한 문제를 앞세웠고, 어려움을

의 실체적인 모습을 보지 못했고, 하나님도 직접 모습을 나타내시지는 않았지만, 불미한 조건에도 불구하고 그 너머에 계신 하나님을 정확하게 알 수 있었고, 하나님도 자체 모습을 한 점 오차 없이 정확하게 나타내어 주셨다. 하지만 실상을 아무리 자세하게 표현하고자 해도 존재자적 모습을 당장 말로서 표현하기는 어렵다. 그런데도 분명한 것은 이 연구가 지난날 이룬 길의 완수 역정을 통해 하나님의 모습을 나타낼 수 있는 논거 관점을 확보하고 방향을 지침 받은 사실이다. 결과적으로 이 연구는 은혜로운 역사로 하나님의 얼굴 모습을 뵌 것이 확실하며, 하나님도 정오 빛처럼 자체 모습을 나타내어 주셨다. 이 준엄한 역사 과정과 일깨운 지혜를 펼침으로써 인류가 모두 하나님의 모습을 보고 확인할 수 있게 하리라.[3]

익히 알고 있는 만큼, 이번만큼은 본인이 하나님의 뜻을 헤아려 능히 주어진 본분을 다해야 한다."라고 한 다짐에 대한 실천임(신인 합작).

3) "제게 보이고 제게 나타냄이 그대로 만 인류와 만 역사 앞에 보이고 나타냄"이란 간구 다짐을 실천하고자 함.

제53장 진리 규명 방법

1. 이성적 사고

선현들은 세계와 본성과 神을 통해 진리를 탐구하였거니와, 동시에 함께 궁구한 것이 진리를 인식하고 규명하고자 한 방법론이었다. 세계 안에 가로놓인 다양한 진리를 주어진 본질에 따라 규정할 수 있으려면 **"진리 규명 방법"**부터 살펴서 초점을 맞추어야 한다. 그렇게 해서 일군 진리 영역은 오늘날 이 연구가 하나님의 창조 본의에 근거해서 본질을 규명할 수 있는 원천적인 판단 자료가 된다. 진리는 다양한 특성을 내포한 상태인데, 규명하는 방법이 편향되어 있다면 일군 진리도 거기에 따라 한정되어 버린다. 본래 지닌 본질은 감추어져 버리고, 왜곡된 본질이 특성화된다. 그런데도 지난날은 어떤 문제 제기도 없이 수용하여 그것이 일반화, 상식화된 만큼, 오늘날 바로잡기 위해서는 가히 혁명적 사고가 필요하다. 진리라고 생각하는 근거와 기준, 그리고 그렇게 결론짓는 과정과 절차가 타당한 것이라고 믿고 있다. 이것은 과연 뒤집을 만한 여지가 있는가? 그런 의미에서 혁명적 사고란 무엇인가? 아무리 세밀하게 살펴서 확인해도 나와 세계는 엄연히 존재하고, 조건들이 지금 알고 있는 진리로서 뒷받침하고 있는데, 객관적인 조건과 상식 이외에 무엇이 또 있단 말인가? 그런데 한편으로는 그런 상식을 깨뜨리고 발전한 것이 지난날의 역사이다. 독일의 문호 괴테는 "모든 발견이나 이론 중 어떤 것도 코페르니쿠스 이론보다 인간의 영혼에 크게 영향을 미친 것은 없다고 잘라 말했다. 그가 『천구의 회전에 관하여』를 발표했을 당시의 가설은 황당한 것이었다. '태양은 움직이지 않아요(지동설). 아침이면 동쪽에서 떠서 저녁엔 붉은 노을을 물들이며 서산으로 지는 저 태양이 움직이지 않는다'라고 주장한 것이다."[1] 과거에는 코페르니쿠스가 나서서 깨우친 탓에 시대가 전환되었지만, 지금 상황은 어떠한가? 수십억에 달한 인류는 주어진 현질서 체제와 존재 조건과 세계적인 영역이 전부인 것으로 알고 있다. 천지 만물이 사전에 계획되었고 구조화, 목적화, 예정화 되었다는 사실을 아무도 모른다. 만약, 이런 사실을 깨닫게 된다면 그것은 현시대만 전환되는 것이 아니고 인류 문명 전체가 전환되리라. 2,600년 전에 인도에서 태어난 고타마 싯다르타가 "혁명적 사유"로 불교란 깨달음 종교를 일으킨 것 이상으로……

"고대 인도인은 '나의 실체는 있다'라고 생각했다. 자아의 근원적 실체인 아트만이 바로 그것이다. 아트만은 브라만의 개체적 표현이다. 그들은 생명의 보편적인 브라만이 있으며, 생명의 개별적 실체인 아트만이 있다고 생각했다. 그런데 장구한 고대 인도의 전통적 사유에 대항하여 '나의 실체는 없다'라고 선언한 젊은이가 등장했다. 자아란 본디 없는 것이며, 자아의 근원적 실체도 없다. 도리어 자아란 無明의 때로 보게 된 헛것에 불과하다. 자아도 없고, 영원하고 보편적인 그 무엇도 없다. 이것이 후일 부처님으로 추앙된 싯다르타가 천명한 혁명적 사유이다."[2] 부처님은 이

---

1) "태양이 아니라 지구가 돈다는 그의 말은 너무나 급진적이었고, 충격파는 신앙의 시대를 끝내고 이성의 시대를 여는 서곡이 되었다. 회전이 혁명이 되는 순간, 서서히 근대의 막이 오른 것이다."-『철학 콘서트(2)』, 황광우 저, 웅진지식하우스, 2011, p.101.

2) 『철학 콘서트(3)』, 황광우 저, 웅진지식하우스, 2012, pp. 256~257.

같은 진리를 깨닫기만 한 것이 아니고, 자신처럼 깨달음을 얻을 수 있는 방법론도 제시했는데, 온갖 집착과 착각의 근원인 번민과 욕망을 수행과 정진으로 떨쳐내어 깨달음을 얻으면(성불), 生의 본질인 고통으로부터 해방되어 영원히 자유로운 본성 경지인 해탈을 얻고 열반에 이른다고 하였다. 하지만 본의에 근거한 깨달음의 핵심 진리인 '무아설'과 '연기법'은 선천 覺者의 어쩔 수 없는 한계 인식 노출이다. 즉, 무아의 결정적 원인은 삼라만상 현상이 분명 연기적이기는 하지만, 그렇다고 해서 연기하는 것이 결정적 원인은 아니다. 창조된 피조체로서 창조 권능이 없는 탓이고, 창조 본의를 모른 무지 탓이란 사실은 이미 지적한 바 있다.

또 하나는 칸트가 철학이란 영역에서 시도한 혁명적 전환 인식이다. 천동설, 곧 지구 중심 이론은 얼마나 오랫동안 지배적 특권을 누려왔던가? "경험론자 흄과 적수인 합리론자들은 모두 인식의 임무는 대상을 따르는 것"[3]이라고 생각했다. 하지만 칸트는 "질서는 대상에 내재한 것이 아니라 우리가 부여한 것"이란 전복을 통해 철학사에 혁명을 일으켰다. 이것이 '코페르니쿠스적 전회'라고 자칭한 참뜻이다."[4] 다시 정리해, "칸트 인식론에 의하면 모든 현상은 인식 주체인 인간의 선험적 인식 구조에 의하여 구성될 뿐이다."[5][6] 천동설 대 지동설처럼 "대상이 인식을 만드는 것이 아니고, 인식이 대상을 만든다. 하지만 그렇게 전회시키면 무엇이 달라지는가? 대상 자체가 아니라 인식과 인식 작용부터 연구해야 객관적인 지식

---

3) 위의 책, p.181.

4) 위의 책, p.181.

5) 『강의』, 신영복 저, 돌베개, 2014, p.270.

6) 그런데 칸트는 인간의 선험적 인식 구조가 제한적이고, 만능 인지 능력을 지닐 수 없는, 자체 안에 한계성이 있다는 사실은 몰랐다. 남의 눈에 있는 티만 보고, 자기 눈의 들보를 보지 못한 격임.

과 진리를 알 수 있다는 뜻이다."[7] 아무도 감지하지 못하고 있는 색안경 같은 인식 능력이 이성에 내재해 있음을 밝혀내고, 그것이 지닌 특징을 체계적으로 설명한 것을 일컬어 후인들은 이구동성으로 칸트가 철학사에 남긴 빛나는 업적으로 인정하였다.[8] 하지만 과연 그러한가? 그의 인식 이론이 대세를 이루고 전설이 된 오늘날의 상황에서 그것을 다시 전회시킬 여지는 남아 있는가? 칸트는 야심 차게 대상이 인식을 만드는 것이 아니고, 인식이 대상을 만든다고 했다. 주관적인 조건에 따라 대상을 파악할 수 있다는 말과 같다. 이것은 결코 칸트가 이룬 불멸의 공적이 아니다. 삼라만상이 지닌 진상을 선천적 종합 판단이 어떻게 가능한가란 그럴듯한 명제를 앞세워 파악할 수 없게 만든 씻을 수 없는 잘못이다. 바로잡는다면? 인식이 대상을 만드는 것이 아니고, 대상(존재)의 진상(본질)을 드러내는 창구 기능이다. 그렇다면, 또다시 진리 인식의 주체는 대상 자체로 넘어가게 되고, 인식은 본질을 드러내는 수단으로 전환된다. 경험적이든 주관적이든 사고적으로 접근한 추리, 전제한 가설이든 그런 것은 상관없다. 어디까지나 대상 자체에 함재한 본질을 드러내는 진리 인식 방법론이고 수단이다. 수단인 접근 방법론이 대상 자체의 본질을 결정할 수는 없다. 이런 사고 방식적 접근이 곧 본말전도적 인식이다. 정치 혁명은 실패하면 멸문지화를 면할 수 없듯, 칸트 철학 혁명도 인류 문명을 멸망의 구렁텅이로 몰아넣었다. 서구 문명이 몰락하고야 말 원흉을 자초한 격이다.

진리는 인식을 통해 드러나지만, 주체는 인식이 아닌 대상이 지닌 본질 속에 있다. 그런데도 칸트는 도대체 무엇을 알지 못해 인식을 주체로 삼는

---

7) 『철학의 모험』, 이진경 저, 푸른 숲, 2005, p.220.
8) 『지적 대화를 위한 넓고 얕은 지식』, 채사장 저, 웨일북, 2019, p.454.

큰 착각을 하였는가? 선험적 인식 능력은 인간에게 주어진 주관적인 인식 틀이 아니다. 분열을 본질로 한 세계 안에서 부여된 어쩔 수 없는 제한성이 안긴 색안경이다. 마치 감각을 통해서는 태양이 움직이는 것으로 보이는 것처럼, 창조된 세계 안에서는 창조로 인해 결정된 인식의 한계성을 감지할 방법이 없다. 사실적인 정보를 가감 없이 제공하고 있는 제한성 자체에 있어 하자란 없다. 그런데도 감각적 정보와 달리 태양이 아니라 움직이는 것은 지구이듯, 선험적 인식 틀은 인간이 관념을 통해 부여한 것이 아니다. 창조로 인해 결정된 제한성 자체이다. 이런 사실을 확인하기까지는 하나님이 진리의 성령으로서 계시한 본의를 밝힐 때를 기다려야 했다. 인식 능력은 선험적인 관념 형성과는 무관하다. 인간의 사고력과 인식력과 관념 형성은 말미암은 피조체가 지닌 결정성 틀 안에 있다. 그런데도 칸트가 그렇게 판단할 수밖에 없었던 원인은 물 자체와 함께 구분한 현상계가 바로 세계를 이룬 원인이 아니고, 세계를 이룬 결과란 사실을 모른 데 있다. 대부분 세계를 이룬 원인은 세계 안에 있다고 여기지만 세계 밖에 있으며, 세계는 그로부터 말미암은 결과체이다. 이것이야말로 경천동지할 혁명적 사유가 아니고 무엇인가? 천지창조 역사는 시작이 끝이고(분열→통합), 천지 만물 역사는 끝이 시작(통합→분열)이란 사실을 세상의 누가 알았겠는가? 아울러 세계 전체가 존재 안이란 사실은 하나님이 몸 된 본체자로 강림하시고, 창조 본의를 계시하기 전까지는 알지 못한 무명 자체였다. 진리가 복잡한 인식 작용과 논거를 둔 사고 과정을 통해 구체화(규명)하다 보니 대상이 지닌 진리성 자체보다는 그것을 인식하는 데 집중해서 정열을 쏟았다. 진리 규명은 진리 영역 전체를 통괄해야 하는 문제인데, 그 같은 노력을 기울이지 못한 탓에 정작 중요한 물 자체를 인식하는 방법은 마련하지 못했다. 인식 수단인 **"진리 규명 방법"**에 어떤 문제가 있어 물 자체의 진상을 보지 못한 것인지 눈치채지 못했다. 이것은 결국 선현들이 왜 하나님의 모습은 보지 못한 것인지에 관한 문제와도 연관된다.

먼저, 서양의 지성들은 인간은 이성적인 동물이라고 하여 다른 동물과 구분된 능력을 갖췄다고 생각했다. 무궁한 상상력을 발휘하는 사고력과 이성적인 판단도 피조체이기 때문에 한계가 있다는 사실을 간과하고, 이루어진 존재 현상과 사물 대상을 가리지 않고 분별할 수 있는 것처럼 여겼다.

> "이성은 인간의 모든 생각과 능력을 판단한다. 그리고 이들 생각과 능력을 실천하는 데 있어 진퇴를 규율하는 최고의 정신이다. 감성과 오성, 그리고 이들을 매개하는 직관 기능에 의해서만 사물은 인식된다. 또 모든 인식은 지성으로 나아가 마지막으로 이성에 의해 포섭되고 판단된다. 인간의 이성이야말로 최상의 인식 능력인 셈이다."[9]

인간의 이성 기능이 과연 그러한 것인가? 밝은 곳이 있다면 어두운 곳도 있으므로 그것까지 알아야 인간은 이성의 능력을 모두 아는 것이 된다. "이성이 진리를 발견하는 데 적합한 능력일진대, 인간은 왜 이성을 최상으로 사용하지 못하는가?"[10] 답은 이성이 지닌 한계를 보았을 때 알게 된다. 오늘날의 인류에게 있어서 중요한 것은 이성을 최상의 인식 능력으로 인정하고, 이성을 최상으로 사용하는 데 있지 않다. 자세히 살펴보니까 그것이 전부가 아니며, 거대한 장벽이 가로막고 있다는 사실을 깨닫는

---

9) 『촌부 칸트에서 길을 찾다』, 김광문 저, 예지, 2020, pp. 57~58.

10) 『이성의 진화』, 위고 메르시에 · 당 스페르베르 저, 최호영 역, 생각연구소, 2018, p.10.

데 있다. 그리해야 인류 문명이 새로운 세계로 나갈 수 있다. 새 차는 사람들이 원하는 최상의 모델과 기능을 갖추고 출시된다. 하지만 사용하다 보면 불편한 점이 발견되므로 다음에는 디자인도 기능도 더욱 업그레이드시킨다. 이성도 그러하다. 주어진 한계가 무엇인지 알아야 새로운 인식 수단과 방법론을 모색하고, 그를 통해 또 다른 세계를 개척할 수 있다. 새로운 진리를 알고 새로운 세계를 보아 한계를 극복한 문명사회를 건설할 수 있다. 그 한계를 칸트는 물 자체의 인식 불가 명제를 통해 천명한 바이지만, 그것은 지적한 대로 물 자체가 지닌 形而上學적인 원인 탓이 아니다. 이성이 지닌 인식 수단과 방법론에 문제가 있는데, 물 자체로 돌린 탓에(남 탓) 끝내 물 자체에 대한 진상을 파악하지 못하고 말았다. 나아가 하나님을 보고자 한 줄기찬 인류사적 노력까지 무산시킨 결과를 낳았다. 새로운 안목, 새로운 영역, 새로운 세계를 개척한 것이 아니라, 아예 출입할 수 없도록 바리케이드를 쳐 더 이상 나갈 수 없게 한 격이다. 물 자체=진리론이고, 진리론=진리 추구 방법론이며, 진리 추구 방법론=진리 인식 이론인데, 근저에 해당한 인식 수단에 한계가 도사린 사실을 알지 못했다.

이성, 그 사고적 판단은 인식해서 밝히고자 하는 대상(물 자체)과 무슨 차이가 있는가? 이것은 동양의 본체적 사유와 대비해서 설명할 수 있다. 동양의 노자는 제반 현상의 배후에 道라는 본체가 먼저 있고, 그것은 무형인 탓에 개념적으로 붙들어 놓기 위해 억지로 道라고 이름을 붙였다고 했다. 다시 말해, 물 자체(본체)란 대상을 개념적으로 포착한 이름[名] 보다 우선시한 관점이다. 스피노자는 『윤리학』 1부 "神에 관하여"에서 말한바, 실체는 본성상 그것의 변용들에 선행한다고 하였다. 이런 이유로 그는 개별적인 사물들에 집중하지 않고, 그것들보다 선행하여 존재하는, 그리고 어떤 것에도 의존하지 않는 대상인 실체를 탐구해야 한다는 견해를 밝혔다.[11] 이것은 칸트의 인식 이론에 반한 것이지만, 사실은 이것이 올바른 진리 추구 자세이고 방향이며 접근 방식이다. 진리의 본질 규명, 더 나아가서는 하나님의 본체를 드러낼 수 있는 방향 제시인데도 불구하고 기독교는 이런 사상이 범신론적이란 이유로 배제하였고, 스피노자도 방향은 제시했지만, 실체 역시 개념을 통한 규정이라 접근 가능한 방법까지는 세우지 못했다. "모든 사유는 개념적 사유라는 서양의 논리" 틀을 벗어나지 못했다. 실체[道]는 우선시했지만, 그렇게 판단한 수단은 여전히 사고적인 범주 안에 머물렀고, 개념으로 상정한 실체라, 결과적으로는 물 자체(실체)를 인식 자체가 지닌 제한성으로 한정해 버렸다. 물 자체에 대해 직접 접근하지 못한 것은 마찬가지라, 어떤 길도 개척하지 못하였다. 단지 바라만 본 상태였다고나 할까? 이것도 스피노자 개인의 주장에 그친 특별한 경우뿐이고, 서양의 전통적인 사고방식을 지킨 대다수 지성은 항상 개념[名]을 우선시하여 "개념이 없으면 존재 자체도 없다[12]"라고 생각하였다. 즉, 道 자체(물 자체)가 존재한 것과 상관없이 道라고 이름을 붙일 수 없는 道는 참된 道가 아니고, 이름을 붙일 수 있는 참된 이름이 아니다. 이것이 서양 문명을 관통하는 사유적 특성이다. 칸트만의 탓이 아니다. 그가 규정한 "모든 현상은 인식 주체인 인간의 선험적 인식 구조에 의하여 구성된다고 한 것은 뿌리 깊은 서양 사유의 특성을 대변한 표현이다. 설상가상 하이데거는 언어는 존재의 집이라고 한바, 이런 명제 결과로 미래 문명

---

11) 「스피노자의 세 가지 신 규정에 대한 비판적 고찰」, 이용훈 저, 계명대학교 대학원, 철학, 석사, 2009, p.9.

12) 『강의』, 앞의 책, p.270.

을 맞이해야 하는 후천 인류는 서양 문명이 깊게 빠진 본말전도적 종말 실상을 정확하게 확인해야 한다. 언어는 결코 존재의 집이 아니다. 언어만으로서는 그야말로 물 자체와 동떨어진 빈껍데기뿐인 허구의 집이다. 선험적 인식 구조는 인간에 의해 주체적으로 구성된 것이 아니다. 창조로 말미암은 피조체의 결정성 소산이다.

따라서 이 시점에서 우리는 선현들이 일구어 놓은 진리를 통하여, 또한 지금도 생성 중인 생명성 있는 진리 접함을 통하여 차원이 다른 물 자체, 道, 실체, 그리고 하나님에게로 나아갈 수 있는 인식 경로와 접근 방법은 어떻게 해야 틔우고 마련할 수 있는가? 대안 없는 비판은 막다른 골목에 다다른 종말 문명을 극복할 혁명적 사유가 아니다. 가능한 접근 경로 개척과 방법 지침에 하나님이 가르침으로 일깨운, 선현들이 일군 진리 세계를 집대성할 **"존재자적 지혜 관점"**이 있다. **유사 이래 인류가 진리를 탐구한 일체 노력은 사실상 하나님의 몸 된 본체(본질 형태)를 드러내기 위한 모색 일환이다.** 세계가 온통 하나님의 몸 된 존재로 구성된 탓에…… 나아가 더 근본적인 이유는 천지 만물이 하나님의 본체로부터 창조된 탓에…… 진리와 세계에 대한 이와 같은 판단 관점은 한순간에 추론한 것이 아니다. 오랜 세월에 걸쳐 궁구한 심원한 근원의 도출 결과이다. 존재자적 관점에 입각하면 진리의 본질을 규명하는 것은 물론이고, 세계의 본질, 역사의 본질, 더 나아가서는 인류 문명의 본질을 규명할 수 있다. 하나님이 보혜사 진리의 성령으로서 밝힌 존재자적 지혜 관점은 능히 선천 문명을 결실 짓고 새로운 문명 세계를 열 수 있는 혁명적 사유인 것이 틀림없다.

또한, 진리를 규명하는 방법에서도 인류가 애써 노력했지만, 도달한 한계성을 극복하고, 그 원인이 무엇인지 진단함으로써 가능한 **"진리 규명 방**

법"을 모색할 수 있다. 살필진대, **인류가 추구했고, 또 개척한 진리 규명 방법에는 대상, 즉 겉으로 드러난(존재한) 것을 인식하는 방법과 본질, 즉 안으로 내재한 것을 찾는 방법이 있다.** 찾고자 하는 대상과 목적에 따라 양 갈래로 갈라진 차이가 있는 데도, 양자는 각자의 길을 독자적으로 개척했을 뿐, 왜 차이가 있고, 왜 특성이 다른지 몰랐고 연관 지을 줄도 몰랐다. 알았다면 천 갈래 만 갈래 분파된 진리 세계를 일찌감치 통합할 관점을 확보했으리라. 그것은 과연 무엇인가? 바로 존재자적 관점이다. 말 그대로 세계 전체를 몸 된 본체자로 인식하는 것이다. 예를 들어, 인간이 지닌 존재 조건을 염두에 두고 본다면, 겉으로 드러난 모습과 형상이 있고, 안으로는 본성이란 본질이 내재해 있다. 세계도 그렇게 구성된 존재인데, 서양에서는 전적으로 겉으로 드러난 현상 세계에만 집중해서 탐구하였고, 그를 위한 인식을 펼쳤다. 한편, 동양에서는 반대로 내재한 본질을 찾기 위해 마음과 의식을 갈고 닦는 수행적 방법론을 개척하였다. 당연히 서로가 말한 진리에 관한 개념에 차이가 있을 수밖에 없다. 한때이기는 하지만 "중세의 사상가들은 자연에 관한 지식이나 神적으로 계시된 지식을 차별하지 않았던 적이 있었다. 성과 속이 분리되어 있다고 생각하지 않았다. 만일, 하나님이 진리의 저자라고 한다면, 어떤 형태의 지식이라도 거기서 하나님을 발견할 수 있다고 믿었던 것이 그들의 생각이었다(스콜라 철학)."[13] 하지만 그렇게 믿었다고 해서 겉으로 드러난 '존재 진리'와 내재한 '본질 진리'를 규합한 관점을 확보한 적은 없다. 진리의 생성 전모, 즉 밑바탕까지 인식이 미치지 못했다. 그것은 열린 가르침이 지침하지 않는 한 해결할 수 없는 문제이다. 진리를 통해 하나님을 발견할 수 있다고 한 것

---

13) 『거침없이 빠져드는 기독교 역사』, 유재덕 저, 브니엘, 2010, p.207.

은 맞다. 진리와 하나님은 긴밀하게 연관되어 있다. 그러나 그것을 알았다고 해도 그것만으로 하나님이 존재한 본체자적 모습을 드러낼 수는 없다. 하나님의 존재 모습은 진리로서 구성되어야 하지만, 개개 진리로서는 어렵다. 진리 세계를 총체적으로 집약해야 함에, 그곳에 진리 세계를 하나로 통합할 존재자적 지혜 관점이 있다. 이 땅에 강림하신 하나님의 본체는 우리가 지닌 몸이 그러하듯 존재 자체는 하나라, 전체를 통괄할 수 있다. 모습과 본성으로서는 차이가 있지만, 존재자로서는 즉시 본체를 구성하는 요소로 전환된다. 그런데도 선현들은 이 같은 사실을 몰라 대상도 다르고 인식 수단도 다른 각자도생(各自圖生)적인 길을 걸었다. 왜 플라톤은 인류를 바깥세상을 볼 수 없게 손발이 꽁꽁 묶인 죄수처럼 묘사하였는가(동굴의 비유)? 바로 피조된 현상 세계로 관점이 고정되어 근원 된 본질 세계를 볼 수 없게 된 속박 상태를 지적한 것이다. 급기야 쇠고랑을 끊은 한 죄수의 탈출을 가정하였지만, 묶여 있는 불가항력의 쇠사슬, 곧 인식의 제약 끈은 누가 끊고 풀 것인가? 이 땅에 강림하신 보혜사 진리의 성령이시다. 그 지상 강림 본체가 인식 수단의 제약 동굴에 갇힌 인류를 해방해 광명한 바깥세상, 찬란한 하나님의 존안을 뵐 수 있게 하리라.

2. 경험적 통찰

"경험론은 모든 지식이 오감을 통해 오며, 어떤 본유관념도 없다고 주장하는 사상이다."[14] 서양인이 개척한 **"진리 규명 방법"**이다. 인간에게 있

---

14) 『신학 논쟁』, 로저 E. 올슨 저, 박동식 역, 새물결 플러스, 2017, p.396.

어서 지식은 어떻게 주어지는 것인지에 관해 논거를 펼친 인식 이론 중 한 유형이다. 처음 주장한 영국의 존 로크(1632~1704)는 다른 분야에 걸친 사상과 함께 서구의 근대 사회를 이루는 데 큰 영향력을 끼쳤고, 특히 경험론적 진리 추구 방법은 "근대 과학의 발흥에 있어서 주된 추진력이 되었다."[15] 경험론을 근간으로 발전에 발전을 거듭한 과학이란 학문이 인류 사회에 어떤 놀라운 변화를 일으켰는가 하는 긍정적인 측면에도 불구하고, 인류 문명을 어떻게 파멸의 위기 상황으로 몰아넣었는가 하는 것은 원인을 제공한 로크 자신도 미처 예상치 못했으리라. 이렇듯 인류가 앞다투어, 심지어 神의 절대적인 권능까지 뒤로 제쳐놓고 경험적인 방법으로 일군 진리를 신봉한 것이 오늘날 인류 문명이 직면한 종말 상황이라면, 그렇게 역사 된 출발점부터 무엇이 잘못된 것인지 실마리를 찾아야 한다. 즉, 로크는 대륙의 합리론이 제기한 '본유관념설'을 비판하면서부터 경험론에 근거한 인식 이론을 펼쳤다. 그는 『인간지성론-1689년)』을 통해 본유적 사변(실천) 원리는 없다. 우리가 어떻게 지식을 획득하는지를 보여 주는 것은 지식이 본유적인 것이 아님을 증명할 만하다고 하여 기존 본유관념 존재를 부정, 비판함으로써 역사적인 맥을 형성한 경험론적 인식 원리의 진리성에 논거를 두었다. 『인간지성론』 제1권의 주제는 본유주의에 대한 비판이 주류인바, 이것은 그럴 수밖에 없는 서양 사고의 전통적인 진리 판단 조건에 근거한다. 서양 문명이 걸어온 지식과 인식의 출발 지점을 잘못 설정한 것이 초래한 한계성 노출이다. 본유관념의 본질적인 뿌리를 보지 못하고 부정한 것은 세계의 창조 본질을 근본적으로 부정한 것이다. 이를 통해 우리는 경험론이 지닌 명백한 오판을 적시해서 가닥 잡을 수 있어

---

15) 위의 책, p.396.

야 한다. 왜 그들이 경험 이전의 관념을 백지와 같은 상태로 간주할 수밖에 없었는지를…… 이 연구가 지침한바 창조 이전, 생성 이전의 통합성 바탕 본질을 송두리째 날려버린 탓이다. 따라서 본유관념을 전제하고 이야기하는 자와 본유관념을 무시하고 세계를 바라보는 자의 눈은 상반될 수밖에 없다. 이런 오판과 부정을 유도하도록 한 것이 다름 아닌 본유관념이 존재한다고 한 합리론에 있다는 것은 아이러니이다. 원인은 합리론자도 본유관념을 관념적으로 전개한 것이라, 본유관념이 어떻게 해서 인간의 관념 속에 자리 잡게 되었는가에 대한 근거를 밝히지 못했다. 본유관념의 출처가 神에 있는 것은 분명한데, 그렇다면 神은 본유관념을 어떻게 부여한 것인가? 단지 하나님이 인간을 창조한 것이라고 하면 그것으로 설명되는 문제인가? 하나님조차 존재한 근거가 규명되어 있지 못한 상태인데 말이다. 그러니까 지난날은 본유관념이 있다고 하는 자의 주장이나 없다고 하는 자의 주장이나 근거가 불명확한 것은 마찬가지였다. 이런 점을 열린 가르침이 지적해서 해결하고 지침해야 한다.

인간의 생각 속에 본유관념이 자리 잡게 된 근거는 창조에 있고, 경험적 인식의 근거는 창조로 인해 시발 된 생성에 있는데, 그들은 이런 사실에 모두 무지했다. 이처럼 지적한 관점을 통해 경험적 인식 이론의 피상적인 한계성을 극복하고, **"경험적 통찰"**이야말로 세계에 주어진 생성 본질의 본모습을 엿볼 수 있는 중요한 **"진리 규명 방법"**이란 사실을 일깨우고자 한다. 즉, 경험적 인식은 존재 이전에 마련된 통합성 본질의 분열적 인식인데, 그것을 알지 못하였다. 경험적 인식의 근본적인 문제점이다. 인식의 시작 근거를 엉뚱한 곳에 두었다. 흔히, 경험론에 근거를 둔 파생 원리로서 '계속성의 원리,' '상호작용의 원리,' '성장의 원리,' '재구성의 원리'

운운하지만, 경험론의 인식 목표인 진리는 지난 경험을 재구성해서 인출한 사고적 작업의 결과물이 아니다. 진리는 물 자체를 이룬 본질 자체와 연결되어 있다. 따라서 진리는 바탕이 된 본질에 관한 정보를 인출한 그 무엇이 될 수밖에 없는데, 경험의 재구성을 통한 성장, 발전, 변화, 상호작용을 앞세운 것은[16) 세계적 진상과 동떨어졌다. 그것은 성장이 아니며, 생성한 본질에 대한 종합적 직관과 통찰로 추출하고자 한 진리 인식 절차이다. 경험하고 보니 알게 되었고, 경험함으로써 깨닫게 되었다. 이것은 경험한 사실을 재료로 해서 도출한 사고의 재구성 결과가 아니다. 순전히 본질이 경험되는 과정을 통해 생성하게 된 본질의 원인에 관한 결과성 도출을 직관으로 표출한 것이다. 경험에 따른 본질의 생성 결과 도출은 경험을 사고적으로 추리해서 합당화시킨 인식 결과와는 지식, 아니 진리로서의 성격이 판이하다. 후자는 지극히 의도적이지만, 전자는 어떤 의도 조건도 개입할 수 없는 대우주적이다. 그것이 곧 우리가 찾고자 한 참된 진리 인출 과정이고 절차이다. 즉, 경험은 직관적 통찰로 본질이 생성함에 따른 유출 경로를 마련하는 진리 인출의 촉매 작용 역할이다. 그렇게 해서 **도출된 생성 본질을 의식적으로 포착해서 명제화시킨 것이 곧 진리이다.** 진리는 내면 깊숙한 곳에 잠재된 세계의 생성 본질에 관한 정보를 표출한 상태이다. 그래서 진리는 지식과 구분한다. 경험론은 지식의 획득 경로와 근거를 따진 인식 이론인바, 어느 정도 이해하는 단계가 되면 경험론적 방법으로서는 진리를 찾는 데 있어 한계가 있었다는 사실도 안다. "우리가 가진 모든 지식은 경험에 기초해 있고, 결국 모든 관념은 감각에서 나온다."[17)라는

---

16) 『존 듀이의 경험과 교육』, 엄태동 저, 원미사, 2001, p.60.

17) 『철학의 모험』, 앞의 책, p.150.

것이 그것이다. 경험을 감각적, 표면적, 피상적으로 처리한 것은, 그런 인식 수단과 방법으로서는 내면의 본질 생성 상황을 직시할 수 없다는 뜻이다. 사과의 겉모양을 보고 빨갛다, 파랗다고 구분할 수는 있지만, 맛이 어떤가 하는 것은 판단할 수 없는 것과 같다. 그 적나라한 결과 인식 상태가 바로 "인간은 백지상태로 태어난다."라고 한 경험론의 대표 명제이다. 인식의 첫 출발선이 명백하게 드러나 있어 무엇을 보지 못한 것인지 장애를 진단할 수 있다. 본유관념(통합성 본질)이 존재한 상태인데, 분열이 완료되지 못한 상태에서는 인식할 근거가 도출되지 않아 백지 같은 모습만 본 것이다. 하지만 생성하는 과정을 거치고 나면(경험 완료) 결국 현상화되고, 이치화되고, 구조화되고, 시스템화되고, 존재화 된다. 그런데도 심저한 생성 과정에 속한 제반 경험작용을 전적으로 관념의 재구성 자료로만 삼은 것은 본질의 생성 인출이 진리인 것과 상반된 메커니즘이다.

흄은 "인간 정신의 모든 것은 서로 다른 두 종류, 즉 '인상'과 '관념'으로 나누어진다고 했다. 이것은 지극히 존재의 표면적인 정보에 대한 순간적 포착이고(인상), 그것을 다시 개념으로 정리한 상태이다(관념). 하지만 사실상 경험은 본질의 생성 과정 자체이다. 경험은 순간적인 인상에 머물러 있지 않다. 원인이 발생함에 따르는 과정이 있고, 과정을 거침에 따른 결과가 있으며, 결과가 드러남에 따른 결론인 깨달음 통찰이 있다. 경험은 결코 감각적으로 보고 들어서 개념으로 정리하는(관념 형성) 지식 획득 작용이 아니다. 선현들이 진리를 구하고 깨달음을 얻은 것은 이 같은 경험 과정(수행, 수신 과정)을 통해 생성 본질과 맞닿음으로써 주어진 것인데, 여태까지 이 같은 진리 통찰 작용을 원리적으로 접근하지 못했다. 그러니까 진리의 본질을 규명하지 못하고, 부유한 개념적 표상만 붙들었다. 그물을 던져 건져 올렸는데 잔챙이만 남아 있는 격이다. 그것은 결코 진리가 아니다. 재차 강조해, 경험은 일련의 생성적 인식 과정에 대한 종합적, 결과적 통찰인 탓에 주관적인 인식 의도가 아닌 지극히 객관적인 본질 생성의 결정 이치를 따른다. 그래서 진리는 주어지는 것이고, 부여되는 것이며, 하나님이 성령으로 계시하는 것이다. 이렇듯 일련의 과정을 거친 경험의 결과적 통찰과 인식 과정을 거쳐야 비로소 확실한 진리를 획득한다.

경험 과정을 거친 진리 인출 메커니즘은 실로 차원적이다. 인간이 사고를 통해 접근하는 논리적, 합리적, 온갖 추리, 가설, 유추, 실험, 관찰…… 방법을 초월한다. 우리는 경험함을 통해 전에 알지 못했던 이치를 터득하고 새로운 지식을 획득하게 되는데, 그런 앎의 생성 작용은 경험된 인식이 의식 속에 축적되고 본질 속에 잠재하는 탓에 가능하다. 이것이 일정 기간 잊혔다가 또 다른 경험 순간에 더욱 성숙해진 의식을 통해 직관으로 인출된다. 그런 연후에야 이성을 통한 사고로 관념으로 정착시키고, 언어의 집에 개념으로 정제하여 보관한다. 생애를 통해 경험한 것 일체는 자체의 의식과 본질 속에 빠짐없이 축적되나니, 곧 우리가 지닌 존재 본질의 생성 전모라, 몸 된 본성으로부터 분열된 것 일체는 때가 되면 다시 하나로 통합된다. 그런데도 지난날은 경험의 고차원적인 생성 작용 메커니즘을 알지 못한 탓에 **"진리 규명 방법"**과 인식 이론이 세계의 생성 본질과 이격되어 경험론 맥락의 끝자락에 선 데이비드 흄은 급기야 생성 본질의 추진 원동력인 인과 법칙마저 부정하는 회의론의 늪에 빠져 준엄한 생성 본질 뿌리를 고사시켜 버렸다. 깜짝 놀라 정신을 차린 칸트는 그것이 진실인 것을 우려하여 인간이 지닌 인식 능력 자체에 문제점이 없는가를 살핀 '순수 이성 비판' 작업에 몰입하였다. 하지만 경험론의 원인을 근본적으로 잘못 진단한 상태인데, 처방인들 제대로 했겠는가? 그러니까 당대의 칸트는 경험론의 말로를 흄의 회의론을 통해 엿보았지만, 아전인수격인 해석에 그침으로써 서구 문명의 본말전도적 대세 흐름을 끝내 막지 못했다. **"진리 규명 방법"**의 대류를 진단하고 판단해야 선현들이 개척한 인식 이론의 한계를 극복하고 가로 놓인 장애물을 걷어내어 이 땅에 강림하신 하나님의 존안을 뵐 수 있게 되리라. 모든 길은 로마로 통한다고 했듯, 일체의 진리 규명 방법과 인식 이론은 하나님의 실체적 모습을 부각하는 곳으로 집결시켜야 하리라.

3. 의식적 직관

서양인들이 개척한, 그리고 노력해서 제공한 진리 규명 방법을 통해서 인류는 어떤 문명사회를 이루었고, 인류 문명을 건설했는가? 과학적 방법론은 서구식 사고 전통과 추구와 인식 이론에 근거한 것인바, 이를 통해 서양이 지닌 문명적 본색이 분명하게 드러났다. 形而上學적인 사유 전통과 추구 과정이 없었던 것은 아니지만, 결과적으로는 한쪽으로 기울어 사물을 있게 한 바탕(본질)에 관한 진리 규명 노력은 배제하고, 존재한 사물이 지닌 결과적인 특성을 규명하는 데 집중하였다. 지극히 편향된 이것이 현대 문명을 위기로 몰아넣은 근본 원인이다. 더군다나 과학 혁명을 주도한 서양은 근대 들어 패권 세력으로 탈바꿈하여 약소국을 거점으로 한 식민지 쟁탈 경쟁에 뛰어들었고, 결국 제1, 2차 세계대전을 일으킨 참극을 불렀다. 이후에도 과학 문명의 위세는 등등하여 동양 사회도 그들의 사상과 문화와 선진 기술을 앞다투어 받아들임으로써 동도서기(東道西器), 화혼양재(和魂洋才)를 외친 선각의 정신을 무색하게 하였다. 이것을 어떻게 할 것인가? 심각한 상태인데도 대수롭지 않게 넘긴 것이 더 큰 문제이다. 이 같은 집단적 어리석음을 어떻게 일깨울 것인가? 인류 사회가 서양의 **"진리 규명 방법"**을 채택함으로써 얻은 것은 무엇이고, 잃은 것은 또 무엇인가? 아니 무엇을 보았고, 무엇을 볼 수 없게 되었는가? 서양인들이 개척한 인식 수단을 활용한 철학과 신학 영역은 세계에서 하나님이 존재한 사실을 증명했는가? 본체는? 모습은? 증명하는 데 있어 실패한 문명 체제이다. 무엇이 원인인가? 서양의 사고 전통 안에서 일군 形而上學적 추구 맥을 단절시키고 무색하게 한 결과이다(아리스토텔레스-유명론-경험론-유물론-과학주의……). 그도 그럴 것이 그들이 세운 인식 이론은 사물을 밝히는 데로 집중하였다. 편향, 편협한 것이 인류 문명을 종말에 이르게 한 원인이다. 편식하면 건강에 문제는 생기지만 굶지 않는 한 죽음에 이르지는 않는다. 하지만 인식 수단의 편향성은 인류의 근원 된 창조 뿌리를 고사시키기 때문에 때가 되면 총체적인 파멸이 불가피하다. 진리력이 고갈되어 한계성이 정점에 도달했는데도 문명이 발전하는 것으로 착각하는 것은 아무도 근본적인 문제점을 발견하지 못한 탓이다. 지구가 환경적으로 적신호를 보내고 있고, 각처에서 종말적 징조가 나타나고 있다는 사실을…… 이 같은 사태 원인이 바로 서양 인식론에 있고, 인식 수단이 사물의 본질을 규명하는 데 치우친 데 있다. 즉, 그들은 진리를 어떻게 발견하느냐는 물음에 대해 두 가지 방법적 길과 수단을 제시했다. 첫째는 "감각적 경험으로 진리를 인식한다는 것이고(경험론), 둘째는 이성에 의해 진리를 발견한다는 것이다(합리론)."[18] 그 뒤에 칸트가 나타나 두 방법에 모두 잘못이 있다고 하면서 인간의 이성적인 사고에 대해 철저히 파고들어 비판함으로써 서양 인식론을 종합하고 대성했다. 그러나 본유관념, 감각, 사고, 관념…… 이외에 또 다른 인식 수단을 개척하고 방법을 더한 것은 없다.

이에, 이 연구는 이전에는 동양 사회에서 활발하게 추구하고 개척하였지만, 지금은 사장되다시피 한 의식을 통한 인식 수단과 방법을 제기하고자 한다(의식적 직관). 불교가 이 같은 의식을 갈고 닦아 깨달음을 얻고자 했지만, 인식 수단으로서 이론화하지는 못한 상태이다. 서양 인식론처럼 체제를 갖추기 위해서는 인식 원리를 뒷받침해야 한다. 서양에서는 감각, 경험, 이성, 관념, 사고를 통해 진리를 인식하고자 했고, 그런 수단이 전부인 것으로 알고 있지만, 그것은 외부에 존재하는 사물의 성질을 파악하기 위해 적용한 인식 수단일 뿐이다. 그렇다면? 인간이 지닌 내면에 존재한 본질을 들여다보고 인식하기 위해서는? 인식하고자 하는 대상과 목적이 다른 만큼 '이성'과 '의식'은 상반된 역할을 한다. 감각과 이성은 겉(밖)으로 드러난 존재에 대한 정보를 감지하고 분석하는 작용이고, 의식은 존재가 지닌 자체의 본질 작용을 인출하는데, 이런 인식 작용을 일컬어 **의식적 직관**이라고 지칭한다. 정보를 머릿속에 집어넣고 논리적, 이치적, 정합적으로 분석하는 이성 작용과 그런 사고 절차 없이 존재한 본질 상황을 직시하는 의식 작용은 첨예하게 구분되는 과정이자 **진리 규명 방법**이다. 그래서 의식은 이성과 함께 작용 역할을 재고해야 하는 진리 인식 수단 방법이었다.

---

18) "합리론은 본유관념과 같은 입증되지 않은 불변의 개념을 전제하지만, 흄의 경험론은 인과율과 같은 자연과학의 근본 원리마저 부정함."-『철학 콘서트(3)』, 앞의 책, pp. 176~177.

천체 망원경의 성능을 향상하면 더 멀고 더 거대한 우주 세계를 관찰할 수 있게 되는 것처럼, 인류 사회는 또 다른 인식 수단과 영역을 개척함으로써 더욱 넓은 세계를 확보하고 더 고차원적인 문명을 건설할 수 있다. 왜 세계적인 인식 영역이 확대되는 것인가 하면, 의식은 바로 사고 작용으로 존재한 본질과 직결되어 있기 때문이다. 즉, 의식은 사고가 분화되어 인식 작용을 일으키기 이전인 통념 상태란 사실이다. 흄은 내면에 존재한 본질과 직결된 사고의 통념 상태를 인상과 관념으로 구분했지만, 그것은 오히려 의식이 분화되어 일어난 사고 작용의 작용 뿌리를 없앤 무모한 행위이다. 이런 이유 탓에 이 연구는 경험과 감각을 통해 얻은 정보를 분석하는 이성적 작용은 본체 본질과 떨어져 있다고 지적했다. 하지만 알고 보면 경험도 획득한 정보를 이성이란 분석 공장으로 보내는 탓에, 경험론이 오히려 더한 관념론이다. 이것은 관념론이 본체를 드러내지 못하고 관념적 범주 안을 벗어나지 못한 이유이기도 하다. 이런 문제를 풀고, 사고를 통한 일체의 관념적인 진리 명제에 대해 직접 본체적인 뿌리를 제공하고자 하는 것이 **"의식적 직관"** 논거이다. 그야말로 의식은 진리를 추구함으로써 존재가 지닌 본질 상태와 작용 특성과 구조를 실시간으로 묻어내고 추적하기 때문이다. 그것이 바로 존재한 본질 상태를 의식으로 직관한 진리 명제이다. 서양 인식론은 진리 영역을 가시계와 가지계 영역에 한정하였고,[19] 그것은 외부 대상을 파악한 진리 영역이며, 이성은 가지계에 존재하는 이데아의 세계를 사고적으로 인지하는 것이라고는 하지만, 사실은 이성을 통해 관념적으로 추정한 데 불과하다. 존재가 지닌 자체의 본질 규

---

19) "가시계를 인지하는 것은 인간의 감각이고, 가지계를 인식하는 것은 인간의 이성임."-『철학 콘서트(1)』, 황광우 저, 웅진지식하우스, 2007, p.72.

명 문제와는 거리가 먼 외부 대상에 국한하였다. 그런 인식 수단의 한정성에 대해 다시 정리하면, 가시계는 하나님으로부터 화신 된 창조 세계, 곧 몸 된 바깥의 결정된 영역을 파악하고자 하는 것이고, 가지계는 몸 된 내면으로 직접 들어가지 못하고 사고를 통해 추론한 것이지만, 동양에서 개척한 수행은 의식을 존재한 본질 속으로 침투시켜 만유 공통인 바탕 본질과 일치, 합일하고자 한 내면세계의 개척 방법이다. 그래서 **"의식적 직관"**은 감각, 경험, 이성과 달리 존재한 본질 상태를 직시하고자 한 **"진리 규명 방법"**이었다는 사실을 분명히 한다.

"칸트가 말한 순수 이성은 인간의 선험적 인식 능력이다. 그것은 경험에서 얻는 것이 아니다. 우리가 태어날 때부터 선천적으로 지닌 인식 능력이다. 이것을 칸트는 감성, 지성(좁은 의미의), 이성으로 세분하였다."[20] 그렇다면 다시 설명할 필요도 없이 순수 이성, 즉 날 때부터 선천적으로 타고난 인식 능력에 해당하는 것은 칸트가 말한 세 가지 능력이라기보다는 우리가 지닌 통념인 의식 자체이다. 칸트가 순수 이성을 비판함으로써 인간의 인식 능력인 감성, 지성, 이성을 왜 유일한 도구라고 생각했는가 하면, 한계를 지닌 원인을 이성이 지닌 탓이다. 인식 수단을 본질과 직결된 의식 위에 두지 않고 거리가 먼 사고 위에 둔 것이다. 그러니까 추출한 진리 명제도 관념 안에 머물러 본질을 규명하기 어려웠다. 내면 본질을 의식으로 직관하는 것과 외부 정보를 사고로 인식하는 시스템은 분명 차이가 있다. 끌어내는 것과 받아들이는 작용은 다르다. 하지만 이렇게 해서 확보한 인식 자료를 어떻게 정리하고 분석해서 판단하는가 하는 것은 진리 인

---

20) "감성은 오감을 통해서 감각 자료를 받아들이는 능력이고, 지성은 개념화해서 판단하는 능력이며, 이성은 추리하는 능력."-『지적 대화를 위한 넓고 얕은 지식』, 앞의 책, p.452.

식 수단과 진리 규명 방법과는 또 다른 절차상의 문제이다(진리 규정 절차). 이런 측면에서 이성 작용은 의식적인 직관 작용과 함께 지극히 공통적이다. 분석하고 추리해서 판단하고 통찰하는 절차는 감각을 통해 받아들인 인식 자료와 의식으로 직관한 자료라고 해서 다르게 적용할 것이 없다. 그런데도 이전에는 감각적인 인식을 통해 확보한 자료만 이성이란 분석 시스템 안에 집어넣은 탓에 물 자체를 인식할 수 없다고 운운했다. 이성이 인식 작용으로서 문제가 있기 이전에 수집된 자료 투여가 편향된 데 더 큰 문제가 있다. 그래서 구축된 인류 문명도 한정적이고 편향되었다. 그렇다면? 직관한 내면의 본질 인출 자료도 함께 이성의 분석 공장 안에 투여해 종합적으로 판단해야 했다. 그리해야 만족할 수 있는 완제품, 곧 온전한 세계적 관점과 부족함이 없는 진리 재료로 합작한 완전한 인류 문명을 건설할 수 있다. 하나님이 천명하신바 이 땅에서 하나님과 함께할 지상 천국 건설이 그것이다.

그렇다면 외부로부터 받아들인 인식 자료를 이성으로 분석한 진리 특성과 달리, 내부로부터 끌어낸 직관 자료를 이성으로 분석하면 어떤 특성이 있는 진리를 도출할 수 있는가? 직관한 진리성은 동양의 선현들이 통찰해서 일갈한 바 있다. 수행을 통한 깨달음 특성에 논거를 둔 '돈오돈수설'과 '돈도점수설' 등이 그것이다. 이것은 인식 수단과 인식 이론에 관한 논거인 만큼, 원리적인 뒷받침이 필요한데, 바로 **"의식적 직관"**의 작용 메커니즘을 밝히면 해결할 수 있다. 즉, 해오란 본성적 깨달음인바 "단순한 지각 상태나 이성 작용으로 얻어지는 것이 아니다. 心身不二에 도달한 정신 차원에서 주어지는 전인(全人)적 전회(轉回)이다."[21] 사고만으로 얻어지는

---

21) 「돈오돈수적 점수설의 문제점」, 김호성 저, p.289.

관념적 지각이 아니다. 혼연일체 된 정신 경지 상태이다. 반면, **서양 인식론이 지닌 총체적인 한계는 사고를 주된 진리 규명 수단으로 삼음으로써 몸 된 의식을 참여시키지 못한 데 있다. 이것이 문명적, 세계관적 한계로 종말성을 초래한 원인이다.**

차치하고, 이성 기능이 작용하기 이전인 **"의식적 직관"**은 현상의 분열 질서를 철저하게 따르는 사고 작용과 다르게 초월적, 통체적이라고 했다. 합리성, 법칙성을 따르는 논리적 사고와 분석적 추론 등은 사고의 엄밀한 질서를 따르지만, 의식으로 포착한 직관은 분열과는 무관한 본질 자체의 특성을 따른다. 그런데 그 분열을 일으킨 본질은 자체가 통합적이고 분열 질서를 초월하지만, 인출은 어쩔 수 없이 분열된 질서를 따르다 보니 순간적인 일회성에 그친다. 지극히 돈오적이란 뜻이다. 그래서 수행자는 늘 깨어 있는 열린 의식을 견지해야 한다. 그야말로 순간적인 도출이고 찰나적인 포착 기회이며 사전에 준비한 화두, 곧 세계를 향해 열어 놓은 잠재의식과의 일치 상태이기 때문에 각인한 진리 인식 명제가 지극히 단편적이다. 송신자와 수신자의 주파수는 한순간에 일치한다. 그런데 라디오 주파수는 맞으면 채널을 고정하여 놓을 수 있지만, 세계의 본질은 생성하고 의식 역시 분열 중이기 때문에 포착했을 때 기록해 놓지 못하면 정보와 기억을 잃어버린다. 의식된 순간은 지극히 찰나적이다. 또한, 그런 순간은 반복해서 깨치기 어렵다. 그러나 구도자는 쉼 없이 정진하고, 세계의 본질은 끊임없이 생성하기 때문에 내면의 본질 속에 잠재되어 있다가 때가 되면 보다 성숙한 의식으로 재차 표출될 수 있다. 이렇듯 직관된 인식 명제와 정보를 절차에 따라 종합적으로 통찰하면(이성) 세계의 본질이 분열함으로써 통합하고, 통합함으로써 분열하는 생성 질서의 본말을 확인할 수 있다. 이 연구가 걸어온 길의 추구 과정이 이 같은 진리 규명 과정과 결과를 시사하거니와, 독백으로 수놓은 길의 단편적인 직관과 인식 명제들은 합리적, 논리적, 서술적이지 않다. 본인조차 당시에 왜 그런 생각을 한 것인지 이해할 수 없었지만, 때가 된 일정 시기에 과정을 완수한 관점에서 보니까 의미와 작용한 특성을 가닥 잡을 수 있었다. 그렇게 해서 규명한 의식 생성의 전모가 다름 아닌 일관성, 관통성, 생성성, 축적성, 통속성, 의지성, 구조성, 질서성이고, 갹출한 결론적인 특성이 곧 세계 본질의 '존재성'이다.

의식된 직관은 현상의 분열 질서를 따르지 않는다. 그러면서도 인식은 생성 질서의 경위와 본체의 전체적인 정보를 내포하고 있다. 현상적인 질서 안에서는 성립할 수 없는 一卽多 多卽一 조건이 의식 안에서는 무관하게 성립한다. 그만큼 **의식으로 직관한 인식 작용은 종말에 처한 인류가 반드시 진리성을 확인해서 고속도로화시켜야 할 신세계로 나가는 길이고, 인류 문명을 구원하는 길이다.** 우리는 직관 작용을 통해 과연 무엇을 알고, 보고, 깨닫고, 구해야 하는가? 세계의 본질을 밝힐 수 있는 길과 연결되어 있으니, 그 길이 종국에는 의식-존재 본질-세계 본질을 거쳐 천지 우주를 창조한 하나님의 창조 본체와 맞닿아 있다는 사실을 체감하는 것이다. 覺者들이 구하고자 한 궁극의 道, 깨달음을 통해 얻은 각성 역시 세계에 가로놓인 본질 상태와 특성을 갹출한 것이므로, 이것을 하나님이 밝힌 본의 관점에서 종합하면 지향하는 방향이 세계의 근원 된 창조 진리를 지침하고, 창조 진리는 창조 본체, 창조 본체는 결국 창조주 하나님에게로 도달한다. 궁극적인 범아(梵我), 그 절대적 자아인 하나님은 존재하신다. 단지 覺者는 범아에 이르는 길을 보편화시키지 못해 문턱까지 도달했지만, 혼자만의 경험에 그쳐 후인들이 발걸음을 쫓지 못했다. 자신은 강을 건넜지만 타고 간 뗏목은 버리고 말았다. 하지만 열린 가르침은 인류의 보편적인 구원 역사를 기치로 내세운 만큼, 넓고 튼튼한 방법적 길을 개척해서 하나님에게로 이르는 길을 확실하게 안내하고자 한다. 이전에는 하나님이 저 먼 하늘나라에 계셨지만, 지금은 우리가 존재한 이 시공간과 내면에 함께하시나니, 바로 의식을 통한 직관 경로를 통하면 인류 모두가 하나님에게로 나아갈 수 있고, 세계 안에서 영광된 존안을 뵐 수 있다. 그 길을 이 연구가 열린 가르침으로 지침하리라.

4. 교감적 합일

동양의 성인 공자는 하늘을 모델로 삼고 하늘과 교감하면서 天命을 받들고자 했다. 그런데 어느 날 아무 말도 하지 않겠다고 선언했다. 제자들이 당황해서 까닭을 물었다. 그러자 공자가 대답했다. "하늘이 무슨 말을 하겠는가? 사계절이 운행하고 만물이 자라나는데 하늘이 무슨 말을 하겠는가?"[22] 공자는 하늘처럼 자신이 행동함으로써 제자들을 깨우치고자 했다. 즉, 하늘은 말이 없는데 사계절이 어김없이 운행되고, 만물이 나고 자라는데 부족함이 없으니, 그것은 모두 하늘이 정한 이치 탓이다. 하늘은 공자 시대나 지금도 말이 없지만, 무한한 신뢰와 믿음으로 교감하는 것이 그와 같다. 마음과 생각과 뜻이 하늘과 동조된 상태이다. 자연이 말을 하는가? 하지만 "자연 교감"이란 말이 있지 않은가? 눈빛만 보아도 안다는

---

22) 『논어』, 양화 편, 제19장.

말이 있다. 뜻이 통한 것이다. 소리가 공명하는 것은 어떻게 일어난 현상인가? 울림이 비슷하기 때문이다(주파수 일치). 인간의 영력이 고도화되고 공감된다면 하나님과도 교감할 수 있지 않겠는가? 소리도 동조되면 같이 울리는데, 인간과 하나님 간에랴? 왜 이런 말을 하는가 하면 선현들은 감각, 경험, 사고, 이성……을 진리를 규명하는 방법과 인식 수단으로 활용하였지만, 영성적인 교감 작용 영역은 전혀 포착하지 못했다는 것을 지적하기 위해서이다. 더군다나 그들의 수단은 한결같이 어쩔 수 없는 제약을 지녔지만, 교감 작용은 사고를 통한 상상력만큼이나 인식 영역을 무한대로 넓힐 수 있다. 믿음, 신념, 가치, 의지, 뜻, 정신, 영혼 할 것 없이 일체를 보쌈해서 무한한 우주 공간으로, 혹은 차원 밖 세계에까지 미치고, 꿰뚫고, 종국에는 일체 될 수 있다. 교감은 참으로 마음, 영혼, 의식(=정신)을 통한 차원 간 상호 소통 작용이다. 하늘이 입이 있어 말을 하겠는가? 하지만 하나님과 인간이 믿음으로 교감하는 데 있어 입과 말은 필수 조건이 아니다. 마음을 다하고 의식을 다하면 뜻과 뜻이 통하고 일치된다. 이 연구가 지금 말하고자 하는 그것이 바로 **"교감적 합일"**이다. 만인이 함께 영교하고 하나님과 영통할 수 있는 길이다. 천지 만물과도 교감할 수 없을 것 같은가? 마음으로 우주를 포유할진대 불가능한 것이 없다. 하나님의 전에 나아가 간구하면, 하나님이 성령으로 임하여 응답하신다. 기독교는 이 교감 작용을 주된 신앙 원리, 믿음 원리, 계시 원리, 구원 원리, 영생 원리, 성령의 역사 원리, 하나님의 임재 원리로서 교리화해야 했다.

지난날 교감 수단에 제한이 있었던 것이 세상 차원이라면, 교감적 합일은 초월적인 하늘 차원이다. 왜 서양 전통은 하나님을 신앙한 문명인데, 객관적인 사물의 본질을 밝히고자 한 인식 작용에 관해서는 애써 이론화하면서도 하나님의 뜻과 말씀, 곧 계시 작용을 원리적으로 정립하고자 한 노력은 없었는가? 하나님은 얼굴도 없고 입도 없는 무형상이라, 그런데도 성경은 처음부터 끝까지 말씀으로 채워져 있고, 말씀 자체가 하나님이라고 하였다. 도대체 어떤 수단과 방법으로 두꺼운 말씀 집을 전달한 것인가? 공자처럼 "하늘이 무슨 말을 하겠는가?"라고 고백하는 것이 진솔한 태도가 아니겠는가? 여기에 대해 신학자들은 어떻게 답할 수 있는가? 하나님은 진실로 무형이지만 신실한 선지자, 예수, 사도, 종, 교부, 목사, 신앙인이 하나님과 교감함으로써 그들을 통해 생명의 진리로 기록되었다. 진리는 감각과 경험을 통해 주어지고, 이성 작용으로 관념 위에 안착한다는 것이 얼마나 협소한 생각인가 하는 사실을 알 수 있다. 인식에서 기어가는 자와 날아가는 자와 차이라고 할까? 이전까지는 세계적인 여건상 기어가야 했지만 하나님이 강림하신 오늘날은 날아가야 하나니, 하나님의 뜻을 받들면 믿음으로 교감하고 말씀으로 진리를 깨달으며 종국에는 합일할 수 있다. 영안이 열리나니, 이 같은 인식적 뒷받침에 **"교감적 합일"**이란 인식 작용 원리가 있다. 하나님의 뜻을 인식하고, 말씀을 통해 진리를 깨달을 수 있는 교감 체계, 소통 체계, 대화 체제를 구축해야 인류 사회가 하나님과 함께할 수 있는 실질적인 '지상 강림 역사시대'를 열 수 있다. 기대된 이 같은 인식 체제가 성부 시대와 성자 시대에는 구축될 여건을 갖추지 못했다. 그러니까 선지자, 예언자, 대언자가 말씀을 대신 전달한 선포 역사가 불가피했다. 하지만 지상 강림 역사시대에는 모두가 하나님과 영교하고, 존안을 뵙고, 말씀으로 대화할 수 있어야 하나니, 말씀을 통해서 진리를 인식하고 뜻을 받들 수 있는 교감 체제를 세워야 한다.

성경은 하나님이 성령으로 계시한 말씀을 기록한 책이지만, "교육의 위

대한 말씀"도 실상은 종말에 처한 인류를 가르침(교육)으로 구원하고자
한 **"하나님의 위대한 말씀"** 책이다. 어떻게 해서 이 책이 성경에 기록된
것과 같은 하나님의 말씀인가? 누구도 그렇게 말씀한 하나님을 보지 못했
고 귀로 듣지 못했다. 대명천지 하늘 아래서 우리는 하나님이 입으로 전
하는 말씀을 들을 수 없다. 성경을 통해서, 혹은 설교를 통해서, 혹은 꿈
을 통해서, 혹은 환청을 통해서 하나님의 말씀이라고 믿었을 때 가능한 교
감 작용 원리인지도 모른다. 하지만 인류는 참으로 깨달아야 하나니 사실
적, 객관적인 실존자로서 조건을 갖춘 하나님의 말씀을 듣고자 한다면 신
인 간 교감 작용 원리는 영원히 작동할 수 없다. 정전되면 아무리 스위치
를 눌러도 불이 켜지지 않는 것처럼…… 이유는 명백하다. 하나님이 우리
와 동일한 존재 조건을 갖춘 존재자라고 여긴 착각 탓이다. 부처님이 이르
시길, 모든 형상 있는 것은 형상이 아니나니, 형상에 집착하지 말라고 하
셨다. 하나님은 우리와 차원이 다른 분인데 끝까지 동일한 조건으로 하나
님이 존재하고 말씀하고 임하시길 요구하면서 고집을 피웠다. 아이가 원
하는 것을 주지 않는다고 떼를 쓰는 것처럼…… 그것은 창조주 하나님을
모른 무지, 어리석음, 아집 자체이다. 말씀으로 깨달아야 하나니, 하나님은
말씀 자체이시다. 말씀으로 교감된 역사 과정을 살피면 오히려 눈으로 모
습을 보고 귀로 말씀을 듣는 것보다 더 확실한 임재 사실을 깨달을 수 있
다. **하나님은 성령으로 역사한 말씀을 통해 모든 것을 말하고 모든 것을
나타내고 모든 권능을 행사하신다.** 말씀이 하나님 자체이고, 말씀이 권능
자체이며, 말씀이 천지 만물을 창조한 주체이다. 세계 전체가 하나님의 몸
된 본체인데, 그 안에 있는 우리가 하나님의 모습을 볼 수 있다고 생각했
다니…… 본체 안이기 때문에 형상이 없고, 영으로 임재하고, 말씀이 영혼

을 통해 뜻으로 전달되는 것이다(믿음). 뜻과 의지로 역사하시기 때문에 말씀이 진리로서 각성되고 의지로서 머문다.[23]

覺者는 깨닫고 일갈했지만, 그것은 현재의 결정 질서를 부정한 언어 놀음에 불과하다. 현실의 조건과 주어진 인식 수단을 통해서는 궁극적 실재를 드러낼 방법이 없다. 노자는 애써 작위를 부정한 방법(무위)으로 우주 본연의 창생 모습을 말했다. 칸트는 이유 불문하고 물 자체는 이성으로 인식할 수 없다고 딱 잘라 말했다. 다른 것에 대한 설명이 아니다. 인류가 보길 원했고 이 연구도 요청한 하나님의 존재 모습이 그러하다는 말이다. 전능한 하나님도 어찌할 수 없다. 그런데 아직도 깨닫지 못해 실존자적 모습을 철회하지 않고 있어서 다시 설명하는 것이고, 하나님은 그 같은 사실까지 고려해서 존재한 모습을 나타내고자 하신다. 아울러 인류도 교감 작용 원리와 실존성을 확인할 수 있는 안목을 가져야 한다. 앞서 펼친 의식적 직관은 깨달음의 인식 작용 원리를 대폭 수용한 상태이다. 그런데도 覺者들은 수행해서 깨달음을 얻었지만, 그렇다고 해서 하나님의 실존 사실을 자각하고 모습을 보았다고 말한 자는 없다. 이유가 무엇인가? 교감 작용의 우선 조건인 정진으로 고도화시킨 의식, 곧 쌓아 올린 영력 주파수가 하나님의 뜻과 어긋나 空한 본체 특성만 꿰뚫었다. 다시 말해, 믿음으로 구하지 않고 道를 구하고자 한 열망만 앞세웠다. 하나님의 모습을 보고 영혼 위에 새길 리 만무하다. 하늘과 땅 차이이다. 믿음으로 구함과 지식으로 구함과의 차이처럼…… 하나님의 뜻과 교감할 수 있는 조건이 성립될 수 없다. 그렇다면? 믿음이 필수 조건이다. 하나님의 실존성 여부는 오히

___

23) 본체 안이기 때문에 우리가 마음을 품고 의식을 가지듯, 마음과 의식으로 통하고, 뜻이 일치할 수 있다. 우리의 마음과 의지를 놓침 없이 감찰한다. 이것이 곧 교감적 합일의 작용 근거임.

려 그다음이다. 믿음으로 하나님과 연결되어야 하고, 하나님과 교감(동감, 공존)함으로써 하나님의 일체 조건 곧, 존재자다운 전모(본체, 모습, 말씀, 인격, 감정, 사랑, 의지, 뜻……)를 볼 수 있는 영안을 가진다. 이것이 깨달음과의 결정적 차이이다. 믿음이든 수행이든 정신적인 투여 과정은 같지만, 주어진 결과는 천양지차다. 불교는 깨달으면 자성을 보고, 자성을 보면 본래 모습을 본다고 하였지만, 그렇게 해서 본 본래 모습이 창조된 바탕(궁극) 자리까지뿐이다. 창조 본체로부터 이행된 존재 본체까지는 미쳤지만(자성), 그것은 하나님이 화신한 본체 상태라 각성한 본질 일체가 空한 모습이다. 보긴 했지만, 하나님은 보지 못한 것이다. 차원 막에 가렸다. 하지만 믿음으로 교감하면 그렇지 않다. 이전에는 覺者도 선지자도 상황은 마찬가지이다. 시공간 안에서 역사 된 긴장되고 긴박한 구도 과정과 성령의 역사 과정을 실시간으로 남겨 놓지 못했다. 그러니까 후인은 그들이 남긴 발자국을 찾지 못했다. 그곳에 정말 살아있는 진리의 생명력이 숨 쉬고 있는데도 말이다.

석가모니는 우여곡절 끝에 출가를 단행하고 처음에는 이름난 스승을 찾아가서 가르침을 구했다. 하지만 원하는 진리를 얻지 못하자 직접 깨우치고자 수행의 길을 택했다. 어느 누가 부처님이 될 성인에게 가르침을 줄 수 있었겠는가? 그래서 결국은 스스로 깨친 부처가 되었으니, 곧 '무상증등정각'이다. 최상의 진리를 얻었지만, 그렇다고 정각이 모든 진리를 통달한 것이란 뜻은 아니다. 말 그대로 부처님이 발문하고 궁구한 의문 영역까지이다. 이것이 부처님이 도달한 정각의 한계이며, 선천 종교인 불교 전체의 한계이기도 하다. 바로 이 같은 진리로서의 한계를 넘어선 곳에 하나님의 열린 가르침, 곧 위대한 말씀의 역사가 있다. 말씀의 역사란 성령의 역사, 영력으로 교감된 신인합일 역사이다. 인류가 확보한 인식 수단인 감각(경험)-사고(이성)-의식(직관)을 거쳐 확보한 **"교감적 합일(계시)"** 역사가 인식 영역 전체를 종합함으로써 하나님의 실존성을 말씀으로 체득할 수 있게 되었다. 깨달음은 내면 본성의 궁극성을 보는 것이고, 그를 통해 우주의 본질을 볼 수 있지만, 본체적인 특성이라 존재자로서의 모습까지는 어렵다. 하지만 교감으로 합일된 말씀 역사는 초월 된 본체자의 실존 상태, 형태, 특성뿐만 아니라 의지, 사랑, 마음, 감정까지도 파악할 수 있다 (하나님으로서는 나타내어 보이는 것이고, 우리로서는 감지, 간파, 각성하는 것임). 인류가 종국에 보고 알고 구해야 하는 진리가 이 같은 말씀이다. 이런 실존성을 체득해서 진리로 인식하고 뜻을 받드는 여기에 화신 된 하나님이 우리의 영혼 위에 머문 모습을 보는 영안이 있다. 그 모습, 그 실체, 그 실존자가 곧 이 땅에 강림하시어 나타내 보인 하나님의 얼굴 모습이다. 이름하여 진리의 성령이시라, 삼위일체와 동격인 보혜사 하나님으로서 이 땅에 거하기 위해 화신한 하나님이시다. 그러므로 인류가 하나님을 뵙고 뜻을 받들기 위해서는 믿음으로 교감한 성령의 역사를 체험해야 하며, 그를 통해 우주를 본체로 하여 시공을 주재하는 실존자로서의 모습을 확인하는 것이 필수 조건이다. 깨달음도 필요하고, 道도 얻어야 하고, 성령의 역사도 체험해야 하지만, 그보다 더 우선된 것은 역사 이면에서 역사한 하나님의 실존 의지를 체득하는 것이다. 바야흐로 맞이할 지상 강림 역사시대의 길목에서 이 연구는 만인 영교와 만사 영통할 길을 열 수 있도록 열린 가르침으로 길을 세세하게 안내하고자 한다.

"교감적 합일"은 깨달음처럼 외딴섬을 찾아서 홀로 보물을 발견하고자 하는 것이 아니다. 교감 역사란 상대를 전제한 초월적 대상과의 소통을 목적으로 한 일종의 정신 작용이다. 대상도 있고, 목적도 있는바, 원 포인트 초점이 바로 믿음을 통해 연결된 하나님에게 있다. 성령과의 교감 방법으로 소통로를 트고, 그를 통해 하나님의 임재 사실을 확인하며, 역사한 결과를 통하면 하나님이 어떤 분인지 판단할 수 있다. 그런 교감 역사의 제일 정점에 신인 간 합일 의식이 있다. 수행자가 발원과 화두를 통해 의문을 본성 속에 잠재시키면 의식이 고도화되어 우주의 운행 본질을 꿰뚫는 깨달음의 길을 열지만, 교감 역사의 궁극적 목적은 하나님의 살아 계신 역사를 뜻의 합일로서 확인하는 데 있다. 사고든 의식이든 쌓고 도야하고 집중해야 하는 조건은 비슷하지만, 그로써 드러나는 결과는 전혀 다르다. 교감 역사를 통한 뜻의 합일 순간도 수행자가 도달한 득도 순간도 동일한 해오이고 돈오로써 우주의 본질을 꿰뚫는 영안의 트임 순간이다. 그런데 이것이 전부이고 끝이 아니라는 것, 교감 역사를 통하면 창조 이래 하나님이 주재한 역사 뜻과 실존 의지까지 한순간에 깨닫는다. 하나님의 역사 뜻을 깨닫고 실존 의지를 확인하는 순간이니 "아, 그것이 바로 하나님의 뜻이었구나!" 자신이 늘 기도하였고, 소망하였고, 이루고자 한 바람과 믿음이 공감된 하나님 자체의 뜻이었다는 사실을…… 교감 역사에는 정신 작용의 본질과 의식 작용의 본질을 모두 뒷받침하고 있어 의문, 발원, 소망, 기도, 수행, 정진, 추구 의지 일체가 이곳에 축적되고 함재되어 있다. 이것을 끌어내기 위해서 정신 의식을 고도화시키고, 정신을 집중해서 발산하는 주파수 파장을 하나님의 뜻 안에 두어야 한다. 정신을 통한 추구 자세는 존재에 의지력을 부여하고, 정신을 통한 사색, 묵상, 기도는 영안의 문을 여는 역할이다. 천체를 관측하기 위해서 우주를 향해 지붕을 개방해야 하는 것처럼…… 무한한 우주 공간을 관찰하고 지켜보다가 새로운 별을 발견하는 것처럼, 발원한 기도와 의문 구조와 일치된 말씀을 포착한다. 별을 관측하기 위해서는 하늘을 살펴야 하고, 하나님의 뜻을 구하기 위해서는 하나님이 성령으로 역사한 말씀을 접해야 한다. 말씀은 성경과 목회를 통한 대언이 기본적인 교감 근거이다. 이것을 기반으로 하나님은 우주를 주재하면서 성령으로 역사하시고, 말씀으로 임하여 역사하신다. 그렇지만 정작 중요한 것은 신인 간 뜻을 합일할 수 있게 한 의식적, 존재적, 시공간적 역사 작용 자체이다. 이것을 선현들이 간과하였다. 그 역사적인 작용 현상을 살펴서 통찰해야 인류가 실존자인 하나님을 뵐 수 있다.

그러므로 우리가 믿음으로 하나님의 뜻과 공감하는 것은(묵상, 의식, 사색, 선정이 모두 神에 이르는 정신 작용 수단임) 그것이 교감 작용 원리인 동시에 계시 작용 원리이고 기도, 믿음, 신앙을 뒷받침하는 상호 소통 원리일진대, 이런 신인 간 뜻의 합일 원리는 만인에게 동등하게 작용한다. 선지자, 예언자, 사도를 통한 말씀의 역사, 성령의 역사로 기록된 성경, 그리고 이 연구가 길의 과정을 통해 받든 말씀의 역사가 모두 그러하다. 더나아가 부처님이 체득한 깨달음의 역사, 무함마드가 받은 코란의 역사, 수운이 받든 동경대전의 역사 등등. 동일한 뜻의 합일 결과이다. 단지 왜 동일한 분과 동일한 교감 작용 원리로 받은 계시 뜻을 다르게 해석했는가 하는 것이 문제일 뿐…… 하지만 똑같은 작용 결과란 사실을 알게 되면, 다시 하나로 일관할 수 있다. 그렇게 할 수 있는 그곳에 하나님이 성령으로 역사한 사실을 확인할 수 있는 영안의 획득 조건이 있다. 이 연구가 지침한 전제 조건으로서 강조한 믿음은 하나님과 교감할 수 있는 정신 상태로서 신인 간에 가로 놓인 차원의 벽을 허물고 상호 소통할 수 있는 필수 조건이기 때문이다. 믿음으로 뒷받침한 정신 의식으로 하나님을 향해 메시지를 발신하면 하나님도 열납하고 메시지를 발신하게 되므로, 이것이 신인 간 뜻의 합일 결과 형태로 응답된다. 아니, 공감 상태를 넘어 상호 일치함을 통해 하나님의 뜻이 인간에게 전달되고 포착되는 계시 역사로 승화된다. 바로 **"교감적 합일"** 작용의 구체화이다. 반드시 밝혀야 하는 계시 작용 원리의 본질이다. 그리해야 성령의 역사 가운데서 진리가 샘솟고, 기도 가운데서 말씀이 머무나니, 그 같은 역사를 실인하는 순간 자체가 모두 진리이다.

다시 묻노니, 현 시공간 안에서 우리는 어떻게 해야 하나님의 모습을 뵐수 있고, 말씀을 들을 수 있으며, 존재한 사실을 확인할 수 있는가? 과거에는 어떤 시대와 역사와 문명 체제를 불문하고 보편화되어 있지 못했지만, 하나님이 강림하신 '지상 강림 역사시대'에는 가능한 소통로가 활짝 트였다. 존재자로서 실존한 하나님과 영교하고 영통할 수 있는 상호 교감 체제를 확립하는 것이야말로 인류가 강림하신 하나님과 함께할 제3의 영성 문명을 건설하는 길이다. 참으로 하나님의 모습을 뵙고, 하나님의 말씀을 들으며, 교감 된 믿음으로 영생의 진리를 감득하는 시대를 맞이하게 되리라.

제54장 진리 규정 절차

1. 진리와 본질

　만인이 다 진리를 사랑하거나 진리를 추구하는 삶을 살지는 않는다. 선각들이 사명감을 가지고 고귀한 삶을 바친 탓에 진리가 명맥을 유지할 수 있었다. 무엇 때문에 사느냐, 무엇을 위해 사느냐고 물으면 다양한 삶의 목적을 말할 수 있다. 권력, 지위, 재산, 명예, 사랑, 신앙, 행복 등등. 나열한 항목 중에서도 선호도가 가장 뒤떨어진 것이 진리를 얻고자 한 목적이리라. 대개 고독한 삶의 여정 속에서 사색에 몰두하고 있는 철학자의 삶을 떠올린다. 하지만 진리는 과연 특별히 사명을 가진 사람만 구하는 선택적인 것인가? 모두가 다 추구해야 하고 알아야 하는 필수적인 삶의 길이 아닌가? 더군다나 죽어서 가는 저승길이 살아생전에 구한 진리가 지침하고 있다면 어떻게 할 것인가? 예외가 있을 수 없는 인류 공통의 보편적 삶의 길이다. 그런데도 대다수 인류가 진리와 무관하게 삶을 영위한 것은 진리가 지닌 생명성과 영원성과 존재성을 깨닫지 못해서이다. 하나님은 진리로서 태초에 천지 만물을 창조하셨고, 인류 역사를 주재하셨으며, 오늘날은 진리를 본체로 한 보혜사로 강림하신 바인데, 진리를 등한시한 삶은 바로 천의를 어긴 것이 된다. 모두가 진리를 추구하고 진리와 함께하며 진리를 깨달아야 하나니, 그리해야 너와 나, 인류가 나고 가야 할 길을 알고, 강림하신 하나님과 함께할 수 있는 근본적인 조건을 갖춘다. 한두 사람이 아니고 인류를 빠짐없이 진리 가운데로 인도하는데 이 연구가 논거를 둘 단계적인 **"진리 규정 절차"**가 있다.

유사 이래 선현들의 노력으로 진리를 구하고 道를 얻고 계시를 받들었지만, 진리가 무엇인지를 확실하게 정의한 사람은 없다. 그 이유가 무엇인가? 소정의 조건을 완비한 진리 규정 절차를 거치지 못해서이다. 하지만 이제는 진리의 전모자이자 본체자인 창조주 하나님이 보혜사 진리의 성령으로서 강림하신 바이므로, 바야흐로 진리가 무엇인가를 규정할 때가 도래하였다. 진리를 규정하지 못한 이유는 무엇이고, 때가 되어 진리를 규정할 수 있게 된 이유는 또 무엇인가? 그것이 곧 **"진리와 본질"**과의 관계를 통해 해소할 수 있다. 진리는 진리 자체만으로 존재하지 않고, 인출되는 것도 아니다. 본질과 함께하며, 본질과의 관계가 긴밀한 탓에 진리를 규정하지 못한 것은 그보다 먼저 본질이 무엇인지 규정하지 못해서이므로 절차상 본질부터 규정해야 했다. 더 나아가 본질을 규정하기 위해서는 본질로서 구성된 본체를 규정해야 하고, 본체를 규정하기 위해서는 그로써 구성된 존재자로서의 온전한 모습을 파악해야 했다(진리의 전모). 그래서 존재론-진리론-본질론은 서로가 서로를 물고 연결되어 있다. 규정을 위한 선행 조건으로 작용하는 탓에 한 영역만으로써는 규정이 불가능했다. 그래서 지난 세월은 바로 이 같은 선행 조건을 갖추기 위해 선현들이 정열을 바쳐 진리를 추구한 역사였다. 때가 될 때까지는 진리를 정의, 규정, 증거할 수 없었던 이유이다.

그렇다면 진리가 무엇인가를 규정하기 이전의 선행 조건인 본질은 무엇인가? 본질을 알기 위해서는 이전에 창조를 알아야 하고, 창조를 알기 위해서는 이전에 본의를 알아야 하며, 본의를 알기 위해서는 이전에 본체자인 하나님을 알아야 하지만, 모든 선행 절차는 연결된 탓에 어느 하나부터 일단 첫 실마리를 풀어야 하는데, 가지계상에 표출된 것이 진리이므로, 진리를 근거로 해서 이전의 선행 조건을 단계적으로 해결해야 한다. 선현들이 규명한 바로서도 본질은 현상계의 바탕이 되는 그 무엇이고, 현존재에 대해서도 존재한 조건이 선행하는 그 무엇이다. 나와 우주를 있게 한 원인도 여기에 포함된다. 원인이 곧 본질인 탓에 현질서와 시공간을 초월하며, 그것은 실체가 아니다. 그 무엇이란 비물리적, 비물질적이다.[1] 이런 조건을 갖춘 본질이 바로 현존재와 연관되어 있다. 원인이든 바탕이 된 뿌리로서든…… 그런데 선현들도 바탕이 된 본질의 근원적, 원인적 특성에 대해서는 말했지만 정작 중요한 본질의 창조적 역할에 관해서는 정확한 언급이 없었다. 핵심 된 선행 조건을 갖추지 못해서이다. 창조 요소를 빠트린 탓에 진리와 본질과 존재 간을 연결하는 고리를 찾지 못했다. 창조에 초점을 맞추어야 진리의 규정 조건이 생성되며, 진리와 본질 간에 관련된 실마리를 찾게 된다. 제반 원인이 본질적인 바탕체로서 역할을 하기 위해서는 비물리적, 비물질적이어야 한다는 조건은 그런 판단 자체가 진리는 아니다. 진리를 규정할 본질로서의 충족 조건이 아니며, 사실의 정합성 여부로서 판가름한 것뿐이다.

본질의 창조 역할을 제대로 자리매김해야 하나니, 이런 관점에서 볼 때 본질은 무엇이며, 어떤 존재 상태인가? 본질은 만물을 이룬 근원 바탕인 동시에 만물을 있게 한, 바탕 본질이기도 하다. 본질은 한 마디로 창조를 이룬 근원으로써 창조된 삼라만상의 분열성과 법칙성에 대해 초월적이

---

1) 『창조설계의 비밀』, 리 스트로벨 저, 홍종락 역, 두란노, 2005, p.139.

다. 이 같은 본질을 창조 작용 역할 면에서 보면 동양의 道, 理氣, 태극, 空의 形而上學적 특성을 한 관점으로 꿰뚫을 수 있다. 그렇다고 해서 그것만으로 본질을 규정한 것은 아니다. 본질은 더 선행된 존재자적 규명 조건을 충족해야 한다. 물속의 물은 아무런 형상이 없다. 하지만 물 위에서는 숨을 쉬지만, 물속에서는 그렇지 못한, 공기와는 다른 질적 특성을 지녔다. 또한, 무형인 물을 물병에 담으면 물병으로서 형태를 갖추고 화병에 담으면 화병으로서 역할을 한다. 그런 측면에서 본질은 무엇인가? 본질이 존재한 것은 반드시 존재를 전제한다. 다시 말하면, **본질 없는 존재 없고 존재 없는 본질 없다.** 그것이 창조로 인한 본질과 존재와의 긴밀한 관계이다. 본질은 삼라만상 뭇 존재를 있게 한 본체 존재의 본질, 곧 본체자를 구성한 질적 요소이다. 형체 없는 물이 물병에 담기면 모양과 역할이 주어지는 것처럼 물의 본질 역시 창조란 결정 조건으로 존재란 구체적 형태를 갖추었다. 이런 존재자적 조건을 갖추었을 때 본질의 본질이 무엇인지 비로소 정의 윤곽을 잡을 수 있다. 즉, 有한 존재 안에서 존재를 존재답게 구성하고, 형성하고, 지속적으로 뒷받침한 생명성 자체이다(근원성, 바탕성으로서 현존재보다 고차원적임). 그렇다면 진리란? 존재를 이룬 본체자적 생명성, 질서성, 호흡, 역할, 특성을 의식계로 끌어내어 포착한 개념적 인식 상태이다. 그러므로 진리는 통상 배우고 경험해서 얻고 알고 있는 개념 명제일 수 없다. **진리는 나를 이루고 만물을 이루면서 나의 숨결과 함께하고 있는 살아 생동하는 생명성 자체이다.** 다시 말하면, 진리는 본질적 요소로서 살아 있는 존재의 구성 바탕 자체이다(원리, 이치, 법칙, 규칙, 결정적 질서를 모두 내포함).

불교는 선정이 곧 지혜이고 지혜가 곧 선정이라고 하였듯, 진리는 의식계로 표출되어 인식한 것 자체이다. 진리 따로 인식 따로가 아니다. 그래서 예수님은 몸 된 자신이 곧 길이요 진리요 생명이라고 하였다. 지난날은 진리, 본질, 인식, 존재를 따로 탐구한 탓에 진리의 본질이 무엇인지 초점 잡지 못했다. 인식함이 그대로 진리의 본질을 묻어낸다는 사실을 알지 못한 탓에…… 인식한 것 자체가 시공의 본질과 운행 질서와 결정 법칙과 세계 구조를 함축했다. 인식은 결코 진리를 얻는 정신 작용 수단이 아니다. 그런데도 수단화한 탓에 포착한 인식 자료를 이성이란 가공 공장에 투여해 논리화, 개념화 과정을 거쳐 재구성했다(서술하고 체계 지음). 그런 만큼, 선정이 곧 지혜이고 인식이 곧 진리라고 한 것은 일체의 사고적 가공 절차와 인위적 노력을 가미하지 않은 의식적 직관 상태이다.[2] 이유가 어디에 있는가? 진리는 본질과 직결되어 있어 본질 상태를 드러내기 때문이다. 본질의 존재자적 모습과 특성이 진리 인식으로 가감 없이 표출된다. 존재자가 지닌 본질에 관한 정보를 진리가 전달한다. 따라서 표출된 진리에 대하여 우리가 의도적으로 무엇을 더하거나 애써 체계 짓고자 노력할 필요가 없다. 진리는 그야말로 자체로서 진리성을 나타낼 뿐이다. 그렇게 나타내어 보인 진리를 이성으로 판단해서 규정하면 된다. 그야말로 진리, 본질, 존재, 인식이 일치한 결과이다. 물고 문 전제 조건을 충족시킨 결과로 진리와 본질이 엄밀하게 연결되어 본질성이 안착(규정)한다. 그것이 과연 무엇인가? **본질은 진리의 몸통이며, 진리는 본질의 모습(얼굴)이다.** 따라서 무형인 본질을 의식계로 도출시킨 탓에 결국은 진리도 사고를 통

---

2) 동양의 선현들이 선정 자체를 목적화했듯, 인식도 목적화해야 했다. 그런데도 서양의 지성들이 인식의 수단화 틀을 벗어나지 못한 것은 본질을 의식으로 직시하지 않고, 사고적인 절차를 따라 개념화한 데 있다.

한 개념 정착 절차를 거쳐야 한다.

이에, 진리를 다시 정의한다면, 진리란 본질 작용의 제반 특성을 인간이 의식으로 포착한 인식 형태로서, 진리의 본질과 구분된다. '진리'는 각 존재가 지닌 본질적 특성을 다양한 인식 형태로 표출한 것이지만, '진리의 본질'은 존재를 구성한 창조 본질과 직결되어 있고, 상통한 탓에 본질이 하나라면 진리도 하나이고 존재도 하나인 창조 원리의 원칙은 그대로 유효하다. 서양은 창조로 인해 결정된 진리, 곧 원리성과 법칙성만 진리 영역으로 인정한 상황이므로, 이것이 바로 세계의 종말성을 피할 수 없게 한 원인이다. 원리와 법칙에만 운동이 있고, 질서가 있고 작용이 있는 것이 아니다. 본질성에도 일관된 주재 의지, 원리, 법칙, 규칙 작용이 있다. 더하여 두루 상통한다. 진리통합, 세계통합, 더 나아가 문명통합이 가능한 이유이다. 진리는 진실로 본질로서 뒷받침되어 있으므로 말미암은 만상의 존재 상태를 유지하고 지속할 수 있는 선각들이 포착한 전체 본질의 부분이다. 생동하는 본질성을 깨어 있는 의식으로 각성한 것이나니, 무형인 본질은 일군 진리를 통해 특성을 확인할 수 있다. 뵙고자 하는 하나님의 모습도 그러하나니, 하나님의 모습은 무형상이라, 하나님이 자체 모습을 진리로 나타내기 위해 선천 세월을 온전히 보냈다(=인류의 진리 탐구 역정). 여기에 인류가 진리를 알고 진리를 추구하는 것이 일부 사람만의 선택적 목적이 될 수 없는 이유가 있다. 진리를 구하고 진리와 함께하는 그것이 바로 강림하신 하나님과 함께하는, 실현할 수 있는 동행의 길이고 거룩한 삶의 길이다. 구원을 얻고, 영생을 보장받는 길이 되리라.

2. 진리와 세계

　　진리와 세계와의 관계를 밝히는 것은 진리가 지닌 궁극적 실상을 규정하는 데 있어 반드시 해결하고 넘어가야 하는 징검다리이다. 진리의 본질을 밝히면 세계의 본질을 밝힐 수 있고, 세계의 본질을 밝히면 세계와 연관된 진리의 본질을 규정할 수 있다. 그것이 무엇인가? 직계 존속이란 말이 있지만, 진리와 세계는 한 치 오차도 없는 즉각적 관계 즉, 창조 역사로 연결된 관계이다. 본질—본의……는 무형인 탓에 직결되어 있어도 차원적이다. 하지만 진리는 본질의 반영임에도 의식과 현상계에 표출되어 있어 현실적, 실질적이다. 동일 차원 안에서 거하고 있는 세계를 이룬 것이 진리이다. 진리는 세계를 구성한, 진리는 세계 자체이다. 존재도 진리가 이루었지만, 뭇 존재로 구성된 세계도 그러하다. 그래서 존재와 세계는 무궁하며, 신비롭다. 세계를 보라. 이유 없이, 원인 없이, 작용 없이 존재하는 것은 하나도 없나니, 대자연의 경이로운 비밀을 함축하고 있다. 천지 만물을 있게 한, 이룸의 원리를 진리가 간직하였다. 정당은 대변인을 통해 당의 입장을 알리는 것처럼, 진리는 세계를 대표하며, 진리를 통해 세계를 대변한다. 하나님도 결국은 진리를 통해 드러나며, 진리를 통해 알 수밖에 없다.[3] 그런데도 지난날은 관계성을 확인하지 못한 탓에 진리 따로 세계 따로였고, 톱니바퀴가 어긋난 것처럼 세계 운행(역사)이 정상화되지 못했다. 파열음, 고통, 분쟁, 죄악이 난무하였고, 분열적 퇴행이 불가피했다. 그래서 이 연구는 먼저 진리와 세계 사이를 연결해 진리로 인해 생긴 파열음 원인을 해소하고, 어긋난 영역 간을 맞물리게 해서 세계 운행이 원래 창조

---

3) 우리와 똑같은 조건을 가진 존재자로서의 모습이 아님.

목적과 일치하도록 지침하고자 한다. 뿌리 깊은 나무는 온갖 비바람에도 천년 세월을 버텨 거목이 된다. 그런데 인류가 건설한 현대 문명을 보라. 버팀목인 진리적 기반이 허물어지고 있다. 나무로 치면 뿌리가 고사 직전이다.

데카르트는 근대 철학의 문을 연 대표적인 사상가 중 한 명으로서 근대 사회의 진리적 기초를 터 닦은 사람이다. 그는 천여 년 계속된 중세의 신권 질서를 허무는 데 결정적 쐐기를 박은 사람인 동시에 허물어진 터전 위에 새로운 문명 질서를 세울 주춧돌을 정초하였는데, 그것이 곧 "세상의 모든 것들은 얼마든지 의심할 수 있어도 자신이 행하는 의심 자체는 논리적으로 보아 더 이상 의심의 여지가 있을 수 없다고 하면서 사고의 자기 근거가 되는 자족성, 혹은 자명성을 증명했다(방법적 회의)."[4] 믿음과 신앙을 통해서가 아니라, 스스로 근거를 가져 의심하고 있는 존재적 자아의 확실성을 새로운 세계를 건설할 진리 기반으로 삼았다. 하지만 자명성을 제공한다고 믿고 있는 자아 자체가 바로 무아라면? 존재의 주체인 본성적 자아가 무아라면 그 위에서 진리라고 판단한 인식들이 한꺼번에 허물어진다. 진리라고 믿고 그 위에 쌓아 올린 근대 문명 역시 온전할 리 있겠는가? 인류가 확실하다고 믿은 허무적 자아를 때가 이른 오늘날 열린 가르침으로 깨달아야 한다. 진리와 세계와의 관계에 무지하고, 바탕이 된 본질을 간과한 탓에 지난날은 진리와 세계 간에 흑백논리가 만연해 어느 한쪽의 택일만 강요되었다. "현대 과학의 화살은 다윈과 하나님 중 어느 쪽을 가리키고 있을까? (다윈이 하나님과 대적한 지경이 됨)"[5] 진리를 선택하

---

4) 『인성교육의 철학적 성찰』, 대동철학회 출판기획위원회 편, 교육과학사, 2016, p.14.

5) 『창조설계의 비밀』, 앞의 책, p.36.

게 된 불가피한 이유는 진리와 세계와의 관계를 밝힐 본체 뿌리가 드러나지 못했고, 분열된 영역을 포괄할 수 있는 통합 관점을 확보하지 못해서이다. 아무도 연결고리를 찾지 못한 상태이다 보니 자체 확보한 조건으로 특성이 다른 진리 영역을 제거하는 방향으로 나갔다.

하지만 지난날은 불가능했던 것이 오늘날 가능하게 된 것은 하나님이 이 땅에 강림하심으로써이다. 우리도 이전에는 세상에 존재하지 않았지만 태어남으로써 존재하게 된 것처럼, 불가능한 세계적 여건이 가능한 방향으로 전환된 것도 마찬가지이다. 절대적으로 불가능한 것이 아니었다. 단지 때가 이르지 못해 잠재되었던 것뿐이다. 지금 존재하는 것은 이미 존재하였기 때문이듯, 지금 우리가 존재하는 것은 존재하지 않았을 때도 존재하고 있은 탓이다(無로부터의 존재=無로부터의 창조는 불가능). 그래서 본체란 바탕 뿌리를 보지 못한 지난날은 진리와 세계를 바라보는 관점이 불분명하였고, 진리와 세계 사이에도 경계가 불명확하였다. 존재한 출구를 모른 탓에 들어갈 입구도 알지 못했다. 세계적 상황이 이와 같은데도 데카르트는 무엇을 근거로 자체 검증한 사고적인 인식이 자명하다고 장담한 것인가? 진리와 세계를 또 다른 진리란 명분으로 갈라놓는 데 일조하였다. 그래서 일체의 세계적 조건을 완비한 열린 가르침은 분열할 대로 분열한 진리와 세계를 연결하고 통합해야 한다. 사랑하는 사람들이 사정이 생겨 헤어졌다면 다시 만남이 향후의 인생 과제이다. 본래 한 바탕인 세계가 진리로 인해 갈라졌다면 다시 하나가 되어야 하는 것이 향후의 진행 절차이다. 만화했으므로 다시 본래 바탕으로 돌아가야 하나니 만물, 만생, 만영혼이 하나님으로부터 세상에 왔으므로 다시 하나님의 품 안으로 돌아가야 한다. 창조된 피조체가 세계 안에서는 영원할 수 없으므로 근원 된 바탕 본체로 돌아가 영원하기 위해 차원을 넘나든 생멸법이 있다. 하나님을 향한 영원한 본향 길을 어디서 찾고 어떻게 구해야 하는가? 창조 역사로 연결된 진리와 세계와의 관계를 직시하고, 진리와 세계를 있게 한 바탕 본체를 찾아 나섬으로써이다.

즉, 때가 이른 오늘날 하나님이 인류 앞에 창조 본체를 드러낸 지상 강림 역사시대가 도래한 탓에 영역 간 대립과 분쟁이 끊이지 않는 세계를 연결, 조화, 하나 되게 할 세계 통합의 구심점이 생성되었다. 돌이켜 보면, 이 구동성으로 하나님은 한 분이고 진리 역시 하나라고 주장하지만, 세상을 둘러보면 그들은 제각각 자신이 믿는 진리가 절대적이란 신념을 지켰고, 그런 상황은 여전히 유효하기만 하다. 이 문제를 어떻게 해결할 것인가? 여기에 바로 진리와 세계 간의 단계적인 관계 규명 절차가 있다. **진리통합을 기반으로 세계통합을 이루고, 세계통합을 기반으로 문명통합을 이루고, 문명통합을 기반으로 인류 사회를 하나님의 품 안에서 하나 되게 하는 만민통합 기반을 터 닦아야 한다.** 가능성을 실현할 제일 구심점에 오늘날 강림하신 보혜사 진리의 성령이 있다. 지적한바 이 연구는 일찍이 길의 추구 과정에서 진리통합이란 결과성을 도출하였고, 세계통합 실현을 장담한 바 있지만,[6] 현실을 직시할 때, 세계와 인류와 문명을 하나 되게 한 실질적인 역사 단계는 아니었다. 길의 본질과 진리와 하나님과 관련된 연결고리는 밝혔지만, 그것은 다음 단계로 나가기 위한 준비 절차였고, 그렇게 해서 밝힌 보혜사 성령의 실체가 세계통합의 구심 본체 역할을 하기 위해서는 오늘날까지 진리의 성령으로서 창조된 본의를 밝혀야 하는 과정을 완수해야 했다.

---

6) 1995년,『세계통합론』저술.

이에, 일련의 절차를 거친 현 단계에서는 정말 세계 앞에 가로놓인 진리관, 가치관, 인생관, 신앙관, 역사관, 세계관, 우주관, 신관의 분파, 대립, 절대성 문제를 해결하여 지상 강림 본체 안에서 하나 될 '세계통합 관점'과 '세계통합 원리'를 체계 짓는 것이다. 분열된 진리와 세계를 일목요연하게 분별해서 제각각의 위치와 역할을 정하고 일관하는 작업에 착수해야 한다. 본래 그렇게 되어 있었던 것이라면 지금은 그렇지 못하더라도 언젠가는 그렇게 되는 것이 세상 이치이다. 지난날은 불가능했고, 방법적으로도 정복하고 통일해서 세계와 만민을 한 권력, 한 제국, 하나인 神의 지배 아래 두고자 했지만, 그것은 오히려 세계를 더욱 분열시킨 결과를 낳았다. 그런데 지금 가능한 조건으로 전환된 것은 천 갈래, 만 갈래 갈라진 진리와 세계 영역이 본래 하나로부터 만화한 탓이다. 만상과 만물과 만법을 있게 한 창조 본체가 드러나지 못한 탓에 가능한 통합 원리를 찾지 못했지만, 지금은 생성한 탓에 통합할 수 있는 길이 트였다. 잠을 자다가 깨어서 문을 여는데 아무리 밀어도 벽처럼 꿈쩍도 하지 않았다. 그것은 문이 아닌 진짜 벽이었기 때문이다. 설사 문이라도 개폐 장치가 있어 잠겨 있다면 열 수 없다. 이전에는 때가 되지 않아 존재한 바탕 본체를 볼 수 없었지만, 지금은 활짝 열려 있어 확인할 수 있다. 하나였기 때문에 수만 갈래로 갈라져 얽혔어도 때가 되면 풀어져 정상화된다. 그 당연 원리가 과연 무엇인가? 진리를 통합하면 세계통합이 가능한 것은 세계 전체가 한통속인 하나님의 본체 안이라, 삼라만상이 아무리 만변, 만화해도 하나인 섭리 뜻과 주재 의지 안에서 일관되기 때문이다.

부처님은 제법이 무아라고 했지만, 일체는 예외 없이 하나 자체이다. 바탕이 된 본질도 하나이고, 진리도 하나이고, 하나님도 한 분이다. 만법, 만물, 만 역사, 만 문명이 다양하게 펼쳐졌지만, 하나인 창조 본체로부터 만화한 탓에 화생한 본질이 분열을 다 하면 본래 모습으로 환원된다. 그래서 삼라만상 일체가 한 근원, 한 바탕, 한 원리로서 결속된다. 유교의 선현들이 학문 추구의 성취 목표로 삼은 활연관통은 이 같은 세계 본질의 몸 된 존재성, 곧 통속성을 직시한 것이다. 하나인 존재 본체 안인 탓에 종국에는 한 의지, 한 마음, 한뜻으로 꿰뚫어진다. 직시해서 갹출한 진리는 본질의 생성 질서 노정 안에 속한 탓에 일관된다. 그렇게 일군 진리를 근거로 구성된 것이 정치, 사회, 경제, 제도, 학문, 종교, 문화……란 세계일진대, 선천 역사에서 대립하고 분열한 세계관적 전쟁은 절로 종식된다. 세계통합은 물론이고, 진리의 본질을 규정하는 절차이기도 하다. 통합 관점이 생성 중에는 진리가 독야청청 제각각의 모습으로 있었지만, 진리와 세계와의 관계를 밝히면 일체 진리가 결국 하나님에게로 직결된다. 그런데도 예나 지금이나 달라진 것이 없다. 그렇다면? 열린 가르침에 귀 기울인 열린 의식, 열린 안목, 열린 깨침이 있어야 한다. 그리해야 여태껏 보아도 보지 못한 진리와 세계가 하나님과 연결된 실 가닥을 찾아낸다. 불교 진리, 유교 진리, 기독교 진리, 과학 진리…… 그것이 진리로서 표명한 명제이고, 뒷받침한 진리인 한…… 육안으로는 보이지 않는 미생물을 현미경으로 보면 확인할 수 있듯, 지식을 통하면 볼 수 없는 실마리를 본의를 통하면 발견할 수 있다. 믿음이 없으니까 할 수 없다고 생각했는데, 믿음을 가지고 보니까 능치 못할 일이 없게 되는 것처럼……

　하지만 이것은 어디까지나 원리성 자각 단계이고 가능성 인지 단계이므로, 본의 안목으로 진리 영역을 하나님과 연관하는 작업 과정, 곧 창조란 실마리를 통해 진리 영역을 하나님과 연결해서 일관하는 세계통합 과정에 착수해야 한다. 그것의 진행 절차는 순차적이다. 먼저, 진리 영역을 창조 본체와 연결하고, 그다음 진리 영역 간을 연결해야 통합 원리가 실현 원리로서 작동한다. 진리는 오랜 세월 각각 독자적으로 걸어왔다. 특히, 현대 학문은 계속 분화해 영역 간 교류가 소원해졌다. 분열을 본질로 한 세계의 결과 현상이다. 하지만 이제는 지상 강림 역사로 세계적 조건이 전환한 만큼, 진리 영역이 창조로 하나님의 본체로부터 생성된 이유를 알면 진리와 세계가 분열, 분파된 이유도 알고, 다시 통합할 수밖에 없는 이유도 안다. 즉, 천지 만물이 창조된 탓에 만상의 존재성을 뒷받침할 수 있고, 생성 질서를 유지하기 위하여 분열해야 하는 것이 불가피했다(창조 목적을 이루기 위함). 이런 목적 측면에서 진리의 본질을 다시 정의한다면, 진리는 세계의 본질을 의식으로 포착해서 언어의 집에 담아 놓은(개념화시킴) 제반 이치성이지만, 더 **근원 된 진리는 의식으로 묻어낸 세계의 운행 본질이고 질서이며 원리성 자체이다.** 곧, 진리는 세계를 있게 한 원리성이다. 이 같은 이유 탓에 진리에는 천지를 있게 한 하나님의 창조 뜻과 의지와 목적, 그러니까 하나님의 살아 있는 심장박동과 호흡을 느낄 수 있는 몸 된 본질을 내포하였다.

"흑암을 가르니(창조 본체) 빛과 어둠, 땅과 하늘……(창세기)" 곧, 세상을 구분 지었다고 한 것처럼, 창조 역사를 주관한 하나님이 먼저 본체와 뜻을 구분했기 때문에 진리가 구분되었고, 진리를 구분하니까 세계가 구분되고 만상이 구축되었다. 하지만 그렇게 구분되어 나뉘기는 했지만[7] 본래는 한 본체인 것처럼, 구분된 세계도 하나이다. 창조된 탓에 어쩔 수 없

---

7) 몸 된 질적 요소는 만물화되었고, 의지적 요소는 법칙화되었으며, 뜻적인 요소는 내재하여 본질화됨.

이 구분되고, 化되고, 결정되었지만, 생성을 완료하면 원래대로 돌아간다. 창조를 통할진대, 하나님과 연관되지 않은 진리와 세계가 하나도 없다. 현상적 질서와 본질적 질서(제 원인)가 어떻게 차원적으로 구분된 것인가? 원인과 근거와 이유를 모르면 연결된 실마리를 영원히 찾을 수 없다. 그런데도 지난날은 각자가 확보한 관점 안에서 상대적일 수밖에 없는 진리 영역을 추적, 인식, 논증하니까 통합 문제를 해결하지 못했다. 창조 역사와 연관된 진리는 본래 하나님의 창조 뜻과 본질을 대변한 탓에 지성들이 세운 객관적 진리 기준인 합리적, 이치적, 질서적인 것과는 구분해야 했다(이·희·미함=道). 만유인력의 법칙만 만고불변한 진리가 아니다. 심즉리도 확고한 영역을 차지한 진리 인식 명제이다. 이유 불문하고, 직시한 명제가 시사하는 본질로서의 의미는 심오하다. 천지 운행과 사물 현상이 지속할 수 있도록 원리와 법칙으로 뒷받침한 것이 진리이다. 심즉리는 이런 이유로 창조 진리를 시사하며, 각성한 창조 본의를 대변한다.[8]

　본의 관점에서 볼 때, 토마스 아퀴나스는 하나님이 존재한 사실을 신학적으로 뒷받침하였지만, 정작 증명 방식은 현상적인 질서에 근거했다(아리스토텔레스 철학의 영향). 다양한 견해를 소개한 후 자기 생각을 밝혔는데, 현상적 질서와 차원이 다른 하나님의 창조 뜻, 곧 본질적인 진리 영역은 그런 접근 방식으로서는 증거할 수 없다. 현상은 드러난 탓에 작용 원리가 있고, 본질은 내재한 탓에 없는 것이 아니다. 작용 원리는 하나이다. 단지 주어진 특성이 다를 뿐…… 현상은 분열적, 규칙적이며, 본질은 통합적, 초월적이다. 하나님의 존재 방식을 추적, 인식, 증거하는 방식은 후자

---

8)　심즉리=태초에 하나님이 뜻으로 천지를 창조했다는 말임. 혹은 뜻이 창조 원리화되었다는 말임. 혹은 말씀으로 천지를 창조하였다는 말임.

에 근거해야 한다. 왜 신앙인이 하나님을 믿으면서도 그 뜻 안에서 진리와 세계를 통합할 지혜를 구하지 못한 것인지에 대한 이유이기도 하다. 아퀴나스는 중세 가톨릭 역사에서 어떤 위업을 쌓은 인물인가? 하지만 명백한 오류 위에서 세운 그의 신학은 하나님이 존재한 사실을 증명하는 데 있어 실패했다. 기독교 신앙의 미래가 대책이 무대책이다. 기독교 진리는 인류 영혼을 하나 되게 한 정점을 이루기는커녕 분란을 일으킨 한 중심에 섰다. 이 역사적인 사실과 저지른 잘못을 기독교는 시인해야 한다. 기독교도 보혜사 하나님이 밝힌 세계통합 원리 안에서는 포용되어야 할 진리 영역일 뿐이다. 그런 영역을 더욱 확대할진대, 여전히 상대적이고 대립한 불교 진리, 유교 진리, 힌두교 진리, 이슬람교 진리, 근대 들어 기치를 세우고 일어선 신흥 종교 진리 등등. 세계의 분열 현상을 다양한 종교 생성 역사를 통해 확인할 수 있다. 이유는 예수님의 가르침과 부처님의 가르침이 다르고, 부처님의 가르침과 공자님의 가르침이 다르며, 그처럼 가르친 진리가 절대적이라고 믿고 추종하기 때문이다. 하지만 고개를 들고 세상을 둘러보면 그런 종교 진리와 신앙 체제가 한둘이 아니다. 종교 영역은 끝내 분열을 저지할 통합 관점을 확보하지 못하였다. 각자가 가진 문화적인 여건과 쌓은 전통 안에서 진리를 추구한 방식이 달랐고, 그것마저도 이상적인 신앙 목표를 이루는 과정에 있다. 그렇지만 미래 사회에 있어서까지 통합할 수 없는 것은 전혀 아니다.

　지리산을 거느린 천왕봉을 등반하고자 하면 산청, 덕산을 지나 법계사로 오르는 길이 있고 노고단, 반야봉 등 수십 갈래가 있다. 그리고 정상을 밟기 전까지 거치는 길의 갈래와 골짝의 모습도 모두 다르다. 길도 거리도 산의 모습도 그러하지만, 정상에 오르면 하나로 모이고, 다르게 본 산등성이와 골짝들이 천왕봉을 떠받쳐 늠름한 자태를 구성하고 있다. 종교 분열도 그와 같은 과정이다. 선천의 제 종교는 아직 이르고자 한 도달 지점, 곧 궁극적 목적지에 도달하지 못했고, 궁극적 실재를 보지 못했으며, 종국의 진리성을 완성하지 못한 상태이다. 그처럼 다르게 걸었고, 다르게 말했고, 크게 차이가 있는 종교 진리를 최종 목적지에 계신 하나님이 강림하시어 한 곳으로 모을 구심 본체, 곧 종교통합 권능을 발휘하고자 하신다. 역사상 가로막힌 분열 장벽을 허무는 데 열린 가르침의 역할이 있다. 알고 보면, **불교의 깨달음과 기독교의 계시 역사는 모두 세상과는 차원이 다른 초월적 실재와 의지와 본체를 실인해서 각성한 진리이다.** 깨달음은 현상적 질서와는 차원이 다른 통합적인 본체성을, 계시 역사는 시공을 초월한 하나님의 뜻을 받든 것이라, 작용한 원리는 같다. 하지만 문화적인 차이와 교류 조건이 열악한 선천의 조건상 진리의 참모습을 볼 수 있는 안목이 개안되지 못했다. 또한, 각 종교를 창립한 교주의 가르침이 신앙의 바탕을 이룬바, 세월을 거치면서 논쟁을 일으킨 신학적 문제로 대립하였다. 통합 관점을 확보하지 못한 탓에 이리 가야 할지 저리 가야 할지 몰라 헷갈렸다. 불교는 선(禪)을 수행하는 방법에 대해 다양한 주장이 있지만, 정작 깨달음을 일으킨 정신 작용 원리에 대해서는 침묵하였다. 경험이든 깨달음이든 그것은 직관에 의한 정신 작용 원리의 일환으로서 경험과 수행함의 결과가 이룬 의식적 각성이다. 기독교에서는 기도를 통해 하나님과 교감하였지만, 그에 따른 정신 작용 원리에 대해서는 각성이 없었다. 같은 정신 작용 원리인 만큼, 계시 역사도 깨달음과 연계된 사실을 확인할 필요가 있다. 상호 배척한 입장이다 보니 자체만의 전통적인 방법이라고 생각했지만, 알고 보면 그것이 그것이다. 하나인 동일 목표를 지향했다. 작용한 원리가 같다면 그를 통해 이루어지는 결과도 같다. 크루즈 선을 탄 여행자는 각자가 거처한 방에 따라 바라보는 방향이 다르지만, 항해 끝에 도달하는 정박지는 모두 같다. 이것이 종교 진리를 하나님의 본의 안에서 하나 되게 할 통합의 순차적인 절차 과정이다.

종교란 영역만 해도 통합이 어려운데, 더 다양한 세계 안에서는 어떤 과정과 절차를 거쳐야 명실상부한 세계통합 역사를 실현할 수 있는가? 각 영역이 전체 세계에 대하여 부분적인 역할을 담당했다는 사실을 알고 주어진 진리적 특성과 역할을 지정하는 데 있다. 그중 종교와 철학과 과학은 인류 문명을 건설하는 데 있어 영향을 끼친 핵심적인 영역이기 때문에 가로놓인 세계통합 과제를 집중적으로 해결하고자 한다. 종교는 일반적으로 믿음과 신념과 계시를 통해, 철학은 이성과 논쟁을 통해",[9] 과학은 가설을 세우고 관찰과 실험을 통해 진리를 얻고자 노력한 삶의 진솔한 영역이다. 접근한 방법은 달라도 진리를 얻고자 한 목적은 같았다는 점에서 인류는 왜 그처럼 다른 방법으로 다른 진리를 구하게 되었는가 하는 이유를 알아야 한다. 다름 아닌, 세계를 이루었고 또 앞으로 이룰 천지창조 목적을 완성하기 위해서이다. 하나님은 원인 없이도 존재하고, 북을 치면서 동시에 장구도 칠 수 있는 권능자이시다. 하지만 인간은 능력에 한정이 있으므로 각자가 역할을 달리해서 진리를 일구어야 세계를 이루고, 끝내 완성할 수 있다. 하나님의 섭리 역사가 그러하다. 그것을 가능하게 하는 방법은 정말 무엇인가? 하나님부터 창조 목적을 이루기 위해 진리 영역을 세분화했기 때문에 인류도 각자가 다른 방법으로 특성이 다른 진리를 일구었지만, 때가 이른 오늘날은 그렇게 해서 일군 진리 세계를 종합해야 하나님이 왜,

---

9) 『선불교 개설』, 정성본 저, 민족사. 2020. p.77.

어떻게, 무엇을 근거로 다양한 진리 영역을 생성시킨 것인지 이유를 알게 된다.

　그중 종교 영역은 믿음, 신념, 계시를 통해 하나님이 창조 역사를 주재한 뜻과 계획과 목적을 계시받아 거기에 대한 제반 정보를 진리로써 안착시켰다. 또한, 과학은 하나님이 몸 된 본체를 화현시킨 창조 의지의 결정성, 그러니까 사물 존재의 구조와 이치와 법칙을 탐구하기 위해 관찰과 실험이란 방법으로 유용한 진리를 발견하고자 하였다. 그리고 어떤 목적과 방법으로 진리를 일구었든지 간에 일단 인출한 자료는 정제된 사고 과정을 통해 명제화하고, 혹은 공식화하고, 혹은 개념적으로 체계 지어야 하므로, 철학 영역에서는 사고 능력을 배양해서 어떻게 하면 논리적으로 생각을 펼쳐 진리를 끌어낼(起承轉結 원칙) 것인지에 대해 고심하였다. 노다지 광맥을 발견하면 무엇 하나? 채굴하고 용광로에 넣어 불순물을 걸러내어야 황금을 얻을 수 있는 것처럼, 현재의 분과 학문은 모두 모태가 철학이었다는 사실을 기억해야 한다. 그러니까 철학 하는 삶은 곧 진리를 얻기 위해 사색하는 행위와 진배없다. 일상에서 생각하는 생활 의식과는 격이 다르다. 대다수 사람은 삶의 고단함에 지치고 쫓겨 복잡한 사고 과제에 대해서는 안중에 없고, 시간과 정열을 바칠 여유가 없다. 그런 만큼, 철학이라는 삶은 보다 한 차원 높은 인생 가치를 구하는 삶이 된다. 사명감을 지니지 못하면 투신할 수 없는 인생길이다.

　이처럼 세 가지 진리 영역은 추구한 길과 정제시킨 진리의 특성이 다르지만, 종국에는 한 목적을 이루기 위해 섭리 되었다는 점에서, 이 땅에 오신 지상 강림 본체를 구심점으로 하나 될 수 있는 세계통합 길이 열린다. 그런데도 인류 역사가 미래를 장담할 수 없을 만큼 위기에 처한 현실은 승

자독식적인 진리 영역의 횡포 탓이다. 모난 돌이든 정한 돌이든 하나님의 집을 짓는 데는 필요한 쓰임새가 있다. 그런데 과학은 이 같은 창조 뜻을 어겼다. 종교와 철학 영역이 근대 들어 승승장구한 과학 진리의 세계적 확산에 짓눌려 부여된 역할이 궁색하기만 하다. 이 같은 추세를 저지하지 못할진대, 진리를 통한 이상적인 세계 건설 꿈은 물거품이 되고 만다. 이런 사실을 열린 가르침이 지적하고 깨우쳐야 한다. 아울러 진리의 본질을 규정하고 세계통합 과제를 풀기 위해 거쳐야 하는 필수 절차이기도 하다. 과학자는 자신들이 발견한 자연 진리 영역이 세계를 이룬 근본이라고 생각하지만, 이면에는 더 심오한 창조 진리 영역이 있다는 사실을 깨달아야 한다. 누가, 무엇이 그 같은 세계를 볼 수 있게 하고 알 수 있게 할 것인가? 하나님이 진리의 성령으로서 계시한 열린 가르침이다. 色은 空으로부터 주어졌고, 空은 色으로 인해 진리성을 확증한다. 色과 空의 본질을 모두 밝혀야 色과 空 사이에 연결된 실마리를 찾아 세계를 완성하고, 인류 사회를 하나님의 뜻 안에서 하나 되게 할 통합 관점을 확보할 수 있다.

아무리 연구하고 실험해 보아도 나무바가지를 쇠바가지로 바꿀 수 없는 것처럼, 과학적 방법으로 아무리 세계를 이룬 궁극적 이치와 요소들을 추적해도(분자-원자-쿼크······) 창조된 결과 세계 안에서 찾고자 한 궁극적인 그 무엇은 없다. 진리적 물음에 관한 본질적 답은 정작 정반대되는 곳에 있다. 바로 色의 궁극적 근원은 空에 있고, 空의 궁극적 결과는 色에 있다. 그래서 과학적 방법과 일군 진리로서는 세계의 궁극적 물음에 답할 수 없고, 인류의 정신적 고뇌를 풀 수 없다. 찾고 찾다가 결국에는 차원이 다른 천 길 절벽 앞에 당도하고 말았다. 이 같은 갈림길에서 파멸의 길을 가지 않도록 하고, 더 이상 과학 진리의 패권적 독주를 방치할 수 없어 하나님이 열린 가르침의 문을 여셨다. 그리해야 과학 진리도 하나님을 구심점으로 세계통합 역사에 동참할 수 있다.

또한, 철학 영역은 사색으로 일군 진리를 정제하는 영역인 탓에 세계통합 역사를 앞장서 주도하기에는 부족한 점이 있지만, 종교가 지닌 역할은 종교란 개념 자체가 진리의 종주란 의미를 지닌 만큼, 긴 시간에 걸친 침체기를 벗어나 본래 지닌 진리적 가치와 역할을 재발견, 재인식해야 한다. 몸에는 심장도 있고 팔다리도 있지만, 인간으로 사는 삶을 어떻게 영위할 것인가를 고민하는 사고력도 지녔다(두뇌). 종교 진리가 바로 그와 같은 역할이다. 그런데도 생각함을 통해 인생 삶을 바르게 지침하지 못하고 판단을 잘못한다면 살아도 헛것이다. 허무한 삶으로 귀결된다. 과학 진리도 철학 진리도 중요하지만, 모든 존재와 모든 세계와 모든 영혼의 원천인 하나님의 창조 뜻을 받드는 노력을 게을리하고, 어긋나게 실행한다면 인류 역사가 어떻게 되겠는가? 그래서 기독교는 세계적 여건의 불미 속에서도 하나님의 말씀을 열심히 받든 그것이 기독교 진리를 이루었고, 불교는 세계의 근간인 하나님의 본체 본질을 깨달은 佛法을 일구었다. 인류를 하나님의 창조 진리 세계로 인도하는 데 있어 필요불가결한 역할과 특성을 갖춘 탓에 수많은 인류 영혼이 종교 진리의 안내로 본향 세계를 찾아갈 수 있었다. "아제 아제 바라아제 바라승아제 모지 사바하." 염불이 끊이지 않은 탓에 그 소리를 들으면서 미지의 세계를 찾아갈 수 있었다. 진리와 세계가 지닌 분담된 역할을 각성하고, 그를 통해 세계를 진리적으로 완성할진대, 그런 추구 목적을 역사적으로 구현하게 되는 것이 곧 인류 사회가 지상 강림 본체를 중심으로 하나 되는 진리통합-세계통합-문명통합-신관통합 역사이다. 한 형제처럼, 만 인류가 한 가족으로 결속된 대동의 통합 문명을 건설하게 되리라.

3. 진리와 하나님

하나님이 십계명을 내려 "너를 위하여 새긴 우상을 만들지 말고, 또 위로 하늘에 있는 것이나 아래로 땅에 있는 것이나 땅 아래 물속에 있는 아무 형상이든 만들지 말며, 그들에게 절하지 말며, 그것들을 섬기지 말라 (출, 20: 4~5)"라고 하셨다. 그래서 기독교에서는 형상을 지닌 우상 숭배 행위를 철저하게 금지했다. 이슬람교에서도 알라는 볼 수 있는 형상, 색깔, 실체가 없다고 하였다. 마음과 道가 형상이 없는 것처럼, 神이 형상이 없다고 한 명제는 선각들이 치열한 고민 끝에 붙인 절대 본체의 전제 조건이다. 왜 결론이 아닌 전제 조건인가 하면, 만상은 말 그대로 象(형상)이 있는데, 神은 왜 象이 없는가에 대한 이유를 알지 못해서이다. 그런데도 神 (궁극적 실재=道)은 형상이 없다고 하는 것은 종교인과 覺者와 철학자가 이구동성으로 한 말이다. 그런데도 이 연구는 하나님의 모습을 나타내고 보여 달라고 단도직입적으로 간구하였다. 그런데 하나님은 어떤 모습인가에 대해 부처님이 먼저 단호하게 설법하셨다. 하나님의 모습을 부처님 앞에 나가 물어보아야 했다.

"수보리야, 어떻게 생각하느냐? 신상(몸의 특징)으로 여래를 볼 수 있는가?" "아닙니다. 세존이시여, 신상으로 여래를 볼 수 없습니다. 왜냐하면, 여래께서 신상이라 말씀하시는 것은 사실 신상이 아니기 때문입니다." 부처님이 수보리에게 말씀하셨다. "무릇 모양

이 있는 것은 모두 허망한 것이니, 만약 모든 상을 상 아닌 것으로
보면 곧 여래를 보리라(금강경 여리실분경)."

그러므로 응당 신상에 집착하지 말라. 신상에 집착하지 않음에조차도
집착하지 말라가 정답이다. 하지만 왜, 어떻게 해서 신상으로는 여래를 볼
수 없는 것인지, 무릇 모양이 있는 것은 모두 허망한 것이 이유라면 이 연
구가 보여 달라고 요구한 하나님의 모습과는 '질문 대 응답'이 구조적으
로 일치하지 않는다. 미진함이 있다 보니 또 의문에 의문이 꼬리를 잇는
다. 왜 무릇 모양이 있는 것은 모두 허망한지…… 그리고 이 질문은 부처
님이 먼저 수보리에게 묻고, 수보리에게 가르친 것이지 수보리가 먼저 물
어서 부처님이 대답한 것이 아니다. 그러니까 정황상 수보리는 부처님의
질문에 대해 스승이 묻는 의중을 간파하고 단정한 상태로 대답했고, 부처
님이 설명을 덧붙인 것이다. 그처럼 가르침을 받든 수보리는 얼마나 깊이
있게 깨달았을까? 부처님의 가르침인데 깨닫지 못했다면 문제이지만, 수
제자라고 해서 완전하게 깨달았다면 그것은 더 큰 문제이다. 그 상황은 시
공을 초월한 지금 이 순간에도 적용된다. 이 연구가 하나님의 모습을 보여
달라고 한 간구에 대해 대상을 부처님으로 바꾸고 『금강경』을 펼쳤을 때,
만약 "모든 상을 상 아닌 것으로 보면, 곧 여래를 보리라"란 말씀을 접하
고 수보리가 완전하게 깨달았다면, 그래서 더 이상 의문이 의문의 꼬리를
잇지 않게 되었다면, 결과적으로 더 이상 신상으로 여래를 보리란 기대를
발원도 추구도 질문도 하지 않게 되리라. 이 연구도 하나님의 모습을 보여
달라고 기도할 필요가 없게 된다. 성현과 대다수 지성이 이미 그렇게 결론
을 내려 버렸을 것이기 때문이다. 하지만 "모든 상을 상 아닌 것으로 보면
곧 여래를 보리라"란 것은 정말 부처님이 지침한 여래를 보는 방법인가?

아니면 누구도 여래의 모습은 영원히 볼 수 없는 것이란 말인가? 전자를 따르면 정말 신상으로서는 여래의 모습을 볼 수 없게 되고, 후자를 따르면 신상으로서는 여래를 볼 수 없다는 것이 맞기 때문에 그 역시 영원히 여래를 상으로 볼 수 없게 되고 만다. 이 같은 아이러니가 깨달은 부처님의 참 가르침인가? 그런 것이 아닐진대, 신상 없이 여래를 보는 방법을 세워서 구체화해야 했다. 하지만 스승 부처님도, 제자 수보리를 통해서도 더 이상 개진한 언급은 없었다.[10]

한결같은 단언 명제인 神은 형상이 없다. 여래는 신상이 없다. 알라는 형체가 없다. 道는 무형상이다. 그렇다면 우리는 모습 보기를 포기해야 하는가? 아니다. 하나님은 이 연구를 통해 형상, 신상보다 더 확실한 존재 조건을 지닌 모습을 갖추고 강림하셨다. **완전한 깨달음은 모든 상을 상 아닌 것으로 보는 데 있는 것이 아니다. 모든 상이 상 아닌 그것이 오히려 모든 상을 상되게 하는 조건이란 사실을 깨닫는 데 있다.** 부처님의 차원적인 가르침 의도도 궁극에는 이와 같은 깨달음으로 이끌려는 데 있다. 이 연구가 오늘날 하나님의 모습과 연관해서 부처님의 의도를 꿰뚫을 수 있듯이……

부처님은 여래의 신상 봄을 부정한 것이 아니다. 그렇게 생각하는 것은 우리 자신의 무지 탓이다. 다시 한번 살펴보라. "만약 모든 상을 상 아닌 것으로 보면 곧 여래를 보리라." 그 말씀은 부정함을 통한 긍정적 지침이며, 결국은 여래를 볼 수 있다는 가르침이다. 그렇다면? "모든 상을 상 아닌 것으로 보면"이란 조건 의미를 알아야 비로소 그다음 단계인 여래를 신

---

10) 여래를 보고자 한 열망을 부처님이 먼저 각성시켜 놓았지만, 무엇 하나 해결한 것이 없다. 상 없는 상, 그것이 여래의 모습을 나타낸 구체적인 상은 아니다. 여래의 모습이 어떤 것인지를 부처님도 말하지 못함.

상 아닌 다른 조건으로 볼 수 있는 길을 열 수 있다. 곧, 모든 상은 정말 허망해서 허망한 것이 아니다. 그렇다면 여래를 볼 수 있는 길은 상 없는 상, 그것이 그대로 상 없는 상을 드러내는 필수 조건이 된다. 상 없는 상에는 이유가 있는 것인데, 그것을 알아야 여래를 볼 수 있는 길을 연다. 그것을 누가 가르쳐 줄 것인가? 부처님인가, 공자님인가, 아니면 예수님인가? 바로 이 땅에 강림하신 보혜사 진리의 성령이시다. 성령은 본 **"진리 규정론"** 개관에서 그 이유를 이미 밝히셨다. 하나님은 본체자이고 존재자이며 인격자인 만큼, 단연코 형상(신상, 모습, 얼굴)이 있다. 단지 머무는 바 없이 마음을 내는(『금강경』) 본체적인 조건으로 존재하고 있어서이다. 모든 상을 상이 아닌 것으로 볼 수 있는 그와 같은 조건이 바로 하나님의 형상을 드러낼 수 있는 조건이란 것이 의미하는 것은? 우리가 세계 안에서 보고 있는 일체 상이 참상이 아니란 뜻이다. 그렇다면? 이차적이고 피조된 상이다. 그래서 우리가 정말 본래의 상인 참상을 보기 위해서는 부처님의 말씀대로 모든 상을 상 아닌 것으로 보아야 한다(무릇 모양이 있는 모든 것은 허망하기 때문). 상이 지닌 일체 조건을 부정하고 제거해야 인류가 비로소 참상을 보고 여래를 보고 하나님을 볼 수 있다. 하나님은 우리가 보고 느껴서 상이라고 생각한 모든 근거 조건을 넘어선 곳에 계신 形而上學적 궁극자이시다. 그런데도 우리가 여태껏 물질적, 현상적으로 요구한 조건만으로 본 결과 존재한 하나님을 보지 못했고, 본래부터 존재하지 않는다고 단정했다. 그래서 부처님이 전제했던 조건처럼 정말 가로막고 있는 장애물인 물질적, 현상적 상을 버리면(모든 상을 상이 아닌 것으로 보면─무릇 모양이 있는 모든 것은 허망한 것임=가현, 피조됨) 하나님을 볼 수 있고, 여래를 볼 수 있다. 거두절미하고 결과적 명제로 곧바로 나아간 것이 문제인바, 하나님은 형상을 갖춘 본체자로서 이 땅에 이미 강림해 계시다. 그런데도 만인은 왜 강림하신 역사 사실을 알지 못하고, 모습을 보지 못하는가? 화현되어서이다. 보고서도 알아채지 못했다. 하나님이 형상을 갖추지 않아서가 아니다. 우리 자신이 모습을 분별하고 판단할 수 있는 눈을 가지지 못한 탓이다. 마스크를 쓰고 있으면 아는 사람이 지나가도 알아채지 못하는 것처럼, 하나님도 화신한 탓에 강림하셨지만 알아채지 못했다.

그래서 이 연구는 열린 가르침으로 하나님의 본성과 실존성을 증거한 단계를 넘어 하나님의 형상과 모습을 볼 수 있는 영안을 가질 수 있도록 인류의 무지를 깨우치고자 한다. 그러기 위해서는 먼저 인류가 왜 하나님의 형상을 보지 못하고 분간하지 못하는 것인지에 대한 이유부터 알아야 한다. 그리고 **"진리와 하나님"**과의 관계를 밝혀 진리가 정말 무엇인지 본질을 규정하고 정의해야 한다. 칸트는 하나님의 형상 문제를 두고 이러쿵저러쿵하기보다는 모습을 볼 수 있다(인식), 없다는 것에 관해 관심을 두었고, 하나님이 아니고 인간 자체로부터 문제점을 찾은 철학자이다. 하지만 그가 내린 결론이 후세대에 끼친 영향을 두고 본다면, 神은 존재하지 않는다거나 神은 형상이 없다고 직설하지는 않았지만, 물 자체는 인간의 인식 능력으로서는 불가항력적이고, 인식 영역 밖에 있어 불가지(不可知)하다고 한 것은 결국 神의 존재성과 형상을 부정한 것과 진배없다. 왜 칸트는 이런 입장을 가졌고, 끝내 모습을 보지 못하고 만 것인가? 칸트가 神의 존재 사실을 직접 부정한 것은 아니었다. 부처님도 여래의 존재를 부정한 적은 없다. 단지 볼 수 있는 방법과 생각에 문제가 있었다고나 할까? 이런 의중을 꿰뚫어 본 수보리는 여래를 보지 못하는 원인에 대해 신상으로 본 탓이라고 하였다. 칸트가 물 자체를 인식할 수 없다고 한 이유도 이와 같다. 신상, 즉 그렇게 신상을 존재하게 하고, 이치로 뒷받침한 조건, 그리고 그것이 확실한 진리(참 된 신상)라고 생각한 판단으로 물 자체를 포착해서 인식하려고 하였다. 결과로써 그물은 던졌지만, 잡힌 물고기가 한 마리도 없었다. 분명히 그물을 던졌는데 걸려든 것이 없으니까 내린 결론이 神 인식 불가 판정이었다. 부처님의 가르침대로 모든 상을 상 아닌 것으로 보아야 했는데, 칸트는 정반대로 자신이 생각한 신상을 물 자체를 인식하는 기준으로 삼았다. 사실은 하나님의 참 형상이 아니고 칸트 자신이 생각하고 단정해서 조건 지은, 자기 자신이 만든 신상이었다.[11] "우리의 인식능력은 가능한 경험의 한계를 넘어설 수 없다고 단정하였다. 神은 우리가 알고 있는 사물 속에 있지 않다. 우리의 인식 넘어, 물 자체 속에 있다."[12] 라고 하여 바로 그렇게 인식한 조건으로 존재한 하나님의 참 형상을 부정하고 말았다. 그물을 엉뚱한 곳에 던졌나니, 인식하기 위해 세운 기준과 조건을 현실 질서를 기준으로 엮은 그물 탓이다. 하나님은 정말 초월 된 '본체의 바다'에 계시는 것이 맞는데, 칸트가 던진 그물이 미친 곳은 '현상의 바다'였다. 그러니까 하나님이 그곳에 존재하실 리 만무하다. 하지만 그 같은 인식 조건도 세계 안에서 끝까지 지속될 수는 없다. 열린 가르침이 이 같은 조건을 극복해야 한다.

칸트가 물 자체(하나님)를 인식할 수 없다고 판단한 것은 그가 말한 대로 神은 우리가 알고 있는 사물 속에 있지 않고 인식 넘어, 물 자체 안에 있다고 보았기 때문이다. 그러나 사실은 물 자체보다는 그렇게 생각한 칸

---

11) 밝힌 바 이 연구는 자체로 추측한 하나님 상을 버리고, 하나님이 계시한 상 없는 형상 조건을 따름.

12) 『철학 콘서트(3)』, 앞의 책, p.187.

트의 인식(상) 기준 탓이라(허상), 그것이 곧 칸트가 하나님의 형상(물 자체)을 볼 수 없게 된 원인이다. 부처님의 말씀대로 무릇 모양이 있는 것은 모두 허망한데, 허망한 신상 조건으로 하나님을 보고자 한 탓이고, 모든 상을 상 아닌 것으로 보아야 한다고 한 말씀을 듣지 못한 탓이다. 그렇다면 하나님은 정말 우리의 인식 넘어, 현상계를 초월해 계시는가? 원상으로서는 정말 그곳에 거하고 계시지만 화신 된 상은 이곳 세상 안에 편재하여 존재하지 않은 곳이 없다(무소부재). 따라서 인류는 마땅히 세상에 화현된 본체자로 강림하신 모습을 볼 수 있어야 그를 통해 하나님의 절대적인 원상 모습을 볼 수 있게 된다. 그러기 위해서는 어떤 이유로 하나님이 화신하여 강림하신지에 대한 과정을 살펴야 한다. 그런데 아무런 절차도 없이 칸트처럼 세상 안에서 현상적인 질서 조건으로 인식하기 위해서는 원상을 성립시킨 인식 조건을 통해(본체적 조건) 화신 된 형상을 구해야 하는데, 정반대인 방법을 택했다. 그러니까 숨바꼭질하듯 창조로 인해 하나님은 세상과 함께 있고, 세상을 통해 모습을 드러낸 바인데, 칸트가 찾아서 인식하고자(보고자) 한 상은 하늘에 계신 절대 원상에다 초점을 맞춘 것이다. 다시 말해, 하나님의 본체 자체, 물 자체는 세상을 초월한 곳에 있지만, 화신 된 존재는 세상 안에 있고, 형상도 결국은 세상의 질서 조건(인식 조건)으로 투영(구성)될 수밖에 없다. 칸트가 神의 본체를 드러내고 神의 모습을 인식하고자 한 인간적인 노력에도 불구하고 넘어서지 못한 한계 이유가 여기에 있다. 그것은 곧 하나님에게만 초점을 고정하고 나머지 실상은 놓쳤다는 뜻이다. 칸트 자신은 神을 알고 있는 것으로 간주했지만 사실은 전혀 몰랐다. 창조도 본의도 화신 된 하나님도 몰랐다. 그러니까 하나님을 엉뚱한 곳에서 찾았고, 세상과 함께하고 있어도 보지 못했다.

문제는 칸트가 도달한 결론 명제(물 자체 인식 불가)를 대다수 후인이 동조한 상황이라, 그 같은 집단의 무지를 열린 가르침이 깨우쳐야 한다. 암흑의 그림자를 걷어내야 하나님의 모습을 뵐 수 있다. 망념에 사로잡힌 상(신상으로 바라본 상)을 떨쳐내어야 세상 어디서도 하나님은 뵐 수 있는 길을 연다. 하나님이 우리가 호흡하고 있는 세상 안에서 뵐 수 없다고 단정한 것은 6·25 때 국군이 한강을 폭파한 것과도 같다. 북한군의 남하를 저지하고자 하였지만, 피난민의 남하 길도 끊겨 버린 것처럼, 하나님에게 이르고 하나님을 뵐 수 있는 길을 차단해 버렸다. 열린 가르침은 이처럼 잘못 판단한 일체 단정과 장애 신상을 완전히 제거해야 한다. 그것이 참으로 모든 상을 상 아닌 것으로 보는 길이고, 여래를 보는 길이며, 이 땅에 강림하신 하나님의 본체 형상을 보는 길이다.

서울에 있는 친척은 부산에 있는 친척을 보기 위해 하경하고, 부산에 있는 친척은 서울에 있는 친척을 보기 위해 상경했다면 어떻게 만날 수 있겠는가? 하나님은 창조를 통해 세상에 강림해 계시는데 인류는 하나님을 뵙기 위해 하늘을 향해 길을 떠난다면 어떻게 되겠는가? 아이는 성장하면서 끊임없이 변하는데, 돌 때 찍은 사진을 들고 성인이 된 사람을 찾는다면? 어릴 때 모습이 아니라 현재 모습을 알고 찾아야 한다. 그러기 위해서는 어릴 때 모습이 어떻게 해서 현재 모습이 된 것인지를 알아야 하리라. 또한, 우리는 서울에 있음과 동시에 부산에 있을 수 없지만, 하나님은 그렇지 않다. 이곳(현상계)과 저곳(본체계)이 모두 하나님의 본체 안인 탓에, 하나님으로서는 그런 구분 자체가 아예 없다. 무소 부재한 편재성으로 이곳에 계신 동시에 저곳에도 계신다. 그런데도 하나님은 왜 저곳이 아닌 이곳 세상에서 모습을 드러내셨는가? 본체는 현상적 조건으로 드러날 수 없지만, 화신 된 탓에 강림하시어 드러날 수 있다. 뿌리는 땅속에 파묻혀 있고, 빙산은 일각만 드러나 있듯, 절대적 본체는 차원 밖에 있지만, 화현 된 본체는(이행) 변화된 모습으로 세상 위로 얼굴을 나타낸다. 화신 된 모습으로 표출되었지만, 그것은 분명 하나님 형상을 대변하며, 하나님의 몸 된 본체를 대표한다. 마치 몸은 옷으로 가리지만 얼굴은 나타내어 돋보이려고 하는 것처럼…… 칸트는 말하길, "이성은 공간과 시간에 속한 것은 무엇이든지 파악할 수 있지만, 공간과 시간을 넘어서면 더 이상 쓸모가 없다."[13]라고 하였다. 이성이 지닌 인식 수단과 능력으로서의 한계 범위를 지적한 것이다. 맞는 말이지만 그렇다고 모든 상황에 적용되는 절대 명제는 아니다. 그런데도 칸트는 그렇게 간주하고 그 같은 인식 조건으로 물자체를 판정하였다.

> "현실은 인간에게 본래 그 자체의 모습으로 나타나는 것이 아니다.
> 현실은 인간의 인식 능력의 특수한 방식에 따라서 나타난다. 인간
> 은 사물 자체를 파악하는 것이 아니라, 오직 그것이 인간에게 보
> 이는 모습대로만 파악할 수 있을 따름이다."[14][15]

이 같은 주장을 후인들이 정말 몰랐던 진리를 발견하고 큰 깨달음을 얻은 것처럼 너나 할 것 없이 정합적인 인식 이론으로 받아들였다. 그리고 현실이 인간에게 본래 그 자체의 모습으로 나타나는 것이 아니라고 한 것

---

13) 『거침없이 빠져드는 기독교 역사』, 앞의 책, p.355.

14) 위의 책, p.355.

15) 왜 그런 것인지, 왜 인간의 인식 능력에는 특수한 방식(제약)이 있는 것인지에 대한 이유(창조)까지는 밝히지 못함.

은 이 연구가 밝힌 논거와도 공감된 인식인 것처럼 보인다. 하지만 알고 보면 심대한 오판이며 착각이다. 본래 자체의 모습으로 나타나는 것이 아닌 이유를 말한 칸트의 물 자체에 대한 설명이 그러하다. 왜 물 자체는 인간에게 본래의 모습으로 나타나지 않는가? 정말 인간이 지닌 인식 능력의 특수한 방식 탓인가? 하나님의 본체가 이행되고 화신되어서인가? 칸트는 사실상 물 자체에 대한 특성 정보를 전혀 모른 채 물 자체에 대한 정보를 주관대로 판단한 상황이다. 버리라고 한 상을 오히려 지켰다. 죽을 각오로 싸우면 산다(사즉생)고 했듯, 버릴 것을 남김없이 버려야 물 자체를 볼 수 있는데, 애써 지키려고만 하니까 "하나님과 자유와 죽음 같은 形而上學적 문제를 인간의 능력으로서는 해결할 수 없다고 단념하였다."[16] 현실은 인간에게 본래 그 자체의 모습으로 나타나는 것이 아닌 이유를 찾아서 본래 그 자체의 모습을 애써 찾으려고 할 것이 아니고(사실상 불가능한 일), 현 시공간 안에서 변화된 모습을 찾아야 했다(그를 통해 본래 그 자체의 원 모습을 찾음).

이처럼 하나님의 형상과 모습이 저곳이 아닌 이곳 세상 가운데서 우리와 함께한다는 사실을 명시하고, 소재를 분명히 지침한 것이 지상 강림 역사이다. 이런 이유로 "칸트가 神의 존재와 영혼의 불멸 같은 形而上學 논제는 인간의 이성으로 취급할 수 있는 성질의 문제가 아니라고 한 선포"[17]에 대해 잘못을 지적하지 못한 것은 선천 인류의 동반 무지 상황을 여실하게 입증한다. 그것이 선천의 한계 조건이다. 하지만 세계는 생성하므로 변하고 또 변화하는 법, 이런 조건이 끝까지 지속할 수는 없다. 그래서 때가

---

16) 위의 책, p.355.

17) 『철학 콘서트(3)』, 앞의 책, p.174.

이른 오늘날 열린 가르침이 일체 무지를 일깨우고자 한다. 칸트는 이성을 통해 세계와 진리의 문제를 파고들었지만, 창조된 본의를 알 수 있는 때가 아니었던 탓에 하나님의 모습을 볼 수 없는 장벽이 가로막고 있었지만, 그것마저도 알고 보면 하나님이 오늘날 모습을 드러내기 위한 인류 지성의 애틋한 추구 행위였다. 왜냐하면, 그 장애 벽이 어떻게 해서 생겨난 것인지 원인을 알고 허물기만 하면 화신 된 존안을 뵐 수 있기 때문이다. **하나님이 자체 모습을 인류 앞에 드러내는 것은 인류가 추구한 진리 노정의 최종 결정판이고, 최종 매듭 단계이다. 그것이 곧 보혜사 하나님이 세상 가운데 강림한 존재자로서 형상을 드러낸 것이며, 화신 된 진리로 형상을 구성하고 완성했을 때, 인류 모두가 세상 가운데서 하나님의 모습을 뵐 수 있다.** 그래서 **"진리 규정 절차"**는 인류가 하나님의 모습을 보기 위한 필수 절차이며, 진리를 통해 존재자로서 모습을 완성하면 비로소 진리가 무엇인지 본질을 규정하고 정의할 수 있다. 즉, 만 영혼이 이 땅에 강림하신 하나님과 함께할 수 있는 길을 연다. 하나님의 모습을 뵐 수 있는 영안(눈, 관점)을 획득한다. **세상 가운데서 하나님의 모습을 볼 수 있는 길은 하나님이 화신 된 사실을 알고 말씀으로 임한 진리적 실체를 찾는 것이다.** 그것은 모습이지만 결코 두 눈으로 보는 행위적 과정이 아니다. 장애를 걷고 무지를 깨우치는 영성적 안목, 곧 심안(믿음)으로 꿰뚫는다. 여태껏 자체 마음이 쌓아 올린 신상을 깨트리는 것, 그것이 하나님의 화신한 모습을 볼 수 있는 첩경이다. 영안을 연 만큼, 깨친 눈으로 하나님의 모습을 볼 수 있게 된다. 하나님의 모습은 영성을 틔워야 볼 수 있다. 가능한 일체 경우의 조건을 완비한 역사이다. 하나님은 차원 밖에 계신 동시에 차원 안에 계시기 때문에 원모습과 화신 된 모습을 모두 알아야 한다. 반드시 화신 되기 이전의 존재 조건을 고려해야 하나니, 이유는 차원 안에서 모습을 보기 위해서는 차원 밖 조건이 영향을 끼치기 때문이다. 그 현실적 작용 조건이란 무엇보다 차원 밖의 조건 탓에 차원 안에서의 모습 드러남이 제한을 받는 탓이다. 그런데도 제한적인 조건으로 보이는 모습을 제한된 조건 그대로의 안목으로 보아서는 안 된다는 것이 깨우쳐야 할 핵심 과제이다. 즉, 형상 드러남의 제한성을 그처럼 제한한 차원 밖의 조건을 통해 보아야 한다. 원상과 화신 된 상의 가려진 부분을 상호 보완하면서 뒷받침했을 때 하나님의 완전한 모습을 볼 수 있게 된다.

길의 완수 과정을 통해 이 연구는 하나님의 계시 뜻을 어떻게 수용하였고 최대한 근접해서 구체화할 수 있는가 하는 것이 과제였지 하나님의 말씀 역사가 간구에 대해 초점이 어긋나거나 무응답인 경우는 없었다. 진리의 성령으로서 이룬 계시 역사는 완벽하고 완전하다. 문제 되는 소지가 있다면 그것은 오직 이 연구가 하나님의 뜻을 잘못 판단하는 경우뿐이리라. 그래서 우리가 하나님의 모습을 본다는 것은 화신 된 모습이 무엇인지를 확실히 아는 깨침에 있으며, 영안을 열 수 있도록 열린 가르침을 굳게 받들어야 한다. 그리해도 인간으로서는 기대에 미치지 못하는 부족함이 있으리라. 하지만 설사 능력이 미치지 못한다고 해도 그런 문제에 대해 염려할 필요까지는 없다. 길의 역사가 그러했듯 최선을 다하면 "진인사대천명(盡人事待天命)"이다. 우리가 다하지 못한 것은 하나님이 알고 이끌어 주시리라. 그곳에 하나님의 한량없는 은혜가 있나니, 구원을 확신할 수 있는 역사가 있다. 스스로 깨달아 지혜를 완성했다고 자처하는 얇은 우물 안에서 하늘을 본 자기 만족식 포효일 따름이다. 열린 가르침에 근거할 때, 강림하신 하나님은 과연 무엇을 근거로 본체를 구성하고 모습을 완성한 화신체인가? 유구한 세월에 걸쳐 무형의 본체를 분열시켜 드러난 진리 자체이시라, 이 진리가 세계의 본질이 분열을 완료한 오늘날 하나님의 모습을 구성하고, 본체로 완성되셨다. 즉, **진리는 존재를 구성하며, 본질은 존재를 형성한다.** 진리가 뭇 존재와 세계를 구성하였고, 뭇 존재와 세계가 하나님의 본체를 구성하였다. 그토록 궁금하게 여겼고, 찾아 헤매었고, 나타나기를 간구한 **하나님은 다름 아닌 진리를 구성한 전모자로 정체를 드러낸 보혜사 진리의 성령이시다.** 이 성령이 오늘날 인류 역사 위에 형체를 드러낸 절대 하나님의 화신 된 모습이다. 창조주 하나님이 성부 하나님, 성자 하나님에 이어 성령 하나님으로 임하셨다. 유구한 세월에 걸쳐 선현들이 일군 진리가 바로 성령 하나님을 존재자로 완성시킨 요체이나니, 요원한 인류의 정신적 과제인 진리가 무엇인가 했을 때, 이것이 단계적인 진리 규정 과정에서 이 연구가 내리는 최종 결론 명제이다.

천지 세계는 진리로써 이루어진 구성 요건을 통해 한 몸을 이룬 탓에 일관된다. 곧, 본체+본질+모습 조건을 완비한 존재 체제이다. 이것을 우리가 지닌 몸적 구성을 기준으로 대비한다면, 본체=몸과 사지를 포함해서 생명을 유지하는 신체 기관(유형)에 해당하고, 본질은 존재를 존재답게 형성하는 내면의 성질 또는 성격(무형)에 해당하며, 모습(얼굴)은 몸통, 사지와 대비된 머리(정신) 역할로서 온몸을 조절하고 의지로 이끄는 것, 혹은 존재를 대표, 대변, 상징하는 것, 그리고 얼굴의 돋보임처럼 진리로서 표상된 상태이다. 진리도 하나님의 원모습은 아니며, 세상 위로 드러나기 위해 화신되기는 했지만, 세계 안에서 하나님의 본체와 본질과 형상과 형체를 일관한 것은 진리이다. 몸 된 본체를 분열시켜 모습을 구성한 하나님 자체이다. 세계의 본질이 분열 중인 상태에서는 진리도 부분적일 수밖에 없어 하나님을 달리 보고 다르게 불렀지만, 분열이 완료된 오늘날은 모습을 완성한 본체자로 강림하셨나니, 그분이 곧 진리통합의 완수 위에 드러난 보혜사 진리의 성령이시다. 너와 나, 삼라만상이 존재하는 것은 참으로 신비로운 것일진대, 오랜 세월에도 비밀을 풀지 못했던 것은 하나님이 진리로서 뭇 존재를 뒷받침하고 있었기 때문이다. 그래서 때가 될 때까지 깊은 베일에 가려져 있었지만, 분열을 완료하고 나니까 본질과 진리, 진리와 세계, 세계와 하나님이 하나인 실타래로 이어져 본질론-진리론-존재론-세계론-본체론-인식론-방법론이 일체화되었다. 하나인 모습으로 완성되었나니, 그분이 진리의 성령으로 강림하신 보혜사 하나님이시다. 신비하게 여긴 **존재란 다름 아닌 진리의 구성체요, 창조로 결정된 진리 덩어리이며, 진리로 구성된 하나님의 화신 본체이다.**

　존재자적 관점에서는 일체가 하나로 규정된다. 하나님의 모습을 찾고 분별하기 위해 소정의 **"진리 규정 절차"**를 거친 것이나니, 드러나 있는 진리만으로는 진리가 하나님의 모습인지 알 수 없었지만, 차원 밖에 있는 무형의 본체까지 꿰뚫고 보니 진리가 비로소 하나님을 대표하는 얼굴이자 세상 위로 드러난 하나님의 모습이었다는 사실을 알게 되었다. 산을 오르는 중에는 골짜기만 보이지만 정상에 서면 산맥을 보듯, 진리도 드러난 전모를 통해 세계가 존재자로서 윤곽을 나타내었다. 그 같은 추구와 방법적인 길을 찾기 위해 이 연구가 얼마나 긴 세월과 머나먼 길을 걸어야 했던가? 일차적 조건(초월 질서)으로서는 분열 중인 세계 안에서 본체적인 모습을 드러낼 수 없으므로 이차적 조건으로서 현상 질서로 가능한 길을 준비하다 보니 존재하고 있으신 데도 장구한 세월이 걸렸다. 세계적인 절차 과정, 그 지상 강림 과정과 진리 규정 과정의 필연성을 만인이 이해하고 수긍해야 한다. 깨침이 있어야만 이 땅에 모습을 드러낸 하나님의 존안을 뵐 수 있는 영안을 가진다. 또한, 이 연구가 命을 받든 열린 가르침의 사명이기도 하다. 하나님이 가르침의 문을 연 목적은 분명한바, 진리의 본질을 규명하고 규정함으로써 어제도 오늘도 내일도 무궁한 진리를 생성시키는 성령의 말씀으로 하나님의 존안을 뵐 수 있도록 하기 위해서이다. 그래서 하나님의 진리화된 모습을 상세하게 확인하기 위해서는 이 연구가 좀 더 구체적으로 묘사할 필요가 있다.

얼굴은 눈, 코, 입, 턱, 이마, 볼 등이 저마다의 모양으로 구성되어 조화됨으로써 세상에서 유일한 얼굴 모습을 나타내는데, 진리가 무조건 하나님의 얼굴이고 존재를 구성한 요소라고 한다면 그것만으로써는 얼굴을 분간하기 어렵다. 진리가 곧 하나님이란 선각의 주장도 있지만, 관념적인 명제에 그쳤다. 진리가 하나님과 어떻게 연관된 것인지 밝히지 못한 것이다. 그것이 선천에서 규정한 진리와 하나님과의 관계 상황이라, 세월에 걸친 단계적 **"진리 규정 절차"**가 필요했다. 진리의 본질 뿌리를 파헤쳐야 일련의 인식을 바탕으로 진리가 곧 하나님의 얼굴이란 사실을 확인할 수 있다. 그것이 무엇이기에 진리를 통하면 하나님의 모습을 보고, 진리를 통하면 사실상 하나님에 관해 알 수 있게 되는가? 열린 가르침에 귀 기울여야 하나니, 그리해야 진리와 하나님이 창조로 연결된 관계를 추적할 수 있다. 이것이 지금까지의 무지를 깨닫고 영안을 틔워 하나님의 모습을 볼 수 있는 조건이다. 그것이 무엇인가? 세상 진리는 예외 없이 하나님이 천지를 창조한 본의 뜻 안에 있다. 하나님과 연관되어 있는바, 그 실마리가 곧 태초에 하나님이 실현한 천지창조 역사에 있다.[18] 창조 역사를 통해 하나

---

18) 하나님의 창조 뜻, 창조 의지, 창조 본질이 진리화함으로써 천지창조 역사가 실현되었고, 하나

님이 세상과 함께했고, 진리를 통해 하나님이 세상 위로 드러났다. 이처럼 창조를 매개로 진리와 하나님과의 연관 관계를 알아야 진리를 통해 하나님의 본체, 본질, 뜻, 의지, 본의를 추출할 수 있다. 곧, 하나님의 얼굴을 뵐 수 있다. 따라서 본의를 깨우치는 것은 진리를 통해 표출된 하나님의 얼굴을 볼 수 있는 선제 조건이다. 진리가 세상 위로 드러난 하나님의 화신 본체요, 세계 안에 거하신 하나님의 존재 형태란 사실을 분간할 수 있다. 다시 정리하면, 진리는 유구한 세월을 두고 선각들이 각성한 하나님의 창조 본질이나니, 세계 안에 거한 하나님의 化된 본질이기도 하다. 결국은 그것이 그것이다. 절대적인 하나님이 창조된 세계 안에 거하기 위해 세계적인 조건으로 본체를 이행시킨 것이 진리로 化한 하나님의 얼굴 모습이다. 진리는 세계화된 하나님의 몸 된 본질 자체라, 그 진리를 통해 하나님이 창조 뜻과 창조 의지와 창조 원리를 법칙화시켰고, 그런 진리를 바탕으로 오늘날은 몸 된 존재자로서 모습을 구성한 보혜사 하나님으로 강림하셨다. 천지가 하나님의 몸 된 본체로부터 창조되었다고 하는 것은 이 연구가 일관되게 펼친 주장이거니와, 그렇게 해서 이행된 하나님의 창조 본체를 선현들이 각성해서 일군 것이 진리이다. 그리고 때가 된 오늘날은 그렇게 해서 일군 진리를 종합함으로써(구성함) 하나님이 존재자로서 모습을 완성할 수 있게 되었다. 이 같은 결과는 유사 이래 인류가 쉬지 않고 진리를 탐구했기 때문이라, 정열을 바친 노력과 이룬 성과를 때가 이른 오늘날 이 연구가 통합하였다. 다져 놓은 역사적인 기반을 바탕으로 하나님이 이 땅에 존재자로서 모습을 나타내셨다. 이전에는 불가능했는데 이제는 하나님

님의 몸 된 본체가 진리를 통해 세계화됨. 그렇게 해서 창조 이래 진리로써 인류 역사를 주재한 의지의 주체가 보혜사 하나님, 곧 진리의 성령이심.

을 뵐 수 있는 하나님의 자체 조건과 세상 조건이 모두 갖추어졌다.

하지만 문제는 아무리 천지 만물이 건재하더라도 자신이 눈을 감고 있으면 볼 수 없듯, 우리가 하나님의 모습을 볼 수 있는 영안을 열지 못하고 믿음이 없다면 천고로부터 쌓아 올린 진리적 기반도 소용이 없다. 이 최종 장애물을 어떻게 넘어서야 하는가? 강림하신 하나님을 우리가 무엇을 통해, 어떻게 해야 볼 수 있는가? 방법과 지혜를 갖출 준비 조건은? 진리를 통해서이니, 진리 속에 하나님의 모습이 투영되어 있다. 기독교, 유교, 불교, 도교, 이슬람교, 힌두교, 과학, 철학, 학문…… 예외는 어디에도 없다. 그 길이 오늘날 보혜사 하나님과 미륵불 부처님이 공조 합일체로 강림하시어 펼친 '미륵불 보혜사'의 열린 가르침에 있다. 대다수 신앙인은 자신이 믿는 종교, 교주, 진리, 신앙, 가치, 신념에 대해 절대적인 신뢰를 가졌고, 가르침을 담은 경전과 발견된 법칙과 원리와 이치를 굳게 확신한다. 하지만 그런 믿음과 인식과 가치 판단도 자체 영역을 벗어난 순간 상대적으로 대비된 상황에 직면한다. 왜 이 같은 결과를 피할 수 없게 되는가? 이유가 도대체 무엇인가? 자체 진리를 신상으로 본 탓이요, 모든 상을 상 아닌 상으로 보라고 한 말씀을 깨닫지 못한 탓이다. 이것이 정말 무슨 말인가? 기독교에서는 예수님의 가르침을 하나님의 가르침으로 알라고 했고, 예수님도 자신이 한 말은 자신이 한 말이 아니라 하나님이 자기 안에 거해서 하는 하나님의 말씀이라고 한 것처럼, 부처님의 가르침도 공자님의 가르침도 알라의 가르침도 결국은 똑같은 하나님의 가르침이다.[19] 그런데도 지난날은 불교 경전을 부처님의 가르침으로, 유교 경전을 공자님의 가르침으로, 코란을 무함마드가 계시받은 가르침으로 알아 아무리 굳은 신앙

---

19) 보혜사 하나님이 진리의 성령으로 계시해서 일깨운 말씀의 역사임.

심을 가지고 경전을 보아도, 혹은 직접 말씀을 들은 제자들까지도 그를 통해 하나님을 발견하지 못했다. 과학자도 상황은 마찬가지이다. 자연 진리는 하나님과 무관한 객관적인 원리이고 만유 공통의 보편적인 작용 법칙이라고 보았기 때문에 하나님의 모습을 보지 못했다.

이유가 정말 어디에 있는가? 모든 상을 상 아닌 것으로 보지 못한 것이다. 그 무지 상태를 정확하게 지적한다면? 부처님의 가르침을 부처님의 가르침으로 여긴 것이다.[20] 부처님의 가르침을 부처님이 말씀한 진리라고 믿은 그것이 바로 모든 상을 상 아닌 것으로 보지 않고, 참상인 것으로 본 것이다. 그러니까 부처님 말씀(우물) 속에 갇혀 버려 그를 통해 하나님을 보지 못했다. 그렇다면? 부처님의 가르침을 부처님의 가르침이 아닌 것으로 보아야 하나니, 그리해야 여래를 볼 수 있는 안목을 튼다. 그것이 무엇인가? **부처님이 가르친 진리는 부처님이 가르친 진리이기 이전에 부처님의 영안을 틔워 깨우치게 한 보혜사 하나님이 진리의 성령으로서 역사한 보혜사 하나님의 가르침이다.** 부처님의 가르침을 부처님의 가르침으로만 보니까 하나님의 모습을 볼 수 없었고, 하나님의 창조 본체와 창조 본의와 창조 진리가 차원 벽에 가로막혀 알 수 없었지만, 부처님의 가르침이란 믿음을 버리고(아상, 신상, 부처님상을 버림) 하나님의 가르침이란 사실을 깨우치면 부처님이 가르친 팔만사천 법문이 모두 하나님의 창조 뜻과 창조 진리와 창조 법칙을 가르친 법문으로 일관된다. 佛法이 창조 진리로서 찬란하게 빛을 발산한다. 하지만 佛法이 그냥 창조 진리로서 전환될 리는 없으므로 하나님이 펼친 열린 가르침을 통한 본의 자각 절차와 받든 믿음이 필요하다. 하나님이 진리의 성령으로서 부처님의 가르침 뒷면에서

---

20) 과학적인 진리를 과학적인 진리로만 여긴 탓이기도 함.

역사한 주재 뜻을 깨달아야 부처님의 가르침 속에서 하나님의 모습, 하나님의 말씀, 하나님의 창조 진리를 발견할 수 있다. 이전에는 불가능하였지만, 지금은 하나님이 이 땅에 강림하셨고, 열린 가르침의 교실 문을 연 이상, 깨침과 받듦을 통해 모두 확인할 수 있다.

하나님이 강림하시기 전에는 세계적 조건을 갖추지 못한 탓에 제 진리 영역이 각자도생한 길을 걸었지만, 강림하신 지금은 세상 진리를 통해서 하나님의 모습을 볼 수 있게 된 길이 활짝 열렸다. 어떤 종교 경전을 통해서도 철학, 과학, 학문을 통해서도 하나님의 모습과 하나님의 창조 본체와 하나님의 창조 진리를 발견할 수 있다. 그것이 진리의 성령으로서 강림하신 보혜사 하나님의 참 진상이다. 인류가 그토록 궁금하게 여겼고, 이 연구가 애써 나타내어 보여주길 간구했기 때문에 하나님이 역사하신 것이지만, 그러나 그렇게 해서 드러난 하나님의 모습보다는 그 너머에서 완전한 형상으로 계신 하나님의 본래 모습을 믿음으로 신뢰하는 그것이 더 생생한 모습을 보는 길이다. 어디까지나 강림하신 하나님의 진리적 모습은 불가피한 조건 탓에 변화된 화신 된 모습이다. 진리의 본질은 영원한 것이지만, 세계 안에서는 생성 중인 상태이므로 하나님 역시 세계 안에서 거처를 마련한 임시 구성체이다. 그 정체가 벌써 성부 하나님-성자 하나님-성령 하나님으로까지 이행되었다. 그렇지만 바탕이 된 절대 본체가 삼위를 일체시키듯, 우리 역시 진리를 통하여 절대적인 하나님을 믿음으로 바라보고 은혜로 영혼 속에 새기는 것이 영원히 하나님과 동행하는 삶이고, 함께 하는 길이며, 영생할 수 있는 道이다. 그 삶, 그 길, 그 道는 멀리 있지 않으며, 구하는 것도 어렵지 않다. 지천이 진리이고 道 아닌 것이 없나니, 하나님을 뵙는 길도 그러하다. 세상 가운데 있고, 경전 가운데 있고, 너와 나의 대화 속에도, 똥, 오줌 속에도 있다. 일체 아상을 버려야 하나니, 그것이 하나님의 존안을 삶의 한가운데서 뵙는 영안을 여는 길이고, 하나님의 창조 본의를 깨치는 지혜를 얻는 길이며, 하나님의 영광된 지상 강림 본체를 영접하는 구원의 길이 되리라.

제55장 확언 간구

1. 간구

본 편을 개관하면서 하나님의 모습을 궁금하게 여기고, 하나님이 모습 나타내어 주길 간구한 것은 그동안 쌓아 올린 길의 추구 과정 중 진리의 본질을 규정하고자 하는 과정에서 가능성을 직시한 탓인데, 응답받고 보니 그것이 그대로 하나님의 뜻이었다는 것을 알았습니다. 그래서 말씀을 받들어 여기 하나님의 형체와 모습을 밝히고, 진리의 본질을 규정한 절차를 거쳤나이다. 하나님은 언제나 존재하시지만 선천 하늘에서는 모습을 나타낼 세계적 조건을 준비한 단계였고, 때가 이른 오늘날 드디어 존재자적인 모습을 구성할 수 있도록 역사한 것으로 생각합니다. 그래서 이번만큼은 "개관 간구"에 이어 다시 한번 하나님의 전에 나아가 말씀하고 조건 지어 준 대로 하나님의 모습을 온전히 드러내고 밝힌 것인지 뜻을 확인하는 절차를 거치고자 합니다. 마치 초상화를 의뢰받은 화가가 의뢰인에게 완성된 작품을 보이고 원하는 대로 그렸는지 확인하는 것처럼……

하나님의 모습을 나타내고자 한 서술 과정을 통해서 저는 하나님의 임재하심과 역사하심과 공감된 성령의 숨결을 느꼈나이다. 하나님, 부족하지만 부디 열납하여 주시옵고 확언하여 주옵소서! 예정하지 않은 또 한 번의 간구 절차이지만, 애써 단안을 내려 하나님의 전에 나아가고자 하나이다. 하나님, 제게 말씀하여 주소서! 하나님의 모습을 나타내고자 한 **"진리 규정론"**이 하나님이 뜻하신 심중 깊은 의중에 합당하나이까? 확언 말씀이 있어야 이 연구가 하나님의 모습을 인류 앞에 공개할 수 있겠나이다. 하나님, 부디 역사하여 주시옵고 응답하여 주소서! (2022. 8. 18. 10:55)

2. 성경 말씀

"여호와 하나님이 그 땅에서 보기에 아름답고 먹기에 좋은 나무가 나게 하시니, 동산 가운데에는 생명 나무와 선악을 알게 하는 나무도 있더라 (창, 2: 9)."

3. 말씀 증거

2022. 8. 19. CTS 기독교 TV, 새벽 6시 30분, 생명의 말씀.

제목: "내게 좋은 것을 주시기 위해"

인도: "主 안에서 항상 기뻐하라. 내가 다시 말하노니 기뻐하라(모습을 열납하시고 재차 기뻐하심) (빌, 4: 4)."

말씀: 보기 아름답고 먹기 좋은 나무-에덴동산(모습을 말씀하심). 무엇을 위해, 하나님의 자녀인 우리에게 주시려고(하나님이 바야흐로 인류 앞에 모습을 나타내시고자 한 목적)…… 좋은 것을 주시기 위해 보기 아름답고 먹기 좋은 나무를 두심. 이스라엘 백성이 광야를 지날 때 만나를 주

심. 황량한 광야이지만 꿀 섞인 만나를 주심. 하나님은 보기에 아름다운 것을 주심. 그러기 위해 나를 청종하라고 말씀하심. 하나님이 내게 주신 것은 모두 아름다움(임재해 보이신 이유). "여호와를 경외하며, 그 道에 행하는 자마다 복이 있도다(시, 128: 1)." 여호와를 경외함이여, 네가 복되고 형통하리로다(그 모습을 경외하면, 곧 하나님이 길의 역사를 통해 나타낸 하나님의 모습을 경외하면-하나님이 모습을 나타내었으므로-그것이 곧 하나님의 본체 모습인 것을 확언해 준 하나님의 응답 말씀-복되고 형통케 할 것을 약속하심. 길을 통해 나타낸 그것이 하나님의 모습이므로, 그 모습을 하나님의 모습으로 알고 경외하라고 하심).

자녀들은 가장 아름답고 마음이 좋은 자식들이다. 하나님이 내게 주신 것은 보기에 아름답다. 主의 이름으로 축원합니다. 하나님이 내게 주신 것은 모두 아름답고 좋다(인류 앞에 하나님이 가장 아름다운 모습을 보이심. 좋다! 좋다!=만족! 대만족!).

"하나님이 좋은 것으로 그 집에 채우셨느니라(욥, 22: 18)." 진짜 아름다운 남편과 아내로 채우고, 아들과 딸로 채워 주심. 아름다운 재물과 물건으로 우리 짐을 내려 주심. 그 값이 진주보다 더하다(잠, 31: 10). 보기에=모습=얼굴 연계. 진주보다 더 좋은 부인과 날마다 기쁘고 즐겁게 하는 자녀를 주심(창, 21: 6. 욥, 42: 15). "하나님은 좋은 것으로 그 집에 채우셨느니라(욥, 22: 18)." 나쁜 것이 하나도 없다. 다 아름다운 사람들이다(모습). 아름답고 좋은 것을 믿습니다. "구하라, 그러면 너희에게 주실 것이요(구한 것을 주셨다고 하심) (마, 7: 7)" 생선을 달라는데 뱀을 주겠느냐? (하나님의 모습을 나타내길 간구하므로 그 모습을 보여주었다고 하심. 그 모습이 어디에 있는가? 보였다고 한 말씀을 믿고 찾으면 됨). 좋은 것=아가도스. 선함, 탁월함, 우수함, 훌륭함으로 보이심(마, 7: 11). 기도하면 이렇게 좋은 것으로 주겠다고 하심이로다(결론: 확실하게 공인하여 확언해 주시다). 아멘.

4. 길을 받듦

밝힌바 **"확언 간구"**는 다른 편에서는 시행하지 않은 하나님의 뜻에 대한 재확인 간구이다. **"진리 규정 절차"** 상 하나님의 모습 나타냄이 절실한 과제였기에, 그 의도를 하나님의 전에 나아가 기도로 밝혔다. 하지만 성령으로 계시가 된 응답 뜻은 하나님의 모습에 대한 직접적인 묘사라기보다는 하나님의 모습을 볼 수 있는 조건과 방법적인 길을 지침하셨다. 그 중요한 핵심 지혜란 다름 아닌, 하나님과 이 연구가 삶의 과정을 통해 숱한 세월을 동행한 길을 걸었기 때문에 그렇게 걸은 추구 과정을 구성하고 종합하면 된다는 말씀이었다. 그래서 지침하신 가르침을 받들어 하나님의 존안 모습을 진리로써 규정한바, 이 같은 결과가 정말 하나님의 모습인지 평가받고 결재를 득하지 않을 수 없게 되었다. 그래서 말씀의 증거 과정에서 즉답 되고 직시 된 가르침을 '간구 대 응답 형식'에 맞추어 다시 대조 확인한다면, **"진리 규정론"**의 개관 간구에서 이 연구가 하나님께 구한 뜻의 핵심 주제는 하나님의 모습을 보여 달라고 한 요청이었다. 그래서 간구 주제는 개관 간구와 지금의 확언 간구가 동일하지만, 본 간구를 통해 기도로 요청한 것은 하나님의 계시 지침을 받들어 하나님의 모습을 진리로써 구성하고 나타낸 만큼, 제반 규정 절차를 거친 완수 결과에 대한 응답이랄까? 만족도랄까? 자체 모습을 그려낸 초상화를 바라보는 하나님의 마음이 랄까? 그런 의중과 느낌과 평가를 더한 말씀을 응답으로 계시하여 주시길 기도하였다. 이런 기대 조건에 관해 이 연구는 소정의 "증거 말씀"을 통하여 어떤 가르침을 받들었고, 깨달음을 얻었고, 믿음 어린 결론을 내리게 되었는가? 임하여 계시한 말씀은 모두 이 자식의 간구에 응답한 하나님의 말씀이시다. 이 자식의 영혼을 온전히 감싼, 공감된 의식으로 호흡을 맞추어 말씀의 첫마디부터 마지막 마디까지 함께해 주셨다.

1) "여호와 하나님이 그 땅에서 보기에 아름답고 먹기에 좋은 나무가 나게 하시니"

해석: "보기에 아름답고"란 모습에 대한 평가이고, "먹기에 좋은 나무"란 심정에 대한 하나님의 표현이다. "전국 중에 욥의 딸들처럼 아리따운 여자가 없었더라." 용모, 곧 얼굴 모습에 대해 묘사하심.

2) "동산 가운데에는 생명 나무와 선악을 알게 하는 나무도 있더라."

해석: 두 종류의 나무=두 얼굴로 구분된 하나님의 얼굴=원모습 대 화신된 모습. 그리하여 하나님이 하늘에 계신 원모습을 바탕으로 이 땅에 화신한 모습으로 임한 모습을 그려낸 하나님 자체의 초상화를 보고 아름답고 아주 좋다고 하심.

3) "主 안에서 항상 기뻐하라. 내가 다시 말하노니 기뻐하라."

해석: 하나님의 모습을 나타낸 진리 규정 결과에 대해 모습을 열납, 인가하고, 거듭 기뻐한 심정 밝히심.

4) 보기 아름답고 먹기 좋은 나무-에덴동산. 무엇을 위해, 하나님의 자녀인 우리에게 주시려고……

해석: 이 연구가 진리의 본질을 규정하고자 한 단계에서 하나님의 모습을 나타내고자 한 목적은 창조 이래 쉬지 않고, 좌절하지 않고 진리를 추구하고, 진리를 믿고, 진리를 지킨 인류에게 좋은 열매를 맺게 하기 위해서임. 그러니까 인류가 진리를, 정열을 바쳐 추구한 목적이 하나님의 본체와 얼굴 모습을 나타내는 것으로 결과 지어짐. 인류가 이 같은 성과를 바탕으로 오늘날 하나님의 모습을 보고, 만나고, 영접하여 함께할 수 있는 보편적인 구원 역사 조건을 갖추게 됨.

5) "여호와를 경외하며, 그 道에 행하는 자마다 복이 있도다."

해석: 진리 규정으로 나타내 보인 그것이 하나님 자체의 모습이라, 후천 인류가 그 모습을 경외하면 그런 믿음과 신앙 행위에 대해 복과 형통을 약속하심.

6) 자녀들은 가장 아름답고 마음이 좋은 자식들이다. 하나님이 내게 주신 것은 보기에 아름답다. 主의 이름으로 축원합니다. 하나님이 내게 주신 것은 모두 아름답고 좋다.

해석: 이 연구가 나타내고 그려낸 하나님의 모습이 가장 아름다운 모습이라고 평가하고 심히 흡족해하심. 그것을 가치로 따지면 진주보다 더함. 잘못 나타낸 것이 하나도 없다.

7) "구하라. 그러면 주실 것이요" "~ 하물며 하늘에 계신 너희 아버지께

서 구하는 자에게 좋은 것으로 주시지 않겠느냐?"

확언 결론: 하나님의 모습은 우리가 아닌 하나님이 아시는 것이고, 이 연구가 규정한 하나님의 모습이 맞았는지 틀렸는지, 잘 나타낸 것인지 잘못 나타낸 것인지는 하나님이 평가하실 수 있다. 그 결과, 하나님은 간구에 응하여 하나님의 모습을 분명하게 나타내어 보였고, 또 잘 나타내었다고 확언하심이로다. 아멘.

제13편

자연 현상론

기도: 도대체 천지 세상과 하나님은 무슨 상관이 있는가? 그 관계를 어떻게 해명하고 설명할 수 있는가? 자연 현상을 통해 하나님의 창조 손길을 발견하기 위해서는 어떤 창조 뜻을 받들어야 하나이까? 자연 현상을 일관하고 하나로 꿰뚫을 수 있는 하나님의 창조 본의 관점에 관하여······ 하나님이 창조한 자연 현상을 바라보는 하나님의 눈, 곧 창조 본의 관점과 뜻을 밝혀 주소서!

말씀: "~ 예수께서 가라사대," 그러므로 천국의 제자 된 서기관마다 마치 새것과 옛것을 그 곳간에서 내어오는 집주인과 같으니라. ~(마, 13: 51~58)."

증거: 창세로부터 감추어진 진리, 이것을 예수님이 말씀으로 풀어 주심. 하나님의 진짜 뜻대로 해석해 주심. 옛것을 새롭게 해서 가르치심. 집주인 역할을 할 서기관이 필요. 지금의 시점으로 말하면 옛것=성경 66권. 바로 이것을 새롭게 해석해야 한다. 재해석=신학과 목회의 사명. 곳간에서 이 시대에 맞게 재해석 필요.

제56장 개관(하나님의 눈)

1. 길을 엶

하나님이 태초에 천지를 창조하셨다는 사실과 하나님이 창조주란 사실을 믿는 것만이 전부는 아니다. **도대체 천지 세상과 하나님은 무슨 상관이 있는가? 그 관계를 어떻게 해명하고 설명할 수 있는가? -제1문**(2022. 8. 18. 11:20)

자연과 우주에는 인류가 궁금하지만, 알 수 없어 벽에 부딪힌 수많은 진리적 과제가 있다. 그것은 形而上學적인 과제와는 또 다른 성격을 지녔다. 주제는 비슷할 수 있지만 접근하는 방법과 실마리를 풀 조건에는 차이가 있다. 어떻게 해야 이 같은 과제를 풀 것인가? 명확한 진리 인식의 디딤돌은? **어떤 질문과 이해 기반 위에 서야 우주와 자연의 세계를 진리로써 관망하고 꿰뚫고 해석할 수 있는가? -제2문**

우리는 하나님이 펼친 자연의 책을 통해 어떻게 하면 하나님의 저술 의도, 곧 창조 뜻, 창조 진리, 창조 모습을 발견할 수 있는가? **자연의 책과 그 저자인 하나님과는 무관할 수 없다. 무엇을 근거로 하나님이 자연의 책 저자란 사실을 확인할 수 있는가? -제3문**

모든 존재, 모든 자연, 모든 현상에는 의미가 있다. 그것을 어떻게 이해하고 해석해서 결정할 것인가? -제4문 일체를 존재하게 하고, 일으키고, 드러나게 한 하나님의 창조 뜻과 의미를 일관시키고 판정하리라.

지난날은 인간의 자의적인 생각과 판단에 따라 자연과 현상의 원리와 법칙을 발견하고자 하였고, 그에 따라 드러난 의미를 자의적으로 이해하고 해석하였다. 어디에도 천지창조의 주재자인 하나님의 뜻에 입각한 이해 관점은 없다. -제5문 하지만 오늘날은 하나님이 강림하시어 모든 본의를 밝힌 만큼, 어떤 목적으로 자연 현상을 일으킨 것인지 의도한 뜻을 밝힘으로써 **하나님의 입장에서 모든 것을 바라보고 의미를 일깨울 수 있는 관점의 대전환 역사가 필요하다.** 그렇다면 그 의미는 정말 어떻게 달라질 것인가? "하나님의 눈"으로 자연 현상을 봄으로써 인간 관점에서 자연 현상을 해석한 일체 의미를 혁신할 필요성이 요청된다. -제6문 자연의 책을 저술한 당사자로서 하나님은 자연이란 책을 과연 어떤 목적으로 저술한 것인가? -제7문

제 현상은 창조 역사를 증거하는 수단이자 근거이다. 그렇다면 하나님이 천지를 창조한 근거는 어디에 있는가? -제8문 자연과 현상, 그것을 보는 눈을 일깨움.

자연을 통해 하나님의 창조 손길을 발견하고 실감할 수 있는 근거인 현상, 이것이 자연 현상이 존재한 이유이고 가치이며 목적이다. 이것을 볼 수 있는 눈으로 보지 못하는 무지를 일깨움이 열린 가르침의 목적이다. -제9문

지난날은 자의적으로 자연 현상을 통해 진리를 발견하고자 하였다면, 이제는 하나님이 역사한 창조 손길을 발견하기 위해 노력해야 한다. -제10문

자연 현상을 통해 하나님의 창조 손길을 발견하기 위해서는 어떤 창조 뜻을 받들어야 하나이까? -제11문

자연 현상을 일관하고 하나로 꿰뚫을 수 있는 하나님의 창조 본의 관점(눈)에 관하여……-제12문

자연 현상을 바라보는 본질적 관점과 해석 의미에 관하여……-제13문

찾고자 하는 그 무엇은 그 순간에서 일어난 상황적 조건과 이치를 따른다. 그 범위 안에 존재한다. 그런데 찾고자 하는 그 무엇을 찾을 수 없는 것이라면 그것은 그 순간에 주어진 상황과 조건을 간과하고 주관적인 판단과 생각(추측)으로 찾았기 때문이다. 그러므로 이 연구가 찾고자 하는 **자연 현상의 의미를 일깨우기 위해서는 실 상황과 역사를 일으킨 하나님의 관점에 입각하는 방법밖에 없다. -제14문** 하나님이 자연 현상을 일으키는 데 관여하지 않았다면, 하나님의 관점을 계시받을 필요가 없다. 하지만 인간의 관점만으로 본 선천의 자연 현상에 관한 의미와 해석이 완전하지 못했다면 그 이유는? 창조 역사를 직접 주재한 하나님의 관점을 배제한 탓이리라. 가장 가능한 경우의 수는 무시하고 엉뚱한 곳에서 찾았음.

인류는 제삼자로 자연 현상을 바라본 탓에 추측해서 해석할 수밖에 없

다. 하지만 **하나님은 존재한 자체의 몸 된 생명 현상인 탓에 주체적으로 의미를 밝힐 수 있다. 이것이 하나님 관점과 인간 관점과의 근본적인 차이이다. -제15문** 그 관점이 곧 하나님의 창조 뜻과 창조 본의에 입각한 **"하나님의 눈"**이고, 그런 관점을 계시받아 열린 가르침으로 인류의 무지를 일깨우고자 하는 것이 이 연구가 구하고자 하는 저술 주제이고 목적이다.

진정 자연의 제반 현상은 어떤 관점에서 바라보고 이해해야 하는가?

2. 간구

하나님, 부족한 이 자식이 숨이 가쁠 정도로 연이어 아버지의 전에 나아가 궁금한 뜻을 묻고자 하나이다. 만인이 "경외하며"라고 한 하나님의 모습을 나타내었으므로 그 얼굴에 아버지가 천지 세상을 바라보는 눈동자를 뚜렷하게 새겨서 만천하에 드러내고자 하나이다. 하나님의 얼굴에 하나님의 눈은 과연 어떻게 드러낼 수 있는가? 바로 하나님이 천지를 창조하신 바, 역사를 주재한 창조주로서 천지 세상을 바라보는 관점을 밝힘으로써입니다. 우리의 눈은 자신이 지닌 마음을 나타내는 거울입니다. 하나님의 눈은 하나님이 지닌 뜻을 나타내는 거울입니다. 그 뜻이 무엇인가? 태초에 천지를 창조한 본의 뜻이나이다. 그 뜻을 나타낸 하나님의 눈을 통해 창조주인 관점에서 자연과 현상을 어떻게 바라보고 이해하고 해석할 것인지 하나님께서 말씀해 주시길 간구하나이다. 선천 하늘에서는 그런 눈이 드러나지 못했고, 관점을 확보하지 못한 관계로 모든 영역에서 인류 역사가 제 갈 길을 찾지 못해 방황하였나이다. 하늘에 계신 나의 아버지, 이 헤어 나지 못하고 있는 방황과 무지와 어리석음을 깨달아 바로잡을 수 있게 해 주소서! **이미 천지 만물은 창조되었고, 섭리 역사는 주재되었습니다. 이제 남은 것은 그렇게 해서 이룬 의도 관점을 밝히는 것이니(창조 목적과 뜻= 본의), 그 준엄한 계시 받듦 역사를 이 연구가 감당할 수 있게 해 주소서! -제16문** 하나님이 펼친 대자연이란 책의 저자가 진정 하나님 아버지인 것 을 역사 앞에 선포할 수 있게 해 주소서! 이 새벽, 이 자식이 어떤 말씀을 받들어야 준엄한 역사를 증거할 수 있겠나이까? 하나님이 창조한 자연 현 상을 바라보는 **"하나님의 눈"**, 곧 창조 본의 관점과 뜻을 밝혀 주소서!

"진리 규정론"으로 하나님의 얼굴을 나타내었으므로 그다음은 그렇게 해서 규정된 창조 진리를 통해 자연과 현상을 바라보는 하나님의 눈을 나 타내는 데 초점을 맞추고, 그 눈을 통해 하나님이 천지를 창조한 본의 뜻 을 확인하고자 하나이다. 하나님의 얼굴에서 하나님의 눈을 드러내고, 그 눈으로 자연 현상을 바라봄으로써 만 세상을 통해 하나님의 눈이 확실히 나타날 수 있게 해 주소서!

3. 성경 말씀

"~ 예수께서 가라사대," 그러므로 천국의 제자 된 서기관마다 마 치 새것과 옛것을 그 곳간에서 내어오는 집주인과 같으니라. ~(마, 13: 51~58)."

4. 말씀 증거

2022. 8. 26, CTS 기독교 TV, 5시 30분, 생명의 말씀.

제목: "말씀, 삶, 교회"

말씀: 마태복음 12장과 13장 전체 문맥상 공통된 주제. 예수님에 대한 오해. 12장 마지막 46~50줄-가족이 예수님을 오해함. 도전적 질문, "누가 내 어머니고 내 동생이냐?" 하늘에 계신 내 아버지의 뜻대로 하는 자 (실천, 행동하는 자). 누구든지 하나님 아버지의 뜻대로 삶을 사는 자가 내 형제요 자매요 모친이다. 13장 마지막 부분 53~58절. 친족과 동네 사람이 예수님을 오해함. 7개의 비유를 마침. 회랑에서 가르침. 이 사람의 지혜와 이런 능력이 어디서 났느뇨? (마, 13: 54) 예수님을 배척하다. 그 목수의 아들이 아니냐? 격하하고 폄훼함. 예수님의 형제들이 있었다. 누이들도 있었다. 이 전체 부분이 서론과 결론, 똑같은 주제, 한 덩어리다. 앞뒤 오해 사건-그 가운데 가리키는 비유 사건, 7개의 비유, 창세로부터 감추어진 진리, 이것을 예수님이 말씀으로 풀어 주심, 이것이 천국이다. 하나님의 나라, 그 나라를 선포하러 오심, 하나님의 뜻이 이루어지는 그 시공간-천국, 이 모든 비유를 마치신 후 오늘 설교의 핵심적인 부분이 51~52절에 있다. 예수님의 질문, "이 모든 것을 깨달았느냐?" 예수님이 지금 질문을 던진다. 비유를 직접 해석해 주심. 뭐라고 대답할까? '깨달았느냐'란 이 질문. 하나님의 말씀을 안다=듣는다=깨닫는다. 삶의 실천 미포함=기독교의 타락. 삶의 헌신 필요. 제자들의 대답. "그러하오이다." "예!" 예수님의 과제, 사명을 주심. 숙제……

"그러므로 천국의 제자 된 서기관마다……" 서기관=말씀의 전문가. 책

필사-인쇄술이 없음. 서기관의 원래 사명-말씀 필사와 가르침. 그러나 정작 자신은 그렇게 살지 않음. 너희는 천국 문 앞에서 너희도 못 들어가고 다른 사람들도 못 들어가게 한다. 말씀 묵상이 삶으로 연결되지 못함. 타성에 젖음. 신앙생활 습관을 착각함. 예수님이 말씀하심. 진짜 필요한 것- 천국의 제자 된 서기관, 사명자 요구. 새것과 옛것이 무엇인가? 새것=예수님 말씀, 옛것=구약 성경. 그런데 중요한 것, 구약은 필요하다. 하나님의 진짜 뜻대로 해석해 주심. 옛것을 새롭게 해서 가르치심. 집주인 역할을 할 서기관이 필요. 지금의 시점으로 말하면 옛것=성경 66권. 바로 이것을 새롭게 해석해야 한다(자연 현상을 새로운 시각으로 새롭게 해석해야 함). 일제 강점기-그 시대에는 그 시대의 요구에서 그렇게 해석했다. 재해석=신학과 목회의 사명. 곳간에서 이 시대에 맞게 재해석 필요. 말씀, 삶, 교회의 뜻, 교회의 본질은 말씀이 삶으로 이루어지도록 하는 것. 주님의 이름으로 권면하고 命함.

5. 길을 받듦

하나님 아버지의 뜻=관점? 그렇다면 그 관점은 무엇인가? 간구의 핵심인 **"하나님의 눈"**=자연 현상을 보는 관점. 그것이 바로 하나님의 뜻이라고 하므로, 그 뜻은 이미 이 연구가 **"창조 본의론"**을 통해 밝힌 바이다. 오늘, 이 간구 역사를 통해 직접 하나님의 뜻=하나님의 관점이 무엇인가 하는 것이 구체적으로 계시된 바는 없다. 그렇다면? 하나님이 직접 밝히겠다 하심이다(앞으로의 저술 과정에서 소상하게 밝힘). 그래서 하나님의 눈이 되고, 하나님의 관점이 되며, 하나님의 주체적인 뜻이 된다. 어떤 인간의 뜻도 개입할 수 없는 태초에 주관한 하나님의 주체적인 창조 뜻, 그것이 바로 '창조 본의 관점'이다. 이 같은 관점을 선천 하늘에서는 어디서도 확보할 수 없었나니, 이런 이유로 자연 현상은 이 시점에서 전혀 새로운 관점(본의 뜻)으로 재해석해야 한다. 그리고 그 성업 과제를 이 연구가 열린 가르침을 통해 수행해야 한다고 命하셨다.

계시 말씀의 핵심 요지는 인류가 선천 하늘에서 자연 현상을 바라보고 이해한 관점을 하나님이 밝힌 창조 뜻(본의 관점)에 따라 일체를 새롭게 해석해야 한다는 것,[1] 이것이 오늘날 하나님이 진리의 성령으로서 강림하신 뜻이다. 왜 새롭게 해석해야 하는가? 이전 앎으로서는 아무도 천국에 들어갈 수 없다. 그래서 열린 가르침으로 자연 현상을 바라보는 새로운 관점을 지침하고, 하나님의 본의 뜻에 따라 해석함으로써 하나님이 인류를 보편적으로 구원하고자 한 뜻을 하나님의 눈을 통해(관점 밝힘) 밝히 드러내시리로다. 하나님의 눈으로 창세로부터 세우고자 한 진정한 나라를 인류가 보고 확신할 수 있도록 영혼을 깨우치시리라. 하나님의 나라는 다른 차원에 존재하지 않는다. 하나님이 이 땅과 이 하늘과 이 아름다운 자연을 지으셨나니,[2] 그렇게 하나님이 이룬 창조적 실상을 정확히 볼 수 있는 눈을 가질 때, 우리가 발 디딘 이 땅이 천국이란 사실을 깨닫게 되리라.

---

1) 이전 앎, 이전 진리, 이전 관점으로서는 아무도 천국에 들어가지 못한다. 타성에 젖음. 이것은 선천 종교, 선천 진리, 선천 문명 모두에 해당함. 새 해석의 필연적 목적=천국으로 인도할 구원에 있다.

2) 하나님 나라(천국)는 따로 존재하거나 따로 세울 것이 아니다. 애써 천지 만물을 이 땅에 지었고, 이미 모든 것을 구족시켜 천지 세상을 이루어 놓은 바인데, 또다시 다른 천국을 세울 하나님의 계획은 없다. 그렇다면? 이 땅, 이 하늘, 이 자연 만물과 인류 사회를 천국화하고, 천국으로 볼 수 있도록 하나님이 자연 현상을 바라보는 입장에서 창조 관점을 밝히고자 하심.

돼지우리 속에 진주가 떨어져 있다면 아무도 그 속에 진주가 있으리라고 생각하지 않으리라. 또한, 금맥을 발견해서 채굴했다고 해도 제련할 수 없다면 한낱 돌덩어리에 불과하다. 우리는 성경을 통하여 교회 설교를 통하여 전파를 타고 울려 퍼지는 하나님의 말씀을 듣고 있지만, 그것이 정말 살아계신 하나님이 하시는 말씀인지, 혹은 나를 위해 하시는 말씀인지는 알 수 없다. 길거리에서 마구 뿌려지는 광고 전단처럼, 비행기에서 던져지는 삐라처럼, 불특정 다수에게 전파되는 말씀일 뿐이다. 하지만 무작위로 쏟아지는 빗물도 그릇을 받쳐 모아두면 유용할 수 있고, 정수하면 마실 수 있게 되듯, 우리는 편재된 하나님의 말씀이 정말 살아 계신 생명의 말씀이고, 진리의 말씀이며, 나를 위해 주신 은혜의 말씀인 것을 확인할 수 있기 위해서는 마치 금광에서 캔 원석을 제련하듯, 말씀이 나를 위해 이르신 하나님의 말씀인 것을 분간하고 확인할 수 있는 정제 방법을 강구해야 한다. 그것이 곧 이 연구가 각 편의 개관을 통해 펼친 "말씀 간구"와 "길의 받듦" 체제이다. 이를 통해 이 연구는 차원이 다른 하나님과 교감하고 대화할 수 있는 영적 소통로를 열고, 준엄한 계시 뜻을 받들었다. 그 '말씀 정제 방법', 곧 '신인 간 교감 형식 틀'은 반복해서 밝힌바, 이 연구가 하나님 앞에 나아가 기도한 '간구 기도' 대 하나님이 내게 이르신(주신) '계시 말씀'을 구조적으로 대조하는 비교 방식이다. 그리하면 간구 기도에 대해 계시 말씀이 정황상 일치할 뿐 아니라 짝을 이룸으로써 간구한 길의 의식(뜻, 마음)과 말씀을 주신 하나님의 뜻이 상호 공감되고 공조하여 교감한 사실을 확인할 수 있다. 하나님이 세상 누구도 아닌, 오직 하나 간절하게 기도한 이를 위해 역사한 말씀이고 임재한 증거이며 정확하게 초점을 맞춘 맞춤형 뜻인 것을 알아차릴 수 있다. 그것은 정말 세상 누구도 알 수 없는 내면적인 바람이고 기도이지만, 분명하게 주제를 정해 기도하였고, 하나님의 전에 바친 말씀이기 때문에 믿음 어린 기도를 통해 주신 말씀을 대조해서 확인하면, 기도한 자신은 물론이고 그렇지 못한 제삼자도 공감된 사실을 객관적으로 판단하고 확인할 수 있다. 마치 빗물을 담아 두듯 말씀을 붙들어 둘 수 있다. 불특정 다수가 아닌, 하나님이 기도를 들으시고 이르신 말씀이란 사실을 깨달을 수 있다. 누구라도 대화 상대가 동문서답을 한다면 그런 정황은 곧 알아차릴 수 있다.[3] 그래서 절차상 앞에서 밝힌 **"길의 밝힘"**은 말씀을 들은 그 시공간상에서 얻은 깨달음을 서술한 것이고, 이후부터는 다시 논리적으로 마련한 틀, 곧 간구 기도 대 주신 말씀을 상세하게 대조 확인한 '말씀 정제 방법'으로 하나님이 어떻게 부족한 이 자식에게 말씀으로 일깨움의 역사를 펼친 것인지, 열린 가르침의 교실 문을 활짝 개방하고자 한다.

제1문: 도대체 천지 세상과 하나님은 무슨 상관이 있는가? 그 관계를 어떻게 해명하고 설명할 수 있는가?

해석: 가족이 예수를 오해한 이유-예수를 몰랐고, 예수와 가족과의 관계를 몰라서임. 그렇다면 도대체 천지와 하나님은 무슨 상관이 있는가? 우리는 이 물음에 대해 누구라도 하나님이 주신 즉답 말씀을 확인할 수 있다. 여태껏 상관없는 것으로 알고 지낸 것은 지극한 '오해'가 주된 이유이다. 그래서 하나님(예수)을 몰랐고, 하나님과 천지가 연관된 관계를 모름.

---

3) 동문서답은 물음과는 딴판인 엉뚱한 대답인 반면, '간구 기도 대 주신 말씀'은 구조적으로 대비되고 짝을 이루어 일치됨. 이것이 차원이 다른 하나님과 인간이 뜻을 전달하고 확인하는 '신인 간 대화 방식', 곧 '차원 간 교감 방식'임.

결과로써 천지와 자연 현상을 그릇되게 판단함(오해, 오판). 예수님을 모른 탓에, 하나님을 모른 탓에 인류 역사가 하나님의 창조 관점을 배척함. 예수를 배척했듯 하나님을 거부함(무신론). 예수님의 해결책-하늘에 계신 아버지의 뜻대로 하는 자. 하나님의 해결책-천지를 창조한 **"하나님의 눈"**으로 보는 자. 길의 해결책-천지를 창조한 하나님의 창조 역사 권능에 대한 의식=하나님과 자연 현상은 무슨 관계가 있는가? 즉, 천지 세상과 하나님과의 상관관계. 그래서 창조를 알면 오해를 풀고, 긴밀한 상관관계를 깨우침.

제2문: 어떤 질문과 이해 기반 위에 서야 우주와 자연의 세계를 진리로써 관망하고 꿰뚫고 해석할 수 있는가?

해석: "누가 내 어머니이고 내 동생이냐?" "이 사람의 지혜와 이런 능력이 어디서 났느뇨?" 창세로부터 감추어진 진리, 이것을 예수님이 가르쳐 줌=천국. 즉, 이 물음, 이 궁금증에 대한 해답은 창세로부터 감추어진 진리. 그러니까 하나님이 어떻게 태초에 천지 만물을 창조한 것인가 하는 심중 깊은 '창조 본의'이고, 인류 역사를 주재한 '창조 목적'이다(하늘에 계신 아버지의 뜻을 아는 것). 그 뜻을 밝히기 위해 하나님이 오늘날, 이 땅에 진리의 성령으로서 강림하심.

제3문: 자연의 책과 그 저자인 하나님과는 무관할 수 없다. 무엇을 근거로 하나님이 자연의 책 저자란 사실을 확인할 수 있는가?

해석: 진짜 필요한 것. 새것과 옛것이 무엇인가? 옛것을 새롭게 해서 가르치심. 지금의 시점으로…… 즉, 태초에 창조된 것과 창조 이래 생성된

것 일체를 곳간에 보관하지 말고 꺼내어 이 시대에 맞게 재해석 필요. 그러니까 **"하나님의 눈"**으로 보면 알 수 있다. 그것이 창세로부터 감추어진 비밀이었던 것은 하나님의 얼굴이 나타나야 했기 때문이다. 그 비밀을 예수님이 말씀으로 풀어 주셨다고 했듯, 자연 현상을 바라보는 하나님의 눈을 가져야 했음.

제4문: 모든 존재, 모든 자연, 모든 현상에는 의미가 있다. 그것을 어떻게 이해하고 해석해서 결정할 것인가?

해석: 길의 신념과 문제의식에 응한 하나님의 구조적 대응 말씀—창세로부터 감추어진 비밀. 그리고 길의 간구 의식인 "세계를 관망하고 꿰뚫고 해석할 수 있는가?" 자연 현상을 어떻게 바라보고 이해하고 해석할 것인지……" 등 총 8번의 '해석'을 강조한바, 이와 대비한 응답 말씀도 정확하게 '해석' 말씀이 8번 주어졌다. 이것은 길의 의식과 하나님의 뜻이 완전하게 일치한 상태로 공명하고 동조해서이며, 본인도 대조해서 확인했기 때문에 비로소 발견하게 된, 나 자신으로서는 기적을 체험한 것 같은 놀라운 사실이다. "비유를 직접 해석해 주심." "재해석" 등등. 아버지는 이 자식의 간구 기도를 하나라도 놓치지 않고 귀 기울여 열납한 전능한 하나님이시로다.

제5문: 지난날은 인간의 자의적 생각과 판단에 따라 자연과 현상의 원리와 법칙을 발견하고자 하였고, 그에 따라 드러난 의미를 자의적으로 이해하고 해석하였다. 어디에도 천지창조의 주재자인 하나님의 뜻에 입각한 이해 관점은 없다.

해석: 길의 문제의식 제기인 "자의적으로 이해하고 해석함"에 대응한 말씀은 "가족이 예수를 오해함." "친족과 동네 사람이 예수를 오해함"이다. 즉, 하늘에 계신 아버지의 뜻을 모름=하나님이 천지를 창조한 본의를 모름. 이런 문제(오해)를 풀기 위해 하나님이 진리의 성령으로 강림하셨고, 밝히기 위해 열린 가르침의 문을 여심.

제6문: 하나님의 입장에서 모든 것을 바라보고 의미를 일깨울 수 있는 관점의 대전환 역사가 필요하다. 하나님의 눈으로 자연 현상을 봄으로써 인간 관점에서 자연 현상을 해석한 일체 의미를 혁신할 필요성이 요청된다.

해석: 자연 현상을 하나님의 눈으로 바라볼 관점의 대전환 역사와 인간 관점에서 자연 현상을 해석한 일체 의미를 혁신할 필요성을 역설했거니와, 하나님도 이런 필요성 인지와 요청에 대해 "역사를 하나님의 진짜 뜻대로 해석해 주심. 옛것을 새롭게 해서 가르치심. 집주인 역할을 할 서기관이 필요"하다고 하셨다. 정치가가 열변을 토하면 지지자들이 "예, 맞습니다!" 하고 맞장구를 치듯이, 하나님이 길로서 인식한 신념을 뒷받침하시다. 다시 말해, 새로운 해석의 필요성에 대해 하나님이 명료한 뜻으로 "재해석이 필요"하다고 응답하심. 자연 현상에 대한 인간의 이해 관점이 아닌, 하나님의 관점(눈)에 대해 하나님의 '진짜 뜻(=본의)'대로 해석해 주심. 옛것을 새롭게 해서 가르쳐 주겠다고 말씀하심(100% 간구 수용임). 바로 본 **"자연 현상론"** 논거를 통해서…… 시대에 맞게 해석할 필요성을 오히려 하나님이 더 강조하심.

제7문: 자연의 책을 저술한 당사자로서 하나님은 자연이란 책을 과연 어떤 목적으로 저술한 것인가?

해석: 창조 이래 천지 우주와 자연 현상을 주관한 목적=천국으로 인도하기 위해서이다(구원). 그렇다면 전제되는 조건-타성을 벗어나 깨달아야 한다. 자연 현상을 하나님의 눈으로 보아야 이 땅을 천국화할 수 있다. 천국이란? "하나님의 뜻이 이루어지는 그 시공간"=하나님의 천지창조 목적이 실현되는 그곳. 그래서 창조 뜻과 목적의 제일 정점에 있는 이 땅, 이 하늘, 이 자연을 천국화해야 함에, 그러기 위해서는 **"하나님의 눈"** 곧, 자연의 책을 펼친 저자의 저술 목적을 알고 깨달아야 한다. 하나님이 때가 이른 오늘날 자연 현상을 바라보는 하나님 입장에서의 관점(눈)을 밝히고자 하는 보다 높은 뜻은 인류가 자체 관점을 벗어나지 못하고 끝내 오판하면 천국에 들 수 없다. 이 땅을 천국화할 수 없다. 구원받지 못함. 결국 인류를 빠짐없이 구원하기 위해…… 그래서 하나님의 관점으로 자연 현상을 일으킨 목적을 밝히고자 하심.

제8문: 제 현상은 창조 역사를 증거하는 수단이자 근거이다. 그렇다면 하나님이 천지를 창조한 근거는 어디에 있는가?

해석: 새것과 옛것을 저장해 놓은 곳간이 있다. 그 곳간이 무엇인가? 자연 현상 속에 하나님이 천지를 창조한 일체 근거, 증거물을 저장해 놓음. 그것을 꺼내어 하나님의 눈으로 보면 됨.

제9문: 자연을 통해 하나님의 창조 손길을 발견하고 실감할 수 있는 근거인 현상, 이것이 자연 현상이 존재한 이유이고 가치이며 목적이다. 이것을 볼 수 있는 눈으로 보지 못하는 무지를 일깨움이 열린 가르침의 목적이다.

해석: 자연 현상=하나님의 창조 손길을 발견하고 실감할 수 있는 근거. 이것이 자연 현상이 존재한 이유이고 목적이다. 이것을 볼 수 있는 눈을 가지며, 보지 못한 인류의 무지를 일깨움이 열린 가르침의 목적. 이것이 "오늘 설교의 핵심적인 부분"=오늘 간구한 핵심 과제이다. 예수님의 질문-"이 모든 것을 깨달았느냐?"=하나님의 창조 본의를 알았느냐? 제자 대답-"그러하오이다." 하나님의 눈으로 봄.

제10문: 지난날은 자의적으로 자연 현상을 통해 진리를 발견하고자 하였다면, 이제는 하나님이 역사한 창조 손길을 발견하기 위해 노력해야 한다.

해석: 하나님의 뜻은 다음과 같이 비교하고 대조해서 짝을 이룬 구조적인 일치 상황을 통해 하나님의 뜻을 해석한다. 즉, "자의적으로 자연 현상을 통해 진리를 발견"="타성에 젖음, 신앙생활 습관을 착각함." "이제는 하나님이 역사한 창조의 손길을 발견하기 위해 노력"="내 아버지의 뜻대로 하는 자", "하나님 아버지의 뜻대로 사는 삶", "옛것을 새롭게 해서 가르치심."

제11문: 자연 현상을 통해 하나님의 창조 손길을 발견하기 위해서는 어떤 창조 뜻을 받들어야 하나이까?

해석: 하나님의 '진짜 뜻'대로 해석해 줄 수 있는 천국의 제자 된 새 서기관(사명자) 필요. 구태의연한 서기관 퇴출. 그들은 천국 문 앞에서 자신

도 못 들어가고 다른 사람도 못 들어가게 함.

제12문: 자연 현상을 일관하고 하나로 꿰뚫을 수 있는 하나님의 창조 본의 관점(눈)에 관하여……

해석: 일관하고 하나로='공통된 주제' 말씀과 대비. 그것이 무엇인가? 예수님에 대한 오해. 즉, 모든 주관적인 관점을 제거하고 나면(상식적인 주관 눈으로 자연 현상을 바라본 것), 하나님의 창조 뜻, 곧 자연 현상을 하나로 꿰뚫고 일관할 수 있는 창조 관점(진짜 뜻=창조 본의)=하나님의 눈이 드러남.

제13문: 자연 현상을 바라보는 본질적 관점과 해석 의미에 관하여……

해석: "일제 강점기에는 그 시대의 요구에서 그렇게 해석했다." 따라서 이 시대, 곧 하나님이 오신 지상 강림 역사시대에는 이 시대에 맞게 재해석해야 하는 것이 자연 현상을 바라보는 당위(본질) 관점이고, 해석의 참 의미이다(자연 현상에 대한 하나님의 해석 관점이 필요한 시대 도래). 그것이 신학과 목회와 교회의 사명 본질인 동시에 이 연구의 논거 목적이다. 그 재해석 대상과 범위는 지상 강림 역사를 기준으로 옛것, 새것 모두 해당함. 새 해석을 위해서는 예전부터 알고 있는 것(옛 계시), 새로 배운 것(새 계시)을 모두 참고해야 함.

제14문: 자연 현상의 의미를 일깨우기 위해서는 실상황과 역사를 일으킨 하나님의 관점에 입각하는 방법밖에 없다.

해석: "누구든지 하나님 아버지의 뜻대로 삶을 사는 자가 내 형제요 자

매요 모친이다." 아버지의 뜻대로 삶을 사는 자=아버지의 뜻과 일치하는 것. 실상황과 역사를 일으킨 하나님의 창조 관점에 입각하는 것(하나님의 계시 관점이 필요한 당위 이유)=찾고자 하는 그 무엇은 그 순간에 일어난 상황적 조건과 이치를 따름. 그래서 하나님의 뜻과 일치=태초에 천지가 창조된 실상황 조건을 갖춘 분=하나님이 유일함. 그 뜻, 그 조건과 어긋나면 누가 내 어머니이고 내 동생이냐? 모름. 이전 생각과 상식과 관점으로 보니까 격하하고 폄훼함. 찾고자 하는 그 무엇을 찾지 못함. 반대로 일치하면 정답 얻음. 내 형제요 자매요 모친이다. 그리고 실상황으로서 창조 역사를 일으킨 하나님의 창조 관점을 구함. 그리하면 미루어서 아는 지혜의 눈을 가짐. 그것을 보면 그것이란 사실을 알 수 있다. 그것이 과연 무엇인가? 하나님이 진리의 성령으로서 계시한 '창조 본의 관점', 이것이 바로 하나님의 창조 뜻이고 목적이며 태초에 천지 만물을 창조한 하나님의 진짜 뜻이다.

제15문: 하나님은 존재한 자체의 몸 된 생명 현상인 탓에 주체적으로 의미를 밝힐 수 있다. 이것이 하나님 관점과 인간 관점과의 근본적인 차이이다.

해석: 이 같은 믿음과 길의 신뢰를 바탕으로 본 **"자연 현상론"** 저술 과업을 완수하고자 한다.

제16문: 이미 천지 만물은 창조되었고, 섭리 역사는 주재되었습니다. 이제 남은 것은 그렇게 해서 이룬 의도 관점을 밝히는 것이니(창조 목적과 뜻=본의), 그 준엄한 계시 받듦 역사를 이 연구가 감당할 수 있게 해 주소서!

해석: 자연 현상을 바라보는 **"하나님의 눈"** 밝힘 때에 대한 인식. 창세로부터 감추어진 이것을 보혜사 하나님이 강림하신 오늘날 말씀으로 풀어서 가르쳐 주겠다고 하심. 이 연구가 **"자연 현상론"**을 저술하고자 하는 이 시점에서 말씀하신 옛것=성경 66권, 그리고 창조 이래 인류가 생성시킨 모든 것을 새롭게 해석해야 한다. 그 준엄한 성업 역사를 이 연구가 감당할 수 있게 해 달라고 간구한 기도에 대하여 하나님의 '창조 역사 관점'을 밝히는 그것이 곧 하나님 자체의 뜻이고, 하나님이 命한 시대적 사명임을 분명히 하심.

결론: 간구 기도와 응답 말씀을 비교해서 대조하지 않았다면 누구도 알 수 없었을 하나님의 계시 가르침을 확인한 탓에 전에는 알지 못한 새로운 하나님의 깊은 뜻을 발견하고 깨달았나니, 그것은 비단 말씀 해석을 통한 길의 받듦인 것만이 아니다. 왜 하나님과 길의 의식 간에 뜻의 공조, 공감, 일치 현상이 일어나는가 하면, 신앙 상으로는 믿음 때문에 차원적인 하나님에게 간구한 뜻이 상달되었다고 할 수 있고, 혹은 하나님이 성령으로 임하여 계시했다고도 할 수 있다. 하지만 이 같은 인식으로서는 부족함이 있으니, 그것은 엄연한 시공간 안에서 일어난 객관적인 작용 결과를 주관적으로 판단한 현상 작용으로서 보아서이다. 여기서 객관적이란 실시간 교감하고 대화를 나눈 시공간을 떠나서라도 주어진 말씀을 근거로 비교하고 대조하는 '말씀 정제 방법'을 적용하면 누구라도 도달한 길의 해석 의식을 확인할 수 있다는 뜻이다. 그렇다면 왜 어떻게 해서 그런 작용 현상이 일어나고 작용 결과가 주어지는 것인지에 대한 원리성 뒷받침이 필요하다.

그것을 이 연구는 "성령의 역사시대 개막"을 선언한 당사자로서 그 시대를 열기 위한 하나님과의 교감 원리성도 함께 개진해 왔다고 할 수 있다.

즉, 이 연구는 일찍이 길을 추구하는 과정에서 그야말로 어떤 구체적인 작용 원리성에 대한 뒷받침도 없지만, 1980년 807번째의 직관으로서 **"인간의 세계의식과 합치되는 그것이 곧 神의 의식이다."**라고 독백한 적이 있다. 이 말은 우리가 믿음 어린 추구로 의식을 고도화해서 범의식화하면(세계 의식화) 하나님의 의식과 일치된다는 뜻이다. 이런 세계의식의 지향 작용에 대한 가능성 인식이 실질적인 작용 결과로 주어진 것이 곧 **"길의 받듦"** 해석이다. 보다 초점을 정확히 하면, 길의 추구 의식이 하나님의 뜻과 합치되었고, 하나님의 주신 뜻이 길의 간구 의식과 일치되었다. 인간적으로 말하면, 나의 뜻이 너의 뜻과 같고 너의 뜻이 나의 뜻과 같다. 너와 나의 생각과 행동이 조금도 다르지 않고 완전히 하나가 된 상태를 혼연일체(渾然一體) 되었다고 하듯, 길의 의식과 하나님의 의식이 하나 되고 한 몸을 이룬 상태이다. 흔히 신인합일, 천인합일, 범아일여란 말이 있거니와, 실로 역사상 최초로 그 같은 정신 도달 경지를 길의 추구 의식으로 시공간 안에서 실현했고 실증했다. 하나님의 뜻이 길의 뜻이 되고, 길의 뜻이 하나님의 뜻으로 승화되었다. 하나님의 완전함같이 너희도 완전하라고 하였듯, 우리는 온전히 하나님과 완전하게 하나 되고 합일할 수 있는 몸 된 본체로부터 창조된 자식들이다.

합일된 의식 상태를 확인함으로써 우리는 누구라도 '구한 기도 대 주신 말씀'이 자신에게 주어진 말씀이고 자신을 위해 역사한 하나님의 말씀이었다는 사실을 알 수 있게 된다. 모습을 분명히 하고, 나타냄을 확실히 하였나니, 왜 지금 이때가 되어서야 가능하게 되었는가 하면 길의 완수 절차상 모습을 완성해서이고, 하나님이 모습을 완전하게 나타낸 실증 결과이다(신인합일 의식). 즉, 하나님을 완전하게 아는 방법=하나님을 완전하게 볼 수 있는 방법=하나님의 존재 사실을 완전하게 증거할 수 있는 방법을 밝혔기 때문이다. 이 모든 계시 지혜가 신성한 열린 가르침의 교실 안에서 실현된 것일진대, 하나님의 가르침은 하늘 문을 여는 진리를 일깨우는 교실이다. **완전한 지혜의 가르침은 스승이 제자와 일체 되었을 때 이루어지는 것이고, 완성된 진리 일깨움은 제자가 스승과 하나 되었을 때 달성된다.** 나는 하나님의 제자이고, 하나님은 나의 스승이시다. 하나님은 부족한 이 자식을 완전한 진리 세계로 인도하는 지상 최고의 스승이시다.

판단컨대, 지난날은 하나님이 존재하지 않아서가 아니라 하나님의 모습을 볼 수 있는 눈(관점)이 없어 보지 못했고, 하나님이 말씀하지 않아서가 아니라 말씀을 붙들고 분별하는 방법을 몰라 흘려버렸다. 그래서 이 연구가 바야흐로 하나님의 얼굴 모습으로부터 명료한 **"하나님의 눈"**을 나타내고자 하나니(점안), 이 같은 '창조 본의 관점'을 하나님이 승인하고, 옛것을 바탕으로 자연 현상을 새롭게 해석할 것을 命하심이로다.

제57장 자연을 보는 눈

1. 자연 관점

철학 하면 形而上學적인 문제에 대해 고심하는 철학자의 모습이 떠오른다. 하지만 알다시피 철학은 제반 학문을 파생시킨 기반으로서 존재하는 세계, 즉 자연과 현상 문제에 대해서도 깊은 관심을 가졌다. 눈뜨면 보고 접하는 자연 현상의 근원적인 문제, 곧 사물의 본질 영역을 탐구한 것이 유구한 지적 전통을 이루었고, 오늘날까지 거대한 지적 산맥을 이루었다. 그래서 "세계가 어떻게 만들어졌는지, 자연 속에 숨어 있는 질서가 어떤 것인지를 찾는 자연 철학(natural philosophy)은 현대 과학의 근원이다. 세계를 바꿔온 강력한 힘이 되었다."[1]

지성들이 세계를 탐색한 길을 크게 나누면, 인간의 내면을 탐구한 길과 외면인 자연 세계를 탐구한 길이 있다(본성 탐구 대 자연 탐구). 대상이 다른 만큼, 접근한 방법과 바라보는 관점도 다를 수밖에 없었는데, 자연 탐구는 방법 면에서 본성 탐구와는 다른 관점을 취했다. 기본적인 기조는 어떤 신비적, 초월적, 주관적인 요소를 배척하고 최대한 드러난 대로, 보이는 대로 사실적인 자연 현상을 판단하고자 한 관점, 그것을 이후에 논거를 둘 인간 관점, 창조 관점과 비교해서 **"자연 관점"**이라고 지칭했다. 본성을 탐

---

1) 『철학 콘서트(2)』, 앞의 책, pp. 5~6.

구하는 방법은 대상이 다른 탓에 괄호 밖에 두더라도 자연은 다시 '자연적인 것'과 '초자연적인 것'으로 나눌 수 있는바, 자연적이란 초자연적인 것과 반대되는 개념이기도 하다. 그래서 자연 현상을 보는 관점은 초자연적인 것을 배제하고 자연에 있는 그대로의 모습을 이해하면서 실체를 밝히고자 한 노력이 고대로부터 있었다. 하지만 자연 안에서 일어나는 현상을 두고, 본 사실을 그대로 이해하지 않고 주관적인 관점을 보태어 해석하는 것도 문제지만, 드러난 자연을 가감 없이 보고 이해하는 것도 문제라면 문제이다. 자연 현상은 보이지 않는 본질 작용의 결과상인데, 거두절미하고 본 것만 전부로 안 **"자연 관점"**이 자연을 보는 당연한 관점으로 만연해 있다. 세계 가운데는 드러난 현상적 조건 안에서 성립하는 '수적 방정식'도 있지만, 차원을 넘나들어야 성립하는 '창조 방정식'도 있다. 식을 풀 수 있다고 해서 그것이 세계를 구성하는 조건으로서 전부는 아니란 뜻이다. 그러니까 자연 현상을 실감하고서도 풀지 못하는 문제가 부지기수이다. 어느 주일학교 수업에서의 질문인 "우리는 과학과 종교를 둘 다 믿을 수 있을까요?"[2] 당연히 그리해야 하겠지만, 인류가 개척한 자연 관점으로서는 매우 부정적이다. 그만큼 자연 관점은 선천 인류가 자연과 현상을 바라보는 데 있어 한계가 있는 것이 분명하다. 결코 당연할 수 없는 문제의 심각성을 알아차려야 하나니, 이 같은 한계와 차이 탓에 세계에서 대립 관념을 유발했고, 대립 상황이 극대화해 인류 문명이 종말을 맞이하였다.

종말 문명의 필연적 도래는 어떤 물리적인 자연환경의 파멸에 있지 않다. 문명과 역사를 있게 한 근원에 대한 근본적 부정과 말살에 있다. 인류는 하나님이 창조한 파라다이스를 지향해야 하는데, **"자연 관점"**은 그 같

---

2) 『인간의 위대한 질문』, 배철현 저, 21세기북스, 2015, pp. 26~27.

은 추구 목적을 제공하지 못했을 뿐 아니라, 오히려 "神이 존재하는 증거는 없다. 사후 생명은 없다. 윤리의 절대적 토대는 없다. 삶의 궁극적 의미는 없다. 인간에게 진정한 자유의지란 없다.[3]"라고 한 부정적 가치 조장으로 인류 사회를 종말로 귀착시켰다. 이 같은 관점을 타파하기 위해 이 연구는 하나님이 계시한 본의에 따라 창세로부터 하나님이 역사한 광범위한 자연의 계시 진리를 새롭게 해석할 관점의 혁신을 단행하고자 한다. 그 역사는 세계를 탐구하고 이치를 궁구한 지금까지의 노력을 결실 짓게 하고, 타성에 젖은 무지를 일깨워 하나님의 관점에서 자연 현상을 볼 수 있는 안목을 틔우는 역할이다. 일반적으로 해석한 자연 계시를 하나님이 천지를 지은 창조 관점으로 재해석하는 작업이라고 할까? 그 기준은 어디까지나 하나님이 밝힌 '창조 본의 관점'으로 자연 현상을 바라보고, 드러났지만 이해하지 못한 자연 계시를 정확하게 해석하며, 밝혀내었지만 부족한 부분과 곡해로 오판한 부분을 재정립하고자 한다.

그러기 위해서는 선현들이 확보한 자연 관점이 어떻게 해서 자연 현상을 바르게 보지 못했고, 결국은 창조 뜻으로부터 이탈한 것인지 지적해야 한다. 자연 현상을 보는 관점의 개척 역사는 철학으로부터 출발한 것이라고 하였듯, 철학이 자연을 어떻게 보았는가 하는 것은 자연 현상을 해석하는 데도 그대로 적용되었다. 그렇게 영향을 끼친 주된 초점은 이 세계를 근본적인 두 요소로 나눈 이원적 관점이다. 그런데 이 같은 이원성은 다시 차원 밖 관점과 차원 안 관점으로 나뉜다. "주자는 모든 존재의 궁극 실재를 理와 氣로 보았고",[4] 플라톤은 이원적 범주를 이데아와 현상으로 구분

---

3) "다원주의가 옳다면 피할 수 없는 5가지 결론."-『창조설계의 비밀』, 앞의 책, p.21.
4) 『동양 교육고전의 이해』, 김효선 외 2인 공저, 이화여자대학교 출판부, 1988, p.114.

했다. 차원 밖 이원성에 대해 힌두교는 브라만과 아트만, 불교는 空과 연기로서 말했지만, 현대적 개념으로 말하면 '본체' 대 '현상'이다. 반면, 차원 안의 이원론은 음과 양, 심신이원론(물질 대 정신)이 있지만, 결국 안팎에 걸친 이원성 문제를 해결하지 못한 탓에 자연 현상을 이해하는 데 있어 크게 영향을 끼친 만큼이나 세계적 분란과 대립 문제도 크게 일으켰다. 차원 밖 이원성은 본체와 현상 간에 연결된 고리를 밝히지 못한 채 철저히 구분만 한 탓에 본체와 현상이 따로 놀았다. 서양이 자연 진리를 토대로 건설한 과학 문명은 일찍이 플라톤이 제기했던 이원성 문제를 계승한 것이라고 할 수 있다. 이것은 급기야 본체로부터 현상을 독립시켜 현상적 질서 안에서만 근원적인 요소를 찾게 한 결과를 낳아 정신이 먼저냐 물질이 먼저냐는 양보할 수 없는, 영원히 끝날 수 없는 대립 관점을 구축하였다. 생명의 시작은 씨앗과 뿌리(본체)로부터 시작된 것인데, 무시하고 돋아난 새싹을 첫 시작점으로 잡은 것이 제대로 판단한 자연 관점이 되었을 리 만무하다. 플라톤은 천지 만물의 시원 역할로서 이데아를 상정하였지만, 이데아가 현상을 일으킨 본체 뿌리란 사실은 알지 못했고, 현상이 이데아의 그림자란 피상적 이해에 머문 탓에 본체와 현상이 영원히 따로 노는 관계로 전락해 버렸다. 그래서 본체가 아닌 현상을 자연 현상을 일으킨 첫 시발점으로 삼은 관점 정착의 빌미를 제공했다. 이치에 맞는 당위적인 관점인 것처럼…… 하지만 본체는 엄존하고, 현상과 긴밀하게 연결되어 있을진대, 드러난 현상만으로써는 어떤 진리도 존재도 세계도 확증할 수 없다. 오히려 상대적, 대대(待對)적 관점을 끝없이 양산한다. 본체를 제거한 탓이다. 본체는 존재하나니, 본체가 현상을 뒷받침해야 세계적 작용 현상으로서 자연의 본질에 대해 초점을 맞출 수 있고, 그렇게 해야 자연 현상의 진상을 볼 수 있는 관점을 확보한다. 따라서 지난날 확보한 **"자연 관점"**은 그야말로 본체를 무시하고 현상만으로 자연을 보고, 그것이 일반적이라고 한 오판을 대표한다. 이 같은 생각과 무지를 깨우치는 데 열린 가르침이 지혜를 동원해야 한다.

"불교의 용수는 속제(俗諦)에 의지함을 통해 진제(眞諦)를 얻을 수 있으며, 속제와 따로 존재하는 진제를 부정했다."[5] 깨달았다고 하는 이조차 현상적 질서에 의존해야 본질(진제)을 볼 수 있다고 한 신념(속제)을 주장하였으니, 이 같은 관점을 어떻게 해야 하는가? "용수는 아비다르마 논사들이 영원히 실재한다고 여긴 본체는 허구이며, 현상은 본체의 그림자가 아니라 본체라는 허구를 제거할 때 드러나는 세계, 즉 현상 그대로가 진실의 세계임을 말하였다."[6] 더 이상 현실의 조건 안에서는 굳어버린 신념을 물리칠 방도가 없으므로, 하나님이 천지를 창조하고 자연 현상을 일으킨 관점을 열린 가르침으로 지침하고자 하신다. 왜 자연 현상의 진상을 엿보기 위해서는 자연 관점=현상 관점=속제 관점만으로써는 부족하고, 하나님이 밝힌 본의 관점으로 바라보아야 하는가? 말 그대로 있는 것을 그대로 본 자연 관점은 지성들이 던진 세계에 관한 질문에 대해 제대로 된 답을 주지 못했고, 오히려 엉터리 답을 제공해서이다.

인류가 세계 안에 존재하면서 하늘과 땅과 자연을 향해 던진 질문은 정당한 것이며, 당연한 의문이다. 하늘 역사가 창조로부터 시작된 이상, 이 땅에서 이룬 역사는 인간들의 물음으로부터 시작되었다고 해도 과언이 아

---

5) 「왕필의 현학과 승조의 반야 사상 비교 연구」, 이현석 저, 원광대학교 대학원, 불교학, 석사, 2016, p.46.
6) 위의 논문, p.47.

니다. "세상은 무엇으로 이루어져 있는가? 진리는 어떻게 얻어지는가? 인간의 본성에 대한 의구심 등등."[7] 그중 자연 현상을 대상으로 한 물음은 形而下學적인 궁구 대상인 것 같지만, 오히려 形而上學적인 탐구 문제로 귀결된다. 그런데도 자연 관점은 본질(形而上學)적인 관점을 제거하고자 아테네 학당을 나온 플라톤은 손가락으로 하늘을 가리켰지만, 아리스토텔레스는 손바닥으로 땅을 가리켰다.[8] 그로부터 인류는 하늘을 탐구한 자는 하늘만 처다보았고, 땅(자연 현상)을 탐구한 자는 땅만 파헤쳤을 뿐, 하늘과 땅 사이에 연결된 창조 고리를 찾지 못한 탓에 엉뚱한 결론에 도달하고 말았다. "세계는 꿈과 같고 환(幻)과 같다. 세계는 환영(幻影)의 산물이다(샹카라의 가현설)."[9] "플라톤에 의해 구분된 이데아 세계와 현실 세계는 상호 독립되어 있어 결코 융합하거나 단일한 근원으로 환원되지 않는다."[10]라고 한 것이 자연 관점 실상이다. 알고 보면, 뿌리를 잃은 자연 현상의 당연한 모습으로서 드러나 있는 모습 그대로의 실상이다. 있는 모습을 그대로 보는 것은 맞지만, 그러나 그것은 본래 지닌 모습으로서의 실상이 아니다. 세계가 이원화된 것은 천지가 창조됨으로써 구조가 결정된 탓이다. 미처 밝혀지지 않았다고 해서 제거해 버리면 진상을 볼 수 있는 관점이 완전히 허물어진다. 이원 구조가 지닌 차원적인 본의를 알아야 제3의 초월 관점인 창조 관점을 확보할 수 있는데, 그러지 못한 탓에 세계의 분열과 대립 상황을 피하지 못했다.

---

7) 『철학, 삶을 만나다』, 강신주 저, 이학사, 2014, p.8.

8) 아테네 학당. -라파엘로의 프레스코화.

9) 「샹카라의 가현설 연구」, 이호근 저, 동국대학교 대학원, 박사, 1991, p.14.

10) 『지적 대화를 위한 넓고 얕은 지식』, 앞의 책, p.432.

이에, 하나님의 창조 관점은 분열이 극대화된 세계의 대립 관점을 통합하고, 자연 현상을 바라보는 관점을 일관하는 역할을 담당하리라. 일찍이 코메니우스는 "하나님, 인간, 그리고 자연을 우주의 가장 중요한 주제들이라고 여겼고, 이 삼자는 긴밀한 상관관계를 맺고 있다고 생각했다. 하나님은 진실로 자연과 성경의 저자이고, 인간은 자연의 해설자이며, 자연은 하나님의 지혜를 반영한 하나님의 생명 책이다."[11] 맞는 말이고 바른 판단이지만, 문제는 그렇게 책을 읽고 이해한 인간의 자연에 대한 해석이다. 그래서 생명 어린 자연의 책을 하나님이 강림하시어 저자적 관점으로 어떻게 하나님, 인간, 자연이 상호 연관된 것인지 밝히고, 자연 현상을 일으킨 목적을 열린 가르침으로 지침하시리라.

2. 인간 관점

천지자연은 창조 이래로 유구하지만, 山下는 말이 없으므로 무언가에 의탁한 해석이 있어야 한다. 누구도 하나님이 계시하지 않는다면 대자연이 창조된 작품인 것을 알 수 없는 것처럼, 누구도 진화 이론을 말하기 이전에는 자연 현상을 진화적으로 바라보지 않았다. 그렇게 보니까 그것이 옳다고 생각하고 이전까지 당연하게 여긴 창조주 작품 해석을 포맷해 버렸다. "생명이 지닌 놀라운 능력들을 감탄할 때면, 이전에는 그런 것들이 창조주가 만든 작품일 수밖에 없다고 믿었지만, 이제는 진화의 산물일 수

---

11) 「코메니우스와 율곡의 교육론에 관한 비교 연구」, 윤기종 저, 강남대학교 대학원, 신학, 박사, 2007, p.31.

밖에 없다고 말하는 것이 더 자연스러운 것"[12]이라고 180도 전환시킨 실정이다. 이처럼 천지자연이 창조된 것이냐 진화된 것이냐를 따지는 것도 중요하지만, 그런 문제를 추적하는 관점이 변하고, 입장에 따라 바뀔 수 있다는 사실도 중요하다. 물론 창세기에 근거한 창조 작품 관점이 완전한 설명과 이해를 이루지 못하다 보니까 진화론이 자리를 틀 빌미를 준 것이겠지만, 진화 관점도 창조 작품 관점을 뒤엎을 만큼 진상에 근거한 것인가 하면 자연을 해석한 **"인간 관점"**인 탓에 재고할 여지가 있다. 이 연구가 판단하는 창조 작품이란 관점은 근본적인 진상과 다른 것이 없다. 단지 상세한 설명이 부족한 탓에 보완이 필요한 것이지만, 진화론은 전체 이론이 아예 근본적인 진상과 어긋나 있는 데도 그럴듯한 이론으로 포장하고 있다. 다시 말하면, 대다수 지성이 진화론에 혹하여 도취되어 있는 상태라고나 할까? 그런 집단의 오판을 열린 가르침이 깨우치고자 한다. 앞에서 논거를 둔 자연 관점도 인간이 자연 현상을 바라본 인간 관점이고, 진화론도 인간이 보고 판단해서 세운 관점인 것은 같지만, 자연 관점은 자연 현상을 주어진 그대로 해석하고자 한 순수한 측면이 있고, 진화론은 자연에 대한 인간 자체의 생각과 판단과 신념을 전적으로 가미시킨 주관적 해석 관점이다. 자연을 바라본 접근 방법과 입장에 있어서 현저한 차이가 있다. 그래서 이 연구는 자연 관점과 진화 관점을 구분하고, 자연 관점 대 진화 관점이 아니고 인간 관점으로 지칭한 것은, 인간 관점은 진화 관점 외에도 인류가 자연을 바라본 다양한 방법과 해석을 포함하고 있기 때문이다. 진화론은 그 같은 관점 중에서 이론적으로 체계적인 탓에 인간 관점을 대표한다.

---

12) 『세계관의 전쟁』, 디팩 초프라 · 레너드 플로디노프 저, 류운 역, 문학동네, 2013, p.165.

진화 이론이 다윈의 주창 이래 얼마만큼 학문적으로, 세계관적으로 자연 현상을 합리적으로 이해한 관점으로 정착하고, 위상을 확보했는가 하면, 본래는 생물 영역에 적용한 이론이 물질은 물론이고 우주 영역으로까지 확대된 탓이다. 이것이 곧 진화론이 확보한 우주 역사의 대드라마 모습이다. 137억 3,000만 년 전부터 우주는 파란만장한 진화를 겪었으며, 우주의 시초와 종말 사이에 진화가 있었다. 그 시초에서 종말까지의 시간이 까마득히 길다는 점을 생각할 때, 만물은 진화해야 한다는 점, 즉 시간이 흐름에 따라 변화해야 한다는 것을 쉽게 이해할 수 있다고 판단했다. 이 같은 우주관에 바탕을 둔 탓에 우주의 역사에서 믿기 어려울 정도로 나중에 등장한 인간은 유전적 돌연변이란 환경적 선택을 통해 만들어졌다. 이 사실은 합리적으로 의심의 여지가 없다. 다른 이야기를 하는 사람은 과학 문맹이거나 거짓말쟁이라고 호도하기에 이르렀다. "현대의 저자에게 진화 그 자체는 더 이상 이론이 아니다. 지구가 태양 주위를 돈다는 것과 다를 바 없이 진화는 사실이다. 인간의 미래, 인구폭발, 생존 투쟁, 인간과 우주의 목적, 자연에서 인간의 자리에 관한 모든 현대적 논의는 다윈에 의존한다(에른스트 마이어)."[13] 하지만 정말 그러한가? 사실이란 말을 굳이 강조하다니! 여전히 진화 이론에 반대된 입장들을 압도하기 위한 것이다. 인위적인 이론으로 쌓아 올린 탑인 탓에 또 다른 이론이 나타나 무너뜨릴 것을 경계해서이리라. 진화 이론이 정말 사실적인 관점이라면 그냥 놔두어도 건재하다. 사실은 사실로서 바라보고 인정하는 것인데, 진화 이론은 그 당연성을 갖추지 못한 데 따른 불안감을 지녔다. 바위는 사람이 될 수 없다. 그것은 사실성 여부를 따질 것도 없이 당연한 이치이다. 그런데 진화

---

13) 『인생의 모든 의미』, 존 메설리 저, 전대호 역, 필로소픽, 2016, p.52.

이론은 바위가 사람이 될 수 없는 당연성을 깨뜨리고 바위가 사람이 될 수 있다고 하는 주장인 탓에 매사의 현상에 있어 철저한 인위적 방어망과 이론적 무장이 필요했다. 다시 한번 되짚어 보자. "인간은 유전적 돌연변이와 환경의 선택을 통해 만들어졌다." 만듦을 이룬 주체가 유전적 돌연변이란 환경적 선택에 있다니! 그러니까 인간을 창조한 주체가 어디에도 없다는 뜻이다. 따질진대, 돌연변이와 자연선택은 바위와 비교해서 무엇이 다른가? 그런데도 진화란 묘법으로 인간이 생겨났다고 하는 것은 어떤 신물(神物)을 두고 신성시한 우상 숭배 행위와 무엇이 다른가? 하나님이 십계명을 내려 엄금했는데도 진화론자들이 깨닫지 못하고 있는 것은 진화 이론이 지닌 본색을 짐작하게 한다. 곧, 하나님이 천지 만물을 창조한 사실을 알 수 없도록 사탄이 쳐 놓은 연막이다. 왜 모든 현대적 논의가 다윈에 의존하도록 강조하고 있고, 창조된 작품을 알아차릴 수 없도록 가로막은 것인지 깨우쳐야 하며, 정신을 바짝 차려야 할 때가 되었다.

그 상황이 얼마나 심각한가 하면, "가톨릭교회가 최종으로 진화 이론을 수용한다고 선언하면서도 육체의 진화에 대해서만 인정한다고 한계를 그은 것이 그것이다."[14] 이것은 여러 가지 의미를 시사한다. 결코, 수용할 수 없는 진화 이론을 부분적이나마 수용한 것은 교회조차 더 이상 진화론을 물리칠 대안을 마련하지 못했다는 뜻이다. 그러니까 초래될 결과도 예상할 수 없었다. 천지를 창조한 하나님의 권능에 대한 믿음을 버린 신앙이 무슨 의미가 있는가? 그것을 모를 만큼 교회가 사탄의 꾐에 넘어가 버렸다. 사탄의 권세는 교묘한 술책 자체라, 다윈의 초기 진화 이론은 뻔히 보일 만큼 하자가 있는데도 시간이 흐르면서 지지자들이 나타난 것은 인간

---

14) 『다시 만들어진 신』, 스튜어트 카우프만 저, 김명남 역, 사이언스북스, 2012, p.12.

의 욕망에 영합해서 하자를 가려버린 사탄의 술책 탓이다. "다윈이 세운 메커니즘인 자연선택과 적자생존(생존경쟁)은 당시 영국이란 나라가 세계를 지배하고자 한 제국주의를 추구했던 만큼, 목적과 체제를 정당화하는 이데올로기로서 안성맞춤이었다. 적자인 백인이 열등한 유색 인종 위에 군림하는 것은 자연스러운 일이다."[15] 제국을 건설하고자 한 영국인, 유럽인, 더 나아가서는 서양인의 자존심과 우월감을 지키고자 한 탓에 진화론이 지닌 진리성 여부보다는 식민지 경쟁을 뒷받침한 이론으로써 더 지지했던 것이라고 할까? 제사보다 제삿밥에 마음이 있다는 말처럼 대다수 지성이 사탄의 눈가림 전술에 속아 버렸다. 그래서 시간이 흐를수록 신념으로 굳어져 진화란 우리 모두의 이야기인 것처럼 보편화, 상식화되었다. 수많은 지성의 눈과 귀를 가릴 만큼 사탄의 전술은 거의 완전한 승리를 구가하고 있다. 본의와 동떨어진 무지의 늪에 집단으로 빠져버린 사실도 모른 채…… 하지만 이 같은 결과를 맞이한 이유는 의외로 단순한 데 있다. 정말 본의를 알지 못한 탓에 진화론으로 기울어진 것이며, 이것은 하나님의 창조 권능을 심대하게 훼손한 것이다. 이 말은 창조된 본의를 깨우치고 창조 권능을 회복하면 즉각 바로 세울 수 있다는 말이다. 여기에 본의 계시에 입각한 열린 가르침의 역할이 있다.

그 첫 실마리의 고는 창조보다 진화가 훨씬 어렵고 결국은 불가능한 이유를 확인하는 데 있다. 추종자들이 찬사를 아끼지 않았듯, 다윈 이래 진화론이 쌓아 올린 지성사적 업적(?)을 무너뜨리기는 쉽지 않다. 혹자는 말했다. "지금까지 볼 수 있었던 수많은 사상 가운데 최고에 상을 준다면 나는 다윈에게 줄 것이다. 그는 완전히 분리되어 있던 기계적 물질과학, 천

---

15) 『생각의 역사(2)』, 피터 왓슨 저, 남경태 역, 들녘, 2018, p.73.

문학, 물리학, 화학 같은 무의미 세계와 문화, 예술, 생물학 같은 의미 세계를 한꺼번에 통합시켰다(다니엘 데네트). 물질세계에서 가장 중요한 것은 자연선택이 지닌 진화이다. 자연선택이 없었다면 현재의 종은 존재할 수 없을 것이다.[16]라고 한 자신만만한 이 단언을 단번에 무너뜨릴 용사가 있다면? 당당하게 맞설 만한 첨단 무기(새로운 이론)를 지녔다고 해서 될 수 있는 일이 아니다. 힘을 발휘하는 것은 정작 세계 안에서 공통으로 통용되고 있는 상식이다. 그곳에 진화 이론이 지닌 취약한 약점이 있다. 왜 대다수 지성이 진화론을 수용하고 사실로서 단정한 거대한 세계관적 착각에 빠졌는가? 주된 원인은 엄존하고 있는 세계 본질의 바탕 뿌리와 천지가 창조된 사실을 철저하게 부정하고 거세한 데 있다. 이런 사실만 바로잡으면 위세 등등한 진화 이론이 얼마나 상식적인 이치와 어긋난 가설에 불과한가 하는 것을 판단할 수 있다. "진화론이 세계에 미친 가장 큰 영향은 무엇보다도 인간이 神의 피조물이 아니라 자연 세계의 발전 과정에서 등장했다는 관념을 도출한 것이다."[17] 그럴싸한 주장인 것 같지만, 이것은 창조된 본의와 정면으로 대치된 것이기 이전에 당연 이치부터 위배하였다. 창조를 이해하기가 어려운 것이 아니고, 알고 보면 진화 메커니즘을 이해하고 증거하기가 더 어렵다.[18] 神은 인간을 창조할 수 있는 완벽한 조건을 갖추고 있다고 믿지만, 자연은 그런 조건을 갖추기가 사실상 불가능하다. 창조 역사는 하나님이 존재하기 때문에 가능한 모든 바탕을 사전에 마련할 수 있었다(이치적, 상식적임).[19] 그래서 동시에, 순간에, 한꺼번에, 말씀

---

16) 『80/20 세계를 지배하는 자연법칙』, 리처드 코치 저, 유한수 역, 21세기북스, 2002, p.33.

17) 『철학』, 앞의 책, p.240.

18) 알고 보면, 진화 이론을 세울 현실적 기반과 이치적 근거가 세상 어디에도 없음.

으로 命한 천지창조 역사가 실현되었다.

하지만, 진화론은 그런 사전 바탕과 목적과 계획이 없고, 오히려 애써 부정하기조차 했다. 그렇다면 진화론이야말로 無로부터, 무수하게 반복한 우연의 확률에 의존한 기적의 창조설이다. 다시 말하면, 하나님의 창조 역사는 有한 바탕 본체로부터의 역사인 탓에 가능한 역사인데, 진화론은 無로부터의 창조 역사인 탓에 불가능한 역사이다. 상식적인 이치에 어긋난 이론이다. 왜 지배적인 질서를 벗어난 것인가 하면, 창조는 창조 이전에 마련한 통합적인 바탕 본체로부터 생성함으로써 발현하게 되었다는 개념이고, 진화론은 전혀 사전 바탕 없이 처음에는 아무것도 없었는데 무수한 세월을 담보로 단순한 것이 복잡해지고, 자연선택으로 기관들이 생겨났으며, 급기야 새로운 종이 나타나게 되었다는 것이다. 우리는 사다리가 놓여 있어야 하늘 닿는 데까지도 오르락내리락 할 수 있지만, 없다면 조금 높은 철봉조차 뛰어오르기 어렵다. 하나님조차도 아무것도 없는 無로부터의 창조는 불가능하다. 이미 有한 몸 된 본체에 근거한 것이며, 자체를 모델로 하여 본뜬 역사에 불과하다. 하지만 진화론은 이 같은 일체 요소를 부정하고, 그러면서도 종의 탄생 조건상 필요한 탓에 현상 질서 안에서 구색을 갖추고자 하니까 처음부터 끝까지 이치와 동떨어진 억지 주장이 되어 버렸다. 우연, 자연선택, 생존경쟁 등이 그러하다. "경험적 사실에 근거할 때 생명이 다른 생명한테서 온다는 것은 모든 생명에 해당하는 자연 현상의 대법칙이다. 그렇다면 그러한 과정을 끝까지 추적한 최종 결론은 최초의 생명이 존재할 수밖에 없다는 것인데",[20] 엄연한 상식을 회피하고자 물

---

19) 그럴 뿐 아니라, 창조 이후에는 창조 역사를 주재함으로써 지속할 수 있도록 사후 관리도 철저히 하심.

질의 우연한 화학적 결합으로 화살을 돌렸다.[21] 처음부터의 완전한 창조 역사를 부정한 이상, 추측하는 것 외는 다른 방도가 없다. 확인한 경험 화살은 분명 창조를 가리키고 있는데도 결론은 엉뚱하게 내렸다. 둘 다 가설이라고 전제할 때 창조와 진화 중 어느 쪽이 더 가능성이 크고, 난이도 측면에서도 무엇이 더 쉬운가? **"인간 관점"**을 대표한 진화 이론은 자연이란 제반 영역 중에서도 생명 현상을 설명하는 데 속하는데, 물질과 우주 영역으로까지 확대 적용하였다는 점에서 자연 현상을 판단한 기본 관점이라고 할 수 있다. 이유는 바로 생명의 첫 시작을 생명이 아닌 물질로부터 구한 데 있다. 진화론을 신봉한 자들은 도킨스가 전하는 말을 복음처럼 표현했다.

> "태초에 분자들이 있었다. 그러던 어느 날 우연히 비범한 분자 하나가 등장하니 바로 복제자(replicator)이다. 복제자는 자신을 복제할 수 있었다. 복제가 이루어질 때 실수가 발생하기도 한다. …… 원시 수프는 같은 복제자로부터 내려온 복제 분자의 변이체들로 채워지기 시작했다. 그러나 그 수프는 모든 복제자를 먹일 만큼 충분치 못했기 때문에 복제자들은 서로 다투기 시작했다. 즉, 복제자 변이체들 사이에 생존경쟁이 있었다. …… 복제자들에 의해 만들어진 생존 기계들은 점차 커지고 다양해졌으며, 더욱 복잡해졌다. …… 이 복제자들은 이제 '유전자'로 불리며, 너와 나의 내부에 존재하고, 우리를 만들며, 우리의 신체와 정신을 만들

---

20) 『지적 대화를 위한 넓고 얕은 지식』, 앞의 책, p.121.

21) 1871년, 찰스 다윈은 한 편지에서 "어떤 작고 따뜻한 웅덩이에 온갖 암모니아와 인염, 빛, 열, 전기 등이 생기거나 단백질 화합물이 화학적으로 형성되었을 때 생명이 출현했을 것으로 추측했다."-『창조설계의 비밀』, 앞의 책, p.277.

고, 그들의 보전이 우리가 생존하는 근본적인 이유가 되기에 이르렀다."[22]

태초의 분자로부터 인간으로 진화하기까지는 건너고 넘어서야 할 많은 난관이 가로 놓인 상태인데, 그런 순간에 부딪힐 때마다 도킨스는 곧바로 관념적인 논리로 대처하고 처리했다. 생명의 최초 근원 문제는 태초에 분자들이 이미 존재했다고 하여 추적할 빌미를 없앴고, 현재의 생명 조건 중에서 가장 중요한 물질로부터의 생명 탄생 문제는 어느 날 우연히 비범한 분자를 등장시켜서, 그것도 자신을 복제할 수 있는 능력을 갖춘 주인공이란 전제 조건을 앞세워 해결했다. 책상머리에 앉아서 상상의 나래를 펼쳤다. 충실히 다윈의 진화 이론을 빠짐없이 적용한 대생명 창조 드라마를 완성하였다. 전능한 권능자인 하나님도 도킨스가 말한 절차를 따른다면 분자로부터 생명으로, 생명으로부터 다양한 종과 인간 창조에 이르기까지의 창조가 불가능하다. 왜 어떻게 해서 불가능한지 이유를 모르니까 도킨스의 주장이 복음으로 들리는 것이다. 이 어리석음과 무지를 어떻게 할 것인가? 허실을 지적할 열린 가르침에 귀 기울이는 수밖에 없다. 본의에 입각하면, 진화론자들이 말한 주장에는 대수롭지 않게 지나쳐 버린 허실이 곳곳에 있다는 사실을 발견할 수 있다. 그런 측면에서 보면 진화론자도 진화 이론을 성립시키기 위해서는 최초의 有를 전제해야 했다. 도킨스는 태초에 분자들이 있었다는 전제 조건 없이는 진화 이야기를 펼칠 수 없었다. 그런데도 태초에 분자가 어떻게 존재한 것인지에 관해서는 설명이 없다. 태초에 존재한 분자도 진화로 생긴 것인가? 현상계 안에서 피할 수 없는

---

22) 『80/20 세계를 지배하는 자연법칙』, 앞의 책, p.70.

무한 소급 문제를 해결하지 못했다. 문제 되는 요인은 이후의 가설을 성립시키기 위해 아예 눈을 감아버렸다. "세상에 존재하는 다양한 생물 종은 창조된 것이 아니라 다른 종으로부터 생겨난 것이다."[23] 정말 세상에 존재하는 다양한 생물 종이 다른 종으로부터 생겨난 것이라고 하자. 그렇다면 다양한 생물 종을 생겨나게 한 다른 종은 어떻게 생긴 것인가? 다른 종을 전제한 것은 결국 有를 전제한 창조 논리이다. 정답은 창조밖에 없는데, 그것을 부정한 것은 자기가 옳다고 펼친 논리를 스스로 부정한 격이다. 겨우 찾은 정답인데 정답인 사실을 뒷받침하는 기반을 허물었다. 그런데도 눈에 보이는 모순점은 가림막으로 가려버렸다. 유전적 돌연변이와 자연선택으로 인간이 진화했다고 함에, 전제한 조건과 요소는 정말 만유 공통의 법칙인가? 창조 역사는 기적이 아니다. 지극히 객관적인 역사인데, 진화 이론이 오히려 거대한 비약을 조장했다. 유전적 돌연변이와 자연선택은 구성된 자연적 요소와 현상적 조건을 모두 전제한 상태이다. 有로부터의 창조 인식이다. 그렇다면 그 같은 조건은 구체적으로 무엇을 앞세웠는가? 우연? 절로? 진화론자들은 입만 열었다 하면 모순투성이다. 앞뒤 순서를 가늠할 수 없다. 왜 이런 오판 이론을 대다수 지성이 신봉한 것인가? 본의에 대해 눈멀어서이고, 사탄의 연막전술에 놀아나서이며, 하나님에 대한 믿음을 내팽개쳐버려서이다. 진화 이론도 결국은 창조 역사가 있고 난 다음에나 거론할 수 있는데, 애써 부정했음에도 불구하고 결과적으로는 有로부터의 창조를 인정한 자가당착의 늪에 빠졌다.

미국의 철학자 다니엘 데닛은 다윈의 진화 개념은 '사상 최고의 아이디

---

23) 『다윈의 종의 기원』, 한국철학사상연구회 기획, 이중원 글, 박종호 그림, 삼성출판사, 2007, p.50.

어'라고 평가했듯,[24] 진화론의 주축 메커니즘인 자연선택과 생존경쟁 요인은 다윈이 고심 끝에 찾아내어 조합한 아이디어이지 자연 속에 팽배한 객관적 법칙이 아니다. 그야말로 자연 현상을 본 주관적 관점에 불과하다. "다윈은 현장 조사를 통해 얻은 생각과 각각 다른 학문 분야에서 수십 년간 전해져온 두 가지 개념을 조합해서 폭발적으로 영향을 끼친 결합체를 만들어 낸 것인데, 그것이 곧 '경쟁'과 '진화'란 개념이다."[25] "맬서스의 책을 읽은 후 다윈은 드디어 뭔가 자연에서도 때로 종들이 주어진 자원을 넘어서는 수준까지 번성한다는 사실을 알았다. 그러면 곧 경쟁이 펼쳐질 것이고, 살아남는 개체들과 살아남지 못하는 개체들이 생길 것이다. 그런데 만약에 생물의 후손들이 변이를 보인다면, 그리고 그 변이가 각자의 후손들에게 유전된다면 어떨까? 당시 환경에서 생존하기에 가장 유리한 변이가 시간이 갈수록 더 흔해질 것이다. 생존에 덜 유리한 속성을 지닌 개체들은 갈수록 드물어지다가 결국 사라질 것이다. 이것이 자연선택을 통한 진화라는 다윈 발상의 핵심이다."[26] 진화 이론은 처음 발상한 상황을 보더라도 다윈은 종의 창조 법칙을 발견하거나 적용된 세계 작용적인 원리를 깨달은 것이 아니다. 가정에 가정의 꼬리를 문 가설의 연속이다. 종의 다양성을 설명하기 위한 외곬 목표에 도달하는 데 열중하다 보니 뻔히 드러난 모순점은 보지 못했다. 생물은 개체와 종이 다양하니까 그렇다손 치더라도 무생물인 물질도 생존경쟁과 자연선택을 통해 적자생존하여 금이

24) 『생각의 역사(2)』, 앞의 책, p.19.

25) "다윈은 1838년 출간된 인간의 식량 경쟁이 가져올 암울한 결과의 예언서였던 맬서스의 『인구론』을 읽으면서 처음으로 자연선택을 생각했다. 맬서스도 애덤 스미스의 『국부론』의 경제 경쟁 이론에 영향을 받음."-『80/20 세계를 지배하는 자연법칙』, 앞의 책, p.34.

26) 『다시 만들어진 신』, 앞의 책, p.68.

되고 은이 되고 동이 되었다는 것인가? 또한 진화란 화살표가 다양한 종을 낳는 방향을 가리키는 것인지 소멸하는 방향을 가리키는 것인지 정도는 분간해야 했다. 이미 존재한 종마저 생존에 덜 유리한 개체들은 갈수록 도태하여 사라져 버린다면 다양했던 종들이 결국 희귀종화 되어 버리리라.[27] 설사 진화의 진행 화살표를 다양화하는 방향으로 잡는다고 해도 결과는 달라지는 것이 없다. 전제한 종의 다양화를 가설로써 끼워 맞추었다. 생물의 후손들에 대해 변이를 전제하였고, 그것이 후손에 유전된다는 조건을 달았다. 정말 그렇게 해서 진화한 것이 맞는다면 종의 다양성을 뒷받침하는 이론으로서 합격점이다. 하지만 그것은 가정한 가설일 뿐 만유를 직접 이룬 원리가 아니다. 종의 다양성을 전제하고 끼워 넣은 맞춤식 조건이다. 여기서 결정적으로 잘못 판단한 착각은 그것이 자연선택 요소든 생존경쟁 요소든 외부적인 조건에 의해 종이 진화한다고 여긴 인식이다. 이것은 기독교 창조론이 말하는 종의 불변성에 대한 정면 도전장이기도 하다.[28] 하지만 그 도전장은 결국 무의미한 것이니, 원리성을 뒷받침하지 못했다.

다윈은 갈라파고스 여행을 통해 영감을 얻었으며, 수많은 종을 관찰하고 실험하면서도 20여 년이란 세월 동안 고심하다가 회심에 찬 진화 이론을 발표하였지만, 그 같은 사고적 발상과 연구 성과가 한꺼번에 무너질 수 있는 도미노적 충격은 바로 종의 외부 모습만 관찰하고 비교해서 판단했

---

27) "진화는 기존의 생명 형태에서 분리된 변이체들과 새로운 종의 창조를 통해, 그리고 적응력이 떨어지는 종들의 사멸을 통해 진행됨."-『80/20 세계를 지배하는 자연법칙』, 앞의 책, p.172.

28) "다윈은 '종은 고정불변하지 않고, 세월이 쌓이고 환경이 바뀌면 변할 수 있다'라는 당시로서는 상당히 혁명적인 생각을 공개했고 1842년, 생물은 스스로 진화할 수 있다는 요지의 논문을 씀."-『다윈의 종의 기원』, 앞의 책, p.49.

다는 데 있다. 종이 지닌 고유한 본성을 제한성을 지닌 인간의 눈으로 보고 판단했다. 인간의 감정을 기준으로 새는 우는 것으로, 호박은 못생긴 것으로 표현하는 것처럼…… 그것보다 더 결정적인 것은 외형의 변화가 타고난 본성을 변화시킬 수 있다고 여긴 착각이다. 그것은 주객을 전도시킨 것이다. 다시 밝히겠지만, **제 현상이 끊임없이 변화하는 원인은 바탕이 된 본질이 생성하기 때문이다.** 또한 외부 모습은 격변하는 환경에 적응해야 하므로 변화할 수밖에 없지만(일명 소진화), 뿌리인 바탕 본질은 그렇지 않다(대진화-원숭이가 인간으로). 본의에 입각할진대, 창조된 종은 특성이 있는 종으로 결정된 탓에 다시 새로운 종을 창조할 권능이 없다. 이것은 우리가 직접 눈으로 확인하고 있는 경험적 사실이기도 하다. 자연 현상을 보는 관점을 확보하는 것은 어렵지 않다. 객관적인 사실을 상식적인 눈으로 볼 수 있는 조건이 필요할 뿐이다. 외모를 보고 배우자를 선택하면 어떻게 되겠는가? 외모도 본성과 동일한가? 다윈의 가설 판단이 그와 같다. 겉모습의 차이와 변화를 일으킨 상태만 본 것이다. 이것이 오판을 일으킨 핵심 원인이다. 외모는 본성을 지배할 수 없다. 수신자가 채널은 마음대로 바꿀 수 있지만, 방송국의 프로그램은 바꿀 수 없다. 그런데도 다윈이 이 같은 기본 이치를 어긴 것은 창조 역사와 바탕 본질의 역할을 간과한 탓이다. 그러면서도 진화 이론이 성립되기 위해서는 창조 요소가 필요하므로 그것을 종 자체 안에서 찾다 보니까 끼워 맞추기식 이론이 되어 버렸다. 역사상 나온 가장 기가 막힌 아이디어 중에서 딱 하나만 꼽아서 상을 주라고 한다면 다윈에게 주겠다고 공언하였다니! (다이넬 데넷) 뉴턴도 아니고 아인슈타인도 아니고…… 자연선택에 의한 진화란 아이디어 하나가 생명, 의미, 목적의 영역과 공간, 시간, 인과 관계, 메커니즘, 물리법칙의 영역을 하나로 통합했다는 치사와 함께……[29] 심판이 눈이 멀었다. 온갖 반칙과 위법을 일삼은 자의 팔을 그것도 만인이 지켜보는 앞에서 보란 듯이 들어 올리다니! 이런 판정을 바로잡을 수 있는 공정한 심판 잣대란? 자연선택은 만사에 적용되는 원리 법칙이 아니란 사실 하나이다. 천지는 원리로서 작용하고 있는데 선택은 그런 작용 원리가 아니다. 선택은 천지가 존재한 사실과 무관하다.[30] 선택은 주어진 상황을 고려한 목적 있는 판단이자 결정 행위인데, 자연은 그런 목적의식과 통찰력을 갖춘 존재자가 아니다. 지극히 한정적인 영역에서 그것도 사고적으로 판단한 인간의 결정 행위일 뿐이다. 다윈이 발상한 이론이 후인들이 자연 현상을 보는 지배적인 관점으로 확대된 상황이지만, 알고 보면 사실적인 작용 원리와는 무관하다. 추정해서 세운 관점이 어떻게 종을 진화시킨 직접적인 메커니즘이 될 수 있겠는가? 그것도 엄청난 오류 덩어리로서…… 어디까지나 제 눈에 안경 격이라, 본 만큼 이해한 것뿐이다.

창조를 거부하고 본의를 무시한 진화론자는 이구동성으로 "생명은 우주에서 자연적으로 생겨난 현상이라고 했다. 지구에서는 지각이 충분히 식어서 액체 형태의 물이 존재할 수 있게 된 약 38억 년 전에 생명이 자발적으로 생겨난 것이 거의 분명하다."[31] 생명이 자연 발생적으로 탄생한 것이라니! 이것이 곧 보이는 것만 보고 판단한 아전인수 관점이다. 무엇을 보았고 무엇을 보지 못한 것인가? 창조된 결과 절차만 보았고, 사전 창조 과정은 보지 못했다. "유전자를 전구처럼 단순화한 무작위 네트워크 모형

---

29) 『생각의 역사(2)』, 앞의 책, p.1062.

30) 선택은 존재의 원리를 창조하지도 결정하지도 않음.

31) 『다시 만들어진 신』, 앞의 책, p.90.

에도 '저절로 생기는 질서'가 존재했다고 놀라워하면서, 이것은 창발적 자기 조직화 현상이고, 물리학으로 환원되지 않는 현상"[32]이라고 하였다. 하지만 자기 조직화란 결코 강력한 원리가 작동한 것이 아니다. 저절로 생기는 질서란 자연 현상 안에서는 성립할 수 없다. 그런데도 굳이 자기 조직화로 이해한 것은 자연 현상 밖에 존재한 차원적인 원리를 찾지 못한 탓이다. 자연 현상 안에서 저절로 성립되는 메커니즘(사전 결정성)은 존재하지 않는데, 끝까지 세상 안에서 찾고자 하니까 억지로 끼워 맞춘, 현질서와 배치된 주장이 되어버렸다. 저절로 생긴 질서인 것으로 본(자기 조직화 현상) 것은 사실상 창조 역사로 완성된 시스템에 대한 한계 인식 탓이다. 자율 주행 차는 스스로 움직이는 것이 아니다. 인간의 고도한 프로그램과 기술력을 집결시킨 결과물이다. 인류는 자기 조직화 시스템 이면에서 치밀하게 계획한 설계와 권능 어린 손길을 엿보아야 한다. 진화 관점이 천지 창조 목적을 이루는 데 있어 더 이상 걸림돌이 되면 안 된다. 어리석음을 깨달아야 하며, 그를 통해 자연 현상을 정확히 보아야 한다. 세계 질서를 거꾸로 본 오판에서 벗어나야 한다. 천지 세계는 결코 단순한 것으로부터 복잡한 것으로 진화하지 않았다. 그런데도 그렇게 본 것은 창조 역사를 위해 마련한 통합성 본체를 알지 못해서이다. 하나님이 완전하심같이 모든 것을 갖춘 바탕 본체가 선재하였나니 완전한 목적, 완전한 계획, 완전한 원리, 완전한 법칙으로 선재했다. 그래서 우리의 눈처럼 진화 관점으로서는 도무지 설명할 수 없는 완벽하고 놀라운 구조를 가진 기관을[33] 갖출 수 있었다. 눈의 창조 목적을 안 하나님의 지성과 뜻이 선재해서이다. 창조의

---

32) 위의 책, p.68.

33) 『다윈의 종의 기원』, 앞의 책, p.89.

시간은 통합에서 분열로 흘러 만생을 탄생시킨 것인데, 진화의 시간은 창조의 시간을 거꾸로 감지했다. 이 같은 착각이 초래할 결과는? 인류 문명을 파라다이스가 아니라 파멸의 구렁텅이로 몰아넣고 있다.

하지만 진화론자들이 자연 현상을 관찰함으로써 놓치지 않은 사실 하나는 동일 종 안에서도 변화에 차이가 있다는 점이다. 원인은 종들에게 가해진 다변한 환경의 차이 탓이다. 그것을 그들은 적응적 변화 과정으로 이해했다. 그런데 그런 변화를 생물학적 진화의 정의라고 말한 것은 도를 넘었다.[34] 변화하는 과정, 그것은 종이 지닌 주체 본성이 아니다. 그보다는 자체 종의 정체성을(유전성) 유지하고자 한 본성이 더 크게 작용한다. 불변성을 유지하고자 한 본성이 작동할 수 없다면 종의 고유한 본성을 유지할 수 없다. 그것이 우리가 경험을 통해 확인하고 있는 자연 현상의 진상이다. 그런데도 무수한 변화의 지속과 요인 축적으로 새로운 종이 생긴다고 하는 주장은 180만 종이 넘는 종의 다양성을 뒷받침하기 위한 맞춤형 가설 이론이다. 종이 변화하는 데는 한정이 있으며, 한정된 테두리 안에서 변화하는 것은 종의 정체성을 지키기 위한 하나님의 치밀한 사전 창조 계획 일환이다. 다변한 자연환경에 적응할 수 있도록 경우의 수를 고려한 사전 예비 시스템이다(결정성에 장치해 둔 유연성). 이 같은 창조 뜻을 오판함으로써 다윈은 인류의 수많은 영혼을 잘못된 길로 인도하였다. 심판받아 마땅하나니, 하나님의 심판 역사는 엄중하시리라. 하지만 그것은 공의로운 심판 기준을 세우고 준엄한 일깨움 역사를 거친 이후가 될 것이니, 다윈은 그렇다손 치더라도 문제는 현재 진화론을 추종하는 자들이다. 이들을 일깨우기 위해 하나님이 열린 가르침의 문을 여셨나니, 진화 이론이

---

34) 『빅뱅에서 인간까지(우주, 생명, 문명)』, 마그나 히스토리아 연구회 저, 청아출판사, 2020, p.299.

만연한 세계 안에서는 하나님의 나라를 건설할 수 없다. 반드시 넘어서야 하는 세계관적 장애물이다. 걸림돌을 치우고, 자연 현상을 관망할 수 있는 전혀 새로운 창조 관점을 제시하리라.

3. 창조 관점

하나님이 밝히신 본의에 근거한 **"창조 관점"**은 앞서 논거를 둔 자연 관점과 인간 관점의 한계를 넘어서 명실상부하게 천지 만물을 지은 창조 뜻과 자연 현상을 일으킨 본의와 일치시키고자 하는 성업 역사이다. 선천 하늘에서는 초점이 어긋난 탓에 제기된 세계관마다 한계가 있었고, 세계의 대립 상황을 피하지 못했다. 이 땅에서의 창조 목적이 실현되기 어려웠다고 할까? 하지만 하나님은 "창세로부터 그의 보이지 아니한 것들, 곧 그의 영원하신 능력과 신성이 그가 만드신 만물에 분명히 보여 알려졌나니, 그러므로 그들이 핑계하지 못할지니라(롬, 1: 18~20)"라고 하셨다. 그처럼 천지를 창조한 역사를 통해 만물에 분명히 보여 알 수 있도록 한 것이 주어진 자연 현상이다. 하지만 그렇게 보인 것만으로는 부족함이 있어 약속한 대로 만인이 보여 알려진 자연 현상을 이해할 수 있는 해석 관점, 곧 창조된 자연 현상을 바라보는 하나님의 관점을 열린 가르침으로 밝히고자 한다. 지난날 자연 현상을 바라보는 **"창조 관점"**을 확보하지 못한 사실은 "근대 과학과 기독교 사이에 있었던 길고 복잡한 갈등과 화해의 역사를 통해 알 수 있고, 급기야 19세기 말에 이르러서는 각각 제 길을 가는 것으로 대략 결판이 났다. 과학으로서는 더 이상 종교(기독교)의 눈치를 살필

필요가 없어졌으며, 종교로서도 되도록 성가신 과학과의 논쟁에 휘말리지 않는 것이 속 편한 상태가 되었다. 당연히 초기 과학자들이 애써 내세웠던 '두 권의 책' 이론도 물러나게 되었다(자연의 책과 성경 책)."³⁵⁾ 이 같은 역사적 결과는 서로가 미래의 진로를 개척하는 데 있어서 윈윈한 상태가 아니다. 기독교는 끝내 과학자에게 자연 현상의 본질을 밝힌 **"하나님의 눈"** 을 제공하지 못한 것이란 뜻이고, 과학자도 자연 현상의 본질을 밝힐 기회를 영원히 놓쳐 버린 것이란 뜻이다.

하나님에게 있어서 자연은 과연 무엇인가? 자연의 존재 의미는? 하나님은 어떤 뜻과 목적을 가지고 세계를 창조한 것인가? 이것을 기독교는 하나님에게 물어서 제시하지 못했고, 과학자들은 아예 이런 질문이 무의미하다고 여겼다. 각자가 자신이 가진 한 권의 책만으로 자연 현상을 바라보고 판단한 오류의 수렁에 빠졌다. 두 권의 책을 통합하는 길이 요원해졌다. 결과로써 기독교인은 언제나 하나님이 '자연의 책'과 '성경 책'을 통해 자신의 존재를 증거한다는 믿음은 변함없지만, 그것으로 과학자들이 평계를 대지 못할 만큼 창조된 본의 관점을 충분하게 제공하지 못했다. 그래서 19세기 과학은 사실상 자연을 통해 하나님이 계시한 자연의 책을 덮어 버렸다.³⁶⁾ 동양인들도 "道의 큰 근원이 하늘에서 나왔나니, 하늘이 바뀌지 않으면 道도 또한 바뀌지 않는다."³⁷⁾란 주장을 하였지만, 그것을 창조론으로까지 잇지 못한 것은 마찬가지이다. 누구도 평계하지 못할 관점을 확보

---

35) 『우리는 미래에 무엇을 공부할 것인가』, 김광웅 엮음, 생각의 나무, 2009, p.68.

36) 『창조설계의 비밀』, 앞의 책, p.233.

37) 『春秋繁露』, 「陰陽義」-『유교는 종교인가(1)』, 임계유 주편, 금장태 안유경 역, 지식과 교양, 2011, p.85.

하지 못한 것이다. 창조의 비밀이랄까? 하나님이 진리의 성령으로서 강림하시기 전까지는 본의를 간파할 수 없었다. 그러니까 왜 그렇게 많은 생물 종이 있으며, 그것들이 어떻게 환경에 잘 적응하느냐 하는 질문에 대해 창세기를 통해 확인할 수 있는 전통적인 답은 왜냐하면 神이 그것을 그렇게 창조하였기 때문이다란 원론적인 대답 외에는 더 나가지 못했다. 그렇게 해서는 자연 현상을 바라보는 **"창조 관점"**을 확보할 수 없다.

"가톨릭 교리를 집대성한 토마스 신학은 창조된 사실에서 자연을 바라보는 본질적인 관점을 제시하였던가? 노력한 의도와 제기한 관점이 오히려 자연과 하나님을 격리시켜 세속주의가 도래하는 무대만 마련했다. 자연을 하나님으로부터 상대적으로 독립적인 것으로 만듦으로써, 그리고 자연을 믿음을 제외한 이성으로 알 수 있다는 것으로써 자연을 비신성화했다. 또한, 그것은 근대 물리 과학이 취했던 방법이기도 하다. 결과로써 자연은 점차 믿음을 제외한 이성에 의해 발견할 수 있는 신뢰할 만한 법칙의 영역이 되었다. 자연 신학적 관점은 자연을 통하여 이성으로 하나님을 알려는 시도"[38]이자 접근 방법론일 뿐이라, 기대한 창조 관점 확보는 실패하였다. 그것은 분명 주객을 전도시킨 것이다. 하나님이 약속한 평계하지 못할 근거 조건을 갖추지 못했다. 이유는 자연을 통해서 하나님을 이해하고자 한 접근 방식 탓이다. 웬만한 신학자와 석학이라도 하나님이 창조 관점을 밝히지 않은 세계적 조건 속에서는 그것이 최선을 다한 방도였으리라. "아인슈타인은 인간을 생존할 수 있게 하는 우주와 자연을 통해 神을 탐구하고자 한 저명한 물리학자이다."[39] 하지만 그도 한계를 지닐 수밖에 없

---

38) 『신학 논쟁』, 앞의 책, p.252.

39) 『인간의 위대한 질문』, 앞의 책, p.25.

는 것이, 아무리 냉철한 이성을 동원하더라도 그것은 인간이 본 자연 현상이며, 그렇게 해서 본 하나님에 대한 이해일 뿐이다. 일차적인 조건부터가 자연 현상을 온전히 이해할 수 없는 상황인데, 그 같은 안목으로 어떻게 神을 이해할 수 있겠는가? 그래서 세상은 누구도 핑계하지 못할 하나님의 뜻에 근거한 **"창조 관점"**이 밝혀질 때를 기다렸다고 할 수 있다.

이것은 도래한 세계의 위기 상황과도 관련되어 있다. 아인슈타인만 해도 그는 神에 대한 신앙을 포기하지 않은 순수한 과학자였다. 하지만 창조 관점이 개진되어 있지 못한 조건 속에서 세상은 더 이상 하나님에게 의존할 필요성을 느끼지 못했다. 데카르트 이래의 기계론자들은 "자연 현상에 神이 개입한다는 생각은 애초부터 배제하였고, 그와 함께 神은 자연에서 추방당하고 말았다."[40) 神은 자연 현상을 이해하는 데 아무런 역할을 하지 못하게 되었다. 자연 과학이 제공하는 관점에 따라 우주에서 생명이 생겨나는 일에 창조주의 개입은 필요하지 않은 것으로 단정했다. 신화라도 대다수가 신봉하면 역사화되듯, 소설로 쓰인 이야기가 실화로 둔갑한 상황에서 사탄은 과학자의 눈과 귀를 완전히 통제하기에 이르렀다. 이것은 하나님으로서도 간과할 수 없는 상황까지 이른 상태이다. 과학이 자연 현상과 세계의 진상을 밝히는 데 있어 얼마나 편협한 방법인가 하는 것은 익히 밝힌 바 있다. 바탕 본질을 의도적으로 제거한 탓에 인류 문명이 총체적인 종말을 맞이하였다. 그런데도 도래한 위기 상황을 직시하지 못하므로 바야흐로 하나님이 열린 가르침의 문을 열어 본의에 근거해서 자연 현상을 볼 수 있는 **"창조 관점"**, 곧 그 누구도 핑계를 대지 못할 해석 관점을 제시하고자 하신다.

---

40) 『신 인간 과학』, 한스 패터 뒤르 외 4인 공저, 여상훈 역, 씽크스마트, 2018, p.266.

하나님이 간구 기도에 응답해서 말씀하길, "내 아버지의 뜻대로 행하는 자가 내 어머니요 내 형제"라고 명시하셨다. 그것이 바로 하나님이 오늘날 제시하는 자연 현상을 바라보는 창조 관점이자 해석 입장이다. 진정한 어머니요 형제가 되기 위해서는 전제한 조건을 갖추어야 한다. 그것이 곧 내 아버지의 뜻을 알고 행하는 것이다. 이것이 무슨 말인가? 하나님이 천지를 창조한 뜻과 본의부터 깨달아야 그다음 천지 만물과 자연 현상이 하나님의 化된 본질체이며, 지음 받은 피조체란 사실을 안다. 모든 사실이 비로소 눈 안에 들어온다. 곧, 하나님의 창조 뜻과 초점을 정확히 맞춘 자연 현상을 바라보는 관점이다. 이것은 지극히 당연한 논리이며, 상식이다. 그런데도 지난날은 이 같은 뜻과 관점을 버렸으며, 의도적으로 어겼다. 천지는 하나님으로부터 창조되었는데 배제하고 제거한 것이 근대에 구축한 과학 관점이다. 이 같은 현안 상태를 전환해 본래의 창조 권능을 회복하고, 더하여 천지가 어떻게 창조된 것인지를 밝힌 본의에 입각하는 것, 그것이 하나님의 뜻을 알고 뜻대로 자연 현상을 보는 관점이다. 창조 관점으로 자연 현상을 알고, 그렇게 안 자연 현상의 본질로 하나님을 알게 될 때, 우리는 비로소 내외간에 걸쳐 완전한 앎을 획득한다. 자연 속에 내포된 하나님의 뜻을 읽을 수 있고, 섭리 속에 내포된 하나님의 뜻을 알며, 성령으로 역사한 하나님의 뜻을 읽을 수 있다. 자연 현상에 존재하는 필연적인 원인을 우연으로 돌리고, 혹은 神의 뜻으로 돌린 것은 미비한 조건 속에서의 한계 인식이다. 세계와 존재와 현상에는 차원적인 하나님의 뜻이 개입된바, 그것을 알아야 자연 현상을 이해할 수 있는 관점을 확보한다. 그 관점이 곧 **"하나님의 눈"**을 대변한바, 하나님은 세계 안에서 무소 부재한 탓에 모든 것을 아우르고 모든 것을 볼 수 있는 눈을 지녔다. 그 관점을 인류가 수용해야 자연 현상을 하나님의 뜻 안에서 바라보고 해석할 수 있다. 그 관점은 이미 계시가 되고 선포되어 있는바, 일방적이지 않기 위해서는 받아들일 수 있는 준비가 필요하나니, 그것이 곧 하나님에 대한 열린 마음(믿음)이고, 열린 가르침을 통한 깨침이다. 하나님의 본의를 받들 수 있는 지혜 그릇을 마련해야 한다.

인간은 존재하고 있는 영역이 제한적인 탓에 세상을 보는 눈도 제한적이다. 하지만 하나님은 내외간에 걸쳐 초월적인 탓에 보는 눈도 초월적이다. 그래서 하나님이 거하신 곳에는 항상 하나님의 눈이 함께하는바, **세계 안에서 하나님이 자연 현상에 대해 알지 못하는 것은 있을 수 없고, 세계를 초월해서 우주 운행에 관해 알지 못하는 것 또한 있을 수 없다.** "하늘은 만유를 떠나 독자적으로 존재하지 않는다. 만유와 더불어 다 같이 하늘을 이루고 있다."[41] 생명, 물질, 인과율, 자연, 우주를 두루 포괄하나니, 이것이 **"창조 관점"**의 이해 범위이자 해석 권능이다. "하나님은 하늘에 계시고 너는 땅에 있음이니라(성서). 하나님이 이 세계가 아닌 다른 세계에 계신다고 하는 것은 옳은 해석이 아니다."[42] 창조 관점, 곧 하나님이 계시한 본의 뜻(눈)에 근거해야 하나니, 그리하면 우리를 그렇게 존재하도록 창조한 탓에 본체를 근거로 창조한 하나님도 세계 안에 함께하며, 나의 영혼 속에도 거하여 계시다. 그런데도 이신론이 초월성만 강조하고 내재성을 부인한 것과 범신론이 내재성만 강조하고 초월성을 부인한 것은 본의에 무지한 한계 관점이다. 그래서 자연 현상을 바라보는 관점으로써 **"하나님의 눈"**을 대신할 수 없는 부족함이 있었다. 내외간을 종합할진대, 자연 현

---

41) 『유교는 종교인가(1)』, 앞의 책, p.456.

42) 「20세기 신학 사상 연구」, 백승범 저, 목원대학교 대학원, 신학, 석사, 2004, p.11.

상은 지극한 묘합체라, 창조 본체로부터 이행된 理와 氣가 합일한 작용체이다. "우주의 원인은 물질, 시간, 공간을 초월해 있다."[43] 그렇다면 그렇게 초월한 원인은 도대체 어디에 있는가? 하나님의 창조 본체 안에 한꺼번에 보쌈되어 있다. 창조 관점은 당위적으로 우주의 모든 범주를 넘어서 미치나니, 그리해야 하나님의 눈으로 우주 저 너머까지 바라보고 해석할 수 있다. 자연 현상을 정확히 이해하기 위해서는 자연 현상의 본질을 꿰뚫어야 하는바, 드러난 자연 현상적 조건만으로는 제한이 있다. 창조를 이룬 바탕 본질과 함께해야 하나니, 그것이 자연 현상의 본질을 꿰뚫는 하나님의 **"창조 관점"**이다. 무엇을 어떻게 해야 자연 현상의 의미를 일깨우고, 그 속에 내포된 하나님의 뜻을 읽을 수 있으며, 자연 계시를 해석할 수 있는가? 자연 현상이 제공하는 조건과 근거만으로써는 부족하다. 흑색은 흑색만으로 돋보일 수 없다. 백색이 바탕이 되어야 하듯, 자연 현상에는 그것을 일으킨 바탕 본체가 함께하고 있다. 色과 空이 총합체를 이룰 때 인류가 비로소 만사에 걸친 자연 현상을 통해 하나님의 창조 뜻을 이해하고, 계시가 된 본의를 읽어 내어 세계의 본질을 꿰뚫는 완전한 이해에 이를 수 있다. 자연 현상과 함께한 세계 속의 하나님, 곧 이 땅에 강림하신 보혜사 하나님의 존안을 뵙고 영접할 수 있게 되리라.

---

43) 『창조설계의 비밀』, 앞의 책, p.100.

제58장 생성을 보는 눈

'생성(生成)'은 사물이 생겨남이고, 사물을 생기게 하는 것이다. 철학에서는 새롭게 출현하고 사라진다는 의미에서 '변화'를 의미하기도 한다.[1] 사물은 그냥 생기는 것이 아니다. 사라진 듯한데 다시 새로운 출현이 반복됨에, 생성 작용이 어떻게 일어나는가 하는 원인에 대해서는 창조된 본의 관점에서 논거를 둔 바 있다. 이것은 생성을 바라보는 **"하나님의 눈"**을 드러내는 근거이기도 하다. 천지가 창조된 사실은 어떻게 확인할 수 있는가? 생성 운동이 엄밀한 지혜로 구안되었고, 구조적으로 시스템화된 사실을 통해서이다. 그것이 시사하는 것은 한통속인 본질로 되어 있다는 것이고, 하나인 창조 본체가 원인과 결과로 나뉘었다는 사실이다. 나뉜 탓에 생성이 일어났고, 생성이 일어난 탓에 삼라만상이 생겨났다. 따라서 하나인 바탕 본질은 나뉘기 전에는 원인과 결과가 함께한 상태이고, 그로부터 생겨난 일체 존재와 생성 작용보다 선재한 본체 상태이다. 그래서 **무수한 존재 비밀은 생성이 간직했고, 무한한 생성 비밀은 창조가 간직했다.** 비밀을 풀어헤칠진대, 만물의 근원은 곧 생성의 근원이다. 만물의 근원을 추적하고 추적하면 결국 생성이 시작된 첫 출발점에 도달한다. 그리고 이면에는 창조 본체가 있다. 세계에 존재하는 것은 모두 생성으로부터 말미암았고, 생성에 뿌리를 두었다. 생성이 만상을 존재하게 했다. 이런 이유로 천지창조

---

1) 다음 어학 사전, 생성.

는 태초에 이미 완료된 역사로 세계 안에서는 더 이상 창조가 없다. 생성 과정만 경험할 수 있을 뿐…… 아무도 창조된 사실을 핑계 대지 못할 것이라고 했지만, 자연 현상을 통해서 아무도 창조된 역사를 경험하지 못한 이유이다. 존재와 생성과 창조는 긴밀하게 연결된 상태이지만 창조와 생성 간에는 차원을 가른 가림막이 있고, 존재도 무수한 생성 과정을 거친 다음이라 바탕이 된 뿌리가 깊이 파묻혀 버려 세계 안에서 볼 수 없게 되었다. 그래서 지성사에서는 파묻힌 본체와 드러난 현상을 어떻게 보았는가에 따라 세계적 관점에 차이가 생겼다.

지적한 대로, "플라톤 철학의 중심 사상은 형상론인바, 두 개의 세계를 상정한 우주론을 제기하였다. 하나는 변화하고 비항구적인 우리의 일상 세계이고, 다른 하나는 이상적인 '형상', 혹은 에이도스(eidos)가 있는 이데아 세계이다. 그중 앞의 세계가 '생성의 세계'로서 헤라클레이토스가 주장한 것처럼 유동하는 세계이며, 후자의 세계는 파르메니데스가 주장한 영원불변한 세계이다."[2] 헤라클레이토스와 파르메니데스는 자신이 취한 관점이 절대적이라고 믿은 탓에 극도로 대립하였지만, 플라톤은 상호 연관되어 있다고 보았다. 하지만 관련 고리를 창조로서 연결하지 못한 탓에 본체계(이데아)와 현상계를 구분 짓는 데 그쳤다. 창조를 모르면 두 세계를 연결할 수 없고, 본체를 가리면 생성 본질을 밝힐 수 없으며, 생성 본질을 가리면 뭇 존재까지도 연쇄 파동으로 그러하다. 하지만 창조된 본의를 알면 생성이 무엇인가 하는 문제를 즉각 밝힐 수 있다. 즉, 본체와 현상은 뭇 존재를 있게 하는 양대 요소, 혹은 기둥이 아니다. 그렇다면? **현상은 생**

---

2) 『세상의 모든 철학』, 로버트 C. 솔로몬, 캐슬린 M. 히긴스 저, 박창호 역, 이론과 실천, 2007, p.108.

성이 본체로부터 지펴낸 연기이고 타오르는 불꽃이다. 또한, 생성하면 존재는 변화하지만 본체 자체는 불변하며, 생성이 일어난 탓에 온갖 변화는 불변한 본체가 이행하여 화현한 결과 작용이다. 창조된 탓에 생성으로 인한 변화는 불가피하고, 불변한 본체가 화현한 변화인 탓에 한정이 있다. 곧, 생겨남과 사라짐이 있게 되는데(생멸 현상=생자필멸), 이런 결과 현상에 대해 지성들이 바탕 본체와 연결 짓지 못했다. 급기야 본체는 무시하고 생성으로 드러난 결과만으로 세계관을 구축하였고, 그를 통해 자연 현상을 규정하였다. 생성은 끊임없이 새로운 것을 생겨나게 하지만 결코 처음부터 없었던 것을 새롭게 창조한 것은 없으며, 현상을 일으킨 역사 역시 그러하다. 쉼 없는 생성 운동은 바탕이 된 창조 본체를 영원히 지속하기 위해 하나님이 구현한 창조 시스템이다. 有한 하나님의 본체가 화현한 운동 형태임에, 이것이 곧 창조 뜻에 입각한 **"생성을 보는 눈"**이자, 생성 본질을 꿰뚫는 관점이다. 창조 본체의 특성 구현 방식으로서 창조 목적을 구체화한 생성 시스템이다. 그래서 우주의 무궁한 생성 특성을 직시하면 천만년 감추어진 세계의 실상이 드러나고 창조된 비밀을 풀 수 있다. 본체 자체는 불변하므로 변하지 않지만, 창조로 이행한 탓에 세계에서는 생성하고 변화하며(존재 본체), 그처럼 작용하는 과정을 통해 본체가 지닌 항구적인 특성을 표출한다. 이런 생성 특성과 본의를 알고 관장해야 변화를 거듭하는 우주 운행의 본질을 꿰뚫을 수 있다. 존재와 생성, 생성과 과정, 과정과 실재와의 관계에 있어서 어느 한 곳에 관점을 고착한 잘못을 저지르지 않게 된다.

떡갈나무와 떡갈나무가 맺은 열매(도토리)는 형태상으로는 다르지만, 생성상으로는 원인이 이룬 결과이다. 즉, **존재는 생성 과정이 이룬 총합체**

이다. 하지만 그것도 궁극에 이른 본질은 아니다. 왜 그처럼 생성을 일으켰고, 그처럼 결정지은 것인지까지 알아야 하는데, 여기에 생성이 창조 시스템으로서 이루고자 한 목적이 있다. 하나님이 가진 창조 뜻을 생성 과정을 통해 실현하셨다. 그래서 창조 뜻을 내포하지 않은 생성 작용과 존재 형성은 하나도 없다. 그런 뜻을 읽어 내는 것이 이 연구가 드러내고자 하는 **"하나님의 눈"**이다. 존재는 생성 과정이 이룬 총합체인데, 존재를 있게 한, 바탕 본체와 존재를 일으킨 생성 과정을 잘라버린 것이 지난날의 세계관적 실태이다. 그러니까 일어나고 나타나고 변화한 것에 관한 판단이 사실과 동떨어졌고, 본의와 어긋났다. 오판의 수렁에 빠져 있는 자 열린 가르침을 받들 준비를 하여야 한다. 닭과 달걀은 본래 하나인 통합체이고, 그런 존재로서 동시에 창조되었으니, 그것이 바로 창조된 진상이다. 생성으로 나뉘었고, 생성 과정을 거쳐 결과 지어졌다. 꼬리에 꼬리를 문 생성 운동은 영원하게 반복된다. 그 같은 시스템 방식으로 창조 본체의 영원성을 구현했다. 그런데도 지난날에는 닭과 달걀을 구분 짓고 따로 판단함으로써 끝날 수 없는 늪에 빠졌다. 온갖 존재를 출현시켰고 온갖 변화를 일으킨 생성 작용은 실로 심오한 것이나니, 생성 운동은 전혀 새로운 역사가 아니다. 이미 갖추었고 시스템된 통합 본체를 화현시킨 메커니즘 작용이다. 여기에 엄밀하게 결정한 창조 원리와 창조 법칙이 적용되었다. 하드웨어와 소프트웨어를 모두 갖추고 물건을 제조하는 작업이라고 할까? 즉, 불변한 본체가 창조 역사로 이행되면, 창조된 세계는 생성 작용으로 움직이고, 움직이면 운동을 일으킨다. 그것이 곧 생성함에 따른 분열 작용이고, 분열하면 잠재된 것이 나타나는 현상 작용이 있게 된다. 일련의 과정에서, 만변, 만화가 일어나는 것은 불가피하다. 그런 변화를 일으킨 근원이 생성이라, 생성이 만상을 변화시킨 원동력이다. 하지만 여기에는 엄연한 창조 원리가 작용한다. 생성은 존재를 분열시키지만, 운동 목적은 존재를 지속하기 위해서이며, 본체로부터 공급받은 생성 에너지를 소모하는 작용이 아니다. 본체도 본체의 불변한 특성을 유지하기 위해 분열시킨 에너지를 남김없이 축적하게 한다. 그래서 현상적인 작용 안에서는 생멸함이 있지만, 그것은 오히려 존재화된 有적 본질을 지속하게 하는 생성 작용이다. 결국 생성 운동은 창조 목적의 구현 수단으로서 철저하게 계획되고 구안된 작용이다. 그런데도 본의를 모르면 동일한 운동 현상을 보고서도 전혀 다른 해석과 결론을 내리고 만다. 확보한 관점의 세계관적 한계 인식 탓이다.

누구도 "오늘날 진화론에 반대한다는 것은 쉽지 않다. 다양한 생물이 환경에 적응하고 변화함으로써 지금의 모습을 이루었다는 주장은 지역, 문화, 종교를 넘어 받아들여지고 있다."[3] 이전까지는 이 같은 추세가 본의를 알지 못한 탓이라고 할 수 있겠지만, 가르침을 받들고 보면 처음부터 끝까지 오류투성이다. 진화론은 통째로 생성의 작용 본질과 어긋났다. 종이 다양한 모습을 갖춘 것은 다양한 종, 다양한 모습 그것이 본래 목적으로 창조된 탓이고, 이후로 종의 모습이 다양하게 변화하는 것은 바탕이 된 본질이 생성을 일으켰기 때문이다. 당연히 변화는 본질의 생멸 결정을 따른다. 따라서 **변화의 본질은 가현이다.** 새로운 종을 있게 하기 위한 변화가 아니다. 분열함에 따른 창조 因의 발현은 뿌리에 해당한 본체에 국한된다. 본질의 생성이 현상의 변화를 주도하는 것이지, 나타난 현상은 종의 본질을 변화시키지 못한다. 기차가 달리면 바깥 풍경은 변하게 되어 있다. 환

---

3) 『지적 대화를 위한 넓고 얕은 지식』, 앞의 책, p.138.

경 속에서 종을 존속시키기 위한 적응 체제라, 일정한 범위 안에서의 변화는 사전에 계획된 것이다. 진화론은 이 같은 변화를 드러난 모습만 보고 판단한 탓에 전혀 엉뚱하게 결론 내렸다. "세계는 본질에서 점진적인 변화를 축적해 온 자연법칙의 결과"[4]라고 한바, 사실은 변화가 축적된 것이 아니라 생성 작용으로 잠재된 본질이 발현한 것이다. 그래서 전에 보지 못한 존재가 출현할 수 있고, 우리 역시 나날이 새로운 역사를 맞이하고 있다.

생성과 무관한 존재와 현상이 없는 것처럼 생성에 근거하지 않은 학문, 질서, 법칙도 성립할 수 없다. 논리는 사고하는 질서를 따르는바 논리가 안 맞고 주장이 상반되면 모순이 발생한다. 왜 그러한가? 앞의 인식과 후의 인식은 독립된 생각이 아니다. 사고도 엄밀한 생성 질서를 따른다. 생성 과정이 사고 전반을 지배한다. 시작에서 결론을 향하는 과정이 순차적인 기승전결(起承轉結)로서 진행된다. 헤겔은 세계의 정신 본질이 정립→반정립→종합으로 나간다고 한 변증법적 발전 법칙을 세웠다. 그리고 그 첫 시작이 정립이라고 하는 것은 시사하는 바가 크다. 정립에서 반정립으로 나가는 것은 원본질(정립)이 생성함으로써 잠재한 본질이 발현하기 때문이다. 그러면 원본질과는 존재 조건과 특성이 변화하게 되므로 대척되어 모순된 것처럼 보인다. 하지만 그것은 한시적인 상태이고, 생성이 완료되지 못한 과도기적 모습이다. 하지만 생성 역사를 완료하면 두드러졌던 모순과 대립 요인이 일시에 사라지면서 종합된다. 분열을 극한 진리, 제도, 역사, 문명이 통합된다. 수십 세기 동안 지속되었던 봉건제도도 전부가 아니고, 근대를 태동시킨 산업화시대도 정보화시대로 전환되는 것처럼, 현대인이 겪고 있는 민주주의와 자본주의란 제도도 그러하다. 사고, 제도, 시

---

4) 『생각의 역사(2)』, 앞의 책, p.74.

대, 역사와 함께……

과학적인 방법은 관찰, 가설, 실험, 검증, 이론 정립의 과정을 거쳐 자연이 내포한 원리와 법칙을 발견하고 확인하는 절차이지만 뉴턴도, 아인슈타인도, 세상 누구도 그렇게 해서 결과 짓게 한 과정은 어찌할 수 없다. 이것이 시사하는 바는 과학적 방법 역시 세계 본질의 생성 과정을 따르고 그로 인한 결과를 판단하는 행위 외 아무것도 아니다. 그것은 생성 과정이 지닌 질서이며, 생성으로 이룬 결과이다. 기껏 인간이 관여할 수 있는 것은 그렇게 해서 이루어진 결과를 원리로써 인식하고 개념화해서 유용하는 것이다. 생성 질서를 따라 일련의 과정을 지켜보고 결과를 판단하는 것이 과학적 방법의 본질이다. 그래서 과학은 자연 현상의 본질을 보는 데 제한이 있었다. 결과를 일으킨 생성 운동 본질을 꿰뚫기 위해서는 내면과 의식을 파고들 수 있는 또 다른 방법을 개척해야 했다. 과학은 세계의 모든 영역을 탐구하는 학문이 아니니, 과학을 신봉하는 지성들은 착각하지 말아야 한다. 과학이 제공하는 창구를 통해서는 영원히 자연 현상의 본질을 규정할 수 없다. 이런 사실을 일깨우는 것이 이 연구가 수행해야 하는 열린 가르침의 사명이다.

창조 목적을 이루고자 한 의도로 구조화된 생성 작용을 좀 더 자세히 표현한다면 時와 空, 그것이 생성 본질의 현상화된 결과이다. 생성은 시간과 직결되며, 시간이 생성한 만큼 우주 공간도 확대되었다. 그래서 생성은 시간 자체라, 시간은 세계의 본질이 생성한 증거이다. 시간이 본질을 증거하는 것은 아니며, 본질은 시간과 무관하다. 시간은 오직 시공과 존재가 생성한 사실을 증거한다. 창조 본체로부터 이행한 우주적 본질이 거대한 우주를 운행하기 위해 생성했다. 하지만 우주의 시간이 아무리 무수하고, 우주 공간이 아무리 무한하게 확대되었어도 본체로부터 생성한 것인 한 하나이다. 생성한 과정을 제하면 時와 空이 일시에 一이다. 시공이 일축된다. 그러므로 시간이 흐른다고 해서 시간이 과거 속으로 사라지는 것은 없다. 또한, 미래 시간은 존재하지만 미처 생성을 완료하지 못한 탓에 잠재한 시간이다. 그래서 시간이 있고, 시간이 존재한다는 것은 본질이 생성 중이란 뜻이다. 생성은 뭇 존재의 생멸 현상에 절대적인 영향을 끼치나니, 생성이 끝나면 시간이 사라지고, 시간이 사라지면 존재도 멸한다. 결국, 현재란 시간이 지닌 의미는 창조된 세계가 생명적인 생성 활동을 하고 있다는 증거이다. 무슨 말인가 하면, **시공간은 하나님의 존재 의식이 살아 숨 쉬는 몸 된 본질체로서 하나님의 주재 의지로 유지되고 있는 생성 역사의 생생한 산 현장이다.** 시간은 결국 하나님의 化된 본질체가 생성함을 증거하며, 하나님이 세계를 통해 살아 계심을 증거한다. 생성하는 세계 안에서 역사하는 시공간 안에서 이전에는 하나님이 모습 나타내기가 어려웠지만, 이제는 가능하게 된 것이 곧 이 땅에 강림하신 것을 증거한다. 생성 작용의 본질을 꿰뚫음으로써 하나님이 강림하시고, 세계 안에 거하신 사실을 뒷받침할 수 있게 되었다. 생성 운동은 하나님의 창조 목적 실현 과정인 동시에 그를 위한 우주 운행의 실상 자체이리라.

제59장 현상을 보는 눈

현상(現象)은 나타날 現에 모양 象을 합친 단어로서 실제로 드러나 있는 것, 볼 수 있고 느낄 수도 있는 감각적인 인식 대상이다. 철학적 의미로서는 사물이나 어떤 작용이 드러나는 바깥 모양새이다.[1] 이런 현상 작용을 통해서 밝혀야 할 것은 그처럼 지각되거나 관찰할 수 있는 대상, 사실, 사건, 작용 등이 어떻게 드러났고, 무엇에 근거해서 나타났으며, 우리가 보고 느끼는 것과 본래 모습과의 차이, 그렇게 해서 실재하는 현상이 시사하는 의미가 무엇인가 하는 것이다. 세상에는 다양한 현상이 있고, 또 전에는 경험하지 못한 현상들도 볼 수 있는데, 거기에는 반드시 원인이 있고 근거가 있고 모종의 의미를 시사(의미)한다는 사실이다. 그것이 일상적으로 경험하는 현상을 넘어 궁극적인 원리, 법칙, 존재로 나가면, 판단해야 할 문제가 복잡해진다. 즉, 形而下의 영역을 넘어서 形而上인 영역으로 진입하게 된다. 왜냐하면 현상은 스스로 일어날 수 없는 작용 결과인 탓이다. 세계적 현상은 예외 없이 원인을 일으킨 원작용은 아니다. 정체는 알수 없더라도 원인에 따른 결과인 것만은 분명하므로, 확실한 사실들을 근거로 현상을 일으킨 원인과 근거를 추적한 것이 연면한 진리 탐구 역사이다. 하지만 그것이 정말 무엇인지는 선천 세월이 다하도록 밝혀낸 바 없다. 현상은 세계적인 구조가 다 드러나지 못한 상태에서 또 다른 조건들

---

1) 다음 백과사전, 현상.

을 요구하고 있으므로 선현들은 괄호 안에 있는 무엇에 대해 갖가지 이름을 붙인 궁극적 실재를 대입시켰다. 가정한 것이든 추측한 것이든 신념에 따른 것이든 상관없이 현상은 반드시 세계적 구성 조건을 완비해야 했다. 참으로 미묘한 것은 세계 위로 상이 나타난 만큼(현상화) 무엇이 실재하고 있는 것은 분명한데, 그 정체가 무엇인가? 판단컨대, 꼬리 영역이지 몸통 영역이 아닌 것만은 분명하다. 그렇다면 몸통은 무엇인가? 참으로 오묘한 '창조 방정식'이다. 근원(몸통)을 추적할 근거는 지금 현상화되어 있는 상태이다. 하지만 손에 잡히는 꼬리를 잡고 아무리 흔들어도 몸통의 정체를 밝힐 길이 묘연했다. 이유가 어디에 있는가? 창조 역사가 가림막을 치고 있어서이다. 그러니까 드러난 현상적인 근거 안에서는 답을 찾을 수 없었고, 밖을 추적하고자 하니까 인식에 제한이 있었다. 이것이 선천 하늘에서 인류가 처한 현상을 바라보는 세계적 조건이었다. 선현들이 처한 이 같은 상황을 직시해야 그를 통해 열린 가르침이 현상의 창조적 본질을 꿰뚫은 해석 관점을 지침할 수 있다. 현상의 근원 된 뿌리를 추적할 수 있어야 인류의 지난한 정신적 고뇌를 풀어헤칠 수 있다. 창조 역사를 간과한 탓에 몸통을 찾는 길이 오랜 세월 동안 지연되었다. 현상은 사실적인 모습의 드러남 자체가 근원이 존재한 조건을 시사하는 것인데도 본의에 대해 무지한 탓에 눈치채지 못했다. 그래서 열린 가르침이 본의를 깨우칠진대, 현상계의 제반 특성은 바로 천지가 창조된 사실을 알 수 있게 한다. 당연한 사실인데도 확인하는 데 시간이 걸렸다. 창조와 현상 간을 연결하고 연결하지 못함이 선천과 후천 질서를 가르는 우주 생성의 대전환점이다.

지적한 대로, 세계적인 조건상 이원적 나눔은 불가피했다. 현상 외에 현상을 일으킨 바탕 근원을 본체계로서 상정은 하였지만, 실체를 드러내는 과정에서는 어려움이 있은 탓에 본체와 현상과의 관계를 밝히고 연결하는 지성사적 성과가 지지부진하였다. 실체가 불분명하다 보니 애써 구분하는 것만 해도 세계적인 이해를 구하는 데 어려움이 있었다. 증거하기는커녕 보편적인 이해 측면에서도 실패하고 말았다. 이런 난제를 풀기 위해서 현상의 본질은 반드시 밝혀야 했고 분리, 구분 단계로부터 일치, 통합 단계로 나가야 하는 것이 진리 추구 과제였다. 즉, 칸트는 모호한 세계를 물 자체와 현상계로 구분하고, 경계선을 분명히 하였다. "감각을 통해 경험하는 대상과 그 자체로 존재하는 세상(물 자체)이 그것이다. 그리고 물 자체는 우리의 경험과 이해를 넘어 존재하기에 '선험적'이라고 했다."[2] 여기서 우리는 중요한 사실을 끄집어내야 한다. 칸트가 말한 물 자체의 선험성은 이연구가 규정한 물 자체가 지닌 본체로서의 선재적인 특성이 아니다. 선험성은 인간의 경험 이전이자 하나님의 창조 역사 이전이다. 그런데 칸트는 인간의 감각을 통한 경험과 이해를 물 자체의 특성과 역할을 엿본 판단 기준으로 삼았다. 더욱 중요한 것은 그처럼 인간의 인식 수단을 기준으로 삼은 탓에, "우리는 보고 듣고 만져봄으로써 사물에 대한 정보를 얻는데, 그것이 사물 전부가 아니기 때문에 감각은 완벽하게 모든 것을 알려주지 못한다."[3]란 사실이다. 물 자체를 인식할 수 없는 이유가 물 자체가 아니고, 인간이 지닌 인식 자체의 제한성에 두었다. 그 결과 양분된 현상계와 본체계를 연결할 수 있는 고리가 사라져버려 거리가 더 멀어져 버렸다. 밝힐 바 인식이 제한적인 것은 사실상 생성 본질의 분열성 탓인데, 무관한 사고 자체의 문제 안에 머물렀다.[4] 칸트는 물 자체가 무엇인가에 관한 본질 탐

---

2) 『철학』, 앞의 책, p.262.

3) 위의 책, p.262.

구는 관심 밖에 두고, 물 자체를 향한 인간의 자체 인식 문제에만 관심을 가져 물 자체에 관한 정보를 알 수 있는 길을 차단해 버린 전혀 엉뚱한 결과를 낳았다. 아니, 생성에 근거한 현상이 물 자체에 관한 정보들을 끊임없이 나타내고 있으며, 세상의 질서 위로 송출된 물 자체의 실시간적인 모습이 현상인데, 물 자체의 실상을 볼 수 있는 통로를 칸트가 바리케이드를 쳐 가로막아 버렸다. 보면 볼 수 있고 깨달으면 알 수 있는 전방위적 통로를 모조리 막아 버렸다. 이것은 바로 코앞에 있는 사물을 눈을 감은 채 보이지 않으므로 존재하는지 알 수 없다고 말하는 것과 같다.

칸트의 물 자체와 현상과의 관계를 혹자는 거울에 비친 백설 공주의 모습으로 표현했다. "거울이 어떻게 보든지 간에 상관없이 백설 공주의 본래 모습이 물 자체이고, 거울이라는 인식 기관에 비친 백설 공주의 모습이 현상"[5]이라는 것, 그러니까 물 자체와 현상 간의 관계 설정은 온데간데없고, 물 자체와 거울에 비친 물 자체의 상이 동떨어져 버렸다. 이런 판단이라면 칸트가 말한 대로 인류가 물 자체를 알 가능성은 전혀 없다. 그렇다면? 현상은 본질의 드러남이란 본의 관점에 근거해야 한다.[6] 지난날 현상을 통

---

4) 물 자체를 인식할 수 없는 이유를 물 자체가 지닌 본체로서의 차원적인 특성을 통해 그것을 기준으로 왜 인간이 물 자체를 인식할 수 없는 한계가 있는 것인지를 밝히는 것이 올바른 절차이다. 그런데 칸트는 물 자체에 관한 특성보다는 온통 인간이 왜 물 자체를 인식할 수 없는 것인가에 대한 인간 자체의 인식 제한 이론만 펼침. 하기야 물 자체를 볼 수 있는 눈(인식 능력)이 없는데, 물 자체의 특성을 거론하기는 어렵다. 그래서 때가 이른 오늘날 하나님 입장에 선 하나님의 눈이 드러나야 했다.

5) 『철학의 모험』, 앞의 책, p.219.

6) 본체와 생성, 생성과 현상, 현상과 사물 간을 이격시킨 것은 심각한 세계관 파괴의 원인이다. '현상 즉 본체' 실상을 회복해야 하나니, 여기에 하나님의 본의 계시가 있고, **현상을 바라보는 하나님의 눈**이 요청된다.

해 물 자체를 인식할 수 없었던 것은 모든 것을 갖춘 통합성 본질(창조 본체)이 세상 질서 안에서 순차적으로 분열한 탓이다. 그래서 하나님도 하늘에 계실 수밖에 없었지만, 오늘날은 이 땅에서 모습을 드러낸 지상 강림 역사를 실현하셨다. 이런 이유로 물 자체는 능히 엄밀한 생성 질서가 이룬 제약 조건 속에서도 제반 본성을 드러낼 수 있으며, 잠재된 가능성을 현상 작용을 통해 이루고 있다. 생성으로 인한 세계의 제약 조건이 오히려 현상의 감추어진 본성을 명확하게 부각시킨다. 드러난 현상은 어떤 경우이든 의미를 지녔지만, 본의를 모르면 전혀 다르게 판단하고 만다. 서양이 그러하나니, 서양은 현상 작용을 오판해서 건설한 과학 문명 탓에 인류 문명을 종말 상황으로 이끈 주체이다. 흔히, 물 자체는 현상의 분열 질서를 초월한다고 함에, 작용한 현상이 분열적이고 순차적인 것은 그것이 정말 초월한 본체적 특성을 명확히 한다. 왜 그러한가? 분열 질서가 일체를 갖춘 통합성 바탕이 생성함으로써 발현한 것이기 때문이다. 이미 계획하고 준비하였지만, 출현하고 존재하고 완성하기 위해서는 생성으로 분열할 수밖에 없고, 그래서 분열 작용이 엄밀하다. 갖추었지만 창조되었기 때문에 분열을 통해서는 한꺼번에 드러낼 수 없다. 예를 들면, 영화는 완성된 작품이지만 감상하기 위해서는 시간이 걸린다. 그렇게 드러나고 나타나고 감상하는 작용이 생성 운동이고, 그렇게 해서 갖춘 존재의 모습이 현상이다. 그런데 어찌 본체와 현상이 연관되어 있지 않겠는가? 세계 안에서 대립이 생기는 것은 본체로부터 발현한 현상과의 관계를 단절시킨 데서 일어난 결과이다. 이런 본의 관점에 입각하면 지성들이 진리라고 주장한 명제 중에서 무엇 때문에 진상을 잘못 판단한 것인지 이유를 알 수 있다.

"샹카라 철학에서는 현상계를 '마야'로 규정한바, 마야(maya)는 '幻, 幻

化, 幻事' 등으로 번역하지만, 어느 것이든 진실하지 않은 것, 실체가 없는 것, 꿈속에서 경험하는 것처럼 미망에 지나지 않는 것을 의미한다."[7] 한 마디로 현상만 보고 본체와 연결된 고리를 보지 못했다. 불교의 제법무아, 제행무상, 연기를 통한 무자성 명제도 이유가 같다. 왜 데카르트의 물심이 원론, 유물론, 진화론, 무신론이 오판의 늪에 빠진 세계적 관점인가? 본체 가 아닌 현상을 세계를 이룬 근원으로 삼은 탓이다. 바탕이 된 본체를 보 지 못했기 때문에 드러난 현상도 진상을 볼 수 없었다. 왜 神은 주사위 놀 이를 하지 않는가? 神(본체)은 현상의 지배를 받지 않으며, 오히려 현상의 특성과 질서를 규정하고 결정하기 때문이다. 그래서 현상은 본체를 드러 내는 창구 역할을 한다. 본체는 통합적이고 잠재한 상태인데, 그것을 현상 이 분열함으로써 하나하나 나타낸다. 또한, 본체는 무엇이 먼저이고 무엇 이 나중인지 차례가 없지만, 현상은 발현하는 순간부터 구분이 생긴다. 이 런 특성이 우리가 경험하는 현상의 분열성, 인과성, 법칙성을 결정했다. 인 간이 지닌 인식 상의 문제가 아니다. 바탕이 된 물 자체(창조 본체)의 선재 성, 통합성, 초월적인 특성 탓이다. 감각 세계의 착시 탓도 아니다. 현상은 예나 지금이나 본체가 지닌 진상을 면밀하게 투영시켜 왔다. 그것을 인류 가 여태껏 잘못 판단하고 시사하는 의미를 잘못 해석했을 뿐이다. 인식의 주체성을 자부한 인간이 현상의 모습을 정확히 판단했다 해도 존재 전체 가 온전히 본질을 추진 원동력으로 한 생성의 배를 타고 있다는 사실을 간 과하였다. 자신은 가만히 있어도 움직이는 배 안에서의 절대적 정지란 있 을 수 없다. 그래서 생성하는 세계 안에서 현상 작용만으로써는 본체가 지 닌 진상을 가닥 잡기 어려웠다. 하지만 배가 세계를 일주하면 지구가 둥글

---

7) 「샹카라의 가현설 연구」, 앞의 논문, p.60.

다는 사실을 알게 되듯, 생성의 대주기가 완료되면 본말이 드러나나니, 세계가 곧 하나님의 본체 안이며, 현상적인 모습이 완성되면 그것이 바로 하나님의 진상이란 사실을 알 수 있게 되리라.

우리의 생명줄은 命이 다하면 죽음에 이르지만, 믿음을 다한 영혼은 生의 마지막 순간까지 하나님이 뒷받침하고 있어 우리는 생명 끈을 놓쳐도 하나님이 붙들어 주시면 너와 나, 만 영혼의 생명이 영원하리라.[8] 본의로 현상의 본질을 꿰뚫을진대, **현상은 생성을 통해 드러난 하나님의 본체 모습 자체이다.** 본체와 현상은 결코 독립되고 대립한 구조가 아니다. 현상 속에 본체 모습이 투영되어 있었나니, 현상을 통해 하나님의 모습을 볼 수 있도록 하는 것이 열린 가르침의 목적이다. 그것이 이 땅에 강림하신 하나님이 진리의 성령으로서 새긴 **"현상을 바라보는 하나님의 눈"**이다. 생성과 현상은 떼려야 뗄 수 없는 관계로 연결되어 있다. 현상은 본체의 생동하는 실시간 표출 모습이다. 하나님이 긴 세월을 통해 생성으로 드러낸 현장의 모습이다. 만물과 만상 속에 하나님의 모습이 깃들어 있었나니(만유내재신론), 그 모습을 인류가 제반 현상을 통하여 볼 수 있어야 한다. 제행무상, 제법무아란 자조적 허무를 극복하고, 이 땅에 강림하신 하나님을 만 인류가 볼 수 있어야 하리라.

---

8) 하나님의 본체 안에 있는 자, 현상적으로는 생멸해도 하나님의 품 안에 있는 자, 그 생명력이 영원하다. 하나님이 살아 계시므로 우리는 죽어도 죽은 것이 아님.

제60장 법칙을 보는 눈

1. 우주 법칙

우주란 무엇인가? 천체를 관측하는 기술과 망원경의 발달로 태양계 바깥까지 시야를 넓히기는 했지만, 인간으로서는 감당하기 어려운 탐구 영역이다. 그런데도 인간은 우주를 바라보는 다양한 관점을 가졌고, 상상 어린 생각과 주장까지 더했다. 일명 '우주론'이라 다중, 평행, 빅뱅, 팽창 우주론 등등. 천문학적 정보와 물리학적 지식을 결합한 물리적 우주론이지만, 종교적 시각에서 바라본 불교 우주론, 形而上學적 본체, 태극 우주론, 그리고 지금은 거의 폐기되다시피 한 기독교의 창조 우주론도 있다. 정말 우주를 샅샅이 살핀다는 것은 불가능하며, 각 영역에서 내세운 우주론을 이해하기도 어려운데, 우리는 과연 어디에다 초점을 맞추어야 거대한 우주적 진상을 꿰뚫을 수 있는가? 그것이 가능하기나 한 일인가? 인간으로서는 불가능한 일이지만, 아무리 손오공이 뛰고 날아도 부처님 손바닥 안인 것처럼 우주가 아무리 거대하고 무궁해도 하나님의 창조 권능 안에 있는 한, 하나님만큼은 우주를 관장한 관점을 제공하실 수 있다. 인간은 인류 모두를 동원해도 갠지스강의 모래알을 헤아릴 수 없지만, 우주의 생성 시종을 관장하는 하나님은 우리가 손가락과 발가락을 세고 움직이는 것처럼 파악하고 주재하고 계시다. 우주는 우주답게 존재하는 모든 것을 내포하고 있다. 우리가 우주를 정확하게 바라보고 이해해야 하는 이유는 우주는 바로 우리가 살아가는 자연의 비밀을 모두 담고 있기 때문이다. 비밀을 지닌 우주는 비단 우리가 관찰할 수 있는 물질, 생물, 행성만 해당하는 것이 아니다. 눈으로 볼 수 없는 시간, 공간도 포함한다. 우주는 시간, 공간과 물질을 담고 있고, 시공간과 물질로부터 생명과 인간이 생겨났다고 하는 것이 인류가 지금까지 확보한 가장 합리적인 관점이다. 하지만 한편으로는 지극히 피상적인 시각이기도 해 우주는 일체를 내포하고 있고, 이런 세계 안에서 뭇 생명과 인간이 호흡하고 있지만, 의외로 이 모든 것을 있게 한 주체는 우주 밖에 따로 존재한다. 그런 사실을 깨닫게 하는 것이 우주의 비밀을 풀, 열린 가르침이 지침하고자 하는 우주를 바라보는 **"하나님의 눈"**이다. 그래서 대자연 곧, 우주와 물질과 생명과 인간이 자체 안에서 처음 생기거나 만들어지지 않았다는 사실을 알기 위해서는 이들을 있게 한 우주 법칙, 자연 법칙, 물질 법칙의 본질을 꿰뚫어야 한다. 이런 관점으로 우주에 존재한 법칙을 보는 정확한 시각은 하나님이 뜻한 창조 목적을 이루기 위해 命한 말씀의 의지(창조 의지)가 온갖 이치로서 결정된 것이 **"우주 법칙"**이란 사실이다. 우리는 법칙에 대해 지극히 규칙적이고 원리적인 것으로 파악하지만, 그처럼 결정되기 이전에는 지극히 주관적이고, 계획적이고, 목적적인 존재 의지, 그러니까 하나님의 창조 뜻을 내포한 본질체에 근거했다. 그래서 우주 법칙의 근원을 추적하고 보면 인간으로서는 한계가 역력한 시원과 존재 목적과 역사를 직시할 수 있다. 우주 법칙은 이런 근거와 과정을 거쳐 결정되었고, 생성되었고, 운행되었다.

태초의 우주는 어떻게 출발하였는가? 크게는 본체적 관점, 물리학적 관점, 神에 의한 창조 관점이 있지만, 무엇 하나도 확증한 것이 없는 선천 우주론이다. 동양의 '본체 우주론'은 밑도 끝도 없는 모호함을 벗어나지 못한 상태이고, 138억 년 전에 있었다는 '빅뱅 우주론'도 의문이 꼬리를 무는 상황이다. 기독교인은 하나님의 '천지창조설'을 믿고 있지만, 믿는 것과 우주의 시원을 밝히는 것은 별개이다. 바탕 없는 無로부터는 티끌 하나도 생겨날 수 없다. 태극이든 道이든 空이든 梵이든 빅뱅이든 神이든 이 법칙만큼은 예나 지금이나 변함이 없다. 우주의 시작이 그러하다. 존재가 처음 시작된 데는 원인이 있고, 근거가 있다. 시작한 모든 것은 존재하게 만든 원인이 있다.[1] 그것이 존재한 사실과 존재한 원인과 존재한 시작에 적용되는 우주의 절대 법칙이다. 이런 법칙을 누가 어떻게 결정한 것인가? 태초에 말씀으로 천지 우주를 창조한 하나님이시다. 당연히 우주 역사의 시작도 창조로부터 비롯되었다. **창조 역사의 시작이 우주 역사의 시작이고, 우주 역사의 시작이 생성 역사의 시작이며, 생성 역사의 시작이 삼라만상 역사의 시작이다.** "우주의 시작이 있다면 그것은 우주를 초월하는 원인이 있어야 함에"[2] 이 같은 필수 조건을 충족하는 데 하나님의 창조 뜻과 命이 있다. 하나님이 천지를 창조한 말씀의 命이 우주의 역사를 가동한 최초 원인이다.

> "태초에 하나님이 천지를 창조하시니라. ~ 빛이 있으라 하시매 빛이 있었고 ~ 보시기에 좋았더라(창, 1: 1~4)."

본의를 몰라 이해하지 못했고, 초점이 맞지 않아 정확하게 이해하지 못

---

1) 『창조설계의 비밀』, 앞의 책, p.124.

2) 위의 책, p.91.

했던 것인데, **"우주 법칙"**을 하나님의 눈으로 보면 성경에 기록된 창조 우주론이 시사하는 실상을 이해할 수 있다. 우주를 초월한 처음 시작의 원인에 하나님이 실현한 천지창조 역사가 있다.

우주는 어떻게 시작되었는가? 命으로 결정한 우주 법칙이 창조 역사를 필연적으로 조건 지었다. 그렇다면 우주가 존재한 목적은? 어느 누가 감히 우주의 목적을 거론할 수 있는가? 하지만 본의를 깨닫고 결정된 법칙을 살펴보면 목적을 파악하는 것이 불가능한 일은 아니다. 우주 법칙은 바로 창조된 뜻을 위해 결정된 것이라, 존재한 법칙들이 무엇을 향하고 있다는 것을 알 수 있다. 이것을 종합적으로 판단하면, 우주의 목적이 곧 창조의 목적인데, 그것이 과연 무엇인가? 현대 물리학이 발견한 '인간 원리'를 살펴보면, 미 항공우주국(NASA)에 있는 천체물리학자 존 오키프는 이렇게 말했다.

"우주가 가장 엄밀한 정확도로 만들어지지 않았다면 우리는 존재하지 못했을 것이다. 이런 환경을 고려할 때, 이 우주는 인간을 위해 창조되었다고 볼 수 있다."[3]

그는 무엇을 보았기에 이런 결론에 이른 견해를 밝혔는가? "현대 과학의 가장 놀라운 발견 중 하나는 물리법칙과 물리상수들이 뜻밖에도 비범한 법칙으로 협력해 우주를 생명이 살 수 있는 곳으로 만들었다는 사실이다. 물리학자이며 철학자인 로빈 콜린스는 말하길, 중력은 10^{53}분의 1로 미세 조정되어 있다. 우주 공간의 에너지 밀도를 나타내는 우주상수는 우

---

3) 위의 책, p.344.

주 공간에서 다트를 던져 지구상에 있는 지름이 10^{24}분의 1인치 되는 크기의 표적 중심을 맞추는 것만큼이나 정밀하다. 한 전문가는 생명을 유지하는 우주를 만들기 위해 정밀한 조정이 필요한 물리학, 우주적 매개 변수가 30가지가 넘는다."[4]라고 하였다. 하지만 그 변수가 천 가지, 만 가지라도 하나님이 우주를 창조한 본의와 목적을 모른다면 섣부른 판단이며, 확인할 수 없는 인간적 추측에 머문다. 하나님의 창조 목적과 우주의 존재 목적이 일치해야 비로소 확인한 매개 변수들이 양대 목적을 동시에 충족시킨다. 땅속 깊숙이 매립된 석유를 찾기 위해서 탐사봉을 시추할 때는 가능한 지점을 이곳도 파보고 저곳도 파본다. 인간적인 입장에서 생명이 존재할 수 있는 조건에 초점을 맞춘 우주상수는 지름이 10^{24}분의 1인치 되는 표적을, 그것도 코앞이 아닌 우주 공간에서 다트를 던져서 맞추는 것만큼 정밀한 것이라고 했지만, 그것은 우리가 목적과 충족 조건을 가정한 상태이다 보니까 확률적인 우주상수를 그렇게 계산한 것이고, 하나님이 천지 우주를 창조한 목적 측면에서 본다면, 단 한 번에 표적의 중심에 명중시킨 결과이다. 그만큼 추측하거나 확률적인 우주상수는 없다. 하나님은 처음부터 끝까지 오직 하나인 목적을 가지고 우주를 창조하셨나니, 이를 위해 하나님은 인간만 창조한 것이 아니라, 인간이 존재할 수 있도록 하는 창조 목적을 이루기 위해 삼라만상을 함께 창조하고 뭇 생명체가 존재할 수 있도록 우주 전체를 미세 조정하셨다(동시 창조, 동시 존재해야 우주상수가 모두 일치함). 그래서 우주는 생명을 한 중심에 두고 우주상수들이 생명을 향해 조건화되고 미세 조정되었다. 그중에서도 인간은 하나님이 천지를 창조한 목적 중에서도 제일 정점에 있는 목적체이다. 우주가 존재한 목적

---

4) 위의 책, pp. 342~343.

과 천지를 창조한 목적의 한 중심에 선 주인공이다. 이유는 하나님의 형상을 따라 창조된 화신체가 인간인 탓이다. 그래서 하나님은 한결같이 인류가 저지른 잘못(죄악)을 바로잡고자 하셨고, 그들 영혼을 구원하기 위해 노심초사하셨다. 몸 바쳐 창조함으로써 하나님의 사랑을 독차지한 것이 인류이다. 단연코 우주의 중심은 인간이며, 믿음 어린 자녀의 마음이 하나님 사랑의 한 중심이다.

다음은 천지 우주가 창조된 사실을 우리가 어떻게 알 수 있는가 하는 문제이다. 이것도 하나님이 계시한 본의를 알고 우주의 결정 법칙을 살펴보면 확인할 수 있다. 곧, **"우주 법칙"**을 통해 천지 우주가 창조된 사실을 아는 **"하나님의 눈(관점)"**이다. 우주 안에서 적용되는 엔트로피 법칙이 그러하다. 엔트로피는 독일의 물리학자 클라우지우스가 사물이 감소하고 닳아 없어지는 경향을 나타내기 위해 지어낸 말이다. 그는 1865년, 이렇게 썼다.

> "~ 우주의 에너지는 불변하지만, 우주의 엔트로피는 극한으로 치닫는 경향을 보인다."[5]

여기서 주목할 것은 엔트로피는 극단으로 증가하더라도 우주의 에너지는 불변한다는 사실이다. 이것이 이 연구가 밝힌 '有함 창조'를 증거한다. 무수한 별들이 생성하고 소멸하는 현상에도 불구하고 그것을 있게 한 창조 본체, 바탕 본체, 통합성 본체는 변함이 없다. 왜냐하면, 창조된 우주 작용과 우주 모습과 우주 에너지는 예외 없이 화현된 것으로 有함 본체를 창

---

5) 『80/20 세계를 지배하는 자연법칙』, 앞의 책, p.357.

조로 구현한 방식이자 시스템이기 때문이다. "엔트로피 법칙은 1850년 전에 우수한 증기 기관을 만들기 위해 수년 동안 탐구하는 과정에서 개발된 열역학 제1 법칙 중 하나를 다시 말한 것이다. 그리하여 발견한 열역학 제1 법칙은 에너지가 창조되지도 파괴되지도 않으며, 오직 형태만 바꿀 뿐이란 사실이다(화현→가현)."[6] 과학자들이 발견한 우주 법칙으로 교과서에도 실려 있고, 인터넷을 통하면 곧바로 확인할 수 있는 사실이므로 이 연구가 다시 설명한 것은 없다.

단지 다른 점은 엔트로피란 우주 법칙이 시사하는 의미에 관한 해석이다. 이전에는 법칙이 우주 안에서 어김없이 작용하고 있다는 사실을 확인하는 데 있었지만, 이 연구는 하나님의 눈을 빌려 본의적으로 해석하고자 한다. 본의가 밝혀지기 전에는 결코 알지 못한, 천지 우주를 창조한 입장에서 바라본 차원적 관점이다. 왜 열역학 제1 법칙은 에너지가 창조되지도 파괴되지도 않으며, 오직 형태만 바꿀 뿐인가(에너지 보존 법칙)? 알고 보면, 창조된 조건을 한 치도 부족함 없이 충족시킨다. 본의를 통하면 이유를 즉각 깨닫는다. 즉, 제1 법칙이 의미하는 것은 우주를 창조한 역사가 이미 완료되고 완성되었다는 뜻이다. 그래서 창조는 없지만, 그렇다고 존재한 본질이 파괴되거나 소멸하는 것도 없다. 통합성 본체로부터 발현된 생성인 탓에 형태를 바꾼 화현, 곧 무궁무진한 변화 현상만 일어난다. 이 법칙이 물질, 에너지, 자연, 생명, 현상 작용에 빠짐없이 적용된다. 그래서 **"우주 법칙"은 창조 법칙이고, 우주 운행 목적은 하나님의 천지 역사 주관 목적과 일치한다.** 진화론자들은 진화 가설을 우주에도 적용해 우주도 진화로 탄생하였다고 하지만, 엔트로피 법칙은 그런 이론과 정면으로 배치

---

6) 위의 책, p.357.

된다. 그런데도 주장을 굽히지 않은 것은 역시 본의를 모른 무지 탓이다. 과학자들은 '플랑크 시간'이란 우주의 첫 번째 시기를 0부터 10^{-43}초란 분수로 표현할 만큼 우주의 네 가지 힘인 강력, 약력, 전자기력, 중력이 통합되어 존재했을 것으로 추측했다. 그리고 인류가 언젠가 모든 것의 이론을 갖게 된다면 아마도 이 시기에 관해 기술할 수 있으리라고 기대했다. 이때의 우주 크기는 10^{-33}cm 정도로서 모든 것이 한 점에 뜨겁게 압축되어 있었다. 여기에는 당신도 나도 이 책도 의자도 나무도 그랜드캐니언도 우주 정거장도 인간의 사유와 언어와 문화와 역사도 함께 뭉쳐 있었다.[7]

온갖 상상력을 동원하고, 온갖 경우의 수를 따져 이 시기에 관해 기술할 수 있는 이론이 등장할 것을 기대하지만, 하나님이 창조한 본의와 일치할 가능성은 기대와 달리 무한대로 불가능하다. 이유는 한 분인 하나님의 창조 뜻과 命과 말씀으로 우주의 첫 시간이 존재하였기 때문이다. 본의 영역을 벗어난 물리학적 관점으로 추측하고 예측할 수는 있지만, 가능한 사실과는 거리가 멀다. 그런데도 그렇게 본 물리학적 시각과 예측을 본의에 입각한 통합성 바탕이 수용해서 설명할 수 있다는 점은 천지 우주가 하나님의 몸 된 본체로부터 창조되었다는 것을 증거한다. 그렇게 보고 그렇게 알 수 있도록 **"하나님의 눈"**을 열린 가르침이 지침하나니, 그 은혜로운 뜻을 인류가 받들어야 하리라.

---

7) 『지적 대화를 위한 넓고 얕은 지식』, 앞의 책, p.103.

2. 물질 법칙

우리가 알고 있는 물질은 현대 과학이 이룬 성과만큼이나 현재까지 알고 있는 것 외에 어떤 새로운 사실을 물질로부터 끌어낼 수 있을지 알 수 없지만, 그것은 모두 인류가 물질세계를 탐구한 결과 관점이다. "물질은 곧 물체를 이루는 본바탕인바, 모든 형태의 물질은 원자 또는 분자로 이루어져 있고, 모든 물질은 중력과 서로의 인력에 미치며, 질량으로서의 물질과 에너지는 동등하다(아인슈타인의 특수상대성 이론)." 등등. 물론 그 외에도 다양한 관점이 있지만, 그것은 물질을 물질로서만, 물질적인 특성에 한정해서 본 관점이다. 그래서 이 연구는 지금까지 인류가 바라본 물질적 관점과는 다른 관점을 제시하고자 하거니와, 그것이 곧 하나님의 계시 본의에 입각한 물질의 창조적 관점이다. 물질을 통해서 하나님의 눈을 부각시키는 것이라고나 할까? 인류가 물질을 통해 발견한 물리법칙이 아니다. 하나님이 물질을 창조한 법칙, 하나님이 몸 된 본질을 어떻게 이행시켜 化하게 했는가 하는 과정을 밝힌 **"물질 법칙"**이다.

그렇다면 태초에 물질은 어떻게 창조된 것인가? 우리는 물질을 통해 그것이 어떻게 창조된 것을 알 수 있는가? 당연히 하나님이 무엇에 근거해서 어떻게 물질세계를 창조한 것인가 하는 본의를 알아야 한다. 그것을 알지 못한 지난날은 물질에 대한 일체 관점이 물질의 원래 진상과 어긋났다. 하나님이 천지를 창조한 경위와 근거는 "창조 본의론"에서 밝힌 바에 따른다. 그것을 물질에 초점을 맞춘다면, 본의가 그러하듯 물질은 하나님의 命에 따라 無로부터 창조된 것이 아니다. 이미 존재한 하나님의 몸 된 본체로부터 化했다. 적용된 원리는 차치하고, 진행된 절차와 과정부터 살핀다면, 하나님의 절대 본체가 창조 뜻을 발현함과 함께 창조 본체(태극 본체)로 이행되었는데, 통합성 본체를 통해 창조를 위한 일체 바탕이 마련된 상태이다. 사전 창조 역사 단계로서 물질 창조는 이처럼 일체 조건을 갖춘 상태에서 출발했다. 또한, 물질의 본질 구성은 하나님의 창조 命으로부터 출발한 것이니, 곧 창조 본체로부터 존재 본체로의 이행 과정이다. 창조 본체가 하나님의 命으로 물질로 化했지만, 이행한 탓에 물질을 이룬 바탕 본질로서 존재했다. 이것을 유교에서는 理의 氣化 상태로 표현했고, 아리스토텔레스는 형상 대 질료로서 구분했다. 통체일태극에서 각구일태극으로의 이행 절차인바, 만물이 각각 일태극을 본유한 것은 뭇 존재가 이 같은 본질을 지녔다는 것이고, 이것을 뿌리로 해서 창조되었다는 말이다. 당연히 절차는 한순간에, 한꺼번에 이루어졌지만, 인식하고 이해하기 위해서는 일련의 과정을 구분해야 한다. 이런 물질의 창조 과정을 순서대로 나열하면, 본질화(理)→질료화(氣)→물질화→사물화→생물화→인간화→정신화(영혼)→세계화이다. 일체 존재가 창조, 생명, 본의 비밀을 한꺼번에 간직했다. 존재는 신비 덩어리라, 파고들면 상상을 초월한다. 창조 역사의 한 영역에 속한 물질 중 티끌 하나라도 창조 역사의 비밀을 빠짐없이 간직했다. 창조 본체가 존재 본체로 이행하는 과정에서 창조 목적과 창조 원리를 간직하였다. 이것이 뭇 존재, 곧 만물을 이룬 질료(존재 본질=氣)의 사전 구성 바탕이다. 존재 본체는 하나님의 몸 된 본체가 이행한 탓에 하나님의 뜻과 의지의 命대로 실행되었다. 그 결과 질료가 물질화되었고, 물질은 사물과 생명과 정신을 이룬 기본 재료, 곧 존재화의 뿌리가 되었다. 하지만 질료는 그 같은 역할로서 끝이 아니다. 극도로 단순한 분자와 원자만으로 존재한 것이 아니다. 알다시피, 그것은 물질을 이룬 기본적인 구성단위일 뿐이고, 다시 창조 목적을 위해 온갖 화학적 결합을 이루었으니, 이런 과정과 절차를 거친 탓에 물질은 하나님의 뜻과 계획에 의해 창조된 사전 계획성, 구조성, 목적성, 결정성, 시스템성을 모두 지녔다. 물질을 근간으로 한 사물, 생명, 인간, 정신, 존재가 이 같은 특성을 본유했나니, 이것은 물질이 하나님의 뜻과 命에 의해 창조된 **"물질 법칙"**의 근거이다. 이전까지는 물질이 지닌 자체의 고유한 특성인 것으로 알았지만, 결코 스스로 갖출 수 없는바, 이유가 곧 하나님의 命에 의한 "본체로부터의 창조"에 있다. 물질은 정말 어떻게 해서 사전 계획성을 드러내고, 구조는 통체적, 법칙은 결정적, 그리고 시스템 체제가 완벽한가? 전능한 하나님이기 때문에 가능하다는 것이 아니다. 잃어버린 물건이 자기 소유라는 것을 입증하기 위해서는 자신만이 가진 명확한 근거를 제시해야 한다. 물질이 창조된 근거도 그와 같다. 그것이 곧 물질이 지닌 사전 결정성, 구조성, 계획성이다.

판단컨대, 법칙은 진화로 인해 생성한 것인가? 사물이 있고 나서 원리가 존재했는가? 인류가 뒤늦게 알아내었고 발견해서일 뿐, 사물이 존재하고 우주가 생성하기 위해서는 법칙이 먼저 세워져야 했다. 그것이 사전에 준비된 창조 사실을 증거하는 **"물질 법칙"**이다. 주자는 치지재격물(致知在格物)의 의미에 대해 말하길, "사람에게는 인식 능력이 있고, 사물에는 이치가 있어서 앎을 이루기 위해서는 사물로 나아가서 그 이치를 궁구해야 한다."[8]라고 하였다. 사물에는 반드시 이치가 있다고 한 것처럼, 우리는 그동안 사물에 이치가 없어서 사물을 인식하지 못하고 이해하지 못한 것이 아니다. 궁구한 노력이 부족했던 것뿐이다. 또한, 탐구한 영역도 사물의 이치를 발견하는 데만 집중했다. 이치가 사물보다 먼저 존재하여 사물을 사

---

8) 『강의』, 앞의 책, pp. 489~490.

물 되게 한 것이란 사실을 놓쳤다. 앞선 이치 그것이 바로 하나님이 뜻으로 세운 물질 법칙이다. 하나님의 창조 뜻과 계획과 목적이 물질의 구조를 결정하고 적용 시스템에 반영되어 짝을 이루었다. 그래서 물질이 지닌 특성을 통하면 물질이 창조된 사실을 확인할 수 있다. 앞에서는 우주 법칙의 결정성이 창조 역사가 완료된 사실을 증거한다고 했지만, 물질의 조합 결과인 존재의 조직화, 구조화, 시스템화는 하나님의 사전 계획성과 통합성을 증거한다. 물질 법칙이 사전에 결정된 것은 물질이 진화할 틈을 메워버린다. 발목이 진흙 속에 빠지면 움직이기 어렵듯, 물질 법칙의 사전 결정성 안에서 물질의 진화 메커니즘이 작용할 가능성은 없다.

유교의 성리학은 "존재는 어디에서 왔는가?"란 궁금증에 대하여 『태극도설』을 제시한바, 태극 운동을 통해 물질의 기본 요소들이 만들어졌다고 하였다."[9]

"無極而太極-陽動, 陰精-五行(火, 木, 水, 金, 土)-乾道成男, 坤道成女-萬物化生."

물질적인 관점에서 본다면 허무맹랑한 도설이고 논거이며 결론 도달인 것 같지만, "본질(체)로부터의 창조" 관점에서 도달한 결론은 실로 놀라운 통찰이다. 『태극도설』이 내포한 본의 뜻을 발견해서 새롭게 해석하는 데 이 연구가 받든 열린 가르침의 역할이 있다. 즉, 사전에 이룬 본질 작용과 바탕 마련 과정을 거쳐 뭇 존재가 물질을 근간으로 조직화, 구조화, 시스템화된 탓에 창조 단계상 물질은 원형이 아니다. 그리고 존재는 창조 계

---

9) 『지적 대화를 위한 넓고 얕은 지식』, 앞의 책, p.311.

획과 목적을 구체화한 물질의 조직체이다. 엄밀하게 계획한 탓에 결과 대상인 천지 만물도 예외 없이 치밀하게 조직한 구조를 지녔다. 존재의 구조화는 창조 계획을 이룬 하나님의 지혜 구현 결과이다. 그래서 **"물질 법칙"**은 사전에 결정한 것이고, 결정한 것은 창조한 것이며, 창조한 것은 사전에 준비한 역사가 있었다는 뜻이다.

운동의 3가지 법칙 중 등속 운동은 "등속으로 움직이는 물체는 계속 등속으로 움직이고 싶어 하고, 정지한 물체는 계속 정지하고 싶어 한다. 그러므로 등속이든 정지든 운동이 지닌 속성은 피동적이며, 어느 방향으로 전환하는 그곳에는 최초의 원인 동력이 있어야 한다. 이 같은 사실을 두고 객관적으로 보면 뉴턴이 말한 제3 운동 법칙이란 것 이외에 더 이해할 것이 없다. 하지만 **"하나님의 눈"**을 통하면 창조적 해석이 가능해진다. '관성의 법칙'은 바로 통합성 본체가 지닌 거대한 생성의 힘, 최초 원동력이 창조 역사로부터 주어진 것이란 사실을 증거한다. 즉, 창조는 하나님이 뜻을 발현하지 않았을 때의 무한한 본체 본질을 목적에 따라 한정하고 결정해서 법칙화, 구조화, 시스템화한 역사이다. 본의 관점을 따르면, 지금까지 잘못 판단한 물질에 대한 이해를 바로잡고, 헷갈린 논란을 잠재우며, 작용 현상을 일으킨 물질의 본질을 꿰뚫을 수 있다.

그중 세계 본질적 조건상 물질을 바라본 대표적인 한계 관점이 유물론이다. 유물론은 물질이 만물을 있게 한 제1 근원이라고 주장한바, 이것을 앞에서 밝힌 창조 과정에 근거하면 무엇이 잘못된 것인지 곧바로 알 수 있다. 창조 과정을 어디서부터 빠뜨린 것인지 안다. 물질이 하나님의 본체에 근거했다는 점에서는 예외 없이 신성시할 만하다. 하지만 창조된 대상에 속한 일원이라는 점에서는 제1 근원으로서 자격 상실이다. 그런데도 유물론에 근거해서 내린 각종 판단이 세계관으로서 확산된 것은 인류 사회의 큰 문제이다. 소가 웃을 주장을 추종한 무지를 열린 가르침이 깨우쳐야 한다. 그중 첫 번째 문제는 물질이 생명을 만들었다는 것, 두 번째는 물질로부터 정신이 나왔다는 것이다(본말전도 인식). 책은 거꾸로 잡아도 읽기는 똑바로 해야 하는데, 이것은 똑바로 잡은 책도 거꾸로 읽는 격이다. 진화론, 과학 등이 그러하다. 종교를 무릎 꿇린 탓에 기세가 등등하지만, 생명의 근원을 유물론적으로 전환시키고 정신이 물질에 종속한 것으로 본 세계관이 이끌 인류의 최종 목적지는 어디인가? 역사의 막다른 벼랑 끝이 되고 말리라.[10] "정신이 어쩌면 애당초 물질로부터 진화한 것인지도 모른다는 생각? 물질이 생명력을 얻으면 살아 있는 물질인 신체가 되고, 이 신체 속에서 의식과 정신이 발생하고 존재한다."[11]란 주장은 마치 미개한 아마존 유역의 원시 마을에 불시착한 비행기를 원시인들이 보는 것처럼, 본의에 무지한 유물론자들의 인식이다. 가능성을 따질진대, 바위가 정신을 발생시킬 수 있는가를…… 물질은 결코 정신을 있게 한 제1 근원이 아니다. 물질도 정신도 그것은 창조된 결과로 존재한 피조체일 따름이다. 그런데도 "진화는 어떻게 물질에서 정신이 나왔는지 설명할뿐더러, 그렇게 근거한 토대를 가진 形而上學적 지식의 열쇠이다.[12]란 주장이 어떻게 유효할 수 있는가? "양자역학 원리에 의해 구성된 다양한 물질들이 어떻게 탄생하고 진화해 왔는지 물질과 물질, 물질과 생명체, 생명체와 생명체 등, 이 모든 것과 환경의 순환을 지배하는 열역학 법칙에 대해 과연 에너지와

---

10) 『세계관의 전쟁』, 앞의 책, pp. 20~21.

11) 『세상의 모든 철학』, 앞의 책, p.526.

12) 『인생의 모든 의미』, 앞의 책, p.459.

엔트로피를 중심으로 설명할 수 있는지……"[13] 그렇게 본 눈과 해석과 판단이 잘못되었다는 것을 깨달아야 한다. 물질은 엄연히 현상성과 본질성을 동시에 지닌 본체로부터 창조된 피조체란 사실을……

물질적 특성이 생성을 통한 현상 질서의 제약을 받는다는 사실은 과학적인 실험 등을 통해 확인한 바이다. 단지 드러난 결과에 대한 해석에 있어 차이가 있어서일 뿐…… 흔히 "양자물리학에서는 관찰자와 관찰의 대상이 불가분의 관계에 있고, 이런 사실을 입증한 실험으로부터 영감을 받아 탄생한 것이 이른바 '슈뢰딩거의 고양이'이다."[14] 또한, "일정한 공간 안에 있는 소립자의 수는 그 소립자를 관찰하는 사람이 관찰을 시작할 때 비로소 결정된다고 보고, 이를 '불확정성 원리'라고 하였다."[15] 즉, 불확정성 원리는 입자의 위치를 알면 입자의 움직임을 알 수 없다. 입자의 움직임을 알면 입자의 위치를 알 수 없다. 이런 특성이 의미하는 것은? 물질이 생성의 제약을 받는 피조체란 사실이다. 사실, 물질의 본질은 그렇지 않다. 모든 정보와 특성을 이미, 그리고 동시에 지니고 있지만, 현상화됨에 있어서는 생성으로 인해 제약이 생겼다. 만약, 물질이 정말 제1 근원이라면 그런 제약을 초월해야 한다. 창조주 하나님은 능동자인 탓에 가능하지만, 물질은 피조체인 탓에 불가능하다. 물질적 특성을 내포한 "시간과 공간마저 가변적이고 상대적인 단위란 사실은 아인슈타인이 '상대성 이론'을 통해 밝혔다."[16] 상대성, 가변성은 절대성, 불변성을 대변하는 본체와 대비된 현

---

13) 『빅뱅에서 인간까지(우주, 생명, 문명)』, 앞의 책, p.8.

14) 슈뢰딩거: 오스트리아의 이론물리학자, 1887~1961. -『신 인간 과학』, 앞의 책, p.296.

15) 불확정성 원리: 독일의 물리학자인 베르너 하이젠베르크가 제창한 물리학 이론. -위의 책, p.291.

16) 위의 책, p.2.

상이 지닌 대표 특성이다. 그런 특성은 그대로 피조된 특성으로 이어진다. 하지만 양자역학이 물질의 기본 구성단위인 입자 세계가 불확정적이라고 말한 것은 또 다른 의미에서 물질의 본질성도 함께 말한 것이다. 마치, 노자가 道를 일컬어 이·희·미하다고 한 것처럼…… 이런 입자 세계의 특성을 발견한 물리학자들은 난감함을 금할 수 없었다(아인슈타인은 끝까지 양자역학을 받아들이지 못함). 그러면서도 확인한 사실만큼은 인정할 수밖에 없었다. 아니, 입자가 실험 방법에 따라 파동성을 지니기도 하고 입자성을 지니기도 하다니! 이것을 우리는 어떻게 해석해야 하는가? 현실적 타협안인 '상보성 원리'는 정확한 세계적 관점을 확보하지 못한 상태에서의 궁여지책 이론이다. 그렇다면? 인간도 존재이고 물질도 존재이지만, 인간은 물질에 더한 생명력과 정신력을 지닌 탓에 바탕이 된 본질을 영적인 정신 작용과 의식으로 표출할 수 있지만, 물질은 존재를 구성한 기본적인 단위인 탓에 달리 본질성을 표출할 방도가 없다. 물질은 물질의 입자적인 현상성과 물질의 파동적인 본질성을 동시에 함유했다. 그래서 실험하는 목적과 방법에 따라 동일한 물질적 대상인데도 입자는 현실 공간에서 존재한 물질성을, 파동은 물질의 제약을 초월한 본질의 편재성과 무소 부재성을 나타낸다.

과거에는 "자연 과학이 발달할수록 '초월적인 것'이 설 땅도 점차 사라지리라고 생각했다. 그런데 지금은 사정이 바뀌어 우리가 쉽게 경험하고 이해할 수 있을 것 같았던 물질적인 세계가 허상에 불과한 것이어서 물질이 아닌 형상(본질)이 지배하는 현실로 되어 감이 점차적인 사실이다. 물리학이 보여주는 세계는 분명 초월적인 것이 현실화한 것인데","[17] 여전히

---

17) 위의 책, p.226.

긴가민가하여 실감하지 못하는 것은 다름 아닌 물질의 본질성, 곧 창조성을 뒷받침한 물질적 관점을 확보하지 못해서이다. 이것을 이 연구가 하나님의 뜻을 받들어 열린 가르침으로 지침하였다. 귀 있는 자는 듣고 눈 있는 자는 보아야 하나니, **"하나님의 눈"**은 창조 이전의 세계와 창조 이후의 세계를 통합적으로 꿰뚫은 차원적인 관점이며, 모든 것을 밝히기 위해 이 땅에 강림하신 보혜사 하나님의 계시 관점이다. 만 인류를 광명한 진리 세계로 인도할 하나님의 지혜 가르침이시리라.

제14편

본성 구원론

기도: 하나님은 어떤 뜻과 목적을 가지고 태초에 인간, 아니 인류를 창조하신 것인가?

지금까지 인류 앞에서 밝히지 못한 마음속에 깊이 묻어 두었던 하나님의 속뜻, 그 창조 뜻을 때가 이른 오늘날 이 자식이 아버지 앞에 나아가 묻고자 하나이다. 하나님에 대해 인류는 무엇이며, 어떤 마음의 동함과 목적이 있어 저희를 창조하고, 저희를 위해 천지 만물을 함께 창조한 것이나이까?

말씀: "~ 여기 서서 심문받는 것은 하나님이 우리 조상에게 약속하신 것을 바라는 까닭이니, 이 약속은 우리 열두 지파가 밤낮으로 간절히 하나님을 받들어 섬김으로 얻기를 바라는 바인데……(행, 26: 1~7)."

"당신들은 하나님이 죽은 사람 다시 살리심을 어찌하여 못 믿을 것으로 여기나이까? (행, 26: 8)."

증거: 영원한 하나님 나라를 기업으로 받은 성도는 어떨까?
팔복에 관한 주님의 말씀, 마태복음 5장- "심령이 가난한 자는 복이 있나니, 천국이 저희 것임이요"

제61장 개관(창조 열쇠)

1. 길을 엶

인간 창조는 천지창조 역사의 하이라이트이다. 그리고 그 한 중심에 인류를 인간답게 한 '본성 창조'가 있다. 인간은 무엇인가? 인간이 존재한 유래에 대해서는 다양한 설이 있지만, 인간에 관해 궁금증을 풀지 못한 근본적인 이유는 창조된 역사 사실 자체에 정확하게 초점을 맞추지 못해서이다. 인간에 관한 문제는 창조 역사의 제일 정점 자리를 차지한 만큼이나 진리적으로 해결해야 하는 과제 역시 제일 복잡하다. 하지만 정작 초점을 맞추고 나면 인류가 지금까지 풀지 못한 본성, 창조 속뜻, 구원, 삶, 인생, 생사, 영생, 불멸성 같은 본질적 과제들이 결국 모든 것을 주관한 하나님이 해결키를 쥐고 있다는 사실을 알게 된다. 인간이 지닌 문제는 복잡하지만, 하나님이 간직한 창조 키는 만사를 해결하는 마스터키이다. 지혜로 풀어헤칠진대, 그것은 고스란히 하나님이 인류를 창조한 사실을 증거하는 역사가 되리라.

인류가 하나님의 자녀로서 인준된다면, 그것은 인류가 자부심을 가질 하나님이 인류에게 부여하는 무상의 가치이다. 하나님이 인류를 구원하기 위해 태초 이래로 노심초사한 일관된 주제 목적이자, 하나님이 인류를 구

원할 수밖에 없는 당연 이유이다. -제1문

　인간이 하나님의 몸 된 본체로부터 지음 받은 직속 혈통(자녀)이란 사실을 확인받을 수 있다면, 그것은 인간이 하나님으로부터 구원받은 사실에 대한 최대 확신이다. 그 확신을 누구로부터 어떻게 인준받을 것인가? 하나님의 자녀 인준 역사=본체로부터의 창조 증거 역사. -제2문(2022. 9. 7. 23:50)

　하나님은 어떤 뜻과 목적을 가지고 태초에 인간, 아니 인류를 창조한 것인가? 창세기의 기록을 통해서도 미처 표현하지 못한 하나님은 인류를 어떤 마음으로 창조하고, 인류를 어떻게 생각하고 계시는지 궁금하다. 자식이 장성해서 '아버지, 저를 어떻게 낳았고, 왜 저를 낳았습니까?'라고 묻는다면 부모로서 자식에게 그동안 미처 밝히지 못한 할 말이 있으리라. 지금까지 인류 앞에서 밝히지 못한 마음속에 깊이 묻어 두었던 하나님의 속뜻, 그 창조 뜻을 때가 이른 오늘날 이 자식이 아버지 앞에 나아가 묻고자 하나이다. 하나님에 대해 인류는 무엇이며, 어떤 마음의 동함과 목적이 있어 저희를 창조하고, 저희를 위해 천지 만물을 함께 창조한 것이나이까? -제3문

　하나님, 현세적인 삶의 어려운 조건 속에서도 인류가 빠짐없이, 그리고 차별 없이 하나님에게로 나아갈 수 있는 보편적인 구원의 문과 길을 열어 주소서! 어떻게 하면 그 길을 갈 수 있겠나이까? 무엇을 행하면 그 문을 열 수 있겠나이까? -제4문

하나님은 왜 선천 역사를 일관해서 인류를 구원하기 위해 진력한 것인가? -제5문

미래 역사를 펼칠 새로운 구원 메커니즘의 필요성에 대하여……제6문

인류는 하나님으로부터 부여받은 심오한 '창조 본성'을 어떻게 발현시키고 구현해야 하는가? 그것이 인류가 하나님으로부터 구원받을 수 있는 최대의 관건이라, 가능한 길이 무엇인가를 지침하는 것이 열린 가르침의 역할이다. -제7문

"본성 구원" 주제는 인간과 인생과 삶에 관한 알파와 오메가를 관장해야 한다. -제8문

하나님의 불멸성과 영원성을 우리는 어떻게 확인하고 증거할 수 있는가? 그런 사실과 실존성을 확인하고 각성할 수 있어야 생멸할 수밖에 없는 인간이 하나님에게 의탁해서 함께 영원할 수 있는 구원의 길을 열 수 있다. -제9문

인간에게 삶의 문을 열어 주신 분도 하나님이요, 삶의 문을 닫는 분도 하나님이다. 그렇다면 삶과 죽음을 관장하는 하나님은 인간에게 주어진 삶과 죽음에 대한 의미를 어떻게 부여하실 것인가? 이것은 모두 인간의 본성 구원과 연관되어 있다. 의미를 모두 알았을 때 인류는 비로소 하나님으로부터 빠짐없이 구원될 수 있다. 확실한 의미 받듦과 깨우침이 인류를

구원할 수 있는 열린 가르침의 주제이다. -제10문

삶과 죽음의 의미를 밝히고 알아야 인류가 그를 통해 구원될 수 있다. 그 의미가 가리키는 삶의 방향을 하나님, 정확하게 지침하여 주소서! 인간은 과연 무엇을 위해 살고, 어떻게 살아야 하나이까? -제11문

삶의 추진 방향과 이룰 목적을 모른 탓에 삶의 의미도 알지 못한다. 왜 인간에게 삶이 주어졌고, 인생의 출발이 있게 된 것인지에 대한 목적을 알아야 인류가 삶을 의미 있게 추구하고, 가치로 일굴 수 있다. 그런데 피동적으로 태어난 인간은 자체로서는 목적과 뜻을 알 수 없다. 그것을 우리의 삶을 주고 인생을 출발하게 한 하나님께 물어보아야 할 때가 되었다. 왜냐하면, 이것은 모두 인류의 문제와 연관되어 있기 때문이다. -제12문

주어진 生의 조건을 통해 감추어진 죽음의 문제를 푸는 것은 차원을 넘어선 '조건 방정식'이다. 이것을 풀 지혜를 어떻게 구할 수 있는가? -제13문

우리가 아무리 치열하게 삶을 살았다고 해도 인생의 목적과 궁극적 의미를 파악함에는 부족함이 있으니, 그 부분을 하나님 아버지께서 역사하여 채워 주소서! 그리하면 이 자식이 하나님의 본의 지혜를 완성하고, 진리를 완성하고, 창조 본성을 완성할 수 있겠나이다. -제14문

2. 간구

인류의 죄악을 깨우치고 본성을 계도하고 회복해서 인류를 구원하고자 한 역사 의지는 하나님이 선천 역사를 통해 지금까지 보인 일관된 구원 뜻이며, 의지인 것을 잘 아나이다. 그리고 이 연구도 이 같은 뜻을 받들어 보편적인 인류 구원 뜻을 열린 가르침의 대주제로 삼았나이다. 하지만 이 단계에서 부딪히는 문제는 이 자식이 아무리 궁구해도 알 수 없는 비밀이 인간의 본성 속에 깊숙이 감추어져 있기 때문입니다. 그 이유는 하나님이 창조주로서 지닌 비밀이자 지혜인 탓에 저와 인류가 노력해도 풀고 해결할 수 없는 과제이나이다. 바로 그 본성이 지닌 창조적 비밀을 하나님 아버지께서 풀어 주소서! 인류를 구원하는 문제는 전적으로 하나님의 주재 뜻과 구원 의지에 달린 탓에, 부족한 이 자식이 하나님의 준엄한 뜻을 받들 역사적 시공간을 준비하고자 하나이다. 하나님 아버지, 그 인간 본성의 비밀을 열어젖힐 창조문, 천만년 동안 열지 못한 차원적인 문을 열 분은 하나님밖에 없고, 하나님이 열쇠를 지니고 계신 것을 잘 아나이다. 하나님, 저의 간구를 열납하여 주시옵고, **"창조 열쇠"**를 확인시켜 주소서! 그리하면 정녕 인류가 하나님의 지극한 뜻으로 창조된 자녀인 사실을 깨달을 수 있겠나이다. 그것이 곧 인류 모두가 하나님으로부터 구원받을 수 있는 영광된 자격을 획득하고, 너나 할 것 없이 하나님으로부터 구원될 가능성을 고무하는 것이란 사실을 믿습니다.

어제는(9월 9일) 영국의 엘리자베스 2세가(향년 96세, 여왕으로서 영국 통치 기간 70년) 서거하였다는 소식을 접했습니다. 그 나고 삶의 인생 비밀, 바탕이 된 본성 비밀, 사후 비밀, 복잡한 차원적 비밀이 하나님이 마련한 창조 방에 모두 쌓여 있습니다. 그 방 안으로 들어서는 문을 하나님, 오늘, 이 순간 말씀의 역사로 열 수 있게 해 주소서! 그것은 하나님이 지녔고, 하나님이 열 수 있는 창조 열쇠이며, 풀 수 있는 비밀인 것을 믿습니다. 또한, 영원할 수 없다고 생각하는 인류 앞에 영원할 수 있는 길을 가리키는 것은 하나님이 가진 존엄한 권능인 것을 믿습니다. 하나님 아버지, 성령의 역사로 말씀의 역사로 종말에 처한 저희 인류를 불쌍히 여기사 구원받을 수 있는 문으로 인도해 주옵소서! 아멘.

3. 성경 말씀

"~ 바울이 손들어 변명하되, 아그립바왕이여, 유대인이 모든 송사하는 일을 오늘 당신 앞에서 변명하게 된 것을 다행히 여기옵나이다. ~ 여기 서서 심문받는 것은 하나님이 우리 조상에게 약속하신 것을 바라는 까닭이니, 이 약속은 우리 열두 지파가 밤낮으로 간절히 하나님을 받들어 섬김으로 얻기를 바라는 바인데, 아그립바왕이여, 이 소망으로 인하여 내가 유대인들에게 송사를 받는 것이나이다(행, 26: 1~7)."

26장 8절: "당신들은 하나님이 죽은 사람 다시 살리심을 어찌하여 못 믿을 것으로 여기나이까?"(생사 문제에 대해 인간은 그 누구도 답하지 못했지만, 하나님은 분명하게 답하심. 하나님은 인간을 지은 창조주로서 생사를 주관하는 열쇠를 지니심. 인간적인 입장에서 죽은 자를 다시 살리는 분이 하나님이란 믿음의 문제로부터, 이제는 왜 하나님이 죽은 자를 살릴 수 있는 권능자이신지를 이해할 수 있도록 열린 가르침이 지침해야 함)

4. 말씀 증거

2022. 9. 10, CTS 기독교 TV, 오전 9시, 생명의 말씀.

제목: "성령의 약속"

인도: "할렐루야, 여호와께 감사하라. 그는 선하시며, 그 인자하심이 영원함이로다(시, 106: 1)." (하나님이 '창조 본성'을 규정함. 이 명시가 본성 창조 기준임)

말씀: 오늘은 **"성령의 약속"**에 대해 생각

첫째: 성령의 약속은 어떤 상황에서도 손을 들어 기도할 수 있음. 사도행전 1장 1절-바울에게 명령함. 그는 변명에 앞서 손을 듦. 당시 연설가들의 특징적인 행위. 여기서 '들다'는 에크테이노인데, 이것이 연설가의 손동작으로 쓰인 때는 없음. 그렇다면? 성경에서 거의 예수님한테만 사용됨. 마태복음 8장, 12장에서 병자를 고칠 때 손을 내밀어 고침. 사도행전 4장 30절에서 교회가 한마음으로 기도할 때…… 자기 방법이 아니라 주님의 모범을 따라서 사역하기를 원한다는 결단의 표현. 내 힘이 아닌 하나님의 능력을 의지한다는 표시. 위기의 순간, 괴롭힘이 반복되는 이 지겨운 순간에 내 힘이 아니라 주님의 은혜를 구하며, 능력을 의지한다는 기도의 표시(인생의 마지막 단계에서 죽음을 앞둔 자에 대한 구원 지침이 아니다. 삶의 과정에서 맞닥뜨린 위기와 고통과 어려움을 극복할 인생 과정에서의 구원에 대한 지침임). 아무리 지적인 사람도 극심한 스트레스 상황에 빠지면 감정이 앞섬. 사고를 침. 하지만 잃을 것이 많은 사람은 그나마 그것이 아까워서 조심함. 그렇다면 영원한 하나님 나라를 기업으로 받은 성도는 어떨까? 아무런 보장도 없는 이 소유, 재물만으로도 내일을 걱정하는데,

신실하신 하나님이 약속한 천국을 보장받은 사람의 성도는 더욱 내일을 생각해야 하지 않겠는가? (지금 인생의 추구 가치와 의미를 계시함) 잃을 까 두려워서 내일을 생각하는 게 아니라, 하나님의 약속이 보장된 탓에 이 땅에서 당하는 크고 작은 일 때문에 일희일비(一喜一悲)하지 않음. 그래 서 바울은 세상 위엄으로 가득 찬 접견 장소에서 당황하거나 위축되거나 두려워하지 않고, 짧은 순간이지만 하나님을 향해 손을 듦. 어떤 상황에서 도 손을 들어 기도할 수 있는 것이 성령의 약속을 받은 사람의 증표임. 주 님께 손을 높이 드는 것, 그리하면 주님이 응답하심.

둘째, 성령의 약속은 어떤 일도 다행히 복으로 여김.

당신 앞에서 변명하게 된 것을 다행으로 여김. 다행=운 좋은 것, 행운이 라기보다는 복되다. 바울은 자신을 복 있는 사람으로 여김. 팔복에 관한 주님의 말씀, 마태복음 5장-"심령이 가난한 자는 복이 있나니, 천국이 저 희 것임이요" 지겹게 반복되는 심문과 조사의 자리에서 다시 선 바울은 왜 자신을 복 있는 사람이라고 여겼을까? "의를 위하여 박해를 받는 자는 복이 있나니, 천국이 그들의 것임이라"란 말씀을 기억해서임(이것이 인류 가 하나님으로부터 구원받을 수 있는 행위적 길이고, 보상으로 천국을 줌. 지겨운 괴롭힘이 반복되는 이 땅에서 나그네로서 끝까지 사명을 감당하 는 힘이 그렇게 박해를 받는 자에게 천국을 주겠다는 주님의 약속 말씀 때 문임). 약속을 받은 인생=복된 인생-어떤 일을 만나도, 무슨 일을 만나도 그것을 다행으로 여김(인생 가치 지침과 인생 구원의 구체화 과정. 무엇 이 구원된 삶인가를 밝힘). 고난을 축복이라고 고백할 수 있음(이것이 인 생 삶의 고난과 고통과 괴로움을 오히려 승화시키는 마음의 평화와 천국 화 과정. 인간이 어떻게 인생을 살고 어떻게 어려움을 이겨낼 수 있는 것인지를 일깨움). 하나님의 말씀은 살았고 운동력을 지님(생명력과 권능). 왜 복이 있는가? 어떤 환경 속에서도 복음을 전할 기회로 삼을 수 있다는 것이……(인간 삶에 주어진 세상의 조건은 그때나 지금이나 달라진 것이 없다. 그런데도 부딪힌 최악의 조건을 최상의 조건으로 전환하는 데 구원 원리의 핵심이 있다. 즉, 성령의 약속을 믿는 믿음이 필요함). 바울은 무죄를 입증하기 위해서가 아님. 당시 정치, 경제, 사회적으로 지도급 인사가 다 모인 자리에서 복음을 전하고자 함. 소외되고 가난한 자들에게 복음을 전하기 위해 매진했지만, 부자들도 구원받아야 할 불쌍한 영혼들이라, 다시없는 기회를 이용하고자 함. 다섯 번 전하는데 아무도 안 믿음, 그런데 왜 전하나? 모든 변론이 기록으로 남아 있어 당시 부자들은 안 믿었어도 이천 년 동안 후세 사람들이 믿음. 아그립바왕이 믿지 않겠지만 자기 말을 인내하면서 들어달라고 청함. 짧지 않고 좀 길고 듣기 힘들 수 있겠지만, 끝까지 견디면서 들어 달라. 성령의 위엄을 받은 자로서 복음을 담대히 전함. 성령의 약속을 받은 복 받은 자로서…… 마지막 종착지는 전도의 사명. 복음을 차별 없이 전하며, 상대방의 눈높이와 정서와 상황에 맞게 다가가는가? (보편적인 구원=보편적인 전도에 있다) 들어줄 사람에게만 가서 하면 안 됨.

셋째, 성령의 약속은 기복의 약속이 아닌 팔복의 약속

바울은 철저한 유대인. 바울은 예수 믿기 전에는 평생을 바리새인 그 자체로 산 사람. 그런데 왜 감옥에 갇혔고 심문을 받았는가? 하나님이 우리 조상에게 약속한 것을 바라는 까닭 탓. 바울 개인에게 약속한 것만 아니고 우리 조상, 곧 모든 유대인에게 약속한 것을 바라고, 그 약속에 소망을 둔 탓(그 소망이 확대되어 오늘날 보편적인 구원 약속으로 승화됨). 하나님의 약속은 아브라함 때부터 백성에게 준 것이고, 이스라엘 12지파가 받은 약속이다. 그런데 딱 둘로 나뉘었다. 바울 대 유대인. 이해 안 되는 차이? 바울은 성령의 약속이 나사렛 예수로 이루어졌다고 믿지만, 바울을 고소한 유대인 지도자들은 나사렛 예수를 믿지 않음(이것이 인류의 보편적 구원의 관건이다. 역사는 형태를 달리해 재현되나니, 이 연구는 이 단계에서 계시 말씀을 이렇게 판단해서 받들 수밖에 없다. 오늘날, 이 땅에 강림하신 보혜사 하나님을 믿음과 믿지 못함의 차이가 구원과 심판을 가름. 그 하나님을 믿는 것이 구원 역사의 잣대). 왜 안 믿을까? 하나님이 자기 조상과 한 약속이 무엇일까? 과거 이스라엘 백성이 애굽에서 노예로 있을 때 하나님이 그들을 위해 했던 것처럼, 지금 학대받는 그들을 구원하러 메시아로 오실 것이라는 약속. 그러니까 이 약속은 정치적 메시아를 소망한 것임. 기복 신앙인 탓에 출애굽 했는데도 모세를 비난함. 애굽에서 고기를 먹게 놔두지, 데리고 나왔나? 이스라엘이 부강한 나라가 되고, 온 세상을 다스릴 수 있도록 군림하는 지도자가 되어야 함. 그처럼 잘 먹고 잘사는 기복 약속이 이루어지기를 기다리고 또 기다림. 그런데 그런 엄청난 약속이 인간적으로 볼품없는 나사렛 출신의 청년에 의해 이루어졌다는 것을 믿고 싶겠는가? 그러니까 성령의 약속을 이룬, 죽었다가 살아난 예수를 믿지 못함. 당시 예수는 로마가 정하는 법으로 십자가 처형을 당함. 가장 최악의 극형을 받은 청년 예수를 누가 구세주라고 믿겠는가? 믿고 싶지 않았다. 바울 자신이 이 기복의 가치관에 갇혀 다메섹으로 가던 중 주님을 만남. 그래서 나사렛 예수가 주님인 것을 앎. 성령이 함께함. 이후 기복적 관점으로 보면 참으로 박복한 길을 감. 감금된 피고로 선 자신을 복 있는 사람이라고 간증함. 복의 개념이 완전히 바뀜. 기복에서 팔복으로 바

꿤. 인생 가치가 율법에서 복음으로, 세속사에서 구속사로 바뀜. 성령의 약속은 기복의 약속이 아닌 팔복의 약속임(인생 가치, 신앙 가치, 구원의 가치에 대한 전환 지점). 성령이 임하시면 권능을 받고 사마리아와 땅의 끝까지 이르러 증인이 되리라. 증인=순교자(핍박의 마지막). 팔복을 쫓아가는 삶은 정말 본성을 거스르는 삶. 그러나 죽음이 아닌 생명으로 향하는 삶이고, 멸망이 아닌 구원으로 향하는 삶임. 그러기 위해서는 성령을 받아야 함. 주님이 사도들에게 몇 날이 못 되어 성령을 받으리라=약속. 임하기를 기다려야 함. 구원의 길. 主를 향해 손을 들라. 그리하면 그 손을 잡아줌. 아멘.

5. 길을 받듦

"성령의 약속", 그것이 이 연구의 인간에 관한 모든 물음, 곧 본성, 말하지 못한 속뜻(=창조 뜻), 구원, 삶, 인생, 생사, 영생, 불멸성에 대한 문제를 풀 하나님의 해답이자 하나로 통하는 마스터키다. 그것은 바울 개인에게 한 것만이 아니고 아브라함 때부터 백성에게 준 것이고, 이스라엘 12지파가 받은 약속이며, 만 인류에게 준 약속이다. 그 약속은 무엇이며, 왜 이루어지지 못한 상태인가? 인간적인 욕심, 곧 기복 신앙으로 인해 약속을 이루었는데도 아직 이루지 않았다고 생각함. 그것을, 예수를 메시아로 인정하고, 인정하지 못하는 양 갈래 믿음을 통해 비교했지만, 오늘날은 이 연구의 인간에 관한 물음에 대하여 하나님이 계시한 응답 메시지이다. 그것이 무엇인가? 인간에 대해 가장 궁금하게 여긴 질문 8가지는 이 연구가 서술하기 위해 일구어 놓은 신념이고 가치이며 믿음이기 이전에 하나님이 그렇게 창조하셨고, 또 그렇게 이룰 것이라고 한 약속이다. 하나님이 몸 된 본체로부터 창조 본성을 부여한 바이고, 몸 된 혈통을 이은 자녀인 탓에 사랑을 다 한 것이나니, 그 뜻이 구원의 당위성이고, 삶과 인생의 정당한 추구 방향이며, 최고 가치이다. 생사, 불멸성에 관한 비밀은 앞에서 본 의 계시로 밝힌 바이며, 제일 중요한 영생 문제는 본 간구 역사에서 팔복을 통해 천국의 길을 엶으로써 하나님과 함께할 것이 약속되었다. 그런데도 왜 이전까지는 이 같은 굳센 약속이 흐지부지되고, 약속되었는데도 기억하지 못했는가? 그것은 하나님의 약속, 그 뜻을 자신들이 바라는 대로 해석하여 믿음으로 받들지 못해서이다. 그것이 곧 예수님이 말씀한 팔복 관점이고, 예수님을 통해 메시아에 대한 약속이 이루어졌다는 관점이며, 그것은 고스란히 인간 본성과 구원에 대한 하나님의 의지 표명 관점으로 이어진다. 하나님이 인류를 자녀로 창조하셨나니, 인간 본성 속에 하나님의 사랑과 최고의 목적 가치를 두었고, 그래서 고통받은 인류를 노심초사 구원 의지로 일관한 것이며, 사랑하는 자녀와 영생 복락을 이루고자 한 것이 천지를 창조하고 그 안에 인류를 둔 하나님의 창조 속뜻이다.

간절하게 원한 하나님 나라를 기업으로 받은 성도는 어떻게 해야 하는가? 아무런 보장도 없을 것 같은 이 소유, 하지만 재물만으로도 내일을 걱정하는데 하나님이 약속한 천국을 보장받은 성도는 더욱더 내일을 생각해야 하지 않겠는가?

바울은 왜 온갖 어려움과 핍박 속에서도 자신을 복 있는 사람이라고 여겼는가? 물론 主 예수에 대한 신앙과 하나님의 약속 탓이었겠지만, 간구 기도와 짝을 지어서는 인류가 '하나님의 자녀'인 사실을 확인하고 인준받음으로써 최상의 가치를 획득한 자부심 탓이다. 사랑하는 자식을 위하여 부모는 쌓아 올린 유업을 상속한다. 재산, 명예, 정신적 뜻…… 왜 하나님은 의를 위하여 박해받은 자에게 천국을 약속하셨는가? 믿음을 지키고 뜻을 따르는 신실한 자식이기 때문에 하나님 나라를 물려 줄 것을 약속한 것임. 자녀(자식)인 탓에 천국을 기업으로 물려주겠다고 약속하심. 그래서 약속받은 인생은 온갖 핍박 속에서도 복된 인생이다. 하나님의 자녀인 것만으로, 그리고 하기에 따라 천국을 기업으로 보장받는 바에는 이 땅에서 당하는 크고 작은 일 때문에 일희일비하지 않음. 담대함을 가짐. 고난을 축복이라고 고백할 수 있게 됨. 손들고 나아가 하나님의 자녀로서 인준받음. 신앙을 지키고 믿음을 추구하는 목적이 전환됨. 이전과 달라짐.

　본 편을 개관하면서 이 연구는 하나님 앞에 나아가 많은 질문을 한꺼번에 쏟아내었다. 질문을 한 본인조차 간구한 질문을 정리하기가 어려운데, 하나님은 이런 요구를 어떻게 열납하고, 응답하실 수 있겠는가? 그것이 궁금하다. 하지만 하나님이 간구 문제를 하나도 빠짐없이, 그것도 한꺼번에 해결하심을 이 연구는 증거할 수 있지만, 이것도 저것도 모르고 무방비 상태인 제삼자를 위해서는 앞의 편에서도 그러하였듯, 순서대로 정리해서 해석하는 절차를 재차 거쳐야 한다. 그것은 익히 밝혔듯, 이 연구의 간구에 대해 하나님이 열납한 응답 말씀을 대조하고 대비해서 뜻을 해석하고 받드는 것이다. 그리하면 모든 것이 간구 기도에 대해 하나님이 성령으로서 역사한 임재 사실에 관한 확인 근거(증거)가 된다. 이를 위해 이 연구가 하나님께 질문한 간구 주제를 크게 나누면, 하나님만 아시는 인간의 '본성 창조'에 대한 비밀과 그런 '창조 본성'의 비밀을 풂을 통한 구원 문제에 있다. 그 궁금한 본성 구원 문제를 세분하면 밝혔듯 **본성, 창조 속뜻, 구원, 삶, 인생, 생사, 영생, 불멸성** 등 8가지이다. 여기에 대해 하나님이 정말 어떻게 한꺼번에 응답하실 수 있는가이고, 이 연구는 받은 말씀을 어떻게 놓침 없이 해석해서 논거를 둘 수 있는가이다. 이 같은 문제를 이 연구가 하나님께 간구한 기도 순서에 따라 하나하나 실마리를 풀어나가고자 한다.

제1문: 인류가 하나님의 자녀로서 인준된다면 그것은 인류가 자부심을 가질 하나님이 부여하는 무상의 가치이다. 하나님이 인류를 구원하기 위해 태초 이래로 노심초사한 일관된 주재 목적이자, 하나님이 인류를 구원할 수밖에 없는 당연 이유이다.

해석: 이 제1문은 본 편을 개관하기 위해 일군 인간 본성과 구원에 대한 신념이고 가치이다. 구체화한 질문이 아니다. 그래서 전제한 단서를 달았다. 하지만 이 같은 생각에 대해 하나님의 말씀을 받든 지금은 왜 그런 전제가 그대로 하나님의 뜻으로 인준되는 것인지 낱낱의 의미를 설명하고 절차를 따라 논거를 둘 수 있다. 그래서 전제한 의미를 다시 정리하면, 인류가 하나님의 자녀가 되는 것은 인류로서는 최상의 영광이고, 하나님으로서는 인류가 하나님의 자녀이기 때문에 노심초사 관심을 집중시켰고, 구원의 끈을 놓지 않은 속뜻, 객관적인 이해로서는 하나님이 지금까지 인류의 구원 역사를 주재한 대 섭리 뜻이다. 물론 구체적인 논거 이전인 탓에 아직은 전제한 상태이지만, 정말 인류가 하나님의 자녀, 아니 자식인 것이 분명하다면, 아버지인 하나님이 자식인 인류의 방황과 방탕을 방관

하지 않고, 일거수일투족 발걸음을 이끌기 위해 온 힘을 쏟지 않겠는가? 인류 구원에 대한 속마음을 가늠하는 것은 크게 어렵지 않다. 부모가 자식을 얼마나 사랑하는지를 알고 있다면…… 또한, "인류가 하나님의 자녀로서 인준된다면, 그것은 왜 인류가 자부심을 가질 무상의 가치"인가? 전제한바 인류를 하나님의 자녀로서 확인하는 절차, 그러니까 하나님으로서는 인준하는 것이고, 이 연구는 증거하는 것이며, 당사자인 인류는 직접 각성하는 것이지만, 모든 것이 사실로서 실인된다면, 그것은 실로 인간에게 주어진 창조 이래 최상의 가치이자 무상의 자부심이다. 역사상 오직 한 분, 예수그리스도에게만 부여되었던 독생자 자격이 인류 모두에게 차별 없이 부여됨이니, 이런 자격 인증 가치가 논거를 둘 바 그 무엇에도 초탈하고, 어떤 세속의 어려움 앞에서도 담대한 인생관으로 연결된다.

제2문: 인간이 하나님의 몸 된 본체로부터 지음 받은 직속 혈통(자녀)이란 사실을 확인받을 수 있다면, 그것은 인간이 하나님으로부터 구원받은 사실에 대한 최대 확신이다. 그 확신을 누구로부터 어떻게 인준받을 것인가? 하나님의 자녀 인준 역사=본체로부터의 창조 증거 역사.

해석: 여기서 이 연구가 말한 지음 받은 직속 혈통의 더 구체적인 뜻은 말 그대로 하나님이 몸으로, 피로써 낳은 자식을 말한다. 왜 이런 믿음을 가지게 되었는가 하는 일체 근거는 하나님이 본의로 계시한 "본체로부터의 창조"에 있다. 인간이 하나님의 존재 본체, 바탕 본체, 창조 본체에 근거해 지음 받은 탓에 감히 모든 인류는 하나님의 직속 혈통=자식(=자녀)이고, 하나님은 아버지이며, 하나님과 인간은 주종관계가 아닌 부모 자식 관계가 된다는 인식이 자연스럽게 성립한다. 하지만 사실 여부를 따지기

이전에 일단 이 단계에서는 이 연구가 하나님의 전에 나아가 간구한 믿음일 뿐이다. 그런데도 미리 "직속 혈통" 인식을 하고 간구한 만큼, 이에 반향된 계시 말씀은 여기에 응답한 하나님의 말씀인 것으로, 다시 말하면 그와 같은 인식 기반과 관점에서 해석할 수밖에 없다. 그렇다면 이후부터 중요한 것은 과연 이런 간구에 응한 하나님이 어떤 말씀을 주셨고, 주셨다면 계시 말씀은 어떤 의미를 담고 있고, 어떻게 해석해서 이후의 길과 인류가 이해하고 수용해서 받들어야 할 것인가?

즉, "여기 서서 심문받는 것은 하나님이 우리 조상에게 약속하신 것을 바라는 까닭이니, 이 약속은 우리 열두 지파가 밤낮으로 간절히 하나님을 받들어 섬김으로 얻기를 바라는 바인데……"

여기서 이스라엘 열두 지파가 밤낮으로 간절히 받들어 섬김으로 얻기를 바란 약속, 곧 하나님이 이스라엘 조상은 물론이고 온 인류 앞에 한 **우리 조상에게 약속하신 것**의 공인된 뜻은 바로 메시아를 보낼 약속이다. 그리고 그런 약속 이래 후세대에 정말 예수그리스도가 인류의 구세주로서 육신을 입고 오신 것이니, 그분은 독생자로서 하나님의 직속 혈통이란 사실을 기독교인만큼은 누구도 부인할 수 없다. 하지만 정작 중요한 것은 오늘날 이 연구가 간구한 길의 믿음을 바탕으로 한 해석 의미이다. 왜 창조 이래 오랜 세월의 뒤에 직속 혈통의 약속을 이행한 것인가? 그것은 다름 아닌, 하나님이 인류를 창조한 오랜 꿈을, 예수를 통해 실현한 것이고, 예수를 통해 원대한 창조 목적의 첫 물꼬를 튼 것이다. 무슨 말인가 하면, 원래 예수와 인류를 지은 창조 본체, 창조 바탕, 창조 원리는 동일하고, 하나인 한 분 하나님으로부터 말미암았다. 얼굴 모습과 이름이 다르다고 해서 한 씨와 한 배에서 난 부모가 다를 수 없듯, 한 하나님 아버지로부터 난 예수와 인류의 혈통이 다를 수 없다. 단지 때가 이른 시대적인 여건상 하나님의 첫 약속 이행 시점은 직속 혈통에 대한 인식이 개연화되지 못한 탓에 첫 장자로서 직속 혈통의 지상적 기초를 다진 격이고, 하나님이 이 땅에 강림하시고 본의를 밝힌 오늘날 드디어 "성령의 약속"을 통해 일찍이 인류의 조상에게 하신 약속을 다시 상기시킴을 통해 독생자 한 분이 아닌 인류 모두를 한 영혼도 빠짐없이 하나님의 자녀로서 인준하고 정통적인 직속 혈통 족보에 올리기 위해 대역사를 단행하셨다. 이렇게 각성한 관점에 따르면, 일찍이 한 분 독생자에게만 적용되었던 메시아를 보내실 약속이 그대로 때가 되면 모든 인류를 직속 자녀로 삼고, 직속 혈통인 사실을 인준할 것이란 약속으로 전환(해석)된다(고로 메시아를 보낸다는 약속=육신의 자식을 보낸다는 약속. 메시아에 대한 약속의 보편화→직속 혈통인 사실에 대한 인준 역사로 승화).

즉, 마태복음 1장 1절에서 신약 성경의 첫 문을 연 예수그리스도의 족보를 밝힌 "아브라함과 다윗의 자손 예수그리스도의 세계(世系)라. 아브라함이 이삭을 낳고, 이삭은 야곱을 낳고, 야곱은 유다와 그의 형제를 낳고……" 본인은 파주(坡州) 염가(廉家) 23세손(世系)으로 족보에 올라 있으므로 예수그리스도의 혈통 世系와 아무런 상관이 없는 것이 아니다. 또한, 그 世系는 아브라함과 다윗의 혈통을 이은 世系만이 아니다. 그 원 씨 할아버지는 하나님이시며, 하나님을 부모로 하여 아브라함, 다윗, 예수그리스도, 그리고 오늘날 세상 만국과 대한민국의 김씨 가문, 이씨 혈통, 권씨 족보로 이어진 직속 혈통을 적시한 大同 世系이다. 곧, 하나님 아버지의 대를 이은 인류 전체 가족사의 대계(大系)이다.

그래서 일찍이 조상에게 하나님이 한 약속 중 믿음의 조상 아브라함에게 한 약속부터 상기하면, "하나님이 또 그에게 일러 가라사대, 내가 너와 내 언약을 세우니 너는 열국의 아비가 될지라(창, 17: 3~4)." "또 네 씨로 말미암아 천하 만민이 복을 얻으리니, 이는 네가 나의 말을 준행하였음이니라 하셨다 하니라(창, 22: 18)." 물론, 이 말씀은 하나님이 아브라함에게 한 약속이고 내린 축복이다. 하지만 "직속 혈통에 대한 간구 믿음에 반향되어 구조적으로 일치한 하나님의 응답 말씀은 모두가 그 같은 관점에 초점을 맞추어 의미화한 뜻으로 전달(해석)됨이 원칙이다. 그것은 결코 주관적인 판단이 아니다. 의식적으로 하나님이 임재한 사실을 직감한 상태에서 정형화한 하나님과 이 연구와의 신인 간 대화 방식이고 교감 형식이다. 그런 관점에서 보면, 주신 말씀은 당시에는 아브라함과 하나님 간에 성립한 약속이지만, 시대와 상황과 대상이 달라진 오늘날은 이 자식에게 내린 말씀인 것이 당연하고, 더 나아가서는 이 연구가 간구한 초점이 본인이 아닌 하나님으로부터 인류가 직속 혈통인 사실에 대한 창조 속뜻, 곧 인류가 하나님의 자식인 것에 대한 인준 사실을 확약받는 절차이기 때문에, 이 순간에 응답한 말씀은 주체 대상이 모두 하나님 자체로 전환된다. 이런 관점에서 주신 말씀을 재차 해석하면, "내가 너와 내 언약을 세우니, 너는 열국의 아비가 될지라."란, 하나님이 언젠가 때가 되면 만 인류의 아버지가 될 것이고, 그렇게 될 수 있도록 인류 역사를 주재할 것이며, 아버지인 사실을 밝힐 것이란 약속이다. 그리고 "또 네 씨로 말미암아 천하 만민이 복을 얻으리니" 여기서 "네 씨"란 가족의 혈통, 곧 하나님의 직속 혈통이기 때문에 아버지로서 자식인 만 인류를 축복할 수 있고, 하나님의 자식이기 때문에 그로 말미암아 천하 만민이 복을 얻음이 가능하다. 물론 이런 축복을 내린 것은 아브라함이 하나님의 말을 준행했기 때문이지만, 거기에는 당시는 차마 밝히지 못한 하나님의 참뜻이 있다. 하나님이 命하므로 아브라함은 아들을 번제로써 희생시키려고 결행했지만, 최후 순간에 살린 이유, 그것은 다름 아닌 이삭은 아브라함의 아들이기 이전에 하나님의 아들이자 대대손손 혈통을 이을 자식이기 때문에 천신만고 끝에 이삭을 태어나게 하였고, 그래서 믿음을 시험하는 데 그쳤다.

다음으로 하나님이 조상에게 한, 남은 약속을 한 가지 더 상기하면 다윗에게 한 분명한 약속이 있다. "네 수한(壽限)이 차서 네 조상들과 함께 잘 때에 내가 네 몸에서 날 자식을 네 뒤에 세워 그 나라를 견고케 하리라. ~ 나는 그 아비가 되고 그는 내 아들이 되리니 ~(삼하, 7: 12~16)"[1] 당연히 그 아비는 하나님이고, 내 아들은 독생자 예수그리스도이지만, 예수님의 창조 혈통이 보편적으로 승화된 오늘날은 아비와 아들이란 부자 관계, 혈통 이음이 인류에게 보편적으로 확대된다. 다윗이 수한이 차서 조상들과 함께할 먼 후일의 그날에 하나님은 인류와의 관계에 있어서 아버지와 자식 간의 직속 혈통 관계를 밝히고 회복시켜 만천하에 인준할 것을 분명하게 약속하셨다.

이런 논거 이유로 다시 제2문으로 돌아가서 원 질문에 초점을 맞추어 하나님의 뜻을 밝힐진대, "인간이 하나님의 몸 된 본체로부터 지음 받은 직속 혈통(자녀)이란 사실을 확인받을 수 있다면 그것은 인간이 왜 하나님으로부터 구원받은 사실에 대한 최대 확신이 되는가? 하나님이 어떤 분이신가? 나와 천지 만물을 지은 창조주가 아닌가? 그런 하나님이 우리의 아버지이고 인류가 직속 혈통을 이은 자식이라면? 생사와 생멸, 인간의 고뇌가 문제가 아니다. 하나님에 대한 믿음과 무한한 신뢰 회복, 그것이 하

---

1) 뉴톰슨 관주 주석 성경, 관주 신약전서, 성서교재간행사, 1985, p.233.

나님이 인류를 구원하심에 대한 최대 확신이다. 그 확신을 우리가 누구로부터 어떻게 인준받을 것인가? 하나님이 나를 낳았고, 삶을 주셨기 때문에 하나님이 직접 일체 역사를 주관하시어 인류가 하나님의 자식인 사실에 대한 인준 절차를 밟고 계시다.

제3문: **하나님은 어떤 뜻과 목적을 가지고 태초에 인간, 아니 인류를 창조한 것인가?** …… **지금까지 인류 앞에서 밝히지 못한 마음속에 깊이 묻어 두었던 하나님의 속뜻, 그 창조 뜻을 때가 이른 오늘날 이 자식이 아버지 앞에 나아가 묻고자 하나이다. 하나님에 대해 인류는 무엇이며, 어떤 마음의 동함과 목적이 있어 저희를 창조하고, 저희를 위해 천지 만물을 함께 창조한 것이나이까?**

해석: 길의 모든 간구에 대해 하나님이 마태복음 5장(산상설교)의 '팔복' 말씀을 통해 응답하셨다. 팔복은 이 연구가 하나님께 간구한 8가지 세부 주제와도 짝을 이룬 것으로, 하나님이 길의 간구에 대해 열납하고 말씀하기 위해 임재하신 증표이다. 궁금하기 여긴 본성 창조 문제를 해결할 마스터키이고, 창조 본성의 비밀을 밝힐 **"창조 열쇠"**를 팔복을 통해 풀어 주셨다. 예수께서 입을 열어 가라사대 "심령이 가난한 자는 복이 있나니 **천국이 저희 것임이요,** 애통하는 자는……, 온유한 자는 복이 있나니 **저희가 땅을 기업으로 받을 것임이요,** 의에 주리고 목마른 자는……, 긍휼히 여기는 자는……, 마음이 청결한 자는 복이 있나니 **저희가 하나님을 볼 것임이요,** 화평케 하는 자는 복이 있나니 **저희가 하나님의 아들이라 일컬음을 받을 것임이요,** 의를 위하여 핍박을 받은 자는 복이 있나니 **천국이 저희 것임이요"** 하나님이 예수그리스도를 통해 말씀한 팔복, 곧 모든 복을 다 주

리란 약속은 믿음을 지키고 뜻을 따르는 한, 자식에게 줄 복을 하나라도 남길 이유가 없기 때문이다. 그렇다면 하나님은 과연 신실한 자식에게 무엇을 줄 것을 약속하셨는가? 천국 소유와 땅을 기업으로 받을 것이라고 하셨으니, 이것은 예사로운 약속이 아니다. 하나님이 가진 모든 것, 하나님이 창조한 모든 것이다. 그렇게 주기로 작정한 진정한 이유는? 그렇게 했을 때 인류가 비로소 하나님이 아버지인 사실을 알고, 인류가 하나님의 아들인 사실을 믿을 수 있기 때문이다. 그래서 하나님이 창조 이래 이룬 모든 것과 이루고자 한 모든 것을 준다고 한 팔복 약속은 하나님이 인류를 자식으로 창조한 사실을 만 세상을 향해 선포하는 장대한 직속 혈통 인준 증표 말씀이다. 그리고 인류는 그 약속을 통해 비로소 "저희가 하나님의 아들이라 일컬음 받을 것임이요"라고 한 말씀대로 진정 하나님의 아들인 사실을 각성하게 될 것이다. 그러므로 예수님은 이렇게 기도하라고 분명하게 밝혀 가르쳤으니, "하늘에 계신 **우리 아버지여**, 이름이 거룩히 여김을 받으시오며 ……(마, 6: 9)" 하나님은 나의 아버지이고, 너의 아버지이며, 우리 모두의 아버지이시다.

왜 이 같은 결과 도래와 결론을 내릴 수밖에 없는가 하면, 이유는 우리가 **"영원한 하나님 나라를 기업으로 받은 성도"**라고 말씀하셨기 때문이다. 그렇게 기업으로 받는 대상이 이전에는 초점이 불분명한 탓에 '성도'라고 불렀지만, 이제는 '아들(자식)'이다. 우리가 하나님의 아들인 확실한 증표는 하나님이 약속하고 이행할 하나님 나라를 기업으로 물려줄 역사 실행과 물려받게 될 역사적 사실을 통해서이다. 세속사에서도 부모가 평생 이룬 기업과 못다 이룬 유업은 누구에게 물려주는가? 물론 유산의 경우 유언에 따라서는 다른 사람에게 줄 수도 있지만, 대개는 자식에게 상속한다. 물론, 하나님도 팔복 조건으로서 전제한 것이 있는 만큼, 하늘나라 법도나 땅의 법도나 차이가 있는 것은 없지만 기업, 즉 "대대로 계승되는 사업과 재산" 그리고 유업, 즉 "선대로부터 물려받은 사업"은 대부분 자식이 이어받는다. 그것이 부모의 권한이고 자식의 자격이다. 그래서 팔복 부여 대상을 직통 자식에 초점을 맞추면 하나님이 왜 인류에게 모든 복을 주고자 하신 것인지 인류 창조의 비밀을 풀 수 있다. 천국 기업과 유업 상속은 부모와 자식 간에 이루어지는 통상적인 결정 행위이기 때문에 하나님은 인류의 아버지이고, 인류는 하나님의 아들인 증표이다. 하나님의 자식이기 때문에 천국을 기업으로 물려주겠다고 천명하신 것이다.

그래서 원 질문으로 다시 돌아가 길의 간구에 대한 하나님의 응답 말씀을 다시 해석한다면, "하나님은 어떤 뜻과 목적을 가지고 태초에 인간, 아니 인류를 창조하신 것인가?" 한마디로 하나님을 꼭 빼닮은 직속 혈통, 즉 자식을 얻기 위해, 자녀를 두어 하나님을 아버지로 한 가정(천국)을 이루기 위해……

"지금까지 인류 앞에서 밝히지 못한 마음속에 깊이 묻어 두었던 하나님의 속뜻, 그 창조 뜻을 때가 이른 오늘날 이 자식(인류)이 장성하여 아버지 앞에 나아가 묻고자 하나이다. 하나님에 대해 인류는 무엇이며, 어떤 마음의 동함과 목적이 있어 저희를 창조하고, 저희를 위해 천지 만물을 함께 창조한 것이나이까?"

이 같은 간구에 대해 하나님은 정말 성령의 말씀으로 임하셔서 속뜻을 밝힌 것인가? 말씀으로 응답했다면 그 뜻은? 팔복을 약속한 것이 그것이다. 팔복을 주기 위해 …… 팔복은 밝힌바 예수님이 산상설교를 통해서 한 말씀이다. 여기에 태초에 하나님이 인류를 어떻게 생각하고, 어떤 마음으로 창조하셨는지, 그리고 하나님에 대해 인류는 무엇이며 왜, 어떻게 어떤 마음의 동함이 있어 인간을 창조하고, 인류를 위해 천지 만물을 창조하셨는지에 대한 해답이 있다. 그 뜻은 하나님이 가진 복되고 가치 있는 모든 것을 기업으로 물려줄 신실하고 사랑스러운 자식을 원하셨기 때문에……그 말은 하나님만으로서는 어떤 좋은 것을 가졌고, 다 이룰 수 있는 전능한 권능을 가졌더라도 그것을 전할 후세가 없다면 아무런 의미가 없다. 우리도 자식이 태어나면 잘 기를 수 있도록 사전에 육아를 준비하듯, 천지 세상을 함께 창조해 기업으로 물려줄 것을 예비했고, 일정 때가 되면 하나님의 나라를 물려 줄 것까지 예정하셨다(유업 상속). 팔복에 대한 약속은 인류가 진정 하나님의 아들이라고 일컬음을 받게 될 자격을 획득했을 때 이행되리라. 그때가 되면, 인류 모두가 하나님이 아버지임을 알게 된다. 인류가 다름 아닌 하나님의 자녀란 놀라운 사실, 이렇게 감추어진 비밀을 밝히고 약속을 이루는 그날까지 인내하고 또 인내해 기다려야 한다. 그리하면 몇 날이 못 되어 성령이 임하시리라. 그 성령이 곧 오늘날, 이 땅에 강림하신 보혜사 진리의 성령이시다. 이 하나님이 모든 약속을 이루기 위해 오늘날 강림하심이로다.

제4문: 하나님, 현세적인 삶의 어려운 조건 속에서도 인류가 빠짐없이, 그리고 차별 없이 하나님에게로 나아갈 수 있는 보편적인 구원의 문과 길을 열어 주소서! 어떻게 하면 그 길을 갈 수 있겠나이까? 무엇을 행하면 그 문을 열 수 있겠나이까?

해석: 일단 본성 구원에 관한 문제는 일관되게 천만년 동안 감추어졌던 인류의 직속 혈통(자녀) 비밀을 각성하는 데로부터 풀린다. 옛 성현이 왜

모든 중생은 성불할 수 있고, 누구든지 배우면 성인이 될 수 있으며, 하나님이 "너는 내 앞에서 행하여 완전하라(창, 17: 1)"라고 한 것인지…… 잘났든지 못났든지 다 내 자식이란 말처럼, 자녀인 한 구원에는 예외가 없고, 차별 역시 있을 수 없다. 이 같은 바탕 본성, 곧 창조 본성을 각성하는 데 인류 모두가 하나님께로 나아갈 수 있는 보편적인 구원의 문과 길이 열린다. 그렇다면 구원될 수 있는 본성은 이미 갖추고 있는데, 인류 자신은 무엇을 어떻게 행해야 조건을 충족할 본성 구원의 문을 열 수 있는가? 사도 바울이 유대인으로부터 송사를 당해 법정에 서서 왜 변명해야 했는가? 바울은 하나님의 약속에 대해 소망을 두었고, 그들은 저버림. 이것이 오늘날에 있어서는 새로운 형태로 인류 영혼을 보편적으로 구원하는 조건이 된다. 당시는 약속의 실현 대상이 예수를 메시아로 인정하는 믿음 여부에 있었지만, 오늘날은 하나님이 이 땅에 강림하신 만큼, 이 같은 지상 강림 역사 사실을 실인하고 영접함 여부가 구원과 심판을 가름한다. 왜냐하면, 강림하신 하나님이 아버지로서 아들의 재림길을 예비할 것이며, 그때 하나님이 일찍이 조상을 통해 약속하고, 성령으로 임하여 약속한바 예수그리스도가 메시아로서 재림하면 그때 완성될 인류 구원 역사, 곧 한 영혼도 놓침 없는 보편적인 구원 목표를 달성하는 본성 구원의 하이라이트 역사를 펼칠 것이기 때문이다. 어제 한 성령의 약속은 오늘날에도 유효하고 미래에도 유효하니, 본성 구원이 가능한 유효 조건 안에 하나님의 위대한 말씀의 약속이 있다. 그 행위의 첫 결단 조건에 바울처럼 하나님 앞에 먼저 손을 들고 나아옴이다. 손을 드는 자에게 하나님의 구원 권능이 미치고, 하신 모든 약속을 이행하실 것이다. 손듦과 약속이 합작됨을 통해 인류가 완전한 하나님의 아들로 승화되리라.

제5문: 하나님은 왜 선천 역사를 일관해서 인류를 구원하기 위해 진력한 것인가?

해석: 자식에 대한 특별한 관심과 절대적인 사랑 탓.

제6문: 미래 역사를 펼칠 새로운 구원 메커니즘의 필요성에 대하여……

해석: 신앙 목적, 삶의 목적, 역사 목적이 달라지는 탓.

제7문: 인류는 하나님으로부터 부여받은 심오한 '창조 본성'을 어떻게 발현시키고 구현해야 하는가? 그것이 인류가 하나님으로부터 구원받을 수 있는 최대의 관건이라, 가능한 길이 무엇인가를 지침하는 것이 열린 가르침의 역할이다.

해석: 선현들은 인간의 본성이 선한가(성선설-맹자), 악한가(성악설-순자)란 문제를 두고 이런저런 주장이 있었지만, 판가름 나지 못한 여전한 문제로 남아 있다. 이유는 인간이 지닌 창조 본성으로서의 비밀을 풀어야 했기 때문이다. 당연히 하나님이 지닌 **"창조 열쇠"**로 풀어야 했나니, 하나님이 하신 말씀이 인류의 창조 본성을 결정지었다. 즉, "할렐루야, 여호와께 감사하라. 그는 선하시며, 그 인자하심이 영원함이로다." 이 명시가 인간 본성에 관한 오랜 논란을 일시에 잠재운다. 하나님이 선하시며 그 인자하심이 영원함이라는 것은 인간의 본성 창조 바탕, 곧 창조 본성이 하나님의 선하고 인자하신 바탕 본성을 혈통적으로 이어받았다는 뜻이다. 그래서 이전 성선설은 추측한 본성이고, 하나님이 계시한 본성은 확증된 결정 본성이다. 그래서 다시 묻노니, "인류는 하나님으로부터 부여받은 심오한 '창조 본성'을 어떻게 발현하고 구현해야 하는가? 그것이 인류가 하나님

으로부터 구원받을 수 있는 최대 관건이다. 가능한 길이 무엇인가를 열린 가르침으로 지침하면, 인류는 하나님으로부터 부여받은 선한 본성과 인자한 본성을 삶의 과정을 통해 최대한 발현하고 구현하는 데 구원의 관건이 있다.

제9문: **"본성 구원"** 주제는 인간과 인생과 삶에 관한 알파와 오메가를 관장해야 한다.

해석: 삶의 알파와 오메가를 관통하는 요건은 인간의 본성 속에 감추어져 있는 창조 본성의 비밀을 파헤치는 데 있다. 그것이 무엇인가? 이전에는 몰랐지만, 지금은 인류 모두가 반드시 알아야 할 삶의 공통된 과제이니, 그것이 이 연구가 이후로 밝힐 하나님의 "자녀 본성"이다.

제9문: 하나님의 불멸성과 영원성을 우리는 어떻게 확인하고 증거할 수 있는가? 그런 사실과 실존성을 확인하고 각성할 수 있어야 생멸할 수밖에 없는 인간이 하나님에게 의탁해서 함께 영원할 수 있는 구원의 길을 열 수 있다.

해석: 생멸할 수밖에 없는 인류가 생멸할 수밖에 없는 조건 속에서도 영원할 수 있는 길은 하나님의 창조적 권능과 불멸성, 영원한 실존성을 각성하고 "성령의 약속"을 굳게 믿는 데 있다. 바울은 법정에 서서 묻기를, "당신들은 하나님이 죽은 사람 다시 살리심을 어찌하여 못 믿을 것으로 여기나이까?"라고 말했다. 즉, 부활한 예수를 믿지 못한 것은 하나님이 창조주인 것을 인정하지 못한 탓이다. 하나님은 천지 만물과 우리를 없는 가운데서 지은 분이다. 이미 지은 생명을 다시 살리는 것이 하나님에게는 마음

먹기에 달렸다. 단지 산 자에게 있어서 죽음과 죽은 자에게 있어서의 다시 삶은 조건이 차원적인 만큼, 현세적 조건으로서는 확인할 수 없으므로 하나님이 보증하는 약속으로 대체할 수밖에 없고, 우리는 약속을 믿음으로 나아갈 수밖에 없다. 그 약속과 믿음이 무엇인가? 불멸하고 영원한 하나님이 우리와 함께하고, 사랑하는 자녀들과 함께 영생 복락을 누릴 것을(팔복을 주심) 천명하심으로써이다. 영원한 하나님이 우리 삶의 처음부터 끝까지 영원토록 함께하겠다고 하심이다. 우리만으로써는 영원할 수 없지만 영원한 하나님이 함께하면 영원할 수 있고, 영생을 보장받는 그것이 최대의 영광을 구가하는 구원이다.

제10문: 인간에게 삶의 문을 열어 주신 분도 하나님이요, 삶의 문을 닫는 분도 하나님이다. 그렇다면 삶과 죽음을 관장하는 하나님은 인간에게 주어진 삶과 죽음에 대한 의미를 어떻게 부여하실 것인가? 이것은 모두 인간의 본성 구원과 연관되어 있다. 의미를 모두 알았을 때 인류는 비로소 하나님으로부터 빠짐없이 구원될 수 있다. 확실한 의미 받듦과 깨우침이 인류를 구원할 수 있는 열린 가르침의 주제이다.

해석: 간구한 질문 요지는 인간에게 주어진 삶과 죽음에 대한 의미를 어떻게 부여할 것인가? 의미를 알아야 인간 본성이 하나님으로부터 구원되는 역사로 이어진다. 그것이 무엇인가? 삶의 의미는 하나님으로부터 生함에 있고, 죽음은 하나님의 품으로 돌아감에 있다. 그중에서도 삶의 한가운데서 "자녀 본성"을 각성하고 비밀을 풀어 헤쳐 가치를 구현한다면, 삶과 죽음의 의미가 최상에 이르게 되리라.

제11문: 삶과 죽음의 의미를 밝히고 알아야 인류가 그를 통해 구원될 수 있다. 그 의미가 가리키는 삶의 방향을 하나님, 정확하게 지침하여 주소서! "인간은 과연 무엇을 위해 살고, 어떻게 살아야 하나이까?"

해석: 하나님은 삶의 의미와 인생 가치를 어디에 초점을 맞추어 지침하셨는가? 하나님의 자녀 된 자로서의 삶, 그리고 천국을 보장받은 사람으로서의 팔복적 인생 가치를 추구하라고 하심. 그것이 세상 안에서는 박복한 가치일지 모르지만, 사실은 참으로 영원성을 보장받는 구원의 가치이자 구원받는 원리이다. 그래서 인류가 하나님의 자녀 본성을 인준받고 각성하면 인간 삶의 가치와 인생 의미는 물론이고, 신앙의 추구 가치와 목적, 나아가서는 지금까지 해석한 성경의 의미까지 완전히 달라진다. 인류가 심판받을 기준과 구원의 푯대 기준까지도 달라진다. 자녀 본성에 대한 삶으로 전환된다. 하나님이 약속한 천국을 보장받은 사람은 이 땅에서 당하는 크고 작은 일 때문에 일희일비하지 않는다. 자녀 본성을 각성하는 것은 하나님으로부터 천국을 기업으로 받고 영생을 보장받는 삶인 이상, 세상 가치에 연연할 이유가 없다. 그것이 곧 **구원 원리의 핵심이다.** "인간은 과연 무엇을 위해 살고, 어떻게 살아야 하나이까?" "인생 가치를 기복에서 팔복으로 바꿈. 율법에서 복음으로, 세속사에서 구속사로", 그리고 절대자인 하나님 신앙에서 혈통인 아버지 신앙으로 전환해야 한다.

제12문: 삶의 추진 방향과 이룰 목적을 모른 탓에 삶의 의미도 알지 못한다. 왜 인간에게 삶이 주어졌고, 인생의 출발이 있게 된 것인지에 대한 목적을 알아야 삶을 의미 있게 추구하고, 가치로 일굴 수 있다. 그런데 피동적으로 태어난 인간은 자체로서는 목적과 뜻을 알 수 없다. 그것을 우리의 삶을 주고 인생을 출발하게 한 하나님께 물어보아야 할 때가 되었다. 왜냐하면, 이것은 모두 인류의 구원 문제와 연관되어 있기 때문이다.

해석: 다시 묻노니, "왜 인간에게 삶이 주어졌고, 인생의 출발이 있게 된 것인가?" 하나님이 태초에 천지 만물을 창조함으로써 이 땅에서 이루고자 한 모든 것, 곧 이 땅에서의 이상적인 지상 천국 건설 목적을 이루고, 유업을 이어받아 완성하는 것이다. 그것이 하나님의 혈통을 이은 자녀로서 해야 할 도리이자, 삶의 지상 과업이다. 그 이상의 인간적인 대업 과제, 곧 무엇을 위해 살고, 어떻게 이룰 것인가에 대한 인생 목표는 없다. 인류가 삶을 의미 있게 추구하고, 가치로 일굴 수 있는 지침이다.

제13문: 주어진 生의 조건을 통해 감추어진 죽음의 문제를 푸는 것은 차원을 넘어선 '조건 방정식'이다. 이것을 풀 지혜를 어떻게 구할 수 있는가?

해석: 하나님은 과연 생사의 비밀, 영생의 비밀, 불멸에 대한 비밀의 문을 열 열쇠를 쥐어 주셨는가? 생사를 넘어 영원으로 가는 불멸의 길은 차원이 다른 세계로 가는 길이다. 그 길은 인간이 자신의 노력으로 살아서 헤쳐 나갈 수 있는 길이 아니다. 그렇다면? 영생과 천국을 보장하는 하나님의 약속을 믿고 손들고 나아가는 길이다. 그리하면 하나님이 손을 붙들어 인도하신다. 영생과 불멸은 하나님이 약속함으로써 가능한 인류 구원의 길이다. 그것이 바로 믿음으로 팔복을 쫓아가는 삶이다. 팔복이란 과연 무엇인가? 하나님이 신실한 자식에게 모든 복을 물려주겠다고 약속한 말씀이 아닌가? 그래서 하나님이 성령으로 한 약속은 죽음이 아닌 생명으로 향하는 삶이고, 멸망이 아닌 구원으로 향하는 삶이다.

제14문: 우리가 아무리 치열하게 삶을 살았다고 해도 인생의 목적과 궁극적 의미를 파악함에는 부족함이 있으니, 그 부분을 하나님 아버지께서 역사하여 채워 주소서! 그리하면 이 자식이 하나님의 본의 지혜를 완성하고, 진리를 완성하고, 창조 본성을 완성할 수 있겠나이다.

해석: 하나님의 말씀 가르침은 완전하시고, 하나님의 지혜 일깨움은 완벽하시도다. 갈길 모르는 이 자식의 길을 인도하시고, 궁금한 의문점을 풀어 주시며, 감추어진 비밀을 밝혀 부족한 이 자식의 영혼을 넘치게 채워 주시니, 그 은혜에 감읍하면서 본 편 **"본성 구원론"**을 아버지의 뜻을 받들어 완성하고자 하나이다. 아멘.

제62장 본성 구원 열쇠

1. 자녀 본성

영원한 하나님에게 죽음이 있겠는가만 19세기에 '神은 죽었다'란 명제를 앞세운 니체의 선언은 시대의 본질을 대변한 준엄한 통찰이다. 대통령은 헌법이 보장한 국가의 최고 통치자이지만 임기 말년에 레임덕이 발생하여 개혁적인 정책을 추진하기 어렵게 된다면 권한이 유명무실해지고 만다. 그만큼 위세 등등했던 신권 질서가 서구 사회에서 무너져 버렸다는 뜻이다. 그리고 그 역할을 인간 중심적인 질서가 대신하게 되었지만, 전혀 예상치 못한 결과로 "20세기에는 오히려 모든 면에서 인간이 죽었다는 것이 핵심 된 진실이다."[1] 현대 문명이 문제를 안고 있는 데도 우려되는 심각성을 자각하지 못한 실정이다. 정말 원인을 모르는가? 인과로서 주어진 공식적인 정답은 명확하기만 하다. 불멸한 神을 장사 지내 버리니까 영생할 가능성을 지닌 인간도 장사 되고 말았다. 모든 면에서 神과 인간과의 관계가 절연된바, 절실하게 관계를 회복하고 정상화해야 하는 것이 앞으로의 과제이다. 죽을 수밖에 없는 인간을 다시 살리기 위해서는 장사 지낸 神을 다시 살려내어야 하고, 神이 다시 살아나야 인류 사회가 생명력을 회복한다. 그것이 가능한 것은 본래부터 神은 불멸하고, 인간 역시 불사할

---

1) 『생각의 역사(2)』, 앞의 책, p.676.

수 있기 때문이다. 그 가능성에 대한 근거는 불멸한 神과 인간과의 긴밀한 관계를 통해서이다. 여기에 하나님이 인간 본성 속에 감추어 둔 구원의 문을 열 비밀 열쇠가 있다. 인류는 그동안 사물, 현상, 사회, 우주를 알고자 하였지만, 인간이 인간으로서 지닌 자체 본성과 삶의 본질을 아는 것은 더 근본적인 문제이다. 본성을 모르고 세계를 알고자 한다면 그렇게 안 앎이 아무 의미가 없다. 그런데도 본성을 본 관점은 다양하기만 하여 누구도 본질을 꿰뚫지 못했다는 것은, 그것이 곧 선천 인류가 처한 세계관적 한계이다.

이에, 하나님이 밝힌 창조 본의에 입각한 인간 이해 관점은 천만년 감추어진 창조 본성 비밀을 풀 차원 열쇠이다. 본 편의 "말씀 증거"를 받들던 중 '들다'=에크테이노인데, 메모한 뒷 글자가 애매했다. 그래서 인터넷으로 에크테이까지 치니까 곧바로 관련 정보가 떴다. 그것은 어학 사전의 단어 풀이가 아니라 바로 오늘의 증거 말씀이 토씨 하나 빼지 않고 문장화되어 있었다. 지난날 지성들이 인간이 무엇인가에 대해 이해한 관점도 이와 같다. 본성을 정의하기가 쉽지 않았던 것은 관점과 본성 간에 초점이 맞지 않았기 때문이고, 긍정적인 접근에도 불구하고 규정하기가 어려웠다. 하지만 바야흐로 창조 본성과 창조 목적을 일치시키면 인간에 대한 이해 관점이 새로워지고, 지향한 본성 규정 수단이 정당화된다. 초점이 일치한 만큼이나 본성을 꿰뚫는 것은 물론이고, 이전에 바라본 관점까지 이해할 수 있다. 이런 이유로 성경에 기록된 하나님의 말씀에 대한 신앙관 규정과 판단 기준, 믿음에 대한 추구 가치, 그리고 인간을 이해한 관점도 전면적인 재설정 작업이 불가피하다. 아니, 그렇게 해야 규정한 본성을 하나님의 창조 목적과 일치시킬 수 있다. 어긋난 초점을 바로잡는 역사이나니, 그리하면 선현들이 이룬 본성 추구에 관한 진리적 통찰도 함께 일관할 수 있다. 인간 본성의 비밀 문을 열 수 있는 열쇠고리란 무엇인가? 하나님이 "개관 말씀"을 통해 인준한 **"자녀 본성"**에 대한 일깨움 관점이 그것이다. 여기서 자녀란 아들과 딸을 아울러 이르는 말이다. 에둘러 기술하거나 이해할 것도 없다. **인류는 하나님이 직접 몸으로 낳은 직속 혈통이며, 하나님은 인류를 있게 한 아버지 하나님이시다.** 인간은 창조된 탓에 생식이란 유전 인자로 자녀를 낳지만. 하나님은 창조주인 탓에 창조 역사란 차원 메커니즘으로 인류를 낳았다. 방식은 다르지만, 부모는 몸 된 육신을 통해, 하나님은 몸 된 본체를 통해 자녀를 둔 것은 같다. 창조 본체가 창조 역사로 본성화한 것이니, 이것이 일련의 산고를 거친 하나님의 자녀 잉태와 분만 과정이다. 하나님을 빼닮은 자식이 세상에 태어난 것이니, 아버지는 하나님의 창조 본체이고, 하나님이 낳은 자식은 인간의 창조 본성이다. 성즉리라고 함에(유교), 그것은 창조 본성이 곧 창조 본체란 말이다. 절대 理가 창조 理로, 무극이 태극(창조 본체)으로 이행하여 인류의 존재 본성을 결정했다(있게 함). 이 같은 주장 펼침은 이 연구가 판단한 주관적 관점이 아니다. 하나님이 창조주로서 밝힌 열린 가르침의 준엄한 권능 지침이다. 이 주장이 사실인 것은 선현들이 일군 인간 본성에 대한 명제를 창조 본성과 일치시킴으로써 확인할 수 있다.

일찍이 확보하지 못한 새로운 해석 관점이나니, 육상산은 말하길, "우주, 이는 곧 나의 마음이요 나의 마음은 곧 우주이다. …… 천백 세대 위로부터 천백 세대 아래에 이르기까지 성인이 나온다면 이 마음, 이 理는 모두 같다."[2] 동양의 선현들은 일관되게 天人合一, 理人合一을 추구하였고,

---

2) 『상산전집』, 권 22. -『주자와 왕양명의 교육 이론』, 장성모 저, 성경재, 2003, p.130.

거기에 대해 말한 것은 헛된 주장이 아니다. 본성이 天에 근거하였고, 하나님으로부터 지음 받은 사실을 넘어 직속 혈통을 이은 자녀인 탓에 天人合一에 대한 가능성을 인지했고, 우주의 마음=나의 마음이라고 힘써 강조할 수 있었다. 그 마음은 인간이면 누구나 갖추어야 하는 이상적인 본성 상태이기 이전에 본래부터 당연하게 갖춘 자격 본성이다. 그래서 육상산은 "인간이 지향해야 할 궁극적인 지향처, 또는 표준으로서의 마음은 心이 곧 理인 상태이며, 그 자체는 시공을 초월한 보편적 가치란 사실을 강조했다."[3] 더 나아가서는 心卽理인 상태로서의 마음, 즉 본심은 이미 갖추고 있는 것으로 간주했다. "사람의 마음, 즉 본성은 모두가 理(=本心)를 갖추고 있으므로, 마음은 곧 理이다."[4] 창조 본체를 이은 창조 본성의 유교적 이해인 탓에 마음은 곧 理라고 하였다. 그런데 지난날은 창조 본성을 엿보기는 했지만, 그 본성을 각성하고 일군 것은 성인에게만 국한되었다. 성인은 창조 본성을 온전하게 구현한 존재인바, 그 기대치를 오늘날은 보편적으로 확대해야 할 단계가 되었다. 모든 가능성을 이룰 기반 다짐 단계라고나 할까? 하나님이 인류에게 부여한 창조 본성(자녀 본성)을 구체화할 때를 기다려야 했다.

육상산의 사상을 계승한 왕양명은 "양지는 천리"라고 했다. 양지(良知)는 천지 자체, 곧 하늘이 부여한 본심이다. 그래서 자신이 지닌 양지를 충분히 표현한다면 능히 知(마음의 본체-양명학)에 이를 수 있다(致 良知). 양지가 내포한 의미를 확대해서 우주 본체적인 지위를 부여했다.[5] 양지는

---

3) 『상산전집』, 권 11. -위의 책, p.130.

4) 『상산전집』, 권 11. -위의 책, p.131.

5) 『지도로 보는 세계사사상』, 앞의 책, p.269.

하나님이 부여한 창조 본성(자녀 본성)에 대한 동양식 이해 관점이다. 동양의 선현들이 인간의 창조 본성을 얼마나 근접해서 엿보았는지 알 수 있는 근거 명제이다. 존엄한 인간 본성을 우주적 본성으로 승화시킨 동양인의 통찰 인식이다. 바로 "본체로부터의 창조"에 근거했다(인간 본성에 초점을 맞춤). 양지=천리라, 이것을 **"자녀 본성"** 시각에서 본다면, 천리와 양지 사이를 흐르는 면면한 혈통의 피가 보이지 않는가? 왜 모든 사람이 배우면 성인이 될 수 있는 것인지는 왜 모든 인류가 각성하면 하나님의 자녀가 될 수 있는가와 연결된다. 가능성에 대한 근거가 곧 하나님의 본체에 근거한 창조 본성에 있다. 이것이 동양의 유교가 "인간의 의미를 우주의 질서 안에서 탐구한"[6] 참 의미이다. 다시 확인한다면, 창조 뜻 안에서 인류에게 주어진 가치를 정립하고자 한 노력 일환이라고 할까? "정신 실체인 마음은 우주의 최고 본체가 되며, 우주 만물의 창조자"[7]라고 믿게 되었다. 초점을 맞추고 보니까 본성을 파고든 선현들의 이해 관점이 스스럼없이 관통된다. 우주의 최고 본체자인 하나님의 혈통을 이은 것이 우리의 마음이고 본성인 탓에, 우리는 모두 하나님의 마음을 알고 하늘의 뜻을 이루는 성인이 될 수 있다. 곧, 하나님의 신실한 자녀가 될 수 있다. 하나님은 우주 만물의 창조자이심에, 그분이 인류를 낳은 우리 모두의 하나님 아버지이시다.

이에, 인간의 창조 본성=자녀 본성=성즉리 관점을 理氣론으로 더욱 정확하게 초점 잡은 사람은 주자학을 집대성한 주자(1130~1200)이다. 그는 "理는 우주의 근원으로 형체가 없이 시공을 초월해 존재한다고 했고, 또

---

6) 『지적 대화를 위한 넓고 얕은 지식』, 앞의 책, p.313.

7) 『지도로 보는 세계사상사』, 앞의 책, p.267.

절대적인 것으로 태극이라고도 칭했다."[8] 理, 태극의 본체적 규정은 하나님의 창조 본체를 그대로 지칭한 격이다. 아니, 그렇게 보고 이해할 수 있는 창조 본성 관점을 확보해야 한다. 통상 하나님은 기독교 신관에 따라 인격성을 가진 속성을 떠올리지만, 그런 하나님도 취하고 있는 존재 형태는 결국 영이다. 영(靈)이 지닌 존재자로서의 조건은 주자가 말한 초월적인 理, 절대적인 태극 본체로서 충족된다. 또한, "理는 人心에 있다.[9]"라고 한 것은, 心을 理가 낳는다. 곧, 心의 **자녀 본성** 상태를 피력한 것이다. 단지 "인간 역시 우주 만물처럼 理와 氣가 결합해서 존재한다고 한 것은 본의와 어긋났다. 바로잡을진대, 결합이 아니고 이행된 것이며, 理가 氣로 化한 것이다. 하지만 "인간의 본성은 천지와 대등하다."라고 한 것은 동양의 선현으로서 인간 본성을 하나님이 부여한 창조 본성으로 규정한 것과 같은 유교적 이해 관점의 백미이다. 당연히 하나님의 혈통을 이은 天理를 보존하고 사욕을 없애는 것을 본성을 정립하는 기준으로 삼게 되었다. 이런 본성 추구는 비단 동양의 선현들에 의해서만 지침 된 것이 아니다. 창조 본성을 완성한 적통 혈통인 예수그리스도를 통해서도 확인할 수 있다.

예수님이 말씀하셨다. "아버지가 내 안에 거하시니……" 이것은 과연 예수님 자신의 하나님에 대한 믿음 상의 문제인가, 하나님이 예수님 안에 거한 실존 상의 문제인가, 아니면 유일한 적자로서 이어진 혈통 상의 문제인가? 내 몸 안에 부모님의 피가 흐른다고 했을 때의 의미는 부모님이 내 안에 계신다는 말과 같은 뜻이 아닌가? 그런데 그 아버지가 내 안에 거한다는 사실이 정말 아버지인 하나님과 아들인 예수 간에만 국한된 상태인

---

8) 위의 책, p.207.

9) 위의 책, p.207.

가? 하나님은 결코 적자인 예수 안에만 거하신 것이 아니다. 너와 나, 인류 모두의 몸 안에도 거하여 계시므로 피를 이은 혈통적 의미는 인류 모두에게 적용된다.[10] 이 같은 판단을 뒷받침할 세계관적 근거는 이미 확보한 상태이다. 하나님의 몸 된 본체로부터 지음 받은 **"자녀 본성"**이 그것이다. 그래서 그 같은 믿음이 허락되고, 혈통을 이은 사실을 하나님으로부터 확인받을 수 있다면, 인류는 정말 하나님의 자녀로서 인준된다. 그것이 곧 본편의 "개관 간구"를 통해 응답받은 창조 본성이다. 하나님이 존재자로서 이 땅에 강림하시어 모습을 나타내셨고, 연이어 모습을 대표한 하나님의 눈을 드러내어 주셨으며, 드디어 속 깊은 '창조 본심(속뜻)'까지 밝혀 주셨다. 그것이 곧 몸 된 본체에 근거한 인류 창조인 보편적 혈통 이음 사실이다. 성경 해석의 전혀 새로운 관점의 대두 조건이다. 이것은 과연 이 연구의 아전인수적 판단인가? 그렇지 않다는 사실을 밝히고자 창조 본성을 엿본 선현들의 이해 관점을 추적했다.

예수님도 본심은 다를 바 없다. 예수님이 공생애의 길을 열기 위해 "40일 동안 금식과 명상을 통해 깨달은 우주의 비밀은 인간 안에는 '神의 형상'이라는 위대한 유전자가 숨어 있으며, 神의 형상을 회복하는 자는 모두 神의 자녀이며, 심지어 神과 같은 존재가 될 수 있다.[11]"라고 한 사실이다. 예수님은 어떤 과정을 거쳤기에 자기의 본성 안에 내재한 神적 본질, 곧 하나님이 아버지이고, 자신이 하나님의 아들이란 사실을 자각한 것인가? 神의 형상이란 신성한 혈통이 자신의 몸 안에 흐르고 있다는 사실

---

10) 지상의 부모는 특정한 자녀의 부모만 될 수 있지만, 하나님은 창조주인 탓에 만 인류의 아버지가 될 수 있다.

11) 『인간의 위대한 질문』, 앞의 책, p.61.

을 발견한 것 이외에 다른 것은 없다. 그런데 그 신성을 예수님 자신은 동양의 선현들처럼 만 존재, 만 인류에게로 확대하고자 하였지만, 후세의 추종자들이 神적 본질, 즉 창조 본성을 예수 한 분에게만 한정해서 신격화했다. 그래서 예수님은 본의 아니게 하나님의 유일한 독생자가 되어 버렸다. 하지만 알고 보면 성육신, 즉 인간화된 창조 본체가 예수님 한 분에게만 적용되고 인류에게는 달리 적용된 창조 법칙은 없다. 하나님도 창조 본체도 창조 법칙도 그것은 오직 하나이다.[12] 한 몸으로부터 태어난 형제자매가 성별도 이름도 얼굴도 타고난 재주도 다르지만, 태어난 바탕과 탄생 원리는 동일하다. 그 말은 우리 모두 하나님을 아버지로 둔 형제자매란 말이다. 단지 예수님과 우리 사이에 차이가 있다면 예수님은 창조 본성을 각성해서 하나님을 아버지라고 부른 첫 장자이다. 하나님과의 관계를 전통적인 주종관계에서 부모 자식 관계로 전환해 인류의 거룩한 혈통 근원을 밝힌 성자이다.[13] 그런데도 정작 기독교가 예수그리스도의 본심과 창조 뜻과 동양의 선현들이 일군 창조 본성을 벗어난 관점으로 오판한 것은 아이러니한 일이다. 성경에서는 하나님의 형상대로 인간을 지었다고 명시하였는데, 그 뜻을 잘못 해석하였다. 하나님과의 관계를 오히려 단절시켰다. 인간은 신성을 가지고 있지 못한다는 관점을 정당화했다. 그것이 곧 기독교의 실상이다. 인간은 神이 아니다. 또한, 神이 될 수도 없다. 그것을 부인할 사람은 없다. 하지만 그런 관점만으로 神과의 관계를 단절시켜 버린다면 본성을 이해할 길은 영원히 사라진다. 그것이 이천 년 기독교 신앙이 지닌

---

12) 같은 붕어빵 틀로 만든 붕어빵이 같은 것처럼, 같은 창조 원리로 하나님이 예수와 인류를 창조함.

13) 하나인 하나님 외에 다른 혈통 바탕은 없음.

한계이다.[14] 기독교가 지닌 신앙으로서는 어떤 경우에도 하나님의 창조 본의와 초점을 맞출 수 없다. 신앙이든 신학이든 무엇이든 인간 본성을 꿰뚫지 못한다. 차라리 동양의 선현들이 더 근접한 관점 확보 성과를 시인해야 한다. 神은 될 수 없더라도 그보다 더한 인간의 본성 규정 각성이 있다면? 거기에 곧 하나님의 창조 본체로부터 혈통을 이은 **"자녀 본성"**이 자리 잡고 있다. 하나님의 자녀가 됨으로써 인간 본성이 창조 본성으로 전환되고, 하나님과 동질 본질로서 승화된다.

이런 본성의 이해 관점을 획기적으로 전환한 분이 오늘날, 이 땅에 강림하신 보혜사 하나님이시다. 강림하신 목적도 밝힌바 인류 영혼의 보편적 구원에 있나니, 그 목적의 구체적인 실현 방안에 만세 전부터 마련한 인간 본성의 하나님 자녀 인준 절차가 있다. 구약시대에는 이스라엘 민족의 하나님으로서, 신약시대에는 성자의 하나님으로서 역사하셨고, 오늘날 맞이한 지상 강림 역사시대에는 경계를 넘어 만 인류의 하나님이 되기 위해 강림하셨다. 하나님의 만민 구원 역사 의지는 바로 인류를 자녀로 둔 하나님이 품은 지극한 뜻과 사랑에 있다. 그것이 인류 역사를 통해 일관된 하나님의 창조 본심이며, 오직 자식을 위해 쏟은 최고의 관심이나니, 그 창조 본심을 인류가 열린 가르침으로 깨닫고 받들어야 하리라.

---

14) 예수가 물꼬를 텄음에도 진의를 이해하지 못해 이천 년 기독교 신앙이 하나님과 인간과의 관계에 있어 기존 신앙 틀을 한 치도 벗어나지 못함.

2. 창조 본성

　요즘은 유전자 감별 방법으로 범인을 잡고 친자를 확인하기도 한다. 그렇다면 인류가 하나님의 자녀라는 사실은 어떻게 감별해서 확인할 수 있는가? 하나님이 오늘날 '창조 본심'을 밝혀 주신 이상, 하나님을 아버지로 해서 핏줄을 이은 사실을 본성이 지닌 특성을 통하여 마치 유전자 일치 여부를 따지듯 확인할 수 있다. 이 같은 때를 위하여 선현들이 갖은 방법을 동원하여 본성을 밝히기 위해 노력하였으니, 특히 동양의 선현들이 道를 구하고 수행을 쌓은 것은 하나님이 부여한 천부 본성(창조 본성)을 일구고 밝히기 위한 본능적 추구 행위였다. 그렇게 해서 이룬 성과로 이 연구는 하나님의 유전 인자와 일치하는 **"창조 본성"**을 확인함으로써 오늘날, 이 땅에 강림하신 보혜사 하나님이 만 인류의 참 아버지인 사실을 증거하리라. 그리해야 인류를 하나님에게로 빠짐없이 인도하는 보편적 구원의 문을 열어젖힐 수 있다. 왜 이 같은 확인 절차를 거쳐야 하고, 인준 과정이 요청되는가 하면, 그러지 못한 지난날의 인류 역사가 인간의 가치를 추락할 대로 추락시킨 참담함을 자행했기 때문이다. 하나님도 아버지로서 인류에게 믿음만 요구하기에는 한계점에 도달했고, 수렁에 빠진 골이 깊어 자력으로써는 빠져나올 수 없는 지경에 이르렀기 때문에 급기야 '창조 본심'을 밝힘으로써 본성을 고양하고자 한 인류 구원 의지를 본격적으로 발동하게 되었다. 아무리 자신감이 넘치고 자존심이 강한 자라도 거듭되는 실패와 힘겨운 인생 파고가 밀려들면 용기와 희망을 잃고 좌절하고 만다. 그런 큰 파고를 인류는 지닌 역사에서 벌써 세 번이나 겪었다. 그야말로 선현들이 세운 자존심 높은 콧대가 여지없이 무너진 모욕에 찬 사건이다.

"첫 번째 모욕이란 코페르니쿠스와 갈릴레이 등이 종래의 천동설을 뒤엎고 태양을 중심으로 한 새로운 세계상을 제시한 사건이다. 그것이 왜 인류에게 모욕적인가 하면, 그때까지 사람들은 지구가 우주의 중심이고, 따라서 자신들이 우주의 한 중심에 살고 있다고 믿었다. 두 번째 모욕이란 인간이 창조의 꽃이랄 만큼 특별한 존재가 아니고 진화의 역사 속에서 다른 생명체들과 얽혀 진화해 온 일개 생물에 지니지 않는다고 말한 다윈의 진화론이다. 세 번째 모욕이란 인간이 자기 자신조차 완전히 지배하지 못하는 존재라고 한 프로이트 심리학이다."[15] 이 같은 역사적 경험 과정은 인간 본성을 이해하는 데도 치명타를 안겨, 더 이상 회복할 기력을 상실하고 말았다. 굳을 대로 굳어버린 본성에 관한 이해 관점 탓이다. "뇌과학은 인간의 마음, 혹은 의식 문제를 과학적 방법으로 해명하면서 마음에 관한 학문을 자연 과학과 봉합선 없이 연결하고자 하였고, 생물학은 문화와 인간의 본성을 과학적으로 해명하면서 문화에 관한 학과 본성에 관한 학을 자연 과학과 봉합선 없이 연결할 수 있다고 믿은 것은"[16] 본성에 대해 피상적인 관점이다. '창조 본심'과는 동떨어져 버렸다. 이런 와중에도 하나님을 신앙한 기독교만큼은 근접시켜야 했는데, 지적한바 초점을 독생자 예수 한 분에게 국한해 버렸다. "나사렛 예수만을 온 인류, 그리고 인류를 넘어서 온 세상 역사의 중심에 두었으며, 그분 안에서 하나님의 창조가 궁극적인 성취에 이르렀다고 믿었다."[17] 인류 모두를 천지 만상과 세상 역사의 중심에 둔 본성 이해 관점 확보는 엄두도 내지 못했고, 한 분 예수님

---

15) 『신 인간 과학』, 앞의 책, p.136.

16) 『통섭을 넘어서』, 이남인 저, 서울대학교 출판문화원, 2016, p.40.

17) 『그리스도교 역사와 만나다』, 데이비드 벤틀리 하트 저, 양세규 · 윤혜림 역, 비아, 2020, p.29.

을 넘어 인류 안에서 하나님의 창조 목적을 성취하고자 한 노력이 없었다. 오직 예수만을 드높인 탓에 하나님과 인류 간의 주종관계를 벗어날 수 없었다. 지금도 목회자들은 자신을 일컬어 主의 종이라고 고백하면서 엄격한 종적 순종과 구속을 신앙 본위로 여긴다. 이 같은 인식은 모두 하나님은 창조주이고 인간은 피조물이란 이해 관점 탓이다. 하나님은 땅 위에 온갖 동식물을 종류대로 창조한 뒤 창조의 절정을 이룬 피조물을 창조하였으니, 그것이 바로 인간이다. 이런 특별한 역사 탓에 인류는 하나님의 은혜를 찬양하면서 영원히 순종하는 종이 될 것을 맹세하였다. 그것이 기독교가 교리화시킨 인간 본성의 피조적 규정 즉, 인간이 하나님의 영광을 위해 창조된 존재란 신앙이다.

기독교는 하나님의 말씀에 순종할 수 있는 피조물로서 의무를 철저히 강조한 종교이다. 하지만 이것은 명시한 또 하나의 사실인 인간을 하나님의 형상대로 창조하였다는 말씀과 초점이 맞지 않는다. 창세기에 기록된 애초 창조 경위를 살필진대, "하나님이 자기 형상, 곧 하나님의 형상대로 사람을 창조하시되 남자와 여자를 창조하시고, 하나님이 그들에게 복을 주시며 그들에게 이르시되, 생육하고 번성하여 땅에 충만하라. 땅을 정복하라. 바다의 고기와 공중의 새와 땅에 움직이는 모든 생물을 다스리라 하시니라(창, 1: 27~28)." 결코 하나님의 명령하심을 즉각 행하기만 하는 종으로 인간을 창조한 것이 아니다. 하나님은 분명하게 밝혔나니 자기 형상, 더 구체적으로는 하나님의 형상대로 인간을 창조하였다고 하셨다(대등함). 참으로 몸 된 피를 나누어 자녀를 잉태했다고 말씀한 하나님식 서술 표현이다. 그러므로 세상 빛을 본 자녀를 향해 탄생을 축복하고 갖은 복을 주어 땅을 정복하고 모든 생물을 다스릴 권한을 위임한 것이니, 이것은 애써 창조한 천지 세상을 종에게 맡겨서 소득을 창출하고자 한 역사가 아니다. 모든 복을 아낌없이 주신 것은 부모의 자식에 대한 마음(사랑) 자체이며, 모든 권한을 내맡긴 것은 혈통을 이은 자식에 대한 신뢰와 당연 자격이다. 이 같은 창조 역사 내력과 하나님이 감추어둔 '창조 본심'을 밝힘으로써 인류는 하나님의 지극한 창조 뜻을 깨닫고, 기존에 가진 본성에 대한 이해 관점, 그리고 피조 신앙 관점을 완전히 전환해야 한다. **지난날은 인간이 하나님의 영광을 위해 창조된 수단적 존재라고 믿었지만, 이제부터는 하나님이 인간의 영광을 위해 강림하신 목적적 존재란 사실을 자각해야 한다.** 하나님이 천지를 창조한 목적은 오직 자녀인 인간을 위해서이며, 인류 역사를 주재한 목적도 그런 세상 안에서 창조 본성을 온전히 양육하기 위해서이다. 이유는 오직 하나, 인간은 하나님의 **"창조 본성"**을 지닌 직속 혈통이기 때문이다. 하나님이 그토록 원한 자식을 위하여 천지 만물을 창조하셨고, 인류 역사를 주재하셨으니, 이 같은 창조 본심을 일깨워 받들도록 하는 데 열린 가르침의 역할이 있다. 인류 문명이 종말을 맞이한 오늘날 수렁에 빠진 인류(자식)를 구원하기 위해 몸소 이 땅에 강림하셨다. 그러므로 창조된 세계 안에서는 하나님이 관심을 가지고 뜻을 집중시킨 그곳이 바로 세계의 중심이다. 하나님의 뜻이 자나 깨나 자녀(인류)에게 머물러 있으므로, 이 같은 뜻을 가늠하는 인간의 심중(마음)은 바로 우주의 한 중심이다(우주심=창조심). 이처럼 우주의 한 중심인 창조 본성을 동양의 선현들이 엿본 것이다.

지적했듯, 유전자를 통해 친자 관계를 확인하는 것은 부모 유전자와 자식 유전자의 일치성 여부에 있다. 경품에 당첨되기 위해서는 주최 측이 가진 번호표와 자신이 가진 번호표가 일치해야 한다. 똑같은 번호를 나누어 가진 것이다. 하나님이 아버지로서 가진 창조 본체와 인간이 부여받은 '창조 본성'과의 친자성 확인 방법도 이와 같다. 창조 본체를 두고 선현들이 道라고 했든, 理라고 했든, 태극이라고 했든 부른 명칭이 다른 것은 상관없다. 바탕이 된 본질적 측면에서 보면 우주적 본질이 되며, 주재 의지와 본의를 더하면 인격적인 하나님이 된다. 창조 본성도 이와 같다. 창조 역사로 창조 본체가 존재 본체로 이행된 탓에 존재 본체는 뭇 존재를 이룬 바탕 본질을 이루지만, 그중에서도 인간을 이룬 존재 본질을 일컬어 **"창조 본성"**이라고 지칭한다. 어차피 하나님의 지상 강림 본체는 열린 가르침을 통해서 모습을 드러내었고, 존재자로서 완성된 만큼, 선현들이 본 하나님은 미완성된 모습이란 사실을 고려해야 한다.

이 같은 세계적 조건 속에서 성리학이 理氣론으로 인간 본성을 규정한 것은 시사하는 바가 크다. 인간 본성을 본연지성과 기질지성으로 나눈 것이 그러하다. 한마디로 창조 본체로부터 본연지성이 유래한 사실을 밝혔다. 유전자적 족보를 추적한 것이라고 할까? "본연지성은 인간의 性에 天理가 부여되어 있음을 지칭한 개념으로서 性善(성선)의 근거이다. 그런데도 의문을 가진 것은 바탕이 된 본성에 형질적, 기질적 속성인 선악이 공히 함의되어 있다는 사실이다. 이유에 대해 율곡은 理와 氣와의 묘합 탓으로 돌렸지만",[18] 본연지성만큼은 예나 지금이나 순선함에 변함이 없다. 그런데도 바탕이 된 본연지성의 기질화 현상을 어떻게 보는가에 따라 인간의 본질 규정과 본성 회복을 위한 접근 방법이 달랐다는 사실이다. 그런 난제를 이후 과정을 통해 풀어나가고자 한다.

유교가 인간의 창조 본성을 이치와 논리로 추적했다면, 불교는 곧바로

---

18) 『인성교육의 철학적 성찰』, 앞의 책, p.144.

직시한 특성이 있었다. 마치 성능을 개선한 최신 망원경으로 우주를 관측하는 것처럼, 불교는 지성사에서 창조 본성을 가장 근접해서 엿보았다. 불교 전통 안에서는 해석상에 한계가 있지만, 본의에 입각할진대 창조 본체의 절대적 유전 인자인 초월성, 선재성, 통합적 특성을 고스란히 꿰뚫었다. 이것이 인간이 하나님의 혈통을 이은 **"창조 본성"**을 지닌 사실을 부인할 수 없게 한다. 覺者 혜능은 말했다. "선지식들이여, 보리 반야의 지혜는 세상 사람이 본래 스스로 가지고 있다." 창조 본성, 창조 지혜, 창조 법칙은 인간이 본래 지녔다. 진화한 것이 아니다. 창조 본성은 타고난 것이며, 바탕은 시공을 앞서 존재한 하나님의 몸 된 본체에 근거했다. 이 같은 인식은 서양의 지적 전통 안에서도 확인할 수 있다. "플라톤은 유명한 '회상설'에서 영혼의 불멸을 변증하면서 인간이 태어나기 이전부터 있었던 영혼의 선재를 전제했다. 즉, 영혼은 태어나지 않고 영원 전부터 존재했다."[19] 이 같은 인식은 혜능이 말한 본래 면목과도 연관된다. 단지 그렇게 갖춘 것을 스스로라고 말한 것은 창조 본성의 궁극적인 출처를 알지 못한 탓이다. "본성은 본래 청정함에 어디에 먼지가 있으리오."라고 하여 창조 본성의 순선한 바탕성을 일갈했다. "사람의 성품(=자성=창조 본성)은 본래 스스로 깨끗하다. 자신 안에 모든 가능한 法을 담고 있다."[20] 이 말은 창조 본체의 통합적 유전 인자를 인식한 상태이다. 그러니까 하나님의 본체 혈통을 이은 "자성의 본체는 생겨남(生)도 없고, 없어짐(滅)도 없고, 감(去)도 없고, 옴(來)도 없게 된다. 거듭 말해, 자성은 본래부터 청정하다. 자성은 생함과 멸함이 없고, 자성은 본래부터 원만 구족하고, 자성은 본래부터

---

19) 『죽음과 부활의 신학』, 김균진 저, 새 물결 플러스, 2015, pp. 298~299.

20) 『칸트와 불교』, 김진 저, 철학과 현실사, 2000, p.275.

동요가 없고, 자성은 본래부터 만법을 있는 그대로 나타낸다."[21]라고 하였다. 자성이 가진 창조 본체의 초월적, 선재적, 통합적 혈통 특성을 모두 피력했다. 성경 기록도 본의에 입각하지 못하면 모든 측면에서 초점이 어긋나듯, 혜능의 각성에 대한 해석도 그러하다. 하지만 열린 가르침은 하나님이 창조 이래 깊이 감추어 둔 '창조 본심'에 근거한 탓에 모든 측면에서 하나님의 창조 뜻과 일치한다.

유교에서는 누구나 배우면 성인이 될 수 있다고 하였고, 불교에서는 중생은 너나 할 것 없이 불성을 지니고 있어 미혹한 중생도 부처가 될 수 있다(성불)고 하였다. 이것의 진의란 과연 무엇인가? 인류는 그동안 선현의 가르침을 어떻게 받아들였고 해석하였는가? 이 연구도 이전까지 펼친 논거로써는 인류가 하나님의 창조 본체로부터 창조되었기 때문에 우리는 모두 하나님의 창조 본질(신성)을 간직했다고 하였다. 이런 바탕 탓에 하나님과 함께하고 일체 될 가능성을 강조한 것이다. 여기에 더하여 본 편 "개관 말씀"을 통해 각성한 '창조 본심'에 입각할 때, 인간이 불성을 가지고, 천성을 가진 것은 하나님의 혈통을 이은 **"창조 본성"**을 가진 것이고, 누구나 부처가 되고 성인이 될 수 있는 것은 진실로 인류가 차별 없이 하나님의 거룩한 자녀, 곧 하나님을 아버지로 모신 '대신성 가계 족보'의 구성원이 될 수 있다는 뜻이다. 재차 강조한다면, 성불하고 성인이 될 수 있다는 것은 인류가 빠짐없이 하나님의 자녀로 승화하고 입적할 수 있는 당위 자격을 지녔다는 뜻이다. 열린 가르침을 믿음으로 받든 자, 이 땅에 강림하신 보혜사 하나님을 인류 모두의 아버지로서 영접해야 하리라.

---

21) 『육조대사 법보단경』, 육조 혜능 술, 종보 편, 법지 역주, 운주사, 2008, p.66.

3. 자각 본성

옛날에는 선현들의 노력 탓에 인간 본성에 대한 위대한 각성과 향상이 있었다. 하지만 오늘날에 이르러서는 갈고 닦은 본성이 변질될 대로 변질되고 말았다. 노자가 일찍이 말하길, "道를 잃은 뒤에 德이 생겨나고, 德을 잃은 뒤에 仁이 생겨나고, 仁을 잃은 뒤에 義가 생겨나고, 義를 잃은 뒤에 禮가 생겨난다."[22]라고 하였다. 그렇다면 궁금한 것이 禮를 잃은 다음에 생겨나리라고 예측되는 것은? 禮로서도 본성을 지키지 못하니까 강제적인 法이 등장하였다. 인간이 法의 통제를 받게 되는 것은 스스로에 의한 자율 의지 선을 넘어선 탓이다. 본성이 자율 선을 넘어서면 타락을 法도 어찌할 수 없다. 어제도 오늘도 뉴스를 보면 저지른 죄악 사건이 끊이지 않는다. 본성이 선현들의 기대와 달리 죄악의 온상이 되어 버렸다. 본성은 엔트로피 법칙의 지배를 받는 열에너지도 아닌데, 갈수록 타락하는 이유는 무엇인가? 백약이 무효인 상황에서 선현들이 말한 위대한 본성 회복 처방들이 효력을 잃어버렸다. 어떤 종교, 어떤 성인, 어떤 覺者라도 예외가 없다. 근본된 원인 진단과 대책이 불가피하다. 본성을 자각해야 했고, 본성정립의 당위 이유와 완성 목표를 일치시켜야 했다. 각자가 옳다고 생각하고 합당하다고 판단한 길을 가리켰지만, 누구도 가리킨 초점이 명확하지 않았다. 수십억의 인구 중 하나님의 창조 본의와 창조 본심과 창조 원리를 알고 있는 자 누구인가? 모른 탓에 갈수록 길이 어긋났고, 순수했던 본성이 무질서의 증가로 타락하였다. 도대체 무엇을 각성하고 일구고 양성해야 본성을 회복하고 완성할 수 있는지 모르는데 심해지는 타락이라는 질

---

22) 『노자 도덕경』, 제38장.

병을 고칠 수 있겠는가? 갖은 처방에도 본성을 회복시킬 길이 요원하다.

혹자는 말하길, "인류 구원은 새로 어떤 성인이 나타나야만 되는 것이 아니다. 누구에게 의지할 것이 아니라 중생이 스스로 깨달아 청정한 본마음으로 되돌아가야 한다."[23]라고 하였지만, 결과는 뜬구름 잡기식이다. 스스로 깨달아야 한다고 했지만, 무엇을 어떻게 깨달아야 하는지 지침이 없고, 본마음이 왜 청정한지에 대한 설명도 없다. 알고 보면, 선현의 본성에 대한 지침도 이와 같은 식이다. 불교의 길은 성불함에, 유교의 길은 성인, 군자 됨에, 기독교의 길은 예수그리스도를 본받음에 목표를 두고 있지만, 가리킨 길과 목표와 제시한 조건이 정말 본래 본성과 일치하는가 하면 그렇지 못했다. 그러니까 본성을 정립하지 못했다. 나름대로는 완성을 목표로 세웠지만, 현대 교육은 배움 과정을 이수했을 때의 본성 모습이 눈에 보이지 않는다. 인격적, 가치적, 정신적인 완성 모습이 사라져 버렸다. 졸업장과 상급 학교 진학 자격증으로 끝이다. 본성 타락이 종교의 가르침, 성인의 가르침, 교육의 가르침으로도 어찌할 수 없게 되었고, 본성을 진작시키고자 한 의욕이 소진되어 버렸다. 타락 선을 저지하고 회복하는 방향으로 나가야 하는데, 이 같은 난제를 풀 수 있는 열쇠가 어디에 있는가? 인류가 갖춘 본성인 자녀 본성, 곧 하나님으로부터 부여받은 창조 본성을 각성하는 데 있다. **창조 본성을 자각하는 것이 모든 인류가 나아가야 할 배움과 앎의 목표이고, 창조 본성을 양성하는 것이 모든 교육과 수행의 목표이며, 창조 본성을 정립하는 것이 모든 진리 추구의 완수 목표가 되어야 한다.** 본성을 자각하는 과정을 거쳐야 본성을 변화시킬 수 있는데, 그 정확한 도달 목표가 곧 창조 본성이다. 창조 본성을 자각하면 타락한 본성을

---

23) 『부처님이 계신다면』, 탄허 저, 나가원, 2013, p.200.

전환하는 완전한 변화를 입는다.[24] 기독교인은 하나님을 아는 데 인생의 목표를 두고, 불교도는 부처님을 아는 데, 과학자는 자연 현상을 아는 데 탐구 목표를 둔다. 하지만 창조 본성을 자각하는 것은 더 우선적이고 더 근본적이다. 왜냐하면, 창조 본성을 알아야 근본으로부터 生한 삼라만상과 우주 현상에 대한 앎도 가능해진다. 구원과 영생의 길까지 더한다. 그만큼 창조 본성을 자각하고 자각하지 못함=창조 본성을 갖추고 갖추지 못함=창조 본성을 완성하고 완성하지 못함에 영향을 미쳐 본성의 추구 본질과 가치 방향과 완성 목표를 결정한다(**"자각 본성"**). 그래서 선현들은 한결같이 창조 본성을 자각하고 일구기 위해 정열을 쏟았다. 아무리 재산이 많아도, 높은 지위와 명예를 가졌어도, 그것은 본성 성취와는 거리가 있다. 아무리 많이 쟁취하고 아무리 많이 쌓아도 만족할 수 없었고, 우려와 번민이 끊이지 않았다. 하지만 창조 본성은 그렇지 않다. 창조 본성은 하나님이 부여한 신성한 자아 본성이다. 부처님은 세상 무엇보다 자신에게 숨겨진 보물부터 찾아야 한다고 설법하셨나니, 그것이 하나님이 열린 가르침으로 밝힌 본성 속에 숨겨진 거룩한 혈통 본성이다. 그런 만큼, **인류에게 부여된 자녀 본성을 자각해서 구하는 것이 앎의 궁극적 목적이고, 인생의 추구 목표이며, 삶의 가치를 완성하는 첩경이다.**

본 편 "개관 말씀"이 하나님이 이 자식에게 인간의 본성 비밀을 깨우쳐 준 역사였다면, 이제는 인류 모두가 자녀 본성을 자각할 수 있는 구체적인 방법과 목표를 제시해야 하는 것이 열린 가르침의 역할이다. 전제한 만큼 각론을 펼쳐야 하는데, 그것이 본 서술 과정이다. '창조 본심'에 입각한 자

---

24) 인간 본성은 본질로 뒷받침된 만큼, 의식의 고양 과정을 거쳐 깨우쳐야 변화를 일으킴. 이해하는 것을 넘어 깨달아야 본성으로까지 진리력이 미침.

각 목표가 바로 인간 본성이 거룩한 창조 본성으로서 하나님의 혈통을 이은 직속 본성이란 사실을 알 수 있도록 하는 것이다. **우리가 지닌 몸은 바로 하나님의 피와 사랑이 머문 거룩한 성전이다.** 더할 나위 없는 본성을 신성시하고 거룩하게 지켜야 한다. 죄악의 온상이 웬 말인가? 치열한 각성과 온전한 변화로 수호해야 한다. 인간 본성을 창조 본성으로 회복시키고 보양해서 완전한 하나님의 자녀가 될 수 있도록 열린 가르침이 길을 지침하고 인도해야 한다. 그 길은 과연 어디에 있는가? 어디서 구해야 하는가? 플라톤은 일찍이 이데아 중에서도 절대적인 선의 이데아는 현상계에 존재한 인간이 근접할 수 없다고 했다. 그러나 그런 이데아도 본의로 정위시키면 선의 이데아=하나님의 절대 본체가 되고, 이데아=창조 본체가 되며, 현상계는 존재 본체가 된다. 일련의 창조 과정을 거쳐 선의 이데아가 인간의 본성 안에 머물게 되었나니, 그것이 곧 인류의 창조 본성이다. 창조 역사로 이행된 창조 본체(하나님)와 창조 본성(인간)과의 관계를 정확하게 꿰뚫어야 선의 이데아를 근간으로 한 창조 본성을 정립하고 완성할 수 있다. 하나님의 본체에 바탕을 둔 거룩한 자녀로 승화되는 길이다. 반대로 하나님이 부여한 창조 본성이란 사실을 자각하지 못하면 어떤 경우에도 본성을 완성하고 정립할 수 없다. 이것은 지난날의 인류 역사가 증명한다. 선천 인류가 쏟은 갖은 노력에도 불구하고 거룩한 본성을 완성한 자가 몇 명이나 되는가? 예수그리스도 외에는 공자도 부처도 근접한 성인 단계에 머물렀다. 창조 본성까지는 엿보았지만 신성한 자녀 본성까지는 각성하지 못했다. 또한, 예수님은 하나님의 창조 본성은 자각하였지만, 때 이른 조건 탓에 인류 모두에게로 확대하는 데는 실패했다. 하지만 **"자각 본성"**의 정립 방향을 확인할 수 있게 된 오늘날은 선현들이 개척한 길을 바탕으로 정확하게 지침할 수 있게 되었다.

동양에서는 "사람으로서 天道에 合德한 사람을 성인이라고 했다. 誠者는 힘쓰지 않아도 알맞게 되며, 생각하지 않아도 얻게 되어 조용히 道에 알맞은 것이니, 성인이다."[25] 창조 본성, 그것이 인간 본성을 완성할 수 있는 기준이고, 인간으로서 추구해야 할 길이며, 도달해야 할 목표이다. 天道는 하늘에 있는 것이 아니다. 하나님이 나를 이루기 위해 몸소 이행시킨 나 자신이 간직한 길이다. 그래서 天道에 합덕한 사람이 성인이란 부여된 창조 본성, 곧 하나님의 창조 뜻과 본심을 깨닫고 본성을 온전하게 발양해서 완성한 사람이다. 합덕은 곧 합일이니, 천인합일은 창조 본성과 하나님의 뜻이 일치함으로써 신성하게 된 본성 경지이다. 성인은 인간이 본성을 통해 도달할 수 있는 人道의 궁극, 곧 인극(人極)에 도달한 사람이다.[26] 창조 본성을 발양해 '창조 본심'과 합일한 자이다. 기존 관점과는 해석이 다르나니, 그것은 비단 전통적인 유교적 관점에만 해당하는 것이 아니다. 선천 세계관이 '창조 본심'과 어긋난 만큼, 바로잡는 과정이 불가피하다. 『중용』에서는 "희로애락이 나타나지 않은 것을 中이라 하고, 나타나 절도에 맞는 것을 和"라고 했다(제1장). 中은 곧 부여된 창조 본성으로서 천하의 大本이고, 和는 그것이 능히 발양되어 극대화된 達道이다. 인류가 자신에게 내재한(中) 창조 본성을 완성해야 천지가 제자리를 잡고 만물도 화육한다.[27] 인간 본성은 천지창조의 최종 목적이고, 지극한 사랑을 집중시

---

25) 『중용』, 제20장. -「중용사상 연구」, 조명휘 저, 동국대학교 대학원, 박사, 1991, p.139.

26) 위의 논문, p.139.

27) "人心에 내재한 道體(창조 본성)인 탓에 미발의 中을 천하의 大本이라고 한 것임."-위의 논문, p.43.

킨 하나님의 '창조 본심'이며, 하나님의 뜻이 지향하고 있는 우주의 중심점이다. 도덕성의 원천이기도 하나니, 본성을 어떻게 창조 본성화하고 창조 뜻과 일치하는 방향으로 나가게 할 것인가 하는 것이 천지 질서를 정위하고 화육하는 길이다. 人本을 바로 세우고 정립하면 法과 形이 불필요해지며, 최후 심판을 피하는 방패막이 되므로, 곧 인류 영혼을 구원하는 든든한 기반이 된다. 치열한 각성으로 창조 본성을 정립해야 하나니, 그것이 인류가 주어진 본성으로 하나님에게로 이르는 길이고, 구원받는 직통로이다. 창조 본성을 자각하고 정립해서 하나님과 합덕하는 곳에 誠의 최대 가치가 있다. 誠은 본성과 천성 사이를 연결하는 길인 동시에 일치하는 길이다. 인류가 본성을 기반으로 나아가야 하는 추구 목표, 가치 목표, 완성 목표를 총괄한다. 궁극적인 길인 탓에 誠은 天의 道이고, 誠 되고자 하는 것은 인간의 道이다(『중용』, 제20장). 창조 본성, 그 하나님의 자녀 본성을 완성해서 인간 본성을 신성하게 해야 한다. 인간이 창조 본성을 지닌 것은 창조 뜻과 법칙, 곧 天道에 의한 것이므로 깨달은 天道, 그것만으로 본성을 완성하는 것이 아니다. 양성하기 위해 깨달음이 필요했고, 깨닫기 위해 수행을 쌓아야 했다. 깨달음을 얻고서야 본성을 완성할 수 있는 길을 얻은 상태가 된다. 그리해야 다음 단계로 그곳에 도달할 수 있는 본성 정립 과제를 수행할 수 있다.

이 연구의 역할은 天道, 곧 인류가 하나님이 부여한 창조 본성을 각성할 수 있는 길을 제시하고 안목을 틔우는 단계까지이다. 열쇠를 쥐어 주었다면 문을 열어젖히는 것은 개개인의 수행 노력에 달렸다. 자신이 지닌 창조 본성은 자신이 문을 열어야 볼 수 있고, 각자가 정립해야 한다. 그처럼 추구하고 뜻을 받드는 과정에서 하나님의 은혜로운 인도 역사가 있으리

라. 창조 본성을 양성하는 데는 이견이 있을 수 없으므로 선현들도 합심해서 길을 찾기 위해 고심하였다. 천하에는 두 道가 없고, 성인에게는 두 마음이 없나니, 창조 본성을 일구고자 하는 道와 마음 역시 그러하다. "유교학설 수천 권을 종합해 놓고 보면 존심양성(存心養性)이다. 즉, 마음을 극진히 연구하는 자는 성리(性理)를 아니, 性理를 알면 天理를 안다. 불교 학설 수천 권을 종합해 놓고 보면 명심견성(明心見性)이다. 즉, 마음을 밝혀 性을 본다는 것이며, 도교 학설 수천 권을 종합해 놓고 보면 수심연성(修心練性)이다. 즉, 닦아야 마음을 통해 본성을 보고, 본성을 보면 天理를 안다."[28] 본성을 근간으로 본성을 닦고 양성해야 진심지성(盡心知性)에 이른다. 궁극적 性인 天理, 청정한 본래 자리, 곧 창조 본성을 보고 기르고 정립한다. 본성을 정립하는 길에 수행을 쌓는 것만 한 방법이 없다. 修는 誠과 상통한다. 修는 誠을 근간으로 한다. 修와 誠으로 정진하고 본성을 갈고 닦는 것이 인간이 걸어가야 하는 正道, 正本이다. 天의 뜻(창조 뜻)을 알고 본성을 天의 뜻에 합치시켜야 한다(천인합일). 그리하면 본성의 거룩화로 하나님의 자녀다운 자격, 곧 하나님의 나라를 기업으로 물려받을 수 있다. 구원된 자로서 이 땅에서 건설할 천국 백성의 정 구성원이 된다. 天·地·人의 중심축인 人의 본성을 정립하고 완성해야 地氣와 天氣가 正大해지나니, 그곳에 하나님의 뜻과 창조 목적의 본심이 있다. 인간 본성의 최대 걸림돌인 죄악 문제가 절로 해결된다. 이 숙명의 고를 풀어내어야 인류 본성을 회복시킨 보편적인 구원길을 활짝 열 수 있게 되리라.

---

28) 『한국과 중국 선사들의 유교 중화 담론』, 문광 저, 불광출판사, 2020, p.275.

4. 선악 본성

창조 본체의 뒷받침으로 하나님의 혈통을 이은 인간 본성은 한 본질인 것이 분명한데, 이 본성이 유사 이래 선과 악으로 갈라지고 이원성을 보인 것은 이해하기 난감하다. 철학자들은 세계의 궁극적 근원이 일원론인가 이원론인가를 놓고 따졌지만, 본성도 그러하다. 이원론을 주장한 자들은 선과 악을 극한 대립 관계로 놓고, 악을 실체로 여겨 물리쳐야 할 대상으로 보았다. 일원론을 주장한 자들도 문제는 있어 본성 바탕이 본래부터 선한가 악한가 하고 다투었다. 양측 모두 타당한 이유를 내세웠지만, 고래로부터 사고적인 추정에 의한 판단이다. 현실적으로 선악은 분명히 공존하고 있으며, 갖은 대책에도 불구하고 인류 사회에서 악은 진멸되지 않았다. 모든 것이 본성으로 인해 주어진 것일진대, 선악의 진원지인 인간 본성의 본질을 꿰뚫는 것이 급선무이다. 밝힌바 본성은 본질에 근거해서 형성되었다. 그런데도 본질을 정확하게 각성한 자가 없다 보니 인간 본성을 제대로 선도한 자가 없었다. 참 본성이 가려져 있어 인류 사회의 악성화를 저지할 방도를 찾지 못했다. 엉성하게 이은 지붕에는 비가 새는 것처럼(『법구경』), 참 본성이 무엇인지 알지 못하고 바른 길로 인도하는 자가 없으니까 악성이 만연하고 말았다. 스포츠 경기는 지극히 상대적이다. 이러나저러나 결과는 같은 것이지만, 원인을 따질진대 자신이 잘못해서일 수도 있지만, 상대방이 잘해서일 수도 있다. 갈래지어진 선악 본성도 그와 같다. 본성이 정말 바탕부터 악한 탓일 수도 있지만, 본성의 참 본질이 무엇인지 밝힌 자가 없다 보니 그 틈을 타 한시적으로 악의 세력이 활개를 친 상황일 수도 있다. 곰팡이는 습도와 온도 등이 맞았을 때 발생하는 것처럼, 악한 본성도 그와 같다. 실험하는 방법에 따라 입자성을 나타내기도 하고 파동성을 나타내기도 하는 양자의 이중적 특성도 아닌 것이, 한 본질인 본성이 악성인 동시에 선성일 수는 없다. 그렇다면? 세계의 본질과 창조 원리가 그러하듯, 인간 본성도 예외 없이 일원적이다. 이 원칙을 기준으로 두고 얽히고설킨 **"선악 본성"**의 실타래를 끈질기게 풀어 헤쳐야 한다.

다시 말하면, 환경적인 탓에 본성이 변질한 것이지 본래부터 두 본성으로 갈라져 대립한 것이 아니다. 최초 본성 바탕이 악성이냐 선성이냐 하는 것은 이 연구가 최종적으로 판정하겠지만, 그렇게 하기 위해서는 근거가 되는 본성의 본질 규정 작업부터 거쳐야 한다. 그 본성 판정의 사전 절차가 앞의 자각 본성 밝힘 과정이다. 창조 본성 규정이 곧 만 가지 논리를 대신하여 선악으로 갈래지어진 인간 본성과 죄악 문제를 해결할 수 있는 비밀 열쇠이다. 창조 역사의 구심점을 창조 본성이 차지한 만큼, 세계 안에서 본성이 차지하는 역할의 중차대함을 강조한 바 있지만, 인류를 구원하는 데 있어서 차지한 역할도 가감될 수 없다. 역할 비중만큼이나 책임도 무거운 만큼, 하나님이 부여한 창조 본성을 어떻게 발양해서 정립하는가 하는 것이 그대로 개개인의 행위와 인류 역사를 심판하는 기준이 된다. 인간의 선악 본성 문제를 푸는 것은 인류를 보편적으로 구원하는 문제와 직결된 치열함, 준엄함, 철저함을 지녔다. 누가 이 문제를 풀 수 있는가? 하나님이 강림하시어 펼친 열린 말씀의 가르침이다. 온갖 이설에도 불구하고 창조 본성에 근거할진대, 하나님은 한순간도 악을 허용하지 않았으며, 저지른 죄악을 용납하지 않았으니, 본성으로부터 악성을 진멸하기 위해 노심초사하셨다. 뽑아도 뽑아도 다시 내미는 잡초를 잔디 속에서 뽑아내듯이……

그렇다면 하나님이 창조하지 않았는데 악성은 도대체 어디서 어떻게 생겨났는가? 잔디만 심었고 잔디만 자라는 푸른 마당이 되길 원했는데, 잡초는 어디서 왔고 어떻게 생긴 것인가? 이것이 인류의 선현들이 본성에 대해 고심한 중심 화두이다. 선악의 본성 본질을 규명하는 것은 현실적인 삶의 문제는 물론이고, 죽음 이후의 문제와도 연결되어 있어 종교, 교육, 철학 할 것 없이 일가견을 피력했다. 특히 유교, 기독교, 불교 영역은 주장마다 특성이 있어 논리가 정연하다.

먼저 유교 영역부터 살펴보면, 공자 이래 맹자의 성선설과 순자의 성악설이 대립하였다. 맹자는 측은지심 등 사단을 통해 인간 본성은 선한 것이라고 단정하였고, 순자는 그런 善을 인위적인 것으로 보아 인간의 본성은 악한 것이라고 하였다. 이유로서 "인간은 태어나면서부터 이익을 추구하기 마련이다. 이러한 본성을 그대로 따르면 쟁탈이 생기고 사양하는 마음이 사라진다. 사람에게는 태어나면서부터 질투하고 증오하는 마음이 있다. 이러한 본성을 그대로 따르면 남을 해치게 되고, 성실과 진의가 없어진다. 사람은 태어나면서부터 감각적 욕망이 있다. 이러한 본성을 그대로 따르면 음란하게 되고, 예의와 규범이 없어진다. 그래서 본성을 따르고 감정에 맡겨 버리면 반드시 싸우고 다투게 되어 규범이 무너지고 사회의 질서가 무너져서, 드디어 천하가 혼란에 빠지게 된다."[29] 순자가 이처럼 판단한 것은 어쩌면 당시 사회의 실상을 보고 원인을 유추한 것이리라. 결과를 보고 원인을 끼워 맞춘 격이다. 살펴보면, 과연 선은 인위적이므로 악에서 선으로 향함이 순리적인가, 아니면 선은 타고난 것인데 욕망에 침식당해 악하게 된 것인가? 물론 그런 결과를 초래하지 않도록 공히 교육의

---

29) 『순자』, 성악 편. -『강의』, 앞의 책, p.413.

필요성을 강조하였지만, 일단 본능적 방향으로서는 처음 순선한 본성이 세월을 거치면서 악해지는 것이 순리 아닌 순리 방향이다. 본래 만상의 질서는 처음 正한 질서가 흐트러지는 방향으로 진행되는 것이 원칙이다(엔트로피 법칙). 본성도 만상의 질서 안에 속한 것이라, 본성이 처음부터 악하다는 것은 본말을 전도시킨 인식이다. 성악설이 틀렸다면 성선설이 맞는다는 것인데, 그렇다고 맹자의 주장만으로 인간 본성이 본래 선하다는 것을 확실하게 밝힌 것은 없다. 아이가 우물에 빠져 있으면 누구라도 구하려고 할 것은 인지상정에 근거한 당위심이다. 한 사람이 평생 수많은 일을 행하고 이루고 잘못도 저지르는데, 그것이 모두 성선만으로 일관된 것일 수는 없다. 그러니까 중요한 것은 타고난 본성이 선할진대, 성선을 이룬 바탕 본체가 어떻게 주어진 것인지를 밝히는 데 있다. 이런 문제는 결국 창조 문제로 귀결되는 탓에 본의를 알아야 하며, 특히 인간 본성은 하나님의 창조 본심과 직결되어 있어, 때가 이르기까지는 본성의 비밀 문을 열 자가 없었다. 사고 상인 유추에 그쳤다.

이런 문제를 풀고자 인간의 본성 측면에서 성선설을 계승한 후대의 신유학(주자학, 성리학)이 성선의 유래 바탕을 하늘의 道(天道)와 하늘의 본성(天命之性)으로부터 찾은 것은 일단 최초 근원을 차원 밖에 둔 것이란 점에서는 진일보한 인식이다. 하지만 하늘의 본성으로 모든 문제를 해결하였는가 하면 그렇지 않다. 天性과 天道를 가정한 탓에 애매한 것은 마찬가지였고, 본체를 드러내지 못한 탓에 성선을 부여한 주체 행위를 밝히지 못했다. 이른바 천지창조 역사인데, 유교의 天은 어떤 주장을 통해서도 이에 대한 언급이 없었다. 바탕이 된 天의 실체가 불분명하다 보니 본성이 선한데 악이 어디에서 나온 것인지도 추적이 불분명하였다. 판단이 유동적이라, 어느 누가 옳다 그르다고 판정할 수 없었다. 이것을 오늘날 하나님의 '창조 본심'을 받든 열린 가르침이 최종적으로 결정하고자 한다. 유교에서는 인간 본성을 천명지성과 기질지성으로 나누어 성선과 성악 문제를 풀고자 하였지만, 창조 본성과 일치하는 관점이 아니다 보니 어려웠다. 악한 이유를 기질지성 탓으로 돌렸지만, 이것은 인간 본성을 이원화시킨 인식이다. 본성은 천명지성과 기질지성이 따로 존재하지 않는다. 주자는 말하길, "사람이 태어나면 性과 氣가 합쳐진다. 이미 합쳐진 것을 분석해서 말하면, 性은 理를 주로 하여 형체가 없고, 氣는 형체를 주로 하여 질이 있다."[30] 따라서 맹자의 성선설은 천명지성을 가리키고, 기질지성이 있음을 알지 못한 탓에 인성이 이미 선함에도 악이 어디에서 나오는지를 앎이 선명하지 못했다. 또한, 순자의 성악, 양웅의 선악혼(善惡混), 한유의 성삼품(性三品) 등은 모두 기질지성에 근거한 탓에 근원인 천명지성이 선하다는 사실을 알지 못했다고 비판했다. 천명지성과 기질지성을 엄격히 구별해야 비로소 원만한 해석을 할 수 있다고 본 것인데,[31] 이 또한 본의에 의해 비판받아야 할 주장일 뿐이다. 주자는 인간 본성은 理를 주로 하여 형체가 없고, 氣는 형체를 주로 하여 질이 있다고 했지만, 理와 氣와의 관계에 있어서 理가 어떻게 기질화 된 본성을 있게 한 것인지에 관한 창조 과정은 알지 못했다. 결과로서 인간 본성은 철저하게 이원적으로 구분되고 말았다. 본성은 그처럼 나누어진 것이 아니다. 理적 본체가 氣적 본체로 이행하여 化되었다. 그렇게 해서 이루어진 결과는 기질지성에도 그대로 천명지성이 함께하고 있다는 사실이다. 천명지성(창조 본체)이 인간 본성

---

30) 『주희집』, 권 44. -『유교는 종교인가(1)』, 앞의 책, p.103.

31) 위의 책, p.103.

으로 化하는 과정에서 기질지성으로 특성화되었다. 그래서 기질지성이 악의 근원이고 악을 유발한 온상이라고 말한 주장은 잘못이다. 초점이 틀린 만큼, 선악 본성 문제를 원만히 해결한 것이 아니다. 하나님이 완전하심같이 완전한 본성이 기질화된 창조 본성에 있어서 하자는 없다. 그래서 하나님은 하나님의 완전하심같이 너희도 완전하라고 하셨다.

그런데도 해결하지 못하고 있는 악성 문제는? 본성을 양분한 조건 안에서는 근거가 없으니까 조선의 성리학자 율곡은 악의 출처를 다시 理에서 구했다. 유교에서는 인간 본성의 근원을 우주적 본성(천지지성)에 두고, 우주적 본성을 부여받은 것이 인간 본성이라고 하지만, 문제는 본성이 아니고 함께 부여받은 육신이다. "우주적 본성이 육신의 욕구로 뻣뻣이 굳고, 성격의 편향으로 가려져 본래의 빛과 힘(본연지성=천지지성)을 자유로 발현하지 못한다."[32] 육신 안에서 악이 유발되는 소이는 氣가 고르지 못한 탓인데, 그 원인이 바로 理에 있다. "理가 그렇지 아니한데 氣만 홀로 그러한 것은 아니다."[33] "氣를 타고 유행하는 발용의 과정에는 理에도 악이 있다."[34]라고 하였다. "氣의 고르지 못한 악의 유발 원인을 理에 근거를 둔 논지는 결국 악의 속성이 인간 존재에 본성적으로 있음을 인정한 것이다."[35] 이 같은 율곡의 주장이 왜 문제인가 하면, 악의 유발 원인을 理에 두고 그 같은 악의 속성을 인간 본성이 타고났다고 본 견해에 있다. 이것은 잘못은 인간이 저질러 놓고 결과를 남 탓으로 돌린 격이다. 흠결을 지

---

32) 『조선 유학의 거장들』, 한형조 저, 문학 동네, 2008, p.37.

33) 『율곡전서』, 권 10. -『인성교육의 철학적 성찰』, 앞의 책, p.146.

34) 위의 책, p.138.

35) 위의 책, p.146.

닌 理가 어떻게 인간의 잘잘못을 지적해서 일깨울 수 있겠는가? 다시 말하면, 세상에 만연한 죄악을 심판할 주체가 사라진다. 전적으로 창조 본의와 창조 본성에 무지한 탓이다. 理에 바탕을 둔(하나님의 몸 된 본체=창조 본체) 인간 본성은 순선함 그 자체이다. 당연히 기질로 化한 인간 본성 또한 바탕이 된 근본이 순선한 데는 변함이 없다. 그런데도 부여받은 육신의 성향이 기질적으로 고르지 못한 것은 개개인의 수행 여부 탓이고, 자체가 일으킨 원인 탓이다. 당연히 氣를 정위시키지 못해 악을 유발시킨 책임은 전적으로 인간에게 있다. 그래서 하나님은 창조주답게 인간 죄악과 인류 역사를 심판할 수 있는 완전한 권능자이시다. 심판받아야 할 대상과 기준이 명백하다. 인류가 하나님의 '창조 본심'을 자각하고, 부여받은 창조 본성을 얼마나 발양, 수호해서 거룩함을 견지하는가가 관건이다.

氣가 고르지 못한 것은 본체의 본성 상태가 아니다. 각성과 갈고 닦은 정도에 따라서 얼마든지 기질을 고를 수 있다. 부정적으로 생각하는 육신의 욕망이라는 것도 그것은 인간의 삶에 있어 필요한 탓에 하나님이 부여한 본성이다. 그런데 대다수 인간이 평정심을 잃고 절제하지 못한 탓에 잘못된 결과를 낳고 있다. 본성을 손바닥 뒤집듯 바꿀 수 있는 것은 원인이 결코 理가 기질화되어서인 것이 아니다. 어제까지는 선인인 사람이 한순간의 잘못으로 악인이 되고 마는 것이 인간 실존의 냉엄한 현실이다. 본성이 지닌 가변성을 주시해서 마음을 다잡아야 죄악의 수렁에 빠지지 않는다. 달리는 말 위에서는 말과 혼연일체가 되어야 하는데, 정신을 팔고 있으면 낙마하는 것처럼, 삶의 현실은 치열하다. 저지른 일체 죄악은 인간 자신이 저지른 것이다. 깨닫고 깨닫지 못함도 자기 탓이고, 선악의 갈림길에서 방황하는 것도 자기 책임이다. 선택과 판단에 대한 책임 소재는 분명하다. **본성으로부터 순선한 도덕성을 일으켜 그것을 지상 명령[天命]으로 받든 자는 성인이 되었고, 순선한 도덕성을 사장하고 욕망으로 채운 자는 악인으로 전락하였다.** 理는 하나님의 순선함을 이은 창조 본성이 전부라, 일체 도덕성의 발로가 여기에 근거했다. **하나님의 신성한 神적 본질이 인간 본성을 통해 의롭게 승화된 것이 인간이 본유한 도덕성이다.** 도덕적 본성의 근원, 그 정확한 소재가 창조 본성에 있다. 理=도덕성=창조 본성=一心이다. 두 갈래로 갈라진 선악 본성이 아니다.

그렇다면 유교인들이 사단(仁義禮智)의 발단 근거를 理에 두고, 七情(喜·怒·哀·懼·愛·惡·欲)의 발단 근거를 氣에 둔 이유는 무엇인가? 말 그대로 "사단의 발현은 순수한 理인 까닭에 선하지 않음이 없고, 칠정의 발현은 氣와 겸하기 때문에 선악이 있는 것인가?"[36] 이렇듯 인간 본성을 理와 氣로 구분하고, 다시 사단과 칠정으로 나눈 것은 더 근원 된 창조 본의를 알지 못한 탓이고, 이런 조건으로서는 누구도 주리론 대 주기론, 그리고 사단칠정 논쟁을 판가름할 수 없다. 하지만 본의에 근거하면 사단은 물론이고 칠정도 인간다운 본성 발현을 위해 하나님이 부여한 본성이 된다. 오직 한 근원으로부터 기질화 된 것이나니, 理로부터 化된 본성을 어떻게 각성하고 조절할 수 있는가 하는 것이 관건이다. 망상을 물리치고 육신의 욕망을 조절할 수 있는 수행 정신으로 하나님이 부여한 거룩한 본성을 지킬 수 있는 인류의 도덕성 수호 책임이 막중하기만 하다.

다음은 기독교 영역이 인간의 본성을 어떻게 바라보고 선악 문제를 해결하고자 했는가에 대해 살펴보면, 기본적인 접근 틀은 유교와 비슷하다. "인간이란 무엇인가에 대해 중세 가톨릭이 내린 답은 인간은 하늘과 땅

---

36) 『철학 콘서트(1)』, 앞의 책, p.170.

사이에서 한편으로는 神의 형상을 한 존재이고(=천지지성), 또 한편으로는 죄인이다(기질지성). 최고의 창조물인 인간은 완전하지만, 동시에 낙원 추방과 물려받은 죄 때문에 神의 뜻을 따르는 삶에 있어 방해되는 욕망으로 가득 찬 존재이기도 하다."[37] 인간이 가진 선악 본성을 따로 구분해서 인식한 것인데, 유교는 악의 유발 원인을 기질지성 탓으로 돌렸지만, 기독교는 낙원 추방과 물려받은 죄(원죄) 탓이라고 본 차이가 있을 뿐이다. 창조 본성을 천지지성과 神의 형상을 한 존재라고 한 것은 같지만, 유교처럼 죄인 된 원인을 원죄 탓으로 돌린 것은 근본적인 문제를 지녔다. 기독교에서는 아담과 이브가 인류의 원조상이라고 믿는 탓에 원죄라고 일컫지만 원죄, 그것은 창조 본성이 아니다. **神의 형상을 갖춘 본성, 그것이 원본 본성이다.** '왜 하나님이 완벽하게 창조한 인간의 본성이 악성으로 돌변하였는가'라고 했을 때, 기독교가 봉착한 문제도 유교와 비슷하다. 단지 해결하고자 한 실 가닥을 원죄로 돌린 것이 다를 뿐…… 원죄를 저지른 것도 하나님이 조건을 단 선악과를 따먹은 탓으로 돌리고, 벌로서 낙원으로부터 추방당한 것은 책임 소재를 분명히 한 것이다. 그런데 문제는 **창조 본성과 원죄 본성에 있어서 창조 본성을 발양시켜 원죄 본성을 회복시키는 데 주력하지 않고, 원죄 의식 자체에 사로잡혀 창조 본성을 가려버렸다는 사실이다.** 가린 것을 넘어 전혀 엉뚱한 방향으로 해석해서 교리화했다. 이런 점에서 기독교는 선천 종교답게 인류의 보편적인 구원 목표 달성에 있어 한계를 지녔다. 이런 사실을 지적하고 시인해야 원죄 의식을 물리치고 창조 본성을 회복할 수 있다.

원죄 의식을 근간으로 한 기독교 신앙의 교리화 작업은 예수님의 십자

---

37) 『중세로의 초대』, 호르스트 푸어만 저, 안인희 역, 이마고, 2007, p.42.

가 희생 의미를 해석한 바울로부터 비롯되었다. "사도 바울은 인간은 다 죄인이며, 한 사람도 의로운 사람이 없다고 말한 것은 타락 후 아담이라고 하는 인간, 그 아담을 인류의 시조로 여긴 탓이다."[38] 무엇이 문제인가 하면, 맹자처럼 타락 이전의 성선이 아니고 순자처럼 타락 이후의 성악을 인간 본성의 근거로 삼은 데 있다. 그러니까 성선보다 성악으로 인한 죄인 됨에 얽매일 수밖에 없다. 이로 인해 인간이 기독교 신앙 탓에 오히려 창조 본성과 거리가 더 멀어져 버렸다. 초점이 어긋나 있다 보니 창조 본성을 회복하고자 한 이후의 과정도 본의와는 거리가 먼 억지 논리가 되어버렸다.

> "그리스도는 영원 전부터 선재하는 神적 존재지만, 인간의 몸을 입고 이 세상에 나타나 기적을 행하며 귀신을 쫓아낸다. 그는 인류의 죄를 용서하기 위해 죽임을 당하고 사흘 만에 부활해 하늘로 돌아간다. 역사의 마지막에 그는 구름 타고 이 세상에 다시 오시어 모든 죽은 자들을 일으켜 최후 심판을 할 것이다. 이를 통해 의인은 영생을, 죄인은 지옥에서 영원히 고통을 당할 것이다."[39]

예수님이 영원 전부터 존재한 분이고, 神적 본질을 소유한 분으로서 성육신한 것은 맞다. 그런 독생자가 공생애를 통해 많은 기적을 행하다 반대자에 의해 죽임을 당한 것 역시 성경에 기록된 바대로이다. 하지만 인류의 죄악을 용서하기 위해 죽음을 감수했다는 것은 제삼자인 바울이 예수의 희생 의미를 의로 승화시킨 주관적 해석이다. 그것을 이 연구가 하나님

---

38) 『부처님이 계신다면』, 앞의 책, p.252.

39) 『신약성서와 실존』, R. Bultmann 저, 유동식·허혁 역, 대한기독교서회, 1997, pp. 10~18.

의 창조 본의에 근거해서 다시 판단할진대, 예수의 죽음으로 확실하게 적시된 것은 바로 인간이 저지른 죄악 행위 자체이다. 또한, 메시아가 강림하길 밤낮으로 기도해 놓고 정작 오고 나니까 알아보지도 못한 무지에 있다. 때늦은 후회와 반성을 유발하고자 대신 희생된 것이라고 하지만, 그렇다고 하나님이 부여한 창조 본성이 무엇인지, 어떻게 해야 원본성을 회복할 수 있는지에 대한 언급은 전혀 없다. 하나님이 용서하면 저지른 죄악이 눈 녹듯 사라진다, 혹은 다시는 기억하지 않는다고 하지만, 그것도 어디까지나 본래 갖춘 창조 본성을 회복한 상태는 아니다. 전적으로 하나님의 권능에 의탁한 구원 방법이라, 믿음으로 죄의 굴레를 벗고 약속된 영생을 보장받은 자가 소수에 불과했다. 그리고 최후 심판 결과로 의인은 영생을, 죄인은 지옥에 떨어질 것이라고 했지만, 한 본성을 가진 인간을 무 자르듯 의인과 죄인으로 나누어 심판한다는 것은 무리이다. 누가 무엇을 기준으로 선인과 악인을 구분할 것인가? 이것은 기독교란 종교 역시 본의와 본심을 알지 못해 인간 본성을 칼 잡은 자가 마구잡이로 휘두르듯 흑백논리로 접근한 것이다. 창조 본성을 회복하고자 하는 노력과는 거리가 멀다.

인류는 아담에 이어 예수까지 두 번이나 죄악 본성을 확증했지만, 기독교는 선악 본성 문제를 본질적으로 해결하지 못했다. 죄악 본성을 극복한 보편적 구원 목적을 달성하지 못했다. 원죄와 대속을 통한 속죄 교리는 모두 창조 본성과 동떨어졌다. 근대 학자들은 본성적 요인뿐만 아니고 사회가 지닌 다양한 문화적 요인까지 선대에서 후대로 대물림된다는 유전적 관점을 주장하고 있는바, 원죄도 알고 보면 그와 같은 이유 탓일 수도 있다. 대대에 걸쳐 조상의 피를 이은 탓에 조상이 저지른 죄악 본성도 현대를 사는 우리의 핏속에 섞여 있을 수 있다. 그런데 그 같은 판단이 첫 단추부터 잘못 끼운 오판이었다면? 죄악 본성이 유전적이라고 해도 **인간의 원본 본성 출처는 아담과 이브에게 있는 것이 아니고, 하나님의 몸 된 본성 바탕에 있다.** 이 중차대한 사실을 원죄 교리에 집착한 기독교 교회가 볼 수 없도록 가로막아 버렸다. 그런데도 기독교가 끝까지 이 교리를 고집한 것은 죄악 이슈를 교회 존립의 이유로 삼은 데 있다. 죄악 문제를 원천적으로 해결하고자 한 노력은 타당하지만, 방법 면에서는 핵심을 잘못 짚었다. "태어나기 전부터 지은 죄라면 현세와 무관할뿐더러"[40] 그때로부터 소급해서 책임을 묻는다면 최후 심판 기준도 모호해진다. 자칫하면 하나님이 아버지로서 인류를 구원하고자 한 일체 노력까지 수포가 되고, 저지른 원죄를 여태껏 소멸시키지 못한 책임이 하나님에게로 전가될 수 있다. 본의와 크게 어긋나 있는데도, 진정한 본성 문제를 해결하기보다는 아무도 빠져나갈 수 없도록 원죄란 올가미를 씌워 인간을 모두 죄인으로 규정함으로써 교회만이 하나님의 권능으로 구원할 수 있도록 하였다. 원죄 교리로 철저히 한 사람도 교회가 쳐 놓은 그물망을 빠져나올 수 없게 하였지만, 그렇다고 교회가 인류를 죄악의 굴레로부터 모두 해방한 것은 아니다. 오히려 원죄로 옭아맴으로써 인류 영혼이 순선한 창조 본성을 볼 수 없도록 앞장서 가로막은 격이다. 지적한바 바울의 대속 교리 탓에 심화되었다. 예수가 인류가 저지른 죄악을 대신해서 짊어지고 희생한 탓에 인류가 구원을 얻게 되었고, 그런 이유 탓에 예수님을 믿고 그를 신앙으로 받든 교회를 통해서 하나님으로부터 구원받을 수 있다는 주장인데, 이것은 사실상의 창조 본성과 무슨 상관이 있는가? 다시 말해, 교회 존립을 정당화하는 것 외에 선악 본성 문제를 해결하는 것과는 초점이 어긋나도 크게 어

---

40) 『사람이 알아야 할 모든 것 철학』, 남경태 저, 들녘, 2007, p.155.

굿났다. 그것보다 인류가 왜 하나님의 아들을 죽음에 이르게 했는가에 대한 죄책감과 자기반성의 기회를 부여함이 우선이고, 그리하여 인간 본성을 되돌아보게 하는 대대적인 자성 기회를 얻게 함이 과제이다. 그래서 열린 가르침은 본의에 근거해서 강림하신 예수님을 분별하지 못한 무지를 깨우쳐 다시는 어리석은 역사를 되풀이하지 않도록 유념하고, 가로막힌 장애물을 걷어내어 하나님이 부여한 참 본성을 볼 수 있도록 영적 안목을 틔우는 데 주력해야 한다. 기독교는 예수의 십자가 희생 의미를 예수 자체의 실존성에 두지 않고 관념적으로 해석한 의미를 섣불리 교리화했다. 대속과 용서 이전에 인간이 저지른 죄악에 대한 잘못을 적시해서 책임을 철저하게 물어야 했다. 그리고 심판으로 경고해야 했다. 그런데 반성과 회개 절차를 거쳐 본성을 정화하고 정립한 결과를 도출하기도 전에 예수님이 죄악을 대신 짊어졌다고 선언해 버린 탓에, 진정성을 믿음으로 따른 자가 절반에도 미치지 못했다.[41] 부족함이 있다 보니까 죄악 본성이 남아 있어 예수님의 십자가 희생 의미를 폄하하는 자들이 태반을 넘었다. 그래서 예수님과 교회를 통한 구원의 길이 오늘날에 이르러서는 결국 폐쇄되고 말 지경에 이르렀다. 그러니까 구원의 길이 트여 있는데도 세상에는 죄악이 만연하였고, 구원되는 자보다는 타락하는 자의 수가 더 늘어난 상태이다. 이 같은 문제 원인이 바로 하나님이 부여한 창조 본성에 무지했고, 본성을 각성시킬 일깨움 역사가 없었다는 점에서 이 연구가 열린 가르침으로 중차대한 임무를 수행하고자 한다.

神 중심의 종교관과 인간관의 전통을 이은 기독교 신앙은 하나님을 바라보고 예수의 십자가를 통해 구원의 길을 찾을 것을 강조하였다. 하나님

---

41)　본성의 본질적 회복을 통한 구원 아니고, 믿음을 통한 관념적 구원에 머묾.

이 왜 독생자를 희생시킨 것인지 본보기를 통해 하나님이 인류를 얼마나 사랑하셨는지에 대한 의미를 새기고, 우리의 목전에서 십자가에 달린 예수님을 보고 회개해야 한다고 했다.[42] 모든 것이 神과 그리스도를 통해서이고, 신앙의 수호자인 교회를 통해서이다. 그런데 동서양의 문화 교류가 활발해진 오늘날 서구 사회에 선불교가 소개되자 정신과 禪 문화를 완전히 새롭고 신선한 충격으로 받아들였다. 인간의 근원적이며, 본래 청정한 지혜인 禪을 통하여 스스로 사유하여 자아의 무한한 가능성을 개발하고 창조적인 인간으로서 삶의 가치관을 되찾을 수 있다는 주장은 기독교와는 전혀 다른 종교 신앙관이다.[43] 이 연구도 결국은 인간이 본유한 창조 본성을 일깨우고, 본의에 근접한 구원 방식이란 것을 강조하는 중이거니와, 그런 측면에서 불교 영역은 전에 보지 못한 새로운 가치를 서구 사회에 전달할 수 있었다. 기독교인도 이제는 정말 자신의 본성을 들여다보아야 할 때가 되었으니, **神과 십자가만 쳐다보고, 교회 안에만 구원이 있다고 고집하지 말고, 자기 본성을 들여다보고 그 안에서 하나님이 부여한 창조 본성(신성)을 발견할 수 있어야 한다.**[44] 그리해야 비로소 신인합일에 도달하여 영생을 보장받는 구원의 길을 틀 수 있다.

또한, 불교도도 본의를 깨달아 본심을 밝힌 하나님의 열린 가르침을 받들어야 한다. 불교가 바라본 인간이 왜 무명 속에 휩싸이고, 욕망의 늪을 헤어나지 못하는지에 대한 원인 진단은 논리정연하다. "인간은 본디 佛性을 안고 태어나는데, 무명이 둘러싼 껍데기로 인하여 진리를 보지 못한

---

42) 『신학 논쟁』, 앞의 책, p.220.

43) 『선불교 개설』, 앞의 책, p.11.

44) 기독교+불교=하나님+미륵불=미륵불 보혜사.

다."[45] 결론에 이르기 위한 전제와 기본적인 접근 틀은 유교도 기독교도 불교도 유사하다. 본디 불성을 가졌다는 전제는 유교의 천지지성, 기독교에서 하나님의 형상을 닮았다는 것과 같다. 그런데 왜 참 본성을 보지 못하고 깨닫지 못해 성악, 죄인, 무명에 휩싸였는가? 미혹한 망상에 사로잡힌 탓이고, 사로잡힌 원인은 헛된 욕망에 집착한 탓이다.[46] 그래서 무명을 벗어나는 방법으로 불교는 수행을 통한 깨달음과 깨달음을 통한 해탈 경지를 제시했다. "범부는 성체(性體)가 혼연한 우주의 진면목, 시간과 공간이 끊어진 마음의 본체를 알지 못하고 밤낮 희·노·애·구·애·오·욕이란 七情에 끌려다닌다."[47] 그래서 깨달음 즉, 마음의 본체를 깨달아야 무명의 시절 본성 속에 자리 잡은 악성을 끊고 끝없는 윤회로부터 해탈하여 본래의 불성을 회복하는 성불이란 완성 목표를 달성한다고 했다. 그 성체가 혼연한 우주의 참모습을 말했지만, 성체가 지닌 참 본성이 무엇인지는 확실하게 밝힌 覺者가 없다. 해탈한 본성 상태가 어떤 것인지, 성불의 진정한 의미가 무엇인지, 인간은 왜 깨달음을 위해 수행을 쌓아야 하는지, 깨달음에 대한 당위 목표까지는 제시하지 못했다. 이유가 어디에 있는가? 누구도 성체가 혼연한 우주의 참모습이 무엇인지, 그리고 마음의 본체가 무엇인지 알지 못하고, 중심을 초점 잡지 못해서이다. 이것을 해결해야 인류의 영원한 정신적 과제인 선악의 본성 문제를 풀 수 있는 열쇠를 구할 수 있다. 그것은 과연 무엇인가? 그곳에 천지가 간직한 태초의 창조 비밀과 인류가 간직한 태생의 비밀이 함께한다. 하나님이 천명한 바이고 열

---

45) 『철학 콘서트(1)』, 앞의 책, p.91.

46) 『반야심경』, 지뿌 저, 일빛, 2015, p.55.

47) 『한국과 중국 선사들의 유교 중화 담론』, 앞의 책, p.286.

린 가르침으로 지침한바 하나님이 부여한 창조 본성=자녀 본성이란 사실을 자각하고 뜻을 받드는 데 있다. 이처럼 본성을 각성하면 얽히고설킨 선악 본성의 실마리를 한꺼번에 풀 수 있다. 본성을 각성하고 일구어야 죄악을 물리치고 거룩한 본성을 회복할 수 있으며, 보편적인 구원의 길을 활짝 열 수 있다. 참 본성에 초점을 맞춘 요지를 한마디로 말하면, 인류는 모두 하나님이 지극히 사랑한 직속 자녀란 사실이다. 다시 말하면, 인류 사회는 하나님을 아버지로 모신 대동의 가족 사회이다. 지난날은 이 같은 참 본성을 보지 못하고 알지 못하고 초점 잡지 못한 탓에 인류 사회에 애통함이 끊이지 않았고, 인간 죄악이 근절되지 않았다. 따라서 죄악 본성을 소멸할 참 본성을 깨우치면 본래 주어진 거룩한 본성을 회복하고, 거룩한 본성이 자리 잡은 인간 본성 속에서는 더 이상 죄악이 움틀 수 없게 되리라.

하나님이 이천 년 전에 사랑하는 독생자를 이 땅에 보내어 희생시킨 것은 예수님만 독생자가 아니고, 모든 인류가 사랑하는 자식이기 때문에 고난(희생)을 감수하면서 첫아들을 보낸 것이고, 이천 년이 지난 오늘날은 하나님이 직접 강림하시어 위대한 말씀의 가르침으로 타락한 인류의 본성을 대대적으로 일깨워 하나님에게로 인도하고자 하신다. 하나님이 태초에 천지를 창조하셨을 때는 보시기에 좋았을 만큼 至善하였다. 그런데 세월이 흐르면서 인류는 왜 타락하였고, 세상에는 죄악이 난무한 것인가? 물론, 기질지성 탓이고 원죄 탓이고 무명 탓일 수도 있지만, 더 근본적인 원인은 하나님의 창조 뜻(본의)과 하나님이 인류를 창조한 목적과 부여한 창조 본성을 알지 못한 탓이다. 이 같은 무지가 지속되므로 급기야 인류가 자력으로서는 헤어날 수 없는 위기에 봉착하였다. 인간 죄악의 대부분은 욕망과 집착 때문일 수도 있지만, 본능적 욕망과 집착을 벗어나지 못한 원인은 바로 '창조 본심'에 대해 무지해서이다. 그래서 이 같은 무지를 깨우치는 데 위대한 말씀의 가르침이 있거니와, 인간은 창조 본성을 간직했고, 창조 본성은 하나님의 창조 본체에 근거한 자녀 본성인 만큼, 인류가 추구하고 완수해야 할 삶과 역사의 완성 목표는 명확하다. 어떻게 수행으로 창조 본성을 일깨우고 교육으로 인류 영혼을 선도할 것인가 하는 것이 중요할 뿐이다.

하나님은 인류를 자식으로 사랑한 참 아버지이시다. 하나님의 권능이 아무리 절대적이라도 아담과 이브가 말씀을 어겼을 때 아직은 참뜻을 다 이해할 수 없는 자식이란 사실을 알고 추방은 했지만, 정녕 죽으리란 벌은 유예하고 용납하셨다. 유대인들이 독생자를 십자가에 매달았을 때도 하나님은 인류 심판을 유예하셨고, 오히려 대속이란 보편적인 죄사함(용서)의 길을 허용하셨다. 왜냐하면, 그렇게 해도 인류가 자신의 참 본성을 깨닫기까지는 세월이 필요했기 때문이다. 하지만 하나님이 이 땅에 오신 지상 강림 역사시대에는 세계적 조건이 전환되었나니, 하나님은 인류가 하나님의 자녀란 사실을 밝히고 깨우치기 위해 열린 가르침의 문을 여셨다. 그러므로 하나님의 자녀 된 인류는 모두 열린 가르침을 받들어 참 본성을 각성해야 한다. 그리해야 본성 속에 자리 잡고 있는 죄악성을 떨쳐내고, 하나님의 품 안으로 돌아갈 수 있는 구원의 문을 활짝 열 수 있게 되리라.

제63장 인류 구원 열쇠

1. 구원 의지

이천 년 전의 예수그리스도는 삶의 현장에서 가난하고 핍박받는 자들을 위하여 기도하고, 그들에게 팔복을 약속하셨다. 하지만 그와 같은 처지에 있는 현대인이 얼마만큼 팔복(八福)을 기대하고 또 실감하고 있는지는 의문이다. 팔복은커녕 "현대인은 많은 사람이 자기 주변에 있음에도 고독을 느낀다. 전통적인 부계 중심의 사회가 허물어지고, 가정이 점점 더 핵가족화 되는 등 급격하게 변화된 사회적 조건 속에서 한 사람의 죽음은 점점 더 개인적인 일, 사적인 일로 위축되고, 사회 공동체 영역에서 개인의 사적 영역으로 배제되었다. 고독을 이기지 못한 노인들이 스스로 목숨을 끊어도 자신과 무관한 일로 간주하고 조금도 관여하지 않는 사회, 많은 사람이 고통 받고 죽고 있지만 '죽음이 없는 사회'가 오늘의 현대 사회이다. 세계 인구의 절반에 가까운 사람이 대도시에 사는 환경 속에서 개인의 익명성과 극도의 개인주의, 이웃에 대한 무관심과 무감각, 사회의 비인간성, 고독과 불안, 사회 범죄 증가 등으로 말미암아 현대 사회는 점점 더 어두운 사망(죽음)의 음침한 골짜기로 변하고 있다."[1] 정말 실감할 수 있는 구원의 손길과 팔복 약속이 사회 어디에 있는지 되묻게 한다. 이 같은 지경

---

1) 『죽음과 부활의 신학』, 앞의 책, p.80, 63.

인데도 여기에 대한 책임 소재는 불분명하다. 순전히 인간 개인의 잘못 때문인가? 약속을 담보로 교회 체제를 유지하고 있는 종교 집단의 잘못인가? 아니면 정말 神이 부재해서인가? 하나님이 인류를 구원한다고 천명하였는데, 도대체 무엇을 구원했다는 것인가? 인류의 고통과 한숨이 극에 도달했는데, 이때 이 순간 구원의 손길이 나타나지 않는다면 장밋빛 약속이 무슨 소용이 있는가? 어떤 경우에도 그렇게까지 되면 되겠는가? 그래서 하나님이 이 땅에 강림하시어 바야흐로 인류 구원이란 대장정 역사를 펼치고자 하신다. 본격적인 출발은 '길의 완수 역사'로부터이고(2019년), 본 "세계교육론" 저술은 전반적인 섭리 노정 중에서 서막에 해당한다. 본 편의 "개막 간구"에서 기도하길, 오늘날의 종말 상황을 극복할 수 있는 구원 역사의 방향과 추진 목적에 대한 하나님의 의지 표명이 있길 기도했거니와, 그런 구원 역사의 근본적인 출발이 인간의 본성으로부터 시작된다. 근본 바탕인 본성을 구원해야 그를 기반으로 영혼-가정-사회-민족-인류 사회를 구원하는 방향으로 나갈 수 있다. 그래서 가정으로부터 인류 구원까지는 차후 저술 과제로 돌리고, 본 편에서는 주제 그대로 본성 구원에 주력하고자 한다.

이에, 하나님은 장차 이루실 구원 역사의 방향과 추진 목적에 대해 어떤 적극적인 의지를 표명하셨는가? 확증할 만한 응답 역사가 있는가? 분명한 천명 말씀의 역사가 있었으니, 그것이 인류의 구원 섭리 실마리를 푸는 핵심 열쇠이다. 결자해지(結者解之)라, 창조의 비밀 문을 열 열쇠를 손에 쥐었기 때문에 창조 역사 이후로 헝클어진 인류의 구원 문제를 풀 열쇠도 하나님이 간직하고 계시다. 그것이 밝힌 바대로 인류가 자체 본성 속에 간직한 거룩한 보물, 곧 창조 본성이 하나님의 본체에 근거한 자녀 본성이란 사실이다. 창조 본성에 대해서는 다양한 이름으로, 혹은 특성으로 말한 성현, 覺者가 있었다. 하지만 창조 본심만큼은 하나님이 아니면 밝힐 수 없다. 그 비밀 열쇠를 때가 이른 오늘날 내어놓으신 것이라, 그것이 곧 인류를 종말 상황으로부터 건져낼 구원 역사의 시작이다. 창조 본성을 자각하지 못한 무지 탓에 방황과 죄악을 저질렀고, 하늘에 침을 뱉는 행위를 서슴지 않았지만, 깨닫고 나면 상황이 달라진다. 새로운 神人 관계 정립으로 이전에는 등을 돌리고 있었지만, 이제는 필연적인 관계, 끊을 수 없는 혈연(필연)관계로 맺어진다. 아담이 무슨 잘못을 저질렀고 어디에 숨어 있는지 몰라서 "아담아, 아담아" 하고 찾았겠는가? 인류가 여태껏 당한 고통과 저지른 죄악 상황을 몰라서 기다리고 또 기다리셨겠는가? "사람이 무엇이관데 主께서 저를 생각하시며, 인자(사람의 아들)가 무엇이관데 主께서 저를 권고하시나이까(시, 8 : 4)"라고 했을 때, 하나님은 밝힐 때가 되지 못한 탓에 가슴 속 말씀을 참았다. 장자의 비유처럼, 오래전에 집을 나간 아들이 가진 재산을 탕진하고 궁핍해졌을 때 아버지가 그 아들을 사방으로 수소문해 데리고 와서는 때가 될 때까지 아버지의 집이란 사실과 아버지란 사실을 감추어 두었던 것처럼…… 하지만 이제는 몸과 마음마저 멀어진 잃어버린 자식을 되찾아야 할 때가 되었기 때문에 말하지 못한 본심 비밀을 밝히셨다. "主께서 저를 이렇게까지 생각해 주시며, 저를 이렇게까지 돌보아 주십니까?" 조건 없이 은혜 주신 이유를 이제는 알 수 있다. 그분을 主라고 불렀는데, 그 主가 다름 아닌 나의 아버지였다는 사실을…… 그래서 본성에 관한 비밀 하나만 알면 본성으로 인해 생긴 일체 번민과 본성으로 인해 저지른 일체 죄악 문제를 해소한다. 왜 하나님이 직접 강림하시어 인류를 빠짐없이 구원할 역사 의지를 본격적으로 발동한 것인가? 마음으로 원한 자식을 인류로 두었기 때문이며, 사랑의 결실로서 길렀기 때문에 더 이상 지체할 수 없는 피폐함을 막을 준엄한 본성 회복 역사를 펼치기 위해서이다. 그래서 오늘날 하나님이 강림하시어 펼치고자 하는 인류 구원 목표는 지극히 보편적이다. 아기는 수시로 돌보고 젖을 때맞춰 먹여야 잘 자라는 것처럼, 하나님도 창조 이래 쉬지 않고 구원 역사를 주관하셨다. 하지만 오늘날은 기존에 역사한 구원 방식으로서는 임계 수치를 넘어섰다. 구원할 수 있는 자의 수보다 타락하는 자의 수가 더 늘어났다.

부모로서는 잘난 자식도 내 자식이지만 못난 자식도 내 자식이다. 손가락은 열 개이지만 깨물면 아프지 않은 손가락이 없다. 하나님의 인류 **"구원 의지"**도 그와 같다. 깊은 뜻은 바로 하나님이 인류를 자식으로서 사랑한 마음에 있다. 그래서 "세계교육론"도 일관되게 보편적인 인류 구원 의지를 표명했거니와, 이 같은 구원 역사 의지 천명은 바로 하나님이 아버지로서 가진 인류 사랑에 대한 의지 표출이다. 즉, 하나님이 인류를 자식으로서 차별 없이 사랑하고자 한 아버지의 완전한 사랑이시다. 따라서 인류도 이 같은 하나님의 보편적인 구원 뜻과 의지를 지난날의 섭리 역사를 통해 직시해야 하나님과 인류가 뜻을 합한 구원 문명 세계를 이 땅에 건설할 수 있다. 구약시대는 하나님이 이스라엘 민족을 사랑하고, 이스라엘 민족에게 축복 내리고, 이스라엘 민족을 구원할 것을 약속한 것으로 믿고 있지만, 하나님이 인류를 지은 '창조 본심'을 밝힌 오늘날에 있어서는 그 같은 믿음은 부모인 하나님의 보편적인 인류 구원 뜻을 정면으로 거스른 것이 된다. 하나님의 인류 구원 뜻을 실감해서[2] 받드는 그곳에 인류가 앞으로 나아가야 할 신앙의 正道가 있다. 강림하신 하나님은 각 민족과 각 나라가

---

2) 하나님은 천지 만물을 창조한 만유의 하나님이고, 만 인류를 구원할 만유의 主이심.

규제하고 통제하기 위해 막아 놓은 일체 편견의 벽과 오판의 벽을 허물고, 하나님에게로 다가갈 수 있는 길을 선도하고자 하신다.

마치, 하나님이 모세를 앞세워 이스라엘 민족을 바로의 압제로부터 탈출시켜 젖과 꿀이 흐르는 가나안 땅으로 인도하셨듯, 지난날은 소크라테스와 플라톤을 통하여 이방인을 그리스도에게로 인도하셨고,[3] 오늘날 강림하신 하나님은 세계 각처에서 각 민족과 그들이 숭앙하는 더 많은 이들을 앞세워 인류가 하나님과 함께할 수 있도록 구원의 터전을 마련하시리라. 하나님의 인류 **"구원 의지"**는 모든 이에게 골고루 미칠 지극히 보편적인 것이지만, 또한 미치는 곳마다 지극히 집중적이다. 어떤 상황과 조건 속에서도 하나님이 쏟는 구원 의지는 동일하시다. 하나님은 천지 만물을 지은 아버지로서 자녀를 차별 없이 일깨워 구원하길 원하나니, 그 뜻을 굳게 믿고 받들어 벗어나지 못한 무명 세계와 죄악 세계를 벗어나야 한다. 고인이 된 김수환 추기경은 이렇게 말하였다. "기독교 신앙 이외에도, 예를 들면 공자만 알아도 인간의 구원이 가능하다. 기독교는 결코 인간 구원을 독점할 수 없다."[4] 아니, 신앙 지도자가 그런 말을? 하지만 누가 더 하나님의 구원 의지를 정확하게 간파한 것인가? 하나님은 진실로 공자님을 앞세워 유교 신앙인을 구원하고, 부처님을 앞세워 불교도를 구원한 보편적 구원 의지를 지난 역사를 통해 이미 실행하셨고, 하나님에게로 인도할 바탕을 마련하셨나니, 그렇게 일관시킨 구원 섭리 뜻을 오늘날 이 연구가 열린 가르침으로 밝히고자 한다. 신앙의 우물 안에 갇힌 믿음이 얼마나 어리석은 편견이고 버리지 못한 아집인가 하는 사실을 깨우쳐야 한다. 불교

---

3) 『신학 논쟁』, 앞의 책, p.49.
4) 『도올의 마가복음 강해』, 김용옥 저, 통나무, 2019, p.467.

가 소승에서 대승으로 큰 신앙 개혁을 단행한 역사 과정을 거친 것은 그런 추세가 그대로 세계를 지배한 보편적 구원 섭리였기 때문이다. "대승은 커다란 탈 것이란 뜻이다. 괴로운 바다 건너 저편 언덕(피안)에 도달하는데 개개 중생은 작은 배로도 가능하다. 하지만 자신과 몇 사람뿐만 아니라 모든 사람을 함께 태우고 건너가기 위해서는 큰 배가 필요하다(대승)."[5] 여기서 모든 사람이란 만 민족, 만 종교, 만 인류인데, 과연 대승 불교는 그런 구원 목표를 달성했는가? 수십 세기를 거쳤지만, 미처 보편적인 구원 기반을 마련하지 못한 것은 선천 종교의 한계성이다. 또한, 유대교의 전통 틀을 과감히 부수고 일어선 초기 기독교의 창시자들이 하나님의 보편적 구원 의지를 표방한 것은 대승 불교와 같다. 예수그리스도는 유대인과 이방인 사이에 가로 놓인 신앙의 벽을 허물었나니, 그는 하나님을 믿고 회개하면 누구든지 하나님 나라에 들어갈 수 있다고 하였다.

> "때가 찼고 하나님 나라가 가까이 왔으니, 회개하고 복음을 믿어라(막, 1: 15)."

"예수는 유대인이었지만 배타적인 선민사상과 형식화된 율법주의에 대해 비판하셨다. 그리고 율법의 자리를 사랑, 믿음, 소망을 대치해 설파했다. 가히 혁명적 선언이었다. 율법은 곧이곧대로 지키는 것이 능사가 아니며, 하나님과 이웃을 등진 인간이 하나님과 이웃에게로 '돌아섬'을 강조한 것이다."[6] 이런 가르침을 더욱 심화시킨 사도 바울은 "유대인이나 헬라인

---

5) 『반야심경/금강경/법화경/유마경/화쟁론/육조단경』, 홍정식 역해, 동서문화사, 2016, p.19.

6) 『세 종교 이야기』, 홍익희 저, 행성비, 2015, p.215.

(이방인)이나 차별이 없음이라. 한 主께서 모든 사람의 主가 되사 저를 부르는 모든 사람에게 부요하시도다(롬, 10: 12)"라고 하였다. "하나님은 아브라함의 자손에게만 번성을 약속한 것이 아니다. 이 약속을 가시화시킨 중심에 유대인 예수가 있었다. 구원 메커니즘은 구약뿐 아니라 이제 신약에도 주어졌다. 아브라함과 맺은 계약은 그의 자손에게만 해당하는 것이 아니라 모든 그리스도인에게 주어진 것이다."[7] 그때나 지금이나 구원 대상만 다를 뿐, 만민을 구원하고자 한 구원 원리 적용은 모두 같다. 당시에는 유대인과 구분된 이방인이 구원 대상이었고, 한 중심에는 예수그리스도가 있었다. 결과로서 하나님의 구원 섭리가 모든 그리스도인에게 미쳤다. 하지만 내 집 밖을 나서면 이웃과 사회가 함께하고, 나라 밖을 나가면 다양한 민족과 문화와 마주하게 되듯, 다변화된 오늘날의 세계에서는 그리스도인만 존재하고 있지 않다. 복음을 땅끝까지 전파하고 만민을 구원하고자 한 목표를 달성하고자 노력은 하지만, 전혀 다른 문화와 신앙 전통을 가진 유교인, 불교인, 이슬람인, 힌두교인……까지 미치는 데는 한계가 있다.

이에, **하나님이 강림하신 목적은 그야말로 인류를 보편적으로 구원할 보다 근본적인 구원 바탕과 전혀 새로운 구원 체제를 구축하기 위해서이다.** 그래서 하나님이 태초의 천지창조 목적과 그 중심에 있는 인류의 창조 본성, 그리고 자녀를 두고자 한 '창조 본심'을 밝힌바, 선천 종교는 하나님이 만민의 主가 되고 만민을 구원하는 영역과 대상을 확대하는 데 있어 한계가 있지만, 창조 본체에 근거한 창조 본성은 인류에게 골고루 부여되었고, 만민이 공통으로 본유한 본성 바탕이므로, 이 같은 조건은 그대로 인

---

7) 위의 책, p.244.

류가 빠짐없이 하나님에게로 나갈 수 있는 구원 바탕이 되고, 어김없이 적용될 구원 원리의 근거이다. 육조 혜능은 인간의 바탕 본성에 무슨 남북인의 구별이 있느냐고 하였다.[8] 한 하나님의 혈통을 이은 창조 본성은 백인, 황색인, 흑인 모두에게 주어진 공통된 본성 바탕이며 유교인, 불교인, 기독교인, 이슬람인, 힌두교인에 있어서도 걸림이 없는 공통된 구원 바탕이다. 모두가 본유한 본성이라고 선현들도 이미 일갈하였다. 하나님의 보편적 구원 기반을 확고히 다진 역사이다. 보편적인 구원 목표는 인류가 지닌 본성을 재정비하고 각성해서 창조 본성 조건을 갖춤을 통해 시작된다. 유교는 "우주적 공유인 본연지성을 인간이 자기 내부에서 자각하고, 그 빛을 꺼지지 않도록 유지하고 보호해야 한다고 하였고, 불교는 佛性이 인간뿐만 아니라 삼라만상 두두물물에 다 있다.[9]라고 하였다. 본연지성, 그 불성이 무엇인가? 각각의 신앙 전통 안에서 파고든 창조 본성이다. 창조 본성은 어떤 종교와 종파를 막론해 성스럽고 신성한 것이며, 이 같은 본성 바탕이 인류 본성 안에 공존하고 있다. 하나님이 태초로부터 마련한 보편적인 인간 구원 본성이고, 모든 가능성을 함재한 보편적인 인류 구원 바탕이다. '창조 본심'을 받들진대, 인류는 능히 하나님을 아버지로 모신 대동의 '하나님 나라'를 이 땅에서 건설할 수 있게 되리라.

---

8) "사람이 남북의 구분이 있다고 하여 본성에도 그러한지요? 우리의 모습은 다르나 본성에 차별이 있는 것은 아닙니다."-『육조단경』, 채지충 저, 김현진 역, 두성, 1988, p.23.

9) 『조선 유학의 거장들』, 앞의 책, p.27.

2. 구원 방법

하나님이 강림하시어 인류를 한 영혼도 빠짐없이 구원하고자 한 구원 의지를 표명하고 인류 구원 목적을 천명한 것은 하나님이 일찍이 약속하셨고 예정한 이 땅에서의 이상적인 나라를 건설하기 위해서이며, 축복한 천손을 번성시키기 위해서이다. 그래서 본격적으로 구원 뜻을 밝히는 것은 지난날의 구원 체제로서는 목적을 이루는 데 있어 한정이 있기 때문이다. 구원받지 못한 인류를 마저 구원해야 하는 만큼, 구원의 문을 활짝 개방할 수 있어야 하고, 그것이 정당한 구원 방향이 되어야 하는데, 지난날은 문이 지극히 선택적이었고, 문턱이 높아 넘나들기 어려웠다. 그러니까 구원보다는 버려지는 영혼이 더 많았다. 구원 체제의 구조적인 문제와 어려움 탓에 힌두교도와 불교도는 아직도 윤회란 굴레에서 벗어나지 못한 상태에 있고, 해탈을 얻고자 갖은 수행과 삶의 정열을 쏟아야 했다. 이런 조건으로 어떻게 모든 중생이 성불의 문을 열고, 구원을 얻을 수 있겠는가? 유교가 설정한 구원에 이르는 문은 성인이 되는 것이고, 가능한 조건으로서는 천인합일 문을 여는 것인데, 그런 문에 도달한 자가 유교 역사상 몇 사람이나 되는가? 합일의 문에 도달할 수 있는 보다 보편적인 길을 제시해야 했다. 기독교는 유대교와 달리 이방인에게도 구원의 문을 개방하기 위해 구원 조건을 혁신했지만, 여전히 믿음을 앞세운 자격을 요구하였고, 더하여 교회는 이런 조건을 빌미로 교권을 장악하는 데 주력해 교회를 통해야만 구원될 수 있다고 못 박았다. 고심해서 세운 조건인데, 오히려 인류의 2/3 이상 버림받게 된 이율배반에 휩싸였다. 이것이 선천 종교가 하나님의 구원 뜻을 받들어 인류 영혼을 구원한 결과 성적표이다. 기업은 전년도에 거둔 영업 실적을 바탕으로 새로운 사업 계획을 세우듯, 선천 종교의 실상을 진단할진대, 구원 시스템에 있어 문제점이 발견되고, 역할 면에서도 하자가 있다. 그 같은 **"구원 방법"**으로서는 소기의 목표, 즉 보편적인 구원 목적을 달성할 수 없다. 구원 뜻을 제대로 수행하지 못했고, 더군다나 아전인수로 해석해서 역효과까지 일으켜 새로운 구원 방법 모색이 불가피하다.

과거 역사를 돌이켜 볼진대, 서양은 그들이 일으킨 과학 혁명을 바탕으로 문화의 융성기를 이루었고, 세계 질서를 주도하는 선진 문명국이 되었다. 이 같은 발전은 하나님을 신앙한 문명국으로써 만민을 빠짐없이 구원할 수 있는 절호의 기회이기도 했다. 그런데 정작 역사의 전면에 나서고부터는 하나님의 뜻을 최우선 과제로 실행하지 않았다. 국가적 이익에 눈이 멀어 많은 약소국을 억압한 식민지 쟁탈에 몰두하였다. 이처럼 역사 앞에서 대죄를 저지른 그들이 여전히 만민을 구원하고자 한 기독교 신앙을 기치로 내세우고 있다는 것은 말이 안 된다. 섭리적인 측면에서도 하나님은 그들에게 다시는 인류 구원 과제를 떠맡기지 않으시리라. "동양 종교는 아시아에서 일어난 참혹한 전쟁의 역사를 막아내지 못했고, 서양 종교는 유럽 사회에서 평화를 주지 못했다. 따진다면, 현대 물리학으로 가능해진 모든 핵무기보다 종교의 이름으로 학살당한 이가 더 많다. 십자군 전쟁으로부터 홀로코스트에 이르기까지 종교는 선과 사랑의 도구만이 아니라 증오의 도구로도 쓰였다."[10] 종교의 전체 구원성과를 평가할진대, 그들이 열어 놓은 구원의 문과 개척한 길을 통해서는 보편적인 구원 목적 달성이 요원하다는 결론이다. 더 이상 구원 과제를 떠맡길 상황이 아니기 때문에 하나

---

10) 『세계관의 전쟁』, 앞의 책, p.31.

님이 직접 주관하고자 하는 구원 역사가 얼마나 준엄한 권능 역사이고, 실질적인 역사인가 하는 것을 실감할 수 있게 하리라. 인류 역사의 한 중심에 서서 분담되었던 구원 역사 의지와 섭리 역사를 통합하시리라. 세상의 그 누구도 자체로서는 해결할 수 없는 창조주의 권능 역사이다.

하지만 하나님이 구원 역사를 아무리 준엄하게 펼친다고 해도 모세가 홍해를 가르고 예수가 죽은 나사로를 살리는 것과 같은 기적을 통해서는 아니다. 하나님이 오늘날 강림하시어 실현하고자 하는 인류 구원 방식은 바로 말씀을 통한 권능 발휘 역사이다. 하나님은 살아 계신 神이듯, 살아 있는 말씀이 살아 있는 하나님의 권능을 대신한다. **창조 원리는 우리를 존재하게 한 원리이고, 구원 의지를 표방한 말씀은 우리를 영원히 존재할 수 있게 하는 진리이다.** 복된 말씀은 인류에게 사랑을 주고 믿음을 주고 소망을 주었나니, 말씀이 지닌 생명력은 만 영혼을 보존한다. 지식은 끝내 채울 수 없는 갈증을 일으키지만, 믿음 있는 자가 받든 말씀은 한 구절로도 만 영혼을 구원한다. 종말에 처한 인류를 구원하는 권능은 아무나 발휘할 수 없다. 구원 권능과 자격과 조건은 유일하고 절대적이다. 하나님이 우리를 지으셨기 때문에 하나님은 우리가 처한 모든 문제를 해결하실 수 있다. 그 방법이 바로 말씀이시라, **태초에는 말씀의 권능으로 천지를 창조하셨고, 오늘날은 말씀의 권능으로 만 인류를 구원하고자 하신다.** 단지 전제한 조건이 있지만, 그것은 오히려 구원 권능의 엄중함을 더할 뿐이다. 성경에 기록되길, "참고 선을 행하여 영광과 존귀와 썩지 아니함(불멸)을 구하는 자에게는 영생으로 하시고, 오직 당을 지어 진리를 쫓지 아니하고 불의를 쫓는 자에게는 노의 분으로(진노와 분노) 하시리라. 악을 행하는 각 사람의 영에게 환란과 곤고가 있으리니……(롬, 2: 7~9)" 철저히 배수진을 친 구원 권능 행사이고, 분명하게 앞세운 사전 단서 조건이다. 구원과 심판은 손바닥의 앞면과 뒷면이다. 심판을 전제하지 않은 구원은 없다. 하지만 그 조건이 지난날에는 두려움을 안긴 급박처럼 들린 것은 미처 인류 영혼을 마저 구원할 수 있는 세계적 조건을 갖추지 못해서이다. 이런 상태에서 심판 역사가 단행된다면 구원될 수 있는 자가 몇 명 되겠는가? 그래서 최후 심판은 어디까지나 최종 절차이고 마지막 수단이지 심판 그것이 주된 목적은 아니다. 심판 역사 단행에 앞서 하나님의 영광과 존귀와 불멸이 무엇인지부터 일깨워 선한 일을 할 수 있도록 권고하고, 진리가 무엇인지 밝혀 진리를 거스르고 불의를 따르지 않게 하며, 악한 일로 환란과 고통을 당하지 않도록 사전에 방지하는 것이 중요하다. 그것이 바야흐로 이 연구가 수행하고자 하는 말씀을 통한 인류 **"구원 방법"**이다. 이런 방법 모색과 사전 준비 절차를 거치지 못한 지난날은 하나님의 경고에도 불구하고 말씀의 권위가 뒷받침되지 못했고, 심판 경고를 자신과는 무관한 것으로 넘겼다. 공의로운 심판 절차와 기준을 세우지 못한 탓이다. 그러므로 어떤 두려운 징벌을 선포하는 것보다는 말씀으로 단행할 심판 권능을 실감할 수 있도록 하는 것이 하나님의 보편적인 인류 구원 목적을 달성할 수 있는 첩경이다. 하나님의 살아 역사하심과 지켜보심과 창조주이심을 확인할 수 있어야 하나니, 하나님의 권능 역사를 감지하는 여기에 역동적인 구원 권능과 심판 역사가 함께 작동한다.

  말씀을 통한 구원 역사가 보편적으로 작동하기 위해서는 말씀을 통한 성령의 역사가 대대적으로 일어나야 하는데, 그러지 못한다면 여전히 각자의 방법에 따라 소수 영혼만 구원될 수밖에 없다. 그것이 옳다고 믿은 탓에 '인도에는 아직도 벽을 보면서 수행하는 힌두교의 수행자들이 있고',[11] 대승 불교가 제시한 육바라밀(보시, 지계, 인욕, 정진, 선정, 지혜)은 보살로서의 실천법만 피안에 이르는 길이라고 믿었다. 하지만 그것은 특정한 문화와 전통 안에서 적용된 구원 방법일 뿐이다. 그래서 하나님이 말씀의 권능으로 열린 가르침의 문을 열었고, "세계교육론"이 지침한 교육적 방법으로 인류를 보편적으로 구원할 수 있도록 인간 본성을 계도하고 일깨우고자 한다. 기독교는 예수그리스도를 통해 인류가 구원될 수 있다고 하지만, 그것은 믿음에 근거한 방법일 뿐이다. 왜 인간이 하나님에 의해서 구원되어야 하고 반드시 구원받아야 하는가에 관한 구원 원리와는 무관하다. 하지만 말씀을 통한 가르침 권능은 창조 원리에 근거한 덧에 인간 본성을 근본적으로 변화시킬 수 있는 실질적인 구원 원리이다. 사상, 존재, 진리, 우주, 현상, 세계를 통해 나를 주신 하나님을 발견하고 실감할 수 있도록 가르치고 깨우치는 것이(교육) 참으로 인류를 보편적으로 구원하는 방법이다. 나아가 하나님과 인류가 함께할 수 있는 추구 가치와 세계를 지침하고 건설하는 것도 갈림길에 선 세계와 역사와 인류를 보편적으로 구원하는 방법이다.

이렇듯 만세 전부터 작정한 구원 목적을 이루기 위해 하나님이 이 땅에 오신 만큼, 지상 강림 역사시대에는 인류 구원 형태와 방법에서도 과거와는 차원이 다르다. 하늘에 계신 하나님은 있는 듯 없는 듯 소원한 감이 있었지만, 강림하신 하나님은 인류의 고통과 부르짖음에 대해 즉각 응답하시리라. 왜냐하면, 이 땅에서 인류와 함께하고 있기 때문이다. 예수님은 "먹보와 술꾼이요 세리와 죄인의 친구라고 불렀듯(눅, 7: 11), 세리들 및 죄인들과 어울려서 음식을 함께 먹었듯(막, 2: 16), 하혈병, 문둥병, 간질

---

11) 『중국 초기 선종의 성립에 관한 고찰』, 김제란 저, 원불교 사상과 종교문화, 제87집.

병, 중풍 등 각종 병자, 귀신들린 자들, 꼽추, 시각장애인 등 그 사회의 가난하고 병든 사람들과 식탁 교제를 나누었듯……"[12] 인류와 동고동락함으로써 인류가 가진 고뇌를 듣고 문제를 해결하는 동반자가 되었을 때 인류를 보편적으로 구원하는 목적을 이룰 수 있다. 하나님이 아버지로서 자식의 손을 꼭 잡고 인도하고 계시는데 실족하고 수렁에 빠질 자녀가 어디에 있겠는가? 인류를 한 영혼도 놓침 없이 지상의 파라다이스로 인도하시리로다.

---

12) 『죽음과 부활의 신학』, 앞의 책, p.178.

제64장 인생 구원 열쇠

인생은 사람이 세상을 살아가는 일이다. 사람이 세상에 살아 있는 동안이다. 그리고 삶은 사람이 일상적으로 살아가는 모습이나 형편을 말하기도 하지만, 태어나서 죽기에 이르는 동안 사는 일이기도 하다.[1] "여자의 일생", "이반 데니소비치의 하루" 등등. 그래서 '인생은 무엇인가'라고 물으면 수많은 사람이 자신이 살고 겪고 느낀 인생 삶을 말하고, 인생론을 앞세운다. 위인의 일생을 기록한 전기를 보더라도 같은 삶의 동기를 가지고 과정을 거쳐 목적을 성취한 경우는 없다. 이처럼 현재 지구의 인구수만큼이나 셀 수 없는 형태에도 불구하고 여기에는 인생의 전부를 관통하는 공통된 의문이 있다. 물론 "우리는 왜 여기에 있을까? 우리의 존재는 무엇을 의미하는가? 삶은 어디로 흘러가는가?"[2]라고 물어볼 수도 있지만, 인생에 대한 근본적인 질문은 삶의 도정에서 과연 어디를 향해 가야 하는가? 도대체 무엇을 위해 살아야 하는가, 어떻게 살아야 여태껏 산 삶이 헛되지 않을까 하는 인생 구원의 의미를 구하는 것이다. 이 같은 본질적인 문제는 과연 누구에게 물어보아야 하는가? 부처님은 깨달음을 얻으면 해탈하기 때문에 문제를 풀 수 있다고 했지만, 그것은 맞을 확률이 반반이다. 인생이 자력으로 영위되는 자생적인 삶이라면 자체 지닌 본성만 견성

---

1) 다음 사전, 인생, 삶.

2) 『인생의 모든 의미』, 앞의 책, p.276.

하면 된다. 하지만 인생은 운명적이라고도 하듯, 부여된 것이라면 사전 결정 요소가 가미되어 있고, 제3의 구속 의지가 영향을 미친다. 자성을 깨친다고 하는 것이 무슨 의미가 되고, 또 그것이 전적이라고 했을 때 나머지를 무시한 결과는 어떻게 될 것인가? 해탈을 얻는 것은 인생의 한 추구 목표이고 완성 목적은 될 수 있지만, 그렇다고 해서 인생 전체를 업그레이드시키거나 본성의 차원성 진입 보장(구원)은 하지 못한다. 자신의 정신적 만족에 그칠 뿐이다. 인간이 인생 삶을 통해 성취해야 할 구원 목적과는 거리가 멀다. 인간은 근본적으로 한계가 있으며, 출생과 죽음이 분명한 존재인 만큼, 자력으로 해탈을 얻는 것으로서는 결코 인생이 무엇인가에 대한 본질적 해답을 찾을 수 없다. 그래서 수많은 인생 삶의 고민과 고통과 추구 과제를 해결하는 것도 본성으로 인류를 빠짐없이 구원하는 역사 일환이다. 태어난 뭇 인간의 인생 삶을 선도하고 고무하여 목표한 지점에 도달할 수 있도록 하는 것, 그것이 더 현실적이자 구체적으로 인류를 구원하는 역사 과제이다. 지난날은 이 같은 지침과 인도의 주체가 없었던 탓에 한 번밖에 없는 삶의 기회인데, 첫 출발부터 단추를 잘못 끼워 방황하였고, 추구 목표를 잘못 설정한 탓에 헛된 삶을 살았다.

인생길을 어느 정도 걸은 자로서 지난 삶을 돌이켜보면 결코 장밋빛 꽃길만 걸은 것이 아니다. 곳곳에 가로 놓인 고통의 터널을 지나야 했고, 번민의 나날을 겪었으며, 생사를 가를 만한 운명적 순간도 지나쳤다. 이런 인생과 삶의 문제를 해결하고자 부처님은 출가를 단행했고, 기독교는 죄악 문제를 최대 과제로 삼았으니, 그런 노력 덕분으로 무거운 인생의 짐으로부터 해방된 자도 있지만, 그러지 못한 자도 있다. 이유가 무엇인가? 근본적인 해결책은 아니었다는 뜻이다. 지금도 대다수 "현대인의 삶은 힘겹다. 신체적 고통, 정신적 번뇌, 전쟁, 증오, 불안, 실망, 그리고 죽음이 삶의 한 부분으로 따라다닌다. 삶의 문제는 워낙 중요하기 때문에 사람들은 그것을 경감하거나 피하려고 필사적으로 노력한다."[3] 하지만 그런 인생 문제도 한편으로 보면 그것이 인생을 구원하는 한 조건이 될 수도 있다. 고통 없는 구원이 또 어디에 있겠는가? 고통과 헤어날 수 없는 번민의 나날을 겪었을 때라야 구원에 대한 간절함, 그리고 참 의미를 희구하게 되리라. 이처럼 인생의 근본적인 문제를 풀기 위해서는 무엇을 알아야 하고, 누구를 붙들고 물어보아야 하는가? 선현들은 인생을 앞서 경험한 자로서 지혜로운 답을 남기기는 했지만, 결국은 세계 안에서 삶을 겪은 탓에 한계가 있다. 그렇다면? 곧, 인간에게 있어 더욱 본질적인 창조 문제부터 풀어야 했다. 인생의 더 선행된 문제부터 풀어야 삶의 추구 방향과 성취 목표를 세울 수 있다. 正路가 생성되고 정상화되었을 때 우리는 왜 그렇게 살아야 하고, 왜 그렇게 추구해야 하는지 알 수 있다. 더 나아가서는 그것을 목표로 한 의미까지 알아야 인생의 가치를 결정해서 종국의 완성치를 달성할 수 있다. 일련의 과정은 연쇄 파동적이다. 한 가지라도 미진하면 실타래가 엉켜버린다. 이 같은 과제를 해결할 자격과 조건을 갖춘 분이 누구인가? 천지를 창조하고 인류의 인생 전반을 관장한 하나님이시다. 하나님이 부여한 창조 본성, 그것이 만 인생을 추진시키는 본질적 바탕이다. 인생에 관한 것 일체에 영향을 끼치는 **"인생 구원 열쇠"**는 창조 본성이 지니고 있고, 본성 속에 감추어진 자녀 본성을 각성해야 인생 앞에 가로 놓인 만사를 해결할 수 있다.

하지만 만사에 걸친 인생 문제보다 더 선행된 문제가 있다면? 바로 살

---

3) 위의 책, p.14.

아생전에 구해야 하는 삶과 죽음에 관한 의미 파악이다. **삶의 의미는 결국 죽음의 의미로 귀결되며, 삶의 가치는 결국 죽음의 의미로 결정된다.** 이 어찌 본질적 문제가 아닌가? 유교 사회에서 중국인이 불교를 받아들인 이유가 "현생 너머를 보고자 하는 사람, 죽음 이후의 문제에 천착하고 영적인 문제의 답까지 구하고자 했기 때문이다."[4] 죽음이 삶의 바탕을 뒷받침하고 죽음의 의미가 삶의 의미를 결정하는데 선현들이 대부분은 거꾸로 가르쳤다. 하지만 죽음 이후의 삶이 어떻게 되는가 하는 것은 현존한 자들이 답할 수 없다. 그런데 만약 사후에도 지속하는 삶의 형태가 있다면 삶을 단명하게 보고 산 삶의 가치와 쌓은 것들이 어떻게 되겠는가? 하늘을 쳐다보고 하나님을 향해 인생의 구원 열쇠를 구하지 않을 수 없는 이유이다. 그런데도 땅을 보고 경험적인 지혜에 의존하다 보니 가없는 인생 문제를 해결하지 못했다. 인생 문제 해결이 요원하였다. 부귀영화와 권세를 누린 솔로몬도 결론은 헛되고도 헛되니, 모든 것이 헛되다고 한 깊은 탄식이었다. 그렇게 산 삶이 알고 보니 아무것도 아니었다. 삶에서 의미를 잃은 얼마나 많은 영혼이 자살을 시도하고 있는가? "빅토르 프랑클은 인간의 의미 추구는 삶의 일차적 동기라고 하였고, 이 시대의 철학자 로버트 솔로몬은 삶의 의미에 관한 질문을 철학의 궁극적 질문으로 꼽았다."[5] 삶만 보고 죽음을 생각하지 못한 결과이다. 참으로 "자기 삶의 의미를 질문하는 자는 자기 죽음의 의미에 대해서도 질문할 수밖에 없다."[6] 물론, 삶의 의미를 구하기 위해서는 뭇 생명과 살아 있는 것에 대한 의미, 그리고

---

4) 『지적 대화를 위한 넓고 얕은 지식』, 앞의 책, p.304.

5) 『인생의 모든 의미』, 앞의 책, p.21.

6) 『죽음과 부활의 신학』, 앞의 책, p.294.

존재하는 모든 것의 맥락 안에서 의미도 함께 고려해야 하겠지만, 정작 모든 것에 대해 깊이 영향을 끼치는 것은 바로 '죽음'이다. 그런데도 인간의 판단 영역 밖에 있는 것이 죽음인 탓에 하나님의 계시 밝힘에 의존할 수밖에 없다. 삶의 의미는 소중한 것이므로 누구라도 가치 있고 행복하기를 소망하지만, 그것도 현세적인 삶에 국한한 것이라면 한계성을 면할 수 없다. 죽음이 어떤 것인가에 따라 180도 의미가 달라질 수 있다. 그래서 죽음의 의미에 근거하지 않은 삶의 가치는 단명한 것이며, 결국은 헛되다. 하지만 이런 죽음에 대한 의미를 하나님이 관장하고 보장할 수 있다면? 삶의 추구 방향이 명확해지고, 안개 속에 가린 삶의 의미가 가닥 잡힌다. 아니, 기독교 신앙의 본질을 꿰뚫는다. 왜 예수님이 팔복을 역설했고, 사도 바울이 주님을 위해 당하는 핍박이 오히려 자신의 복이며, 일희일비하지 않는다고 한 것인지 이해할 수 있다.

"인생 구원 열쇠"는 죽음의 세계를 관장한 하나님이 쥐고 계시다. 당연히 인류가 추구해야 할 방향은 하나님의 본심을 아는 데 있고, 이루어야 할 목표도 하나님과 함께한 세계를 건설하는 데 있다. 인간은 그동안 다양한 삶의 목적을 설정하고 이루기 위해 정열을 바쳤다. 재물, 지위, 권력, 명성, 건강, 행복, 쾌락 등등. 하지만 많은 재산을 모아서, 혹은 명성을 얻어서 인생 목적을 이루었다고 자부하는 자들을 둘러보라. 마음의 만족, 영혼의 자유, 영생에 대한 믿음이 있는가를…… 더 많이 모으고, 더 높은 데 오르고, 더 많은 것을 즐기려고만 했을 뿐…… 하지만 그것은 언젠가는 끝이 있고, 때가 되면 가진 것 모두를 내려놓아야 한다. 그것이 현세적 가치를 추구한 삶이 지닌 종말적 의미이다. 반면, 참으로 영생을 보장하는 하나님과 함께하고자 하는 인생 목표는 신심 깊은 의로운 삶이라, 세속적인 일체

가치를 달관한다. 비할 바 없는 평화 의식이다. 이 같은 신념과 믿음과 가치 인식을 지녔을 때 모든 세속적 가치를 초탈할 수 있으며, 만악으로부터 본성을 신성하게 지킨다. 인간은 하나님을 향하고 하나님의 뜻을 알며 하나님과 하나 되어야 하나니, 그것이 삶을 통해 성취해야 하는 궁극적 가치이다. 지금의 대다수 인류는 정작 우리의 삶을 있게 한 하나님과 얼마나 멀어져 있는가? 함께하지 못한 탓에 배회와 방황이 계속된다. 함께하기 위해서는 하나님과 인간 간에 올바른 관계 설정이 긴요하다.

"서양에서는 5세기부터 18세기까지 긴 세월 동안 삶의 의미에 관한 질문에 대해 무관심했다. 왜냐하면, 답이 명확했기 때문이다. 이승에서는 神을 알고 사랑하고 섬기고, 천국에서는 神과 함께 영원히 존재하는 것이 삶의 의미라는 것이다. 이 견해에 따르면 세상의 모든 고난은 사후에 보상될 것이다. 그리하여 우리가 神과 하나가 될 때, 우리는 세상의 모든 슬픔에 가치가 있었음을 알 수 있을 터였다."[7] 이것은 이 연구의 주장과도 비슷하지 않은가? 하지만 그들은 왜 보장된 삶의 확실한 의미를 거부하고 19세기가 시작된 이후에 니체, 쇼펜하우어 등이 등장하여 더욱 절박하게 삶의 의미를 되묻게 되었는가? 창조 본성을 보지 못하고, 삶의 의미를 神에게 종속시킨 탓이다. 그러니까 神을 떠난 순수한 인간으로서 의미를 찾고자 한 몸부림이 있게 되었다. 이것이 이 연구가 풀어야 할 하나님과 함께하는 삶의 목적 설정 과제이다. 당당하게 인간의 자존성을 드높일 당위성으로서의 인생 의미 보장 체제이다. 그것을 얻기 위해 근대인은 神을 부정하는 길을 택했지만, 지상 강림 역사시대를 맞이한 오늘날의 神人 관계는 전혀 그렇지 않다. **인간이 하나님의 영광을 위해서 존재하는 것이 아니라,**

---

7) 『인생의 모든 의미』, 앞의 책, p.22.

하나님이 인간의 참 영광을 위하여 이 땅에 강림하셨다. 이 땅에서의 삶의 의미 체제를 확실히 뒷받침하기 위하여…… 그것이 곧 인류를 보편적으로 구원하고자 한 **"인생 구원 열쇠"**라, 삶의 과정 전체를 선도함으로써 인류를 빠짐없이 구원하고자 하신다.

　삶의 추구 목표 설정과 의미 지침이 확실하지 못했던 선천 하늘에서의 인류는 인생적 방황이 불가피했고, 하나님도 회개하는 자만 구원할 수밖에 없는 불가피함이 있었다. 그래서 이 연구는 삶의 길에서 깊은 인생 고뇌를 실감하면서 하나님이 아버지로서 이 영혼을 어루만져 준 은혜를 마음속 깊이 되새긴 적이 있다.

> 나는 어제나 오늘이나 하나님 앞에서 죄인일 따름이니, 내가 날마다 하나님 앞에 나아가 기도하고 반성하고 용서 구함을 통해 하나님이 한결같이 보살피고 어루만진 그 한량없고 무후한 은혜 주심으로 말미암아 내 심령이 새롭게 되고, 또 "의와 진리의 거룩함으로 새 사람을 입으라(엡, 4: 24)"라고 命하신 기름과 고무 탓에 죄악의 구렁에 빠지지 않고 다시 하나님 앞에 나아갈 수 있다. 하나님이 命하시길, 왜 새 사람을 입으라고 하셨는가? 그것은 하나님이 손수 지은 사랑하는 자식의 본질을 너무나 잘 아시기 때문이다. 하나님은 그렇게 주어진 욕망과 고뇌 가운데서도 장막을 뚫고 하나님 앞으로 나올 수 있도록 지으셨다. 그래서 용서의 문을 활짝 열어 놓으셨고, 그런 자식에게 새 사람을 입을 의와 진리와 은혜의 보따리를 준비해 놓으셨다. 그것이 하나님의 한량없는 사랑이시라. 배회와 방황과 버림과 의구가 있었지만, 그로부터 돌아서는 새 사람을 입을 길을 마련해 두셨다.
> 그런 의미에서 완전한 해탈을 갈구함은 인간의 자만일 뿐이다. 그것은 한량없는 고뇌의 길에서 인간이 택할 수 있는 길이 아니다.

그 길은 인류 중 오직 한 분으로 족하다. 부처님은 결국 하나님이 이 땅에 임한 법신의 화신이셨기 때문에 완전한 해탈을 이루었다. 그분이 있었기에 중생들이 소수나마 구원을 얻을 수 있었지만, 그것은 대승적 구원이 아니다. 더 보편적인 구원의 길을 펼치기 위해서는 진정 인간이 죄인일 수밖에 없는 한계를 직시하고, 그런데도 하나님의 사랑과 용서가 있어서 인류가 한 자식도 빠짐없이 하나님의 전에 나아갈 수 있다는 것을 이 순간 자각해 본다.

그 이유는 분명하다. 인류가 하나님이 부여한 창조 본성을 통해 인생의 참 의미를 일구지 못한 탓에 하나인 본성 안에서도 이중성을 지닌 모순을 극복하지 못했다. 모두 하나님이 준 신성한 본성인데 참 본질을 알지 못해 욕망화되었다. 이것이 지난날의 인간 본성과 인생 삶을 지배했다. 한량없는 욕망의 굴레를 벗어나지 못했고, 죄악을 저지른 이율배반적 조건 속에 있었다. 신성한 창조 본성은 끝까지 숨겨진 채…… 이 같은 여건 탓에 욕망과 집착을 당연한 실체로 여기고 삶의 의미를 구했다. 그것이 인류의 인생 전반을 지배했다. 종교인, 철학자, 선인, 覺者, 지성들의 지혜적 통찰들이 모두 그러하다. 구원과 해탈에 대해 말했지만, 삶과 본성 위에 드리운 욕망과 무명의 그림자, 그리고 죄악을 초탈할 수 있는 삶의 의미까지는 제시하지 못했다. 하지만 창조 본성은 그렇지 않다. 창조 본성을 각성해야만 인류를 단계별로 인생 과정을 지침해서 한 영혼도 놓침 없이 구원의 길로 인도할 수 있다. 인생의 추구 과제를 단계별로 제시해서 목표를 설정한 삶의 종합적인 프로젝트 지침이라고 할까? 이것을 우파니샤드의 가르침을 통해서 참고한다면, "유년기: 부모의 보호 아래 베다를 배우는 시기, 청년기: 결혼을 하고 가업을 이으며 가정과 사회를 돌보는 시기, 수행기: 자녀에게 가업을 물려주고 은퇴해 자기 내면을 찾는 시기, 유행기: 숲속의 암자로 들어가서 세상과 인연을 끊고 궁극의 진리를 향해 내면으로 침전하는 시기가 있다." [8] 물론 고대 인도인의 인생 삶과 대다수 현대인의 인생 조건은 다르다. 하지만 꼭 주목해야 할 것은 수많은 인도인이 "인생의 여정 중 특정한 때에 시간을 비우고 온전히 내면을 탐구하는 기간을 두었다는 사실이다." [9] 이것을 이 연구도 주목한다. 유년기-청년기-장년기까지는 누구라도 각자의 삶을 추구할 수 있다. 그 기간이 100세 시대를 바라보는 지금은 차이가 있으리라. 개인차도 있다. 하지만 배우고 결혼하고 가정과 사회를 돌보다가 가업을 물려주고, 혹은 직장에서 은퇴하는 시기는 반드시 도래한다. 이때로부터 온전히 내면을 찾는 데 여정을 투신한다고 했듯, 이 연구도 이때를 맞이하면 본격적으로 신성한 창조 본성을 찾는 데로 관심을 집중하고, 그를 통해 하나님을 발견하며, 사회와 인류 공영이란 보편적 가치를 구현하기 위해 헌신할 수 있길 권유한다. 그리해야 인생 구원의 종합적인 대미 완성과 사후 삶을 대비할 수 있다. 인간으로 태어나 가정과 사회의 의무를 완수한 노년기부터는 자기 내면에 잠재한 자아 본질과 신성한 본성을 발견하기 위해 노력해야 하며, 삶을 온전히 은혜 준 하나님께 여생을 바칠 수 있는 길을 모색해야 한다. 사후에 대한 어떤 대책도 없이 안락한 노후만 희망하는 것은 지나온 삶과 남은 인생 전체를 무의미하게 한다. 맞이한 기회를 놓치지 않고 인생길을 새롭게 출발해야 하나니, **노년기에는 인생길을 다시 정비해서 누구라도 지극한 수도인, 구도인, 신앙인으로서 거듭나야 한다. 인생 과정은 전 단계가 중요하지 않은 것이 없**

---

8) 『지적 대화를 위한 넓고 얕은 지식』, 앞의 책, p.212.

9) 위의 책, p.212.

지만 무엇을 추구했고, 무엇을 이루었든 노년기가 되면 지나온 삶의 과정을 되돌아보고 진지한 성찰과 신성한 뜻을 확인할 수 있는 귀의적 삶의 태도가 필연적이다. 젊어서는 시행착오가 있고, 저지른 잘못이 있으므로 바로잡아 나갈 수 있는 시간이 필요하다. 거기에 바로 온전한 버림과 온전한 헌신을 통해 주어진 삶의 의미를 완성할 수 있는 길이 있다. 버릴 것을 버리고 바칠 것을 바쳤을 때 비로소 세속적인 집착과 욕망을 떨쳐낼 수 있는 영혼의 평화가 있다. 그리하여 生의 마지막 순간 사랑하는 가족과 작별하고, 정든 이를 떠날 때는 하나님이 준 아버지로서의 처음 순수한 본성 상태로 되돌아가야 한다. 더럽혀진 것이 있다면 정화하고, 남은 짐이 있다면 떨쳐내며, 저지른 잘못을 용서받고 나서, 하나님의 품 안에 안겨야 한다. 그것이 만 인류가 세상에 태어나 무엇을 추구하고, 어떻게 살아야 하는가 하는 인생 목적과 삶을 완성하는 '구원'의 참 의미이리라.

제65장 영생 구원 열쇠

1. 생멸 · 불멸

어떤 주장, 어떤 신념, 어떤 경험, 어떤 논거에도 불구하고 세상에서 영원하고 불변한 것은 존재하지 않는다는 것이 대다수 인간의 생각이다. 그런데도 또한 인간 대다수는 세상에 태어난 자로서 생멸할 수밖에 없는 법칙 가운데서도 불사, 곧 영원하게 살고 싶은 영생에 대한 희망과 가능성의 끈을 놓지 않고 있는 것 역시 현실이다. 그런 현상은 연면한 것이어서 "불사에 관한 생각들은 역사적인 기록보다 훨씬 앞서 몇천 년 전의 네안데르탈인 시대까지 거슬러 올라간다. 묘지와 상징 체계에서 명백히 나타나듯이, 그들은 사후의 삶에 대한 어떤 생각을 발전시켰던 것 같다."[1] 하지만 어느 시대의 어떤 누구에 의해서든 생멸이 필연적인 이유를 밝히고, 불멸한 실체를 확실하게 증거한 경우는 없다. 이 같은 선천 인류의 난감한 문제를 해결하고 합당한 길을 지침하는 데 열린 가르침의 **"영생 구원 열쇠"** 가 있다.

먼저, 만 존재는 생멸할 수밖에 없고, 만 생명은 필멸할 수밖에 없다는 것은 숱한 인류가 보고 듣고 경험한 바대로 예외가 없다. 예언자 이사야는 영원하고 거룩한 하나님의 영광을 경험하면서 인간에게 주어진 죽음의 필

---

1) 『세상의 모든 철학』, 앞의 책, p.서문.

연성을 고백하였다.

> "이제 나는 죽게 되었구나. 나는 입술이 부정한 사람인데, 입술이
> 부정한 백성 가운데 살고 있으면서 왕이신 만군의 주님을 만나 뵙
> 다니! (사, 6: 5)"

성서는 하나님의 존재와 인간 존재를 엄격히 구분하고, 하나님은 영원
하지만, 인간은 유한하다고 하여 하나님의 영원성 앞에서 인간의 유한성
과 죽음의 필연성을 고백하였다.[2] 하지만 이사야도 하나님은 왜 영원한
분인지, 그리고 인간은 왜 필사하는 존재인지에 대한 이유는 설명하지 않
았고, 필사하는 가운데서도 필사 조건을 극복할 수 있는 구원의 길을 제
시하지 못했다. 하나님의 영원하심을 고백한 것은 그렇다손 치더라도 인
간의 필사 문제는 어떻게 할 것인가? 사실을 인정하고 체념할 것인가? 유
사한 경우이지만, "그리스 델포이의 아폴로 신전에는 '너 자신을 알라'라
는 유명한 구절이 새겨져 있다. 이것은 영원한 神이 거하는 신전에서 너는
神이 아니라 인간이며, 무한한 존재가 아니라 유한한 존재, 곧 언젠가 죽
을 수밖에 없는 존재임을 알라는 것이다. 인간의 죽음에 대한 지식은 영
원한 神의 존재를 경험함으로써 생성된다. 神은 영원하지만, 인간은 유한
하다. 神은 사멸하지 않는 존재이지만 인간은 사멸할 수밖에 없는 존재이
다."[3] 하지만 군이 신전에 새겨져 있지 않더라도 산 자가 언젠가 죽는다는
사실은 모두 알고 있다. 그런데도 굳이 강조한 것은 神만이 영원하므로 인

---

2) 『죽음과 부활의 신학』, 앞의 책, p.43.

3) 위의 책, p.40.

간은 영생에 대한 기대를 아예 하면 안 된다는 뜻인가? 아니다. 정말 인간을 창조한 神이라면 神이 영원하므로 인간도 함께 영원할 수 있다고 말해야 했다.

이런 문제는 인류가 사고한 기록을 남긴 고대 그리스의 철학자들도 고민한 주제이다. 알다시피, 플라톤은 그것을 초월한 영원한 이데아란 세계가 있다고 하였고, 헤라클레이토스는 만물은 유전한다고 하였다.

> "모든 것이 흐른다. 한곳에 머물지 못한다. 우리는 같은 강 속에 두 번 똑같이 들어가지 못한다. 같은 강에 들어가 있는 것 같으면서도 그렇지 않다. 우리는 우리인 것 같으면서도 우리가 아니다. 세상에 고정 불변한 사물은 하나도 없으며, 실은 변화 그 자체가 만물의 속성이다.[4]

여기서 유전, 변화란 필연성 관점은 불멸한 실체의 존재를 부정한 것이다. 불멸성은 곧 불변성과도 상통한다. 그래서 플라톤이 변화하지 않는, 그리고 생멸 현상을 초월한 이데아가 있다고 말한 것과 대조된다. 이것은 각자가 그럴 수밖에 없는, 더 근원적인 바탕에 근거하지 못한 탓이고, 세계를 나눈 양쪽 측면의 특성을 대변한 탓이다. 한편으로는 필멸설도 맞고 다른 한편으로는 불멸설도 맞는데, 한편에서만 '이것이 맞다 저것이 맞다' 하니까 이편에서는 저것이 틀리고 저편에서는 이것이 틀려 버려 해결할 길이 없었다. 필사하는 존재자로서 불사하는 구원 방도를 찾지 못했다. 아니, 현생의 조건만 경험하고 그것이 전부라고 믿는 자들 앞에서 또 다른

---

4) 『교육철학』, 김정환 저, 박영사, 1992, p.126.

조건을 가진 차원 세계가 있다고 한다면 이해할 수 있겠는가? 추적해서 확인해야 현생에서 풀지 못한 문제를 해결하고, 정말 극복할 수 있는 영생 (구원)의 길을 열 수 있다. 생자필멸인 세계에서는 제행이 무상한 것이요, 인생 끝(주음)이 허무로 귀착될 것이 당연하다. 이유에 대해 신앙인들은 믿음이 부재하고 神의 존재를 부정한 탓으로 돌리지만, 이 연구는 오히려 믿음 탓으로 돌린 그것이 이유라고 본다. 플라톤의 경우만 해도 그는 애써 세계를 이데아와 현상 세계로 구분하였지만, 양 세계 간 긴밀한 연관성과 본말 관계는 밝히지 못했다. 그러니까 이데아가 불변한 세계란 관념적 추정 단계를 벗어나지 못했다. 신앙인도 마찬가지이다. 하나님의 불변성과 불사, 곧 영생성을 어떻게 증거하였는가? 神이 불변하고 영원한 것과 인간이 벗어나지 못하는 필멸성과는 무슨 상관이 있는가? 하나님이 영원한 神이라면 어떻게 해서 영원한 것인지 설명해야 했다. 그리해야 영원한 사실을 근거로 필멸할 수밖에 없는 인간도 필멸하는 이유를 알고 하나님과 함께 영원할 수 있는 길을 모색할 수 있다.

대명천지 하늘 아래서 불멸한 존재(하나님)는 없다고 하는 자들 앞에서 어떻게 영생에 대한 가능성을 실감할 수 있도록 하겠는가? 그래서 선행된 과제는 세상에 불멸한 하나님이 어떻게 존재하는가 하는 사실부터 증거해야 한다. 인류를 빠짐없이 구원하기 위해서는 하나님의 불변성과 영원한 실존성을 증거해야 하고, 그것이 뭇 영혼의 영생을 보장하는 하나님의 구원 형태를 결정한다. 나아가 하나님 자체도 불멸성을 입증해야 인류를 구원할 수 있는 권능을 내세울 수 있다. 불멸하는 하나님과 필멸하는 인간과의 관계에서 불멸하는 하나님의 실존성을 증거하는 것은 만 인류를 영생의 길로 인도하는 필수 절차이다. 소유한 땅이 있어야 그 위에 자신이 구상한 집을 지을 수 있는 것처럼, 실어 나르는 배가 있어야 구원의 강을 건너 영생의 저 언덕에 발을 내딛게 한다. 하나님의 구원과 영생에 대한 보장은 하나님이 영원한 神이란 사실을 증거한 이후의 문제이니, 그 불멸한 실존성을 완성한 분이 곧 이 땅에 강림하신 보혜사 하나님이시다. 하나님의 구원 역사는 영생을 보장하는 것이 필수 조건이며, 하나님이 불멸한 사실이 필멸하는 인류 영혼의 영원성을 뒷받침한다. 하나님은 인류를 구원할 수 있는 절대 권능자이시니, 그 권능의 한 중심에 영원한 실존성이 자리 잡고 있다.

그렇다면 인간은 왜 죽을 수밖에 없고, 하나님은 왜 영원한 실체인가? 그리고 이 같은 법칙 속에서 하나님이 영원한 것처럼 인간도 영원할 수 있는 길은 없는가? 이 같은 의문은 오직 창조된 본의에 정답이 숨어 있다. 지금까지도 그러했듯, 창조를 모르면 이 땅의 누구도 문을 지혜로 열어젖힐 수 없다. 하지만 하나님이 밝힌 본의를 받들면 즉문즉답이다. 왜 인간은 죽을 수밖에 없는가? 생멸하는 정확한 이유는? 창조된 자, 창조된 존재이기 때문이다. 다시 설명하면 본의를 알아야 하는데, 창조의 본질은 바로 화현에 있다. 원본이 아니다. 원본이 化한 탓에 필멸한다. 비록, 창조 본성은 지녔지만(각구 태극), 그것은 이행한 존재 본체이다. 그래서 생성을 일으켰고, 생성한 결과 필멸하게 되었다. 化로써 창조된 피조체는 창조 본체, 곧 자체로서 자체를 창조할 수 있는 권능이 없다. 化로써 창조된 탓에 만사와 만 존재가 필멸로 귀착한다. 하지만 化로 인한 필멸 법칙은 오히려 불멸한 실체를 입증한다. 化된 본질이 정확한 사실을 지침한다. 化는 그냥 化한 것이 아니다. 근거, 바탕, 원본이 있은 것이니, 그것이 곧 창조 역사 이전부터 존재한 하나님의 몸 된 본체이다. 하나님은 창조 역사를 주관한 본체자로서 창조 역사 실현으로 결정된 생멸 법칙과는 무관한 불멸한 神이다. 생멸 현상이 분명한 현상적 질서 안에서는 불멸성을 이해하기 어렵다. 하지만 본의에 입각하면 난감한 불멸성을 실감할 수 있다. 生이 없는 탓에 滅도 없을 것은 당연한데, 지난날은 生한 자로서 불멸성을 전제한 탓에 이해하기 어려웠다. 우리는 초월적인 본체로부터 化한 생명인 탓에 化한 존재로서는 生하고 滅하면 끝이지만, 그것은 본래 어디로부터 化한 것인가? 化를 이룬 바탕은 化로서 生滅한 생성 주기를 마감하면 다시 본래의 바탕 본체 자리로 돌아간다. 필멸성과 불멸성이 바로 여기로부터 갈래지어진다. 그렇다면 滅하는 것은 무엇이고 본래 모습으로 돌아가는 것은 무엇인가? 우리는 무엇에 근거해서 창조되었고 化한 것인가? 하나인 본체 바탕이 아닌가? 그러니까 化된 결과로 생성된 모든 것은 주기를 다하면 소멸하지만, 바탕이 된 본질적 요소, 즉 나 자신을 나 자신답게 한 핵심 된 정체성 요소(영혼)는 생멸 법칙을 초월하여 남게 된다. 단지 그렇게 된 상태가 처음 하나님이 부여한 대로 온전한 것인가 온전하지 못한가 하는 것이 문제일 뿐, 순선한 것이든 순악한 것이든 남아 있지 않다면 영원한 생명 보장도 영원한 심판 경고도 아무런 소용이 없다.

우리는 어떻게 불변한 하나님의 본체로부터 창조되었는가? 그리고 化되었는가 하는 사실을 알 수 있는 것은 물리학에서도 우주가 마치 처음부터 감겨 있는 태엽이 풀리는 것처럼 분열한다고 했거니와, 그렇게 해서 분열이 다 하면 풀려버린 태엽은 누구도 다시 감아 놓을 방법이 없다. 즉, 생성 운동은 마감하고, 에너지는 소멸하며, 생명체는 죽음을 맞이한다. 하지만 그것은 化한 탓이기 때문에 化한 대상에만 적용된 법칙이다. 생성으로 분열한 모든 것은 滅로서 끝나고, 분열하기 위해 동원한 에너지가 현상계로부터 사라졌지만, 그러나 소실되지 않았다. 바탕이 된 본질 속에 그대로 쌓였다. 왜냐하면, 본래 有한 하나님의 몸 된 본체는 불변한 탓에 줄지도 늘지도 않기 때문이다. 그래서 생멸 현상은 오직 化한 존재에만 국한한다. 물리학에서도 설명하기를 회피한 처음부터 감겨 있는 태엽의 비밀이 바로 여기 창조를 이룬 통합성 본체에 있다. 그래서 생멸하면 현상계에서의 제1막은 마감되지만, 막의 뒤에서는 분열로 쌓인 에너지가 차원을 달리한 본체 안에서 다시 결집해 새로운 생성 체제를 구축한다. 이것이 곧 필사하는 인류 영혼이 다시 生하고 부활할 수 있는 본체 원리이고 제2, 제3의 인생 막을 펼칠 수 있는 영생 원리이나. 생즉사요 사즉생이다. 이것이 이어서 논거를 둘 필멸 가운데서도 영생이 가능한 삶의 형태이다. 본질, 마음, 영혼, 영은 하나님에게 속한 불멸한 본질이다. 化한 육신인 신체가 지닌 생멸 조건과는 처음부터 무관하다. 누가 불멸한 실체는 절대자인 神뿐이라고 했는가? 아니, 그것마저도 부인했는가? 우리는 하나님의 몸 된 본체로부터 창조된 탓에 동일한 본질적 요소를 간직했다. 단지 지음 받은 탓에 차원적으로 형태가 다른 것뿐이고, 生한 탓에 주어진 삶을 통해 각성과 정진과 믿음이란 의무 조건을 피할 수 없게 된 것뿐이다. 神만 영원한 것이 아니며, 나지도 죽지도 않는 것이 神인 것만도 아니다. 하나님은 나를 있게 한 아버지인 탓에 아버지가 지닌 불멸한 인자를 자식인 인류가 고스란히 물려받았다. 그것이 곧 누구에게나 生 가운데서 주어진 구원의 가능성이며, 영생할 수 있는 본성 바탕이다. 일명, '영혼불멸설'은 인류의 성인, 철인, 覺者가 주장한 설이자 신념이기 이전에 언젠가는 원리성으로 뒷받침되어야 하는 진리이다. 그리고 이 같은 사실을 열린 가르침으로 지침하는 것이 이 땅에 강림하신 하나님이 인류에게 쥐여줄 **"영생 구원 열쇠"**

이다. 그 가르침을 받들어야 하나님이 일찍이 인류 앞에서 한 은혜로운 약속이 유효할 수 있다. 부도수표가 되지 않는다. 필멸할 수밖에 없는 인류에게 영원한 생명을 보장하리라고 한 약속은 명확하다. 세상 누구도 할 수 없는 약속이지만, 생성 역사를 주관하시는 하나님은 이 약속을 만 자녀들에게서 빠짐없이 이루시리라.

2. 구원 · 영생

"19세기 말 인류는 처음으로 지질학의 연구 성과로 지구의 나이가 수천 년이 아니라 수십억 년이라는 사실과 찰스 다윈을 통해 인간이 하루 만에 창조된 피조물이 아니고 다른 동물로부터 진화했다는 사실, 그리고 지구가 엄청나게 큰 은하계의 끝자락에 있다는 사실을 알게 되었다."[5] 새로운 사실을 발견하고 알게 됨으로써 인류는 마치 세상에 있는 것 전부를 알게 된 것처럼 대척점에 있는 앎과 지식을 폄하하였다. 하지만 인류가 발견한 모든 사실과 지식을 동원한다고 해도 우리가 맞닥뜨린 생멸 문제는 설명할 수 없다. 특히, 많은 학자가 신봉하고 있는 진화론은 인간의 생사와 구원과 영생 문제를 해결할 수 없다. 이것이 무슨 진리인가? 본질과 연관되어 있지 않고, 근거한 세상의 뿌리가 어디에도 없다. 유령처럼 떠도는 허구적 가설이다. 세상 법도가 바로 세워져 있지 못하면 혼란이 생기고, 정의가 바로 서 있지 못하면 죄악이 횡행하는 것처럼, 진리 영역도 그러하다. 도대체 인류는 진리가 무엇인가를 정의하지 못했다. 그렇다면 바르게

---

5) 『인간의 위대한 질문』, 앞의 책, p.35.

세워야 할 진리란 무엇인가? 무엇이 참 진리인가? 진리는 반드시 창조 역사와 연관되어 있어야 함에, 이유는 창조 역사로 생성된 결과적 지표가 진리이기 때문이다. 그렇다면 진리는 당연히 하나님의 창조 뜻, 창조 의지, 창조 목적, 창조 원리, 창조 법칙, 창조 본질과 깊이 연관되어 있다. 그런데도 진화론은 창조 역사와 일체의 연을 끊어버려 마치 썩은 고목을 향해 온갖 상상력을 동원하여 신령한 나무라고 숭배하는 것과 같다. 하나님은 우상 숭배를 금지했는데, 창조 역사와 동떨어져 있는데도 그럴듯한 합리성을 조합해 신봉한 것은 그것이 바로 우상 숭배와 같은 행위이다. 하지만 아무리 기도하고 소원을 빌어도 숙어 있는 나무에 불과하듯, 신화론은 인류가 궁금하게 여긴 생사, 구원, 영생 문제에 대해 답할 수 없다. 진리는 창조 역사와 연관된 탓에 반드시 생멸 문제를 풀어내어야 한다. 그것은 진리의 몸 된 본체자인 하나님이 생사, 구원, 영생 문제를 해결할 수 있다는 말이다.

진리 역할과 조건 측면에서 볼 때 불교도들이 최고의 진리라고 믿는 무상중등정각, 그 요체인 '연기법'을 살펴보면, 생사의 비밀을 밝힌 궁극적 진리(깨달음)가 아니다. "연기란 팔리어로 '조건에 의한 발생'이란 뜻이다. 존재하는 것은 모두 그럴 만한 조건이 있어서 생겨난 것이며, 그것들은 또한 그럴 만한 조건이 없어지면 존재가 있을 수 없게 된다."[6] 조건은 어떻게 일어난 것인가? 그럴 만한 조건을 전제한 상태이므로, 그것이 곧 일체 조건에 앞서 선재한 바탕이다. 최초 바탕이 된 조건이 어떻게 일어났는가 했을 때, 그리고 어떻게 소멸하는가 했을 때, 연기법은 그렇게 해서 존재한 현상의 본질을 꿰뚫은 것일 뿐, 연기를 일으킨 生의 조건 이전과 연기

---

6) 『불교개설』, 增谷文雄 저, 이원섭 역, 현암사, pp. 97~98.

가 마감된 滅의 조건 이후를 관장하지 못한 상태이다. 존재한 모든 것과 일어난 모든 것은 사전 조건이 있은 상태이다. 현재 존재한 조건만으로 존재하지 않았다는 결론이다. 그런데도 부처님은 현재 존재한 것은 사전 조건이 필요하다는 사실까지만 밝힌 상태라, 연기법은 생사 문제를 해결한 깨달음이 아니다. 연기된 사실만 알아서는 생사 비밀을 풀 수 없다. 생멸과 생사로부터 구원될 수 있는 길은 전적으로 창조주인 하나님에게 의탁해야 한다. 한마디로 진리는 죽음과 구원과 영생 문제를 모두 해결할 수 있어야 하는데, 그 권능은 생멸 법칙을 결정했고 현상 세계를 주관하는 하나님이 지녔다. 왜 인간은 구원되어야 생멸 법칙을 넘어 하나님으로부터 영생을 보장받을 수 있는가? 왜 해탈이 아닌 구원인가? 이유는 분명하다. 인간의 생사 결정은 하나님이 하시는데, 해탈은 자체 구원 체제이다. 그래서 근원 된 인간의 창조 본질과는 거리가 멀다. 또한, 해탈을 통한 구원 방식은 과정이 험난하며, 지난하기조차 하다(점수적임). 하지만 하나님의 구원 방식은 지극히 돈오적이다. 각성하고 믿으면 단번에 구원된다.

지난날을 돌이킬진대, 세계 안에서 생멸 법칙을 극복할 道를 구한 것은 어리석은 행위이다. 生滅 道는 생멸 법칙을 결정하고 주관하는 하나님에게 물어보아야 했다. 해탈했다고 해서 영생할 道를 얻는 것이 결코 아니란 말이다. 그렇다면 하나님은 영생이란 문제를 어떻게 해결하실 것인가? 이것은 구원 의지를 명확히 한 지상 강림 역사 이후와 그렇지 못한 이전에 있어 방법상 차이가 있다. 생멸 문제는 우주의 생성 과정을 대관해야 하는 문제이고, 차원적인 원리로 뒷받침해야 하는 문제라, 세계적 조건을 갖추지 못한 지난날은 하나님이 상징적인 푯대로 세운 약속 천명과 말씀을 신뢰한 믿음에 전적으로 의존했다. 즉, 하나님은 출애굽 과정에서 이스라엘 백성에게 약속한 "뱀에게 물린 자마다 놋 뱀을 쳐다본즉 살리라"란 말씀 보장 약속이 그것이다. 정말 놋 뱀을 쳐다보는 것과 뱀에 물린 자가 죽지 않고 살아나는 것은 어떤 상관이 있는가? 놋 뱀이 독을 해독하는 치료약이라도 된다는 것인가? 상징한 참뜻은 바로 생멸에 관한 문제는 인간이 합리적인 이치를 따져서는 해결할 수 없는, 전적으로 하나님의 권능에 속한(권능) 영역이란 뜻이다. 놋 뱀은 죽음이 임박한 사람과 무관하더라도 하나님이 보장한 약속인 탓에 정말 쳐다보는 것만으로 죽을 자를 살리는 권능을 발휘한다. 다시 말해, 生과 滅은 세상의 지식과 인간의 능력으로서는 해결할 수 없는, 전적으로 하나님이 주관하는 차원 밖의 권능 역사이다. 해탈한다고 해서 극복할 수 있는 문제가 아니다. 생사 문제는 가로 놓인 차원의 강을 건너는 것이므로 노를 젓는 뱃사공에게 전적으로 의탁해야 한다. 구원 약속은 믿음으로 따르는 길밖에 없다. 그래서 구약 시대의 상징물인 놋 뱀이 신약 시대에는 십자가가 대신했다. 죄악으로 죽을 수밖에 없는 자마다 십자가를 쳐다본즉 살리라. 그리고 보혜사 하나님이 강림하신 성령의 시대에는? 강림하시기 이전에는 하나님과 인간이 이격되었고, 하나님에게로 나아갈 지상의 디딤돌이 없었지만, 강림하신 지금은 하나님과 함께할 수 있는 교감 기반이 마련되었다. 즉, 인간은 하나님으로부터 지음 받은 피조체[化]인 탓에 필멸할 수밖에 없지만, 생멸 법칙을 극복할 수 있으려면 인류가 하나님에게로 나아가 함께하는 것이다. 이것이 곧 하나님이 진리의 성령으로서 밝힌 **"구원·영생 원리"**이다. 하나님의 불멸성부터 증거되어야 한다고 한 이유이기도 하다. 그래서 우리가 필멸하는 법칙 가운데서도 영원할 수 있는 길은 하나님으로부터 구원을 얻는 것이다. 하나님과 함께하면 영원한 실존자인 하나님과 본질에서 동화되나니,

사도 바울도 이 같은 구원 원리를 직시한 바이다.

> "예수를 죽은 자 가운데서 살리신 이의 영이 너희 안에 거하시면,
> 그리스도 예수를 죽은 자 가운데서 살리신 이가 너희 안에 거하시
> 는 그의 영으로 말미암아 너희 죽을 몸도 살리시리라(롬, 8: 11)."

바울은 그리스도의 영이 우리 안에 거하시면 왜 그 영으로 말미암아 죽을 몸을 살리는지 그리스도 영 자체의 불멸성을 입증하지 못했고(부활→원리), 육신은 때가 되면 죽을 것이지만, 영은 믿음을 지킨 의로움 탓에 살리란 사후 존재 형태에 관한 언급이 없었다. 하지만 지금은 이런 조건을 해소했기 때문에 구원 원리가 상징적으로 세운 푯대 구원 방식을 대신하게 되었다(푯대→원리). 나아가 이전에는 그리스도 영이 우리 안에 거하셨지만, 지금은 하나님도 우리와 함께하신다. 그러므로 인류는 깨달아야 하나니, 세상의 길은 영원한 길이 아니고 세속의 세계는 영속할 세계가 아니다. 멸망할 길이요 필멸할 세계이다. 영원한 생명을 얻고 영속할 세계를 얻기 위해서는 근원 된 하나님의 뜻을 깨닫고 하나님의 말씀을 받드는 것이다.[7] 믿음 어린 추구와 신앙으로 하나님과 함께하면 영원한 실존자와 본질로서 동화되기 때문에 이런 교감 원리 작용으로 영생할 길이 열린다. 이것이 영생을 보장한다고 약속한 하나님의 구원 의지 표명 실체이다. 하나님은 말씀으로 영존하시며, 말씀으로 믿음 어린 자녀의 생명을 영원하게 보장하신다.

---

7) 하나님을 믿고 하나님에게 기도하는 것에 더해(관념적, 일방적), 성령의 임재 역사로 교감된 하나님의 살아 계신 뜻과 생명력 있는 계시 말씀을 깨닫고 받드는 것이 더 현실적으로 하나님과 함께하고 동행하는 삶임.

그렇다면 하나님이 보장할 영생이란 과연 어떤 삶의 형태가 될 것인가? 하나님처럼 불변하고 불멸한 형태로 영존하는가? 모두가 그렇게 생각하는 탓에 영생이 도대체 어떤 삶의 형태인지 세상 이치로 가늠하기 어려웠다. 이 비밀을 푸는데 영생 구원의 핵심 된 열쇠가 있다. 이 열쇠는 이미 선천의 종교들이 간파하였다. 하지만 초점을 정확하게 맞추지 못한 탓에 보편적인 삶의 형태로서 각인하지 못했다. 즉, "고대로부터 힌두교도들은 다른 많은 사람이 믿는 것처럼 인간 영혼이 다른 인간으로나 혹은 여러 가지 형태로 나타난다고 믿었다."[8] 왜? 어떤 근거로? 한 사람이 대대손손 유전자로 이어지고 기억 속에 살아남는 것과 같은 형태라면 합리석인 것으로 이해할 수 있지만, 그래도 그 같은 주장만으로는 설득력이 부족하다. 한 사람의 자아가 지닌 정체성을 망각한 전혀 다른 인간, 혹은 다른 형태로서 반복되는 윤회는 의미가 없다. 지리산에서 발원한 남강물을 태평양 한가운데서 애써 찾고자 하는 것처럼, 이미 남의 몸으로 태어나 남으로 사는 삶은 설사 그것이 사실이라고 해도 현생의 삶과 영생한다는 측면에서 무슨 의미가 있는가? 윤회 메커니즘은 깊이 재고해야 한다. 또한, 윤회는 영원하게 반복하는 삶이 아니다. 수행하고 정진해서 깨달으면 해탈할 수 있다고 했으니, 해탈은 아트만이 브라만으로 돌아가는 것이다. 하지만 이것도 아트만의 주체성을 잃어버린 브라만으로의 회귀가 무슨 의미가 있는가? 그렇다면? 영생하는 존재 형태란 하나님이 부여한 자아의 정체성을 지속하는 것이다. 그렇지만 윤회도 영생하는 삶의 형태를 일부 엿본 것은 사실이다. 따라서 때가 이른 오늘날은 윤회 메커니즘을 정교하게 구축함으로써 기정사실인 것을 뒷받침해야 한다. 지적한 대로, 인간은 하나님

---

8) 『세상의 모든 철학』, 앞의 책, p.164.

의 창조 본성을 부여받은 탓에 하나님과 본질로서 동화되기만 하면 하나님과 함께 영생할 수 있다. 하지만 하나님처럼 불멸, 불변, 불사한다는 뜻은 아니다. 그렇다면? 가로 놓인 생멸 과정을 통해 생사의 관문을 넘나들어야 하나니, 그렇게 나고 죽음의 과정을 반복하는 형태로 영생한다. 그런 특성 면에서는 윤회적 인식이기도 하다. 그러면서도 다른 점은 죽음을 맞이한 것이 끝이 아니고, 자아의 정체성을 이행시킨 창조화 적용이다. 化된 탓에 생멸할 수밖에 없지만, 근원 된 바탕만큼은 滅하지 않고 다시 生해서 정체성을 잇는다. 다시 강조해, 이행한 존재 본질은 삶과 죽음이란 차원의 문을 넘나드는 것이므로 삶의 조건과 형태가 달라지는 것일 뿐, 바탕이 된 본질은 변함이 없다. 이것을 두고 힌두교도(불교)들이 윤회한다고 하였다. 그런데도 그들 윤회설은 창조된 바탕 본체에 근거하지 못하다 보니 하나님의 뜻을 벗어났고, 하나님의 구원 손길이 미치지 못한 탓에 끝없는 윤회의 수레바퀴를 벗어나지 못했다. 차선책으로 해탈을 얻고자 발버둥을 쳤지만, 지적한 대로 정체성을 완성한 것이 아니고 오히려 내다 버린 탓에 영생과는 거리가 멀었다.

한편, 기독교에서는 불멸, 불변 메커니즘에 근거한 부활과 재림으로 영생하는 삶의 형태를 제시했다. 죽음이 끝이 아니란 인식, 죽음 이후에 삶이 재생한다는 것은 이것이 바로 몸 된 본체로부터 지음받은 인간이 취하는 차원을 넘나든 삶의 형태이다. 그래서 기독교는 공식적으로 사도신경을 통해 "육의 부활, 곧 몸이 다시 사는 것"을 명확하게 고백했지만, 후인들이 해석을 바르게 하지 못한 것이 문제이다. 죽음 후의 상태에 대한 일반적인 주장에는 '영혼불멸설'이 있다. 종교 대부분이 이 설을 믿는바, 죽은 후에 육신은 썩지만, 영혼이 불멸하는 것이라면 일면 수긍할 수 있지만, 썩은 몸이 무덤을 열고 부활한다는 것은 있을 수 없다. 애써 믿고자 해도 아무도 경험하지 못한 일이다. 하지만 그것은 그야말로 때 이른 선천 인류의 이해 부족 탓이다. 창조 본의에 근거할진대, 죽은 자가 다시 육으로 부활하는 것은 맞다. 그러고 보면 윤회도 일단 다른 몸이든 어떤 형태로든 몸을 통해 다시 태어난다는 점은 같다. 여기에 더해 기독교가 자아의 정체성을 앞세웠다는 점에서는 더 진일보한 인식이다. 반면, '영혼불멸설'은 무형의 본질 형태로서 불멸한다는 것인데, 그것은 창조된 자가 취하는 결정된 존재 형태가 아니다. 영혼이 영혼만으로 불멸하는 것은 절대자인 하나님의 영이 삿순 실손 형태가 유일하나. 인간은 창조된 덧에 하나인 통합 본체가 生과 滅로 나뉘었으며, 분열을 다 하고 나면 다시 하나로 돌아가기 때문에 영원한 소멸은 없으며, 생멸 과정을 반복함으로 지속할 수 있게 된 피조체이다. 생사를 반복해서 넘나들지만, 영혼의 정체성을 이어가는 형태, 곧 현상적으로 육신은 멸해도 본질적으로 영혼은 소멸하지 않는 이것이 진정한 영혼불멸 메커니즘이다.[9] 영혼은 영혼만으로 존재할 수 없으니, 창조된 존재가 분열을 멈추지 않는 한 반복되는 생멸 형태, 곧 죽고 다시 사는 삶의 형태로 지속된다.[10] 윤회도 부활도 그것은 반드시 새로운 몸으로 다시 태어나는 것이며, 아울러 자체 지닌 자아의 정체성도 이어지기 때문에 한 번 지은 악업은 주어진 生을 통해 씻지 않으면 사라지지 않

---

9) 한번 존재한 자는 영원 전부터 이미 존재하였고, 영원 후에도 영원하게 존재하나니, 오늘 존재한 자가 영원 전에 지닌 자아 정체성을 기억하지 못하는 것은 이전 삶과는 전혀 다른 새로운 삶을 시작했기 때문이다. 그래서 기억이 단절된 상태일 뿐, 지난날 자신이 쌓은 것 일체와 이룬 것은 모두 현재의 존재 본질 속에 빠짐없이 간직되어 있다. 그것을 일구고 다시 찾아 진정한 자아의 정체성을 새롭게 정립하는 것이 다시 얻은 삶의 궁극적 과제이다.

10) 죽으면 삶의 고통이 마감된다고 생각한 자살 행위의 어리석음이 여기에 있다. 그것은 生의 고통과 짐을 더욱 배가시키는 결과를 초래할 뿐임.

으며, 쌓는 복덕 역시 허물지 않는 한 누대에 걸쳐 계속 쌓인다.

따라서 만인, 만물, 만 생명이 생성을 거듭해서 이루고자 하는 창조 목적의 화살표는 모두 현존재와 현생과 이 세상을 향하고 있다. 그런데도 지난날은 성현들까지도 한결같이 저승과 피안과 천국, 열반, 본체, 이데아, 브라만을 이상적인 목적지로 알고, 그곳에서의 영원한 삶을 지침했다. 이것은 현실적 삶과 큰 차이이며, 본의와도 어긋난 방향 지침이다. 천국은 참으로 좋은 곳이라고 말하고 지금 그곳으로 가고 싶은 사람은 손을 들라고 하니까 한 사람도 없었다는 이야기처럼…… 지난날은 그야말로 영생의 보장 체제와 영생할 수 있는 삶의 형태를 밝히지 못한 상태라, 구원을 위한 삶의 지향점이 이생으로부터 저승을 향했지만, 밝혀진 지금은 지향 화살표를 반대로 돌려야 한다. 만생은 결코 이생에서 저승으로 가는 것이 목표가 아니다. 저승에서 이생으로 온 만큼, 저승에서 영원히 머무는 것이 목표가 될 수 없다. 더 업그레이드시켜 이생으로 와야 하고, 이유는 이생에서 이전보다 더 업그레이드된 삶의 가치를 구현하기 위해서이다. 불교가 이상으로 삼은 해탈은 본체가 정체된 상태이다. 정체되면 생성이 없고, 생성이 정체되면 다음 生을 기약할 수 없다. 윤회의 고리는 끊어낼 수 있을지 몰라도 그것은 윤회가 지닌 딜레마이기도 하다. 그렇게 해탈하면 무엇 하나? 그래서 해탈은 완전한 구원이 아니다. 영생의 궤도로부터 이탈한 사후 삶일 뿐이다. 하나님의 구원 의지에서 벗어난 탓이다. 또한, 하나님으로부터 구원받은 영혼은 "영원한 神적 세계로 돌아가 그곳에서 영원한 자유와 열락을 누린다고 하지만"[11] 그것도 그렇게 살면 무엇 하나? 고난을

---

11) 『죽음과 부활의 신학』, 앞의 책, p.299.

겪을지언정 이생에 다시 태어나는 것만큼은 못 하다.[12] 영원한 자유와 영원한 열락은 사실상 성립될 수 없는 실존 조건이다. 한시적이더라도 구속과 고통을 감내하면서 그것을 극복하고 얻는 이 세상에서의 자유와 열락이 더 소중하다. 그래서 공자님도 부처님도 예수님도 이 같은 삶의 가치와 구원 섭리 과제를 완수하기 위해 현생 하셨고, 하나님도 때가 이른 오늘날, 이 땅에 강림하셨다. 따라서 **수행자는 열반과 해탈이 목적이 아니다. 다시 生함이 목적이 되어야 하며, 신앙자는 천국행이 목적이 아니다. 다시 삶을 목적으로 삼아야 한다.** 하나님이 천지를 창조한 것은 목적이 이 땅을 이상적인 천국으로 건설하기 위해서이다. 해바라기는 해를 바라본다고 하는 것처럼 하나님이 하늘에 계실 때는 천국이 하늘에 있었지만, 강림하신 오늘날은 이 땅에 천국이 있다. 영생함의 궁극적인 삶의 형태는 결국 만난을 겪고 있는 현재의 삶 자체이다.

언급했듯, 창조 법칙은 만사에 걸쳐 오직 하나인 원리로서 적용되며, 하나님이 부여한 창조 본성을 각성하는 것이 인류의 본성 구원 과제라고 한 것처럼, 영생을 가능하게 하는 메커니즘 원리도 하나인 원리인바, 동일한 형태로 적용되는 것은 마찬가지이다. 생사를 반복하면서 지속하는 만큼, 죄인은 生이 주어질 때마다 다시 고통 받고, 선인은 삶이 주어질 때마다 다시 복을 받는다. 그래서 신약성서에서는 죄와 죽음과의 인과 관계를 "죄의 삯은 죽음"이라고 하였다. 죄악은 하나님으로부터 구원될 수 있는 길을 가로막고, 갈 수 있는 길을 허물어 버리기 때문이다. **영생은 무엇인가? 영원하신 하나님과 동행하는 삶이다.** 그런데 그 길이 차단되어 있으면 그야말로 육도를 끝없이 윤회하게 되어 지옥 불에 영원히 갇혀 버린다. 왜 사

---

12) 이생에서도 우리는 하나님과 함께하는 자유와 행복을 누릴 수 있다.

람들은 죄악이 고통인 줄 알면서도 끝없는 어둠의 늪으로 뛰어드는가? 끝내 벗어 던지지 못한 죄악의 굴레 탓이고, 둘러쓴 업의 마력 탓이다. 하나님의 창조 본의와 부여된 창조 본성을 각성해야 하나니, 그러하면 하나님과 영원히 함께할 수 있고, 무지하면 영원히 고통과 함께한다. 죄악은 영생의 길을 가로막으며, 결코 육신에 한정된 결과로서의 죽음이 아니다.

그러므로 우리는 이제 카를 마르크스가 하나님과 종교에 관해 말한 견해에 대해 맞다 틀리다고 하는 비판을 넘어 그가 가진 신념과 가치관이 얼마나 편협한 것인가 하는 것을 엿보아야 한다. 영원한 생명을 보장하는 하나님의 구원 약속은 결코 환상적인 위로도 고난의 현실을 임시방편으로 잊게 하려고 처방한 마취제도 아니다.[13] "영원한 삶에 대한 약속은 우리의 도덕성을 고취한다."[14]란 전제를 목적에 둔 요청도 아니다. 하나님의 약속은 사실대로 하나님의 말씀인 탓에 준엄한 것이며, 불멸한 하나님인 탓에 권능으로 굳게 뒷받침한 약속이다. 더 나아가 약속의 진정성은 하나님이 사랑하는 자식을 죄악의 고통으로부터 구원하기 위해서이며, 종말에 처한 한계성을 극복해서 자녀 인류를 파라다이스로 인도하기 위해서이다. 준엄한 하나님이기 이전에 아버지로서 사랑을 다 한 말씀이므로 인류도 자녀 된 자로서 말씀을 무후한 감화로 받들어야 한다. 하나님은 태초에 천지 만물을 창조하고 천지 세상을 열면서부터 산 자녀를 위해 축복하고 원대한 꿈을 인류의 미래 역사 위에 기대로 가슴에 묻었나니, 인류는 진정한 뜻을 놓침 없이 받들어야 한다. 지체 없이 죄악의 굴레를 벗어던지고 하나님과 함께할 수 있는 영원한 삶을 보장(구원)받아야 하리라.

---

13) 위의 책, p.476.

14) 『인생의 모든 의미』, 앞의 책, p.75.

3. 생전 · 사후

인간은 사고하고 사색하고 추구하는 존재인 탓에 사물, 존재, 현상, 세계, 우주 등에 대해서 궁금한 것이 많지만, 특히 생사에 관한 문제는 통틀어 가장 알고 싶은 것이다. 그런데 인류 중 누가 해결하고 누가 답할 수 있는가? 아니 해결하였고 답하였는가? 아직도 심원한 고뇌로 남아 있는 이유는 정작 물어보아야 할 데 물어보지 않고, 답을 구하지 않아서이다. 인생은 무엇이며, 생사는 어떻게 해서 주어진 것인가? 인생과 생사는 인생과 생사에 대해서만 탐문해서는 풀 수 없다. 이런 사실을 아는 것이 중요하다. 왜냐하면, 나고 살고 죽는 것에 대한 비밀을 함께 풀어야 하는데, 그러기 위해서는 나기 전과 죽은 이후에 대한 비밀까지 풀어야 하고, **"생전 · 사후"** 비밀을 모두 풀어야 비로소 나고 살고 죽는 것에 대해 답할 수 있다. 그런데 그런 능력을 갖춘 분, 곧 생전과 사후를 관장하기 위해서는 우리의 생전보다 앞서 있고, 우리의 사후에도 존재하는 분이 있어야 하는데, 그분이 곧 우리의 모든 것을 주관하는 하나님이시다. 하나님은 믿음의 조상 아브라함의 삶을 지켜보았고, 이삭의 삶도, 야곱의 삶도, 독생자 그리스도의 죽음도, 그리고 오늘날 너와 나, 우리 모두의 삶을 지켜보고 관장하는 영원한 실존자이시다. 그래서 능히 생전과 사후에 관한 문제를 풀고 답할 수 있다. 살아가면서 누구라도 한 번쯤은 생각하게 되는 의문, 즉 인간은 어떻게 세상에 왔고, 어떻게 살아야 하며, 삶이 다하고 나면 어디로 가는가? 그런데 여기에 대해 정말 왜 아무도 답한 자가 없는가? 살아온 수많은 인생의 경우를 참고한다고 해서 대답할 수 있는 것이 아니다. 근본적으로 인간은 생전과 사후에 대해 답할 수 없다. 거듭 강조해, 현생은 그것만으로 존재하지 않는다. 우리는 왜 삶을 살면서도 자신의 인생 본질을 모르는가? 세상 가운데는 벌 받아 마땅한 사람이 도리어 승승장구하고, 착하게 산 사람이 더 큰 불행을 당하는 경우가 있는가? 이유는 현생의 삶이 생전과 사후 삶으로 온통 둘러싸여서이다. 즉, 현생의 삶은 생전-출생-삶-죽음-사후 세계로 연결되기 때문에 현생의 모습은 삶의 줄기찬 과정에서 드러난 빙산의 일각이다. 죽어보아야 저승을 아는 것이 결코 아니다. 사실적인 이유는 삶이든 죽음이든 일체의 삶은 전체적으로 한통속이다. 그래서 전후 삶을 관장한 하나님이 진리의 열쇠, 존재의 열쇠, 우주의 열쇠, 생사의 열쇠, 곧 **"창조 열쇠"**를 쥐고 계시다.

그런데 고대로부터 대개는 생전 문제보다는 죽고 난 사후 세계에 대해 관심이 많았고, 사생관에 대해 나름대로 믿음을 견지했다. 사실상 생전의 삶은 창조된 본의를 알아야 하는데, 당시로서는 어려운 조건이었고, 그런 여건 속에서도 죽음만큼은 확실한 탓에 죽음 이후의 세계에 대해서 생각을 하였다. 즉, "고대 이집트의 왕들은 왕이 되자마자 시작하는 사업이 자기 무덤인 피라미드를 쌓는 일이었고, 이 공사는 보통 수십 년씩 걸렸다. 이유는 죽음이 끝이 아니고 영원한 삶의 시작이라고 믿었기 때문이다. 겨우 몇십 년의 삶보다는 죽음 뒤의 영원한 세계가 더욱 중요하다고 생각했다. 현재의 삶은 죽음 뒤의 영원한 세계를 준비하는 기간",[15] 곧 영생을 위한 과도기적 수단이다. 이런 생각은 "몇몇 고대의 히브리인들과 사실상의 모든 기독교도, 이슬람교도, 힌두교도도 육신의 생물학적 죽음 후에는 영혼의 형태로 살아남는다고 믿었다."[16] 개인의 자아 본질이 죽은 후에도 지

---

15) 『업그레이드 먼 나라 이웃나라(이탈리아)』, 이원복 글 그림, 김영사, 2019, p.23.
16) 『세상의 모든 철학』, 앞의 책, p.161.

속할 가능성, 곧 '영혼불멸설'이다. 그런데 문제는 그런 생각이 사실이더라도 그것을 가능하게 하는 **"생전·사후"** 존재의 근거를 밝힐 창조 열쇠까지는 찾지 못한 상태이다. 이것을 강림하신 하나님이 열린 가르침으로 지침하고자 하신다. 하나님이 세상 밖 하늘에 있으실 때는 질문하기가 어려웠지만, 지금은 강림하시어 곁에 계신 탓에 마음껏 물어볼 수 있다. 아니, 이미 본의로서 밝힌 바이시다. 생전에 관한 비밀은 우리를 존재하게 한 사전 창조 과정에 열쇠가 있는데, 그것은 굳이 밝히지 않더라도 확인 가능한 인식의 근거가 있다. 다름 아닌, 우리는 처음에는 없었는데 존재하게 되었다는 사실이다. 물론, 無한 상태에서 태어난 것은 無한 有가 有한 有로 이행한 것이지만, 그렇게 존재한 생전의 존재 상태는 죽음 이후에도 그대로 이어진다. 곧, 없는 가운데서 태어난 것처럼 죽은 이후에도 없는 상태로 존재하게 된다. 여기서 있고 없음에 대한 판단 기준은 현재 지닌 몸이다. 그래서 몸이 生하고 死하는 것과는 상관없이 자신은 생전에 존재하였고, 사후에 존재하게 된다. 죽음, 그것은 결코 삶의 끝이 아니다. 생사의 생성 바탕인 본질을 기준으로 살펴보아도 결과는 마찬가지이다. 生의 본질이 분열을 극하면 궁극에 도달하며, 극이 궁극에 도달하면 대립했던 어떤 극과도 상통해서 하나 된다. 극이 합일되면 일원이 된 상태에서는 더 이상 분열하는 현상계에서 존재할 수 없다. 그래서 통합성인 상태, 곧 육신이 없는 상태로 존재한다(영혼). 현생과는 차원이 다른 이것이 바로 사후 삶의 본질 모습이다.

이것을 다시 태극론에 대입시키면, 우리는 창조를 이룬 바탕 본체인 완전한 태극으로부터 비롯되었고, 태극은 지극한 무극으로부터 이행되었다. 그러므로 태극은 무극이 완전하게 극화한 상태이다. 온갖 극을 발화시킨 상태, 이것이 현생의 삶을 있게 한 생전의 창조 본체(통합 본체)이다. 그리고 이미 일체를 갖춘 태극 본체가 창조 역사로 생성하기 위해 다시 生(원인)과 死(결과)로 나뉘었고, 그 사이에서 우리의 삶이 펼쳐졌다. 그래서 生을 마감한 죽음이란 원래 하나인 극이 분열을 완료하고, 나뉘었던 生과 다시 합쳐진 것이다. 태극도 양의 된 음양도 극이 다했다고 해서 소멸하는 것은 없다. 일원화된 탓에 현상계의 무대에서 사라진 것뿐이다. 하지만 현생이 생전으로부터 비롯된 것처럼, 사후도 결국은 생전에 존재한 상태로 돌아간 것이다. 그러니까 알고 보면 이것은 출생과 죽음을 반복한 化로서의 불멸성, 곧 영원한 有함성을 견지한 것이고, 차원을 넘나든 변화 가운데서도 자아의 정체성이 이어지기 때문에 악업도 선업도 함께 이어진다. 이런 이유로 현생은 지금까지 이어진 업을 일신시킬 수 있는 절호의 기회이다. 현생에서의 고통스러운 삶과 유복한 삶이 결코 현생에서만 근거를 찾을 수 없게 된 이유이기도 하다. 그런데도 소중한 삶의 기회를 깨닫지 못하고 무명 속을 헤어나지 못한다면 어리석은 판단으로 더 깊은 고통의 늪으로 빠져든다. 그 근거가 어디에 있는가? 죄악의 굴레를 둘러써 하나님의 심판이 가중되기 때문이다. 손발이 묶인 채 삶 전체가 고통의 늪으로 떠밀려서 빠졌다. 살인자, 간음자, 도둑놈, 사기꾼, 배신자, 폭력자 등등. 그러므로 믿어야 하고 각성해야 하고 받들어 영접해야 하나니, 거기에 인류가 현생의 삶에서 강림하신 하나님과 함께할 수 있는 길이 있고, 창조 본성이 극대화한 영생을 보장받게 된다.

그렇다면 영원한 본향으로 돌아간 상태인 생전과 사후는 어떤 특성이 있는 세계인가? 인류가 도무지 인식하지 못하고 가늠할 수 없었던 것은 현재와는 차원이 다른 본체 세계에 대해 무지해서이다. 가늠하고 추측할 수 있는 근거가 현생의 질서 안에서는 구할 수 없어 아무리 천당이 좋고 천국이 이상적인 나라라고 해도 실감할 수 없었다. "세계적인 뇌신경학자인 이븐 알렉산더는 원인을 알 수 없는 수막염으로 인해 혼수상태에서 깨어난 뒤 『나는 천국을 보았다』란 책을 출간했다. 여기서 그는 투명하고 빛나는 존재들을 만났고, 한 천상의 여성이 인도해 시간이 없는 세계로 여행을 했다고 기록했다. 그곳이 천국이라고 여긴 그는 광활하게 공허하고 칠흑과 같으며 무한하게 편안한 공간이라고 묘사했다."[17] 전적으로 현생의 감각적인 인식을 근거로 천국이란 세계를 말하였다. 창조되었기 때문에 현생이 있고, 자신을 둘러싼 세계가 있는데, 이처럼 창조된 세계 이외에 차원이 다른 또 다른 세계가 있다는 것인가? 시간이 없는 세계, 그것이 바로 현생과는 차원을 달리한 본체 세계를 말한 것이다. 본체 세계는 원본 바탕인 탓에 순선함이 환상적으로 가늠되는 것일 뿐, 사후 영혼이 거할 제삼의 시공간이 따로 존재하는 것은 없다. "영혼이 불멸한다고 했을 때의 말은 영혼이 물리적인 시간의 흐름 속에서 영속적으로 존재한다는 뜻이 아니다. 오히려 물리적 시간의 흐름과는 다른 차원에 속한 개념이다."[18] 생성하고 소멸하는 현상 세계가 아니다. 인과론적인 법칙 체계로서는 이해하기 어려운 것이 곧 **"생전·사후"** 삶을 지배하는 통합 본체 세계이다.

이 같은 생전·사후 특성을 예수님은 신약성서에서 이렇게 표현하였다.

"선생님이여, ~ 칠 형제가 있었는데 맏이 아내를 취하였지만 후사

---

17) 『인간의 위대한 질문』, 앞의 책, p.307.

18) 「영혼 불멸성의 교육학적 함의」, 황상민 저, 춘천교육대학교 교육대학원, 초등교육, 석사, 2005, pp. ⅰ~ⅱ.

가 없이 죽고, 둘째도 그 여자를 취하였다가 후사가 없이 죽고, 셋째도 그러하여 일곱이 다 후사가 없었고, 최후에 여자도 죽었나이다. 일곱 사람이 다 그를 아내로 취하였으니, 부활을 당하여 저희가 살아날 때 그중에 뉘 아내가 되리이까? 예수께서 가라사대, ~ 사람이 죽은 자 가운데서 살아날 때는 장가도 아니 가고 시집도 아니 가고 하늘에 있는 천사들과 같으니라(막, 19: 25)."

그것이 곧 현생의 삶과는 차원이 다른 생전과 사후가 지닌 통합 본체 세계이다. 그런데도 현생의 삶을 기준으로 사후 정체성과 주체성을 판단하고자 하니까 이해할 수 없었다. 예수님이 밝혔음에도 불구하고 후인들이 명확하게 이해했겠는가? 현생에서는 애써 구분하면 이해할 수 있지만, 사후 세계에서는 모든 것이 하나일 뿐이다. 하지만 모든 요인은 업을 통해 이어지는 탓에 다시 현생의 삶이 전개되면 비로소 각자의 아내로 사는 삶이 구분되어 펼쳐질 것이다. 아니, 이미 그렇게 해서 살았다. 인류는 하나님으로부터 본성을 부여받은 탓에 각자가 자녀 본성으로서 아이덴티티(identity)를 지녔지만, 하나님은 각 인류의 아버지인 동시에 한 분뿐인 아버지 하나님이시다. 내 아버지인 동시에 인류 모두의 아버지로서 구분이 없다. 하나님 앞에서는 아브라함도 이삭도 야곱도 너도나도 인류도 하나님이 사랑으로 낳은 산 자로서의 자식이고, 똑같은 자녀이다. 인류에게는 하나님 이외에 또 다른 아버지가 있어 너와 나를 있게 한 것이 아니다. 그러므로 때가 이른 오늘날 천만년 베일에 가린 생전과 사후 삶의 비밀을 밝힐 창조 도문을 열린 가르침으로 지침한 만큼, 가르침을 받들어 사후 존재의 차원 도문을 여는 것은 인류가 각자에게 주어진 삶의 과정을 통해 풀어야 할 과제 몫이다. 그리고 그 한도 기한은 인류가 맞이하게 될 최후 삶의 직전까지이다. 그때까지 추구하고 깨닫고 이루어야 하나니 죽음의 문, 그것은 만 영혼 앞에 가로놓인 새로운 차원 세계로 진입하는 최고 도문이다. 그 문을 열어젖혀야 만인의 삶과 죽음 앞에 펼쳐진 구원의 문, 천국의 문, 하나님이 약속한 영생의 문을 활짝 열어젖힐 수 있게 되리라.

제15편

미래 역사론

기도: 이 연구는 길의 추구 과정을 통해 이룬 무엇을 근거로 해서 어떻게 인류의 미래에 새로운 비전의 세계를 펼칠 수 있을 것인가? 후천 문명을 주도할 인류 역사의 추진 원동력과 제3의 문명 형태는? 하나님이 진정 미래에서 이루고자 하는 주관 역사 계획과 뜻과 그려진 설계 도면을 보지 못한 채 집을 짓고자 한다면 그 결과가 어떻게 되겠습니까? 부족한 이 자식이 하나님의 계시 뜻을 받들어 창조 목적에 합당한 새집을 미래 역사에서 짓고자 하오니, 구상한 하나님의 뜻과 계획을 소상하게 밝혀주소서!

　　말씀: "이것을 여기서 가져가라. 내 아버지의 집으로 장사하는 집을 만들지 말라." 유대인들이 대답하여 예수께 말하기를, "네가 이런 일을 행하니 무슨 표적을 우리에게 보이겠느뇨." 예수께서 대답하여 가라사대, "너희가 이 성전을 헐라. 내가 사흘 동안에 일으키리라(요, 2: 13~22)."

　　증거: 유월절, 예수님이 예루살렘으로 올라가심. 성전 마당에서의 분노. 뒷돈이 오갔다. 환전상을 뒤엎음. 이만큼 분노하고 과격하게 행동한 적이 없었다. 가장 사랑하는 사람들에게 가장 사랑하는 것을 주고 싶었던 것. 영원한 생명을 주심. 십자가를 주는 방법으로……

제66장 개관(인류 역사 전망)

1. 길을 엶

만세 전부터 예비된 동양의 본체 문명이 이 땅에 오신 하나님의 지상 강림 본체를 뒷받침함으로써 새로운 기독교 역사를 창조하리라. -제1문 (2022. 9. 28. 19:00)

하나님의 역사가 서양을 향해 집중되었을 때 동양은 하나님에게 있어 어떤 의미를 지닌 역사이며, 어떤 뜻을 이루기 위해 만세 전부터 예비한 문명인가? 하나님과 동양 문명과는 무슨 상관이 있고, 역사 속에는 어떤 섭리 뜻이 수놓아져 있는가? 하나님이 태초에 창조 목적을 이루기 위해 동양 문명을 일으킨 목적은? -제2문

지난날의 세계론 저술은 선천 문명의 결실체이며,[1] 이후부터의 저술 성과는 후천 문명을 열려는 뜻의 지침이다. 그렇다면 **이 연구는 정말 길의 추구 과정을 통해 이룬 무엇을 근거로 어떻게 인류의 미래에 새로운 비전의 세계를 펼칠 수 있을 것인가? 후천 문명을 주도할 인류 역사의 추진 원**

---

[1] 『세계통합론(1995)』, 『세계본질론(1997)』, 『세계창조론(1998)』, 『세계유신론(2000)』, 『세계섭리론(2004)』, 『세계수행론(2006)』, 『세계도덕론(2008)』.

동력과 제3의 문명 형태는? -제3문

하나님이 미래의 인류 역사에서 이룰 섭리 방향과 뜻은? -제4문

인류 역사가 종말에 처한 오늘날은 도래한 총체적 문명의 한계성을 극복할 새로운 진리관과 역사관과 구원관이 요청된다. 그 길을 하나님은 앞으로의 역사에서 어떻게 열어주실 것인가? -제5문 강림하신 하나님을 중심으로 한 신학관, 신앙관, 문명관이 필요하다. 이것을 하나님은 어떻게 뒷받침할 것인가? 이 같은 성업 역사를 하나님의 뜻을 대행한 이 연구가 사명을 다해 수행하고자 하나이다. 길을 통하여 뜻을 받들었지만 다시 한번 하나님의 전에 나아가 확약을 받고자 합니다. 앞으로의 인류 역사를 어떻게 지침해야 하나님의 천지창조 뜻을 이룰 수 있겠나이까? 선천 문명이 도달한 한계성을 극복하고 인류를 빠짐없이 구원할 수 있겠나이까? 그 뜻, 그 실현 의지와 목적과 역사 방향과 방법을 아버지의 전에 나아가 묻고자 하나이다. 역사하여 주시고 계시하여 주소서!

자각건대, 하나님이 장차 이루고자 하는 미래 문명 건설의 필수 조건은 하나님의 창조 목적 뜻과 보편적인 구원 목적 뜻과 이 땅에서 하나님이 세우고자 한 지상 천국 목적 뜻을 통합할 수 있는 그 무엇이어야 한다. 그 목적 뜻을 하나로 묶을 수 있는 조건은 과연 무엇인가? -제6문 主 예수의 수난 생애와 희생 역사와 천명한 복음 메시지를 계승해서 독생자 그리스도의 神적 본질과 사명을 미래 역사에서 완성하는 것이다. 그것이 예고된바 반드시 미래 역사에서 이룰 재림 역사의 실질적 기반이다.

우리가 헌 집을 헐고 새집을 짓고자 하면 타당한 이유와 재정적인 뒷받침과 함께 어떤 집을 어떻게 지을 것인가 하는 구상과 계획을 세워야 한다. 마찬가지로 **앞으로 하나님이 주관하실 미래 역사는 선천 문명을 매듭짓고 그 위에 짓고자 하는 새로운 문명 체제로서의 집이다. 당연히 새 역사 집을 지을 주관자로서의 뜻과 계획과 목적과 구체적인 추진 방법을 마련해 두고 계시리라. 그 의중을 간파해야 이 연구가 그것을 밝히고 전해 인류가 하나님의 뜻을 이루기 위해 총력을 기울일 수 있다. -제7문** 하나님이 천지를 어떻게 창조하였는가 하는 본의는 이미 밝혔다. 그렇다면 이제는 본의를 앞으로의 역사에서 어떻게 추진해서 실현한 것인가 하는 것이다.

하나님, 선천의 인류 역사는 어떤 경우에도 하나님이 천지 만물을 창조한 목적을 이루기 위해 일관되게 섭리한 사실을 잘 아나이다. 그런데도 부족한 이 자식은 그 목적이 어떻게 구체화될 것인가 하는 역사 전개 과정이 궁금하나이다. 말씀으로 임하고 선지하여 주옵소서! **하나님이 진정 미래에서 이루고자 하는 주관 역사 계획과 뜻과 그려진 설계 도면을 보지 못한 채 집을 짓고자 한다면 그 결과가 어떻게 되겠습니까? 부족한 이 자식이 하나님의 계시 뜻을 받들어 창조 목적에 합당한 새집을 미래 역사에서 짓고자 하오니, 구상한 하나님의 뜻과 계획을 소상하게 밝혀주소서! -제8문** 그리하면, 준비를 철저히 하여 하나님의 뜻에 합당한 새로운 미래 문명을 이 땅에서 건설할 수 있겠나이다. 그 새집, 새 역사, 새 문명 건설, 그러니까 새 하늘과 새 땅과 새 이스라엘을 건설할 주관 역사의 기준선과 방향을 지침하여 주소서!

미래 역사에서의 신문명 건설 프로젝트는 제2의 천지창조 계획의 구체적 발현이다. -제9문

2. 간구

하나님, 이 자식이 인류가 나아갈 미래 역사가 궁금하여 아버지의 전에 나아왔습니다. 창조 이래로, 만 역사를 주관하고 섭리하신 아버지 하나님, 앞으로의 미래 역사도 아버지의 뜻대로, 아버지의 뜻을 이루도록 주관하여 주옵소서! **인류 역사의 추진 방향과 길을 앞장서 인도하여 주소서! 저희가 과연 무엇을 위하여 역사를 이루고, 문명을 이루고, 미래 역사를 대비해야 하나이까? 그리고 추진하는 과정에서는 하나님의 실현 의지를 어떻게 뒷받침할 것이나이까? 하나님, 역사하여 주시옵고, 말씀하여 주옵소서! 인류의 장래와 미래 역사를 아버지께서 인도하여 주시옵고, 추진 방향을 지침하여 주옵소서! -제10문** 그 무엇을 향해, 그 무엇을 이루기 위해 길을 가야 하나이까? 아멘.

3. 성경 말씀

유대인의 유월절이 가까운지라 예수께서 예루살렘으로 올라가셨더니 ······ "이것을 여기서 가져가라. 내 아버지의 집으로 장사하는 집을 만들지 말라" 하시니, 제자들이 성경 말씀에 "主의 전을 사모하는 열심이 나를

삼키리라"한 것을 기억하더라. 이에, 유대인들이 대답하여 예수께 말하기를, "네가 이런 일을 행하니 무슨 표적을 우리에게 보이겠느뇨." 예수께서 대답하여 가라사대, "너희가 이 성전을 헐라. 내가 사흘 동안에 일으키리라." 유대인들이 가로되, "이 성전은 46년 동안에 지었거늘, 네가 사흘 동안에 일으키겠느뇨" 하더라(요, 2: 13~22).

4. 말씀 증거

2022. 9. 30, CTS 기독교 TV, 새벽 5시 30분, 생명의 말씀.

제목: "主의 전을 사모하는 열심"

인도: "主께서 너희 마음을 인도하여 하나님의 사랑과 그리스도의 인내에 들어가게 하시기를 원하노라(살후, 3: 5)."

말씀: 가장 귀한 것을 최고의 것으로 나누어 주심에 대해……

유월절, 예수님이 예루살렘으로 올라가심. 성전 마당에서의 분노. 뒷돈이 오갔다. 환전상을 뒤엎음. 이만큼 분노하고 과격하게 행동한 적이 없었다. 성전 권력자들-수입에 대해 위협받을 수 있다고 생각. 제자들의 걱정, 예수님에 대한 물리적 공격 염려. 왜 예수님이 저렇게 과격하게 행동할까? 당황함. 바리새인의 질책에 답함. "내가 사흘 동안에 다시 세우리라." 예수님이 성전이라고 한 것은 예수님의 육체를 말함. 제자들 성경 말씀이 떠오름. 시편 69편 35절. 지금 이 상황과 밀접하게 연관됨. 세 부분으로 나눔. 다윗이 환란을 당함. 기가 막힘. 어려움을 하나님께 부르짖으며 간구. 기도에 대해 응답받고 기뻐함. 신앙의 가장 기본적인 원리가 담김. 어려움을 당했을 때 어떻게 대처하나? 기도해야 함. 우리의 마음이 변함. 하나님의 믿음에 대해 확신함. 기도는 응답해 주실 것을 믿음. 어려운 상황은 당장 안 바뀌었지만 마음은 바뀜. 그러면 성공한 것임. 9절-主의 집을 위하는 열성이 나를 삼키고…… 공격을 받으면서도 자신으로 인해 하나님의 이름이 욕되지 않기를 기도함.

두 번째 요지-하나님의 은혜로만 살 수 있습니다. 구원의 진리, 主의 얼굴을 숨기지 마옵소서! 30~36절. 기도하면서 갑자기 기쁨이 찾아옴. 기쁨의 찬양. 질문 하나. 다윗은 그렇게 어려운 상황에서도 기도하고 기도하며 확신에 찼을까? 다윗의 머리와 마음에 항상 하나님의 말씀이 있었다. 말씀을 기억하고 말씀을 믿음. 어려운 일을 당했을 때 말씀을 마음과 머릿속에 기억함. 그것을 자신에 대한 말씀으로 이해하고 자기 삶으로 변경시킴. 어려움이 닥칠 때 즉각적으로 기도함.

가장 사랑하는 사람들에게 가장 사랑하는 것을 주고 싶었던 것. 영원한 생명을 주심. 십자가를 주는 방법으로…… 말씀-성전을 줌.

5. 길을 받듦

길은 미래 역사에서 하나님이 새롭게 주관할 새 하늘의 질서와 새 문명 역사에 대한 뜻과 의지 확인과 추진 방향, 구상 계획, 실현 방법 등에 대해 간구하였으며, 여기에 대해 하나님이 성전, 主의 집과 짝을 이루어 응답해 주셨다. 확고한 의지 확인은 바로 "이 성전을 헐라. 내가 사흘 동안에 일으키리라"이다. 하나님이 왜 선천 문명을 헐고 그 터전 위에 새집을 짓고자 한 것인지 이유를 분명히 밝히셨다. 성전의 타락상을 보고 이토록 격노한 적이 없었다(예수). 그래서 기존 성전을 헐고 그 자리에 새집, 새 역사, 새 문명을 건설하고자 하심. 하나님이 다시 세우겠다고 천명하심. 46년이나 걸려 지은 성전을 사흘 동안에 다시 짓겠다니! 믿음이 없는 자들은 불가능하다고 여겼지만, 하나님은 의지를 다짐. 헌 문명을 헐고 새 문명을 다시 일으키겠다고 하심. 그것이 어떻게 가능한가? 역사는 하나님 뜻의 발현이며, 주관하는 의지 영역 안에 있다. 어떤 방법으로? 하나님이 귀한 아들의 생명을 세상을 위해 내어놓았나니, 그 초림 예수의 십자가 희생 역사를 기반으로(이천 년 기독교 역사) 다시 그 일 동일한 방법으로(재림 역사) 하나님의 거룩하고도 위대한 새 성전을 일으키고자 하심. 즉, 새로운 문명 건설의 방향과 형태를 지침하심. 이것이 곧 미래 역사를 주관하고 주도하고 역사할 하나님의 뜻이고, 의지 확인이며, 말씀의 확약이다. 하나님, 부족한 이 자식이 하나님의 뜻을 깨닫고 받들었나이다.

하나님이 가장 사랑하는 사람들에게 가장 소중한, 가장 사랑하는 것을 주셨는데, 그것이 바로 가장 사랑한 것을 준 主 예수의 십자가 희생이다. 초림 예수의 십자가 희생 방법, 희생 역사를 기반으로 허문 성전(새 문명 건설 형태)을 다시 일으키고(예수님의 십자가 희생 역사를 바탕으로 한 새로운 기독교 문명) 인류에게 영원한 구원의 생명을 주고자 하심이다.

아버지 하나님이 가장 사랑한 인류에게 가장 소중한 것을 내어준 예수 그리스도의 십자가 희생 역사를 기반으로 미래 역사에서 인류를 보편적으로 구원할 새로운 기독교 문명, 통합 문명, 영성 문명을 일으키고 건설하고자 하심. 그것이 미래 역사를 주관하고자 한 하나님의 역사 방향이고, 뜻이며, 추진 방법이다.

헌 집, 헌 성전, 헌 문명을 헐고 새집, 새 성전, 새 문명을 세우고자 한 하나님의 뜻과 의지는 확고하시다. 그리고 허문 것을 어떻게 다시 세울 것인가? 거기에 대한 뜻과 프로젝트 역시 분명하게 지침하셨나니, 그것을 이 연구가 **"미래 역사론"**을 통해 구체화하리라.

지금까지 선천 인류가 쌓아 올린 성전을 허물고 하나님이 미래 역사에서 새로운 성전을 지으려고 하심에, 사랑하는 인류에게 가장 소중한 것을 내어준 독생자의 십자가 희생을 기반으로 삼겠다고 한 것은 초림한 예수가 하나님의 아들이라는 사실을 확증함과 함께, 장차 주관할 구원 문명 형태를 지침한 것이다. 초림 예수의 神적 본질을 기반으로 미래 역사에서 새로운 기독교를 일으키겠다고 하심이다. 그렇다면 제시한 조건을 충족시킬 미래 역사란? 하나님의 뜻과 예수그리스도의 희생과 예수의 神적 본질을 계승할 재림 역사가 아니고 무엇인가? 초림 예수가 선천 기독교 역사에서 한 중심에 섰듯, 재림 예수는 미래 기독교 역사에서 한 중심에 설 것이다. 하지만 그렇게 추진할 역사 방식 천명은 실로 놀라운 것이라, 재림 예수가 이천 년 기독교 역사를 남김없이 허물고 그 위에 새로운 기독교 역사를 일으키는 과정에서 인류 역사의 한 중심에서 문명 역사를 통합하고 인류를 빠짐없이 하나님에게로 인도하시리라. 하나님이 미래 역사에서 일으킬 새로운 구원 문명 형태가 예수그리스도의 神적 본질을 계승하고 완수한 십자가 희생을 기반으로 할 것이란 기준선(역사 범위=가이드라인) 설정은 그것이 바로 하나님이 미래의 인류 역사를 주관할 재림 역사를 시사한다.

하나님이 선천 역사를 결실 짓고 미래에 새로운 문명 역사를 주관하고자 하심에, "그 역사 추진 방향과 목적, 그리고 형태가 무엇입니까?"라고 물었을 때, 하나님은 예수그리스도의 행적과 말씀을 통해 완벽한 응답 역사를 펼치셨다. 예수님은 유월절에 예루살렘에 입성하여 왜 전에 볼 수 없었던 모습을 보이면서 분노하셨는가? 그리고 이 성전을 허물라. 그리하면 사흘 동안에 다시 세우겠다고 하였는가? 이 말씀을 통하여 하나님은 미래 역사를 주관할 구상과 계획을 밝히고 이유와 의지를 명확하게 확인시켰다. **기존 기독교를 허물고 그 터전 위에 새로운 기독교를 세움으로써 미래에 건설할 인류 문명의 형태와 역사 추진 방향을 지침한 것이다.** 허물고자 한 이유와 의지를 분명히 하고, 다시 세우고자 한 이유와 의지도 분명히 하셨다. 그것을 예수님의 행적과 말씀을 통하여 소상하게 밝히셨다.

그러고 보면, 성경에 기록된 예수님의 행적과 말씀이 과거의 기록인지 미래에 이룰 하나님의 역사에 대한 사전 의지 천명인지 궁금하다. 하나님의 뜻과 주관 역사와 적용 원리가 일관되기 때문이다. 그렇게 일관한 역사 주관 원리란 과연 무엇인가? 하나님의 뜻과 주관 원리는 원래 한통속이고, 한 본질인 탓에 지난날 이룬 역사가 미래에 이룰 역사이고 미래에 이룰 역사가 과거에 이룬 역사인 탓이다. 그것이 어떻게 가능한 일인가? 현재 역사는 태초에 모두 구족되고 이미 결정된 바탕 본체가 분열한 것이라고 한다면 실감할 수 있겠는가? 그리고 구족성과 결정성이 현재 역사보다 선재해 있어 과거가 아니라 아직 도래하지 않은 미래에 있다면 이해할 수 있겠는가? 그래서 主 예수의 초림역사가 지금까지의 인류 역사를 추진한 주관 역사 방향이었다면, 主 예수의 재림 역사는 이미 이룬 초림역사를 기반으로 미래의 인류 역사를 추진할 주관 역사 방향이 되리라.

　부족한 이 자식이 하나님의 전에 나아가 뜻을 구하므로 주신 계시 말씀을 받들기 위해서는 그 뜻을 묵상하고 또 묵상해야 한다. 그래서 앞에서처럼 하나님이 성령으로 임재한 가르침의 역사를 더 확실하게 부각하고 증거하기 위해 '간구 기도 대 응답 말씀'을 상호대비시켜 비교하면서 하나님의 말씀을 재차 받드는 뜻의 해석 체제를 갖추고자 한다.[2] 그러기 위해서는 하나님의 응답 말씀을 받들기 이전의 초심으로 돌아가 이 자식이 어떤 길을 일구고 신념을 준비하여 뜻을 구하고자 한 것인지를 되돌아보아야 한다. 그것이 **"길을 엶"**을 통해 일군 뜻의 인식 내용이고, 하나님의 전에 나아가 펼칠 질문 보따리이다. 그것은 본 편을 저술하기 위해 자료를 준비하고 정리하는 과정에서 직관한 인식이라, 논리도 체제도 없는 과정의 순서일 뿐이다. 그러니까 마치 피난민이 보따리를 싸듯, 하나님 앞에 나가기 위해 준비한 간구 내용인데도 복잡한 요구 사항과 두서없는 질문을 펼쳐 놓은 상태이다. 그러니까 지금 단계에서 정작 궁금한 것은 하나님이 과연 헝클어져 있는 이 질문과 간구 실 가닥을 하나하나 찾아내어 놓침 없이 풀어내고 응답해 주실 것인가? 하지만 이 자식이 반복해서 경험하였고 증거

---

2)　하나님의 말씀 해석은 간구한 이의 뜻과 하나님이 계시한 응답 말씀이 합작되었을 때 정확하게 이루어진다. 한편만의 일방적 해석은 무의미하다. 합작해서 대비하였을 때 하나님이 살아 역사한 의미가 전달되며, 그 우선적인 해석 기준은 간구한 이의 기도에 있다. 기도한 이가 무엇을 원했고 구한 것인가에 따라 똑같은 말씀도 만인에게서 해석되는 뜻이 다름.

하였고 믿음으로 확신하는 바로서, 이 연구는 생각나는 대로 요구하고 철 없이 매달리고 있지만, 하나님은 이 부족한 자식의 마음과 뜻을 모두 헤아리시리라. 지금까지 펼친 길의 성업 역사에도 불구하고 새로운 역사와 문제 앞에서는 항상 기대 반 의심 반이 함께하는 것이 인지 상정한 심정이다. 하지만 하나님이 본 편의 논거에서도 역사해 주신다면(응답, 말씀, 임재) 모든 어려움을 딛고 하나님의 뜻을 놓침 없이 받들어 증거할 수 있게 되리라.

제1문: 만세 전부터 예비된 동양의 본체 문명이 이 땅에 오신 하나님의 지상 강림 본체를 뒷받침함으로써 새로운 기독교 역사를 창조하리라.

해석: 하나님의 천지창조 목적은 만세 전부터 세워졌고 천명된 것이지만, 그것을 이룸에 있어서는 과정과 단계적인 절차가 필요한 것이고, 시간이 지나야 한다. 이를 위해 하나님이 인류 역사를 주재하셨고, 그 심상찮은 주재 의지와 뜻을 묘연함으로 감지하고 있는 것이 세계 가운데 팽배한 '섭리 역사'이다. 그러므로 인류는 하나님이 천명한 말씀과 약속을 믿음으로 받들고 따르고 지켜야 한다. 왜냐하면 때가 되어야 목적이 구체화되기 때문이다. 왜 이 연구는 서양의 '현상 문명'에 대비된 동양의 '본체 문명'이 하나님이 만세 전부터 예비한 문명 체제이고, 그것이 오늘날, 이 땅에 오신 하나님의 지상 강림 본체를 뒷받침함으로써 새로운 기독교 역사를 창조하리란 신념을 피력했는가? 이것은 지금까지 반향되지 못한 길의 독백일 뿐이다. 참뜻은 본인도 알 수 없고 세인도 모른다. 이유는 이미 만세 전부터 연면하게 준비하고 주재한 하나님의 역사임에도 때가 이르지 못한 탓에 너도나도 세상의 누구도 섭리한 뜻을 간파하지 못했다. 동양이 언제

부터 일구어진 문명 체제인가? 그런데도 급기야 현대의 팽배한 서양 문명, 물질문명에 밀려 사장될 위기에 처했다. 하지만 이제는 하나님이 동양 문명을 예비한 인류 역사의 심대한 주재 뜻을 알 수 있는 때가 이르렀나니, 그것이 다름 아닌 主 예수가 단호하게 밝힌 **"너희가 이 성전을 헐라. 내가 사흘 동안에 일으키리라"**란 한 마디에 있다. 이것이 하나님이 창조 이래 지금까지 주관한 서양 문명(기독교 포함), 아니 인류 문명 전체를 단번에, 그리고 한꺼번에 마감(허묾)할 수 있는 이유이다. 만세 전부터 예비된 동양의 본체 문명=성전 헐어버림과 대비. 기존 성전 헐어버림=오늘날에 있어 새로운 기독교 창조 역사 근거. 이런 논리 전개의 최종 도달 결론에 "하나님이 왜 동양의 본체 문명을 예비한 것인가"라고 물은 이 연구의 질문에 대한 응답 말씀이 있다. 즉, 하나님이 인류 역사를 주재한 섭리 뜻을 때가 이른 오늘날 계시 역사로 밝히심.

제2문: 하나님의 역사가 서양을 향해 집중되었을 때 동양은 하나님에게 있어 어떤 의미를 지닌 역사이며, 어떤 뜻을 이루기 위해 만세 전부터 예비한 문명인가? 하나님과 동양 문명과는 무슨 상관이 있고, 역사 속에는 어떤 섭리 뜻이 수놓아져 있는가? 하나님이 태초에 창조 목적을 이루기 위해 동양 문명을 일으킨 목적은?

해석: 지난날은 하나님의 인류 구원 역사가 기독교를 중심으로 펼쳐졌고, 기독교를 신앙한 서양 문명이 현대 문명을 주도한 실정이다. 이런 측면에서 본다면 동양 문명은 마치 산천에 이름 없이 피어난 들꽃이 수없이 피었다 지기를 반복해도 아무도 쳐다보지 않는 것처럼 하나님의 주재 의지 밖에 있었다고 할 수 있다. 하지만 그 같은 인식은 기독교 역사를 일군

서양 문명 측에서의 판단일 뿐이다. 그들은 지금도 동양 문명을 통해 하나님이 존재한 심대한 섭리 뜻을 간파하지 못하고 있다. 그도 그럴 것이, 그것은 때가 이르지 못했기 때문이니, 그 목적을 알 때란 바로 그들이 선천 세월을 통해 쌓아 올린 일체의 기독교 문명 전통(主의 성전)이 허물어졌을 때이다. 그러니까 하나님이 主의 성전을 헐어버렸을 때의 대책을 마련하기 위해서…… 헌 집을 허무는 것은 새집을 짓기 위해서이듯, 主의 성전을 헐어버릴 것이라고 작정한 것은 다시 새로운 主의 성전을 세울 계획과 준비한 그 무엇이 있기 때문인데, 그 무엇을 위해 동양의 본체 문명을 예비하심.

제3문: 이 연구는 정말 길의 추구 과정을 통해 이룬 무엇을 근거로 어떻게 인류의 미래에 새로운 비전의 세계를 펼칠 수 있을 것인가? 후천 문명을 주도할 인류 역사의 추진 원동력과 제3의 문명 형태는?

해석: 다가올 미래 역사는 지구상 누구도 경험하지 못한 역사이다. 예측한 지성들의 통찰과 예언들이 난무하고 있지만, 그것을 믿고 장담할 수 없는, 천 길 낭떠러지 앞에서 발을 내디디라고 한다면 아무도 실행하기 어려우리라. 그렇지만 이 연구는 지금까지 쌓아 올린 길의 추구 과정이 있고, 쌓아 올린 성업이 있으므로 그것을 근거로 통찰하면 드러난 추구 패턴을 통해 미래 역사가 어떻게 추진될 것인가의 방향을 어느 정도 예측할 수 있다. 그런데도 모든 것은 잘못된 판단의 확률을 줄일 수 있는 요건일 뿐이다. 전적으로 후천 문명을 주도할 인류 역사의 추진 원동력과 제3의 문명 형태를 가늠하는 데는 한계가 있다. 하지만 등산길에서 나타난 여러 갈래의 길에서 앞서간 사람이 나뭇가지에 매달아 놓은 헝겊 한 조각이 도움을

주듯, 이 연구는 이 단계에서 주신 하나님의 응답 말씀을 통해 모종의 판단 단서를 찾아야 한다. 즉, 하나님의 계시 가르침이 인류의 미래 역사 방향을 지침하고 건설할 인류 문명 형태를 가늠하게 한다. 그 말씀을 통한 지침 이정표가 곧 "主께서 너희 마음을 인도하여 하나님의 사랑과 그리스도의 인내에 들어가게 하시기를 원하노라"와 "가장 사랑하는 사람들에게 가장 사랑하는 것을 주고 싶었던 것. 영원한 생명을 주심. 십자가를 주는 방법으로…… 말씀-성전을 줌" 안에 들어 있다. 여기에 일구어진 길의 추구 인식을 바탕으로 한 이 연구의 말씀 해석 역사가 있다. 그것이 과연 무엇인가?

제4문: 하나님이 미래의 인류 역사에서 이룰 섭리 방향과 뜻은?

해석: 인류 역사를 통틀어 하나님이 주관하신 섭리 역사의 객관적인 진행 방향은 성부의 시대에서 성자의 시대로, 구약의 약속에서 신약의 복음으로 전개된 것이 사실이다. 그리고 기대한바 예수그리스도가 초림하여 사역을 완수함과 함께 다시 올 것을 천명한 것은(재림) 이것이 가리키는 종합된 화살표가 바로 우리가 궁금한 "하나님이 미래의 인류 역사에서 이룰 섭리 방향과 뜻"을 가리키고 있다. 성부→성자로부터 이어질 성령의 시대이고, 구약→신약으로부터 모든 약속을 이룰 말씀의 성약시대이며, 그 시대를 인류 역사를 통해 구체적으로 주도할 主 그리스도의 재림 역사이다. 그런데도 현 기독교 문명과 신앙 체제를 이끈 서양 문명은 막연하게 하늘만 쳐다보고 있을 뿐, 전혀 현실적 감각과 역사적 인식을 갖추지 못하고 있는 것은 하나님이 이룰 재림 역사가 그들이 아닌 전혀 새로운 문명 체제 안에서 성취할 것이기 때문이다(동양 문명). 그리고 이것은 그들 문

명의 토대 위에서 쌓아 올린 主의 성전을 남김없이 허물어 버릴 주된 이유이기도 하다. 이 준엄한 사실을 이 연구가 사명을 다해 열린 가르침으로 일깨우리라.

제5문: 인류 역사가 종말에 처한 오늘날은 도래한 총체적 문명의 한계성을 극복할 새로운 진리관과 역사관과 구원관이 요청된다. 그 길을 하나님은 앞으로의 역사에서 어떻게 열어주실 것인가?

해석: 오늘날 도래한 총체적 문명의 한계성을 극복할 새로운 진리관과 역사관과 구원관 요청은 아직 이 연구도 구체적인 인식을 펼치지 못한 상태이지만 타당한 이유와 근거를 바탕으로 하면 방향을 제시할 수 있으니, 그 절차는 먼저 오늘날 도래한 총체적 문명의 한계 실상을 정확하게 지적하는 것이고, 그리해야 수명(한계성)이 다한 현 문명을 허물 당위성을 확보하며, 그렇게 허물어야 그 위에 비로소 전혀 다른 인류 문명 자산(건축 재료)을 가지고 새로운 진리관과 역사관과 구원관을 주축으로 한 제3의 미래 문명을 건설할 수 있다. 미래 역사를 통해 더 이상 지속할 수 없는 인류 문명의 종말적 실상을 主 예수가 어떻게 단호하게 비판하셨는가? "내 아버지의 집으로 장사하는 집을 만들지 말라." 하나님의 성전을 장사하는 집으로 변질시켜 버렸으니, 그때와 지금이 달라진 것이 무엇인가? 현대의 인류 문명은 온통 자본주의 체제라, 돈벌이와 재력을 쌓는데 삶의 정열을 쏟고 정신이 팔려(자본주의적 가치관과 인식으로 만연됨) 하나님이 천지 만물을 창조한 뜻이 무엇인지는 안중에 없고, 하나님이 이 땅에서 이루고자 한 원대한 꿈이 무엇인지 기억하는 자가 없다. 제멋대로 바꾸어 버림. 이것이 인류가 지금까지 쌓아 올린 문명 체제를 미래 역사로까지 지속할

수 없는, 하나님의 창조 뜻에 따라서 허물어 버릴 수밖에 없는 당위 이유
이다.[3]

제6문: 자각건대, 하나님이 장차 이루고자 하는 미래 문명 건설의 필수
조건은 하나님의 창조 목적 뜻과 보편적인 구원 목적 뜻과 이 땅에서 하나
님이 세우고자 한 지상 천국 목적 뜻을 통합할 수 있는 그 무엇이어야 한
다. 그 목적 뜻을 하나로 묶을 수 있는 조건은 과연 무엇인가?

해석: 하나님이 미래 역사에서 이루고자 한 계획과 뜻을 실현할 전제 조
건으로서 이 연구는 하나님의 창조 목적 뜻과 보편적인 구원 목적 뜻과 이
땅에서 하나님이 세우고자 한 지상 천국 목적 뜻을 통합하고, 主 예수의
수난 생애와 희생 역사와 천명한 복음 메시지를 계승해서 예수의 그리스
도로서의 神적 본질과 사역과 사명을 완성할 수 있는 그 무엇이어야 할 것
이라고 했다. 제시한 전제 조건은 이 연구가 가늠한 인류의 미래 역사 추
진에 대한 가이드라인 설정이고, '그 무엇'은 괄호 속을 채울 X다. 이 같은
일체 조건을 한꺼번에 충족할 하나님의 응답 말씀의 결론이 곧 하나님이
주관한 인류 역사에서 미제로 남아 있는 재림 역사이다. 천지창조 이래 천
명한 하나님의 창조 목적과 인류 앞에 한 약속은 섭리로서 이루어지고 있
고, 초림한 예수의 인류 구원 사역 역시 미완인 상태로 끝났기 때문에 다
시 와서 완수할 것을 기약한 상태이다. 이것은 하나님 역사의 허물어질 수
없는 뼈대이다. 허문다고 한 것은 인류가 아전인수로 쌓아 올린 모든 것이
다. 하나님이 이룬 것은 만대에 걸쳐 계승되어 종국에 이 땅에서 열매 맺

---

3)   시한이 다해 자체적으로 허물어진 문명을 다시 세우는 것이 아니다. 허묾도 하나님의 주관 역사
     이고, 세움도 하나님의 주관 역사임. 하나님이 허무는 것이고, 하나님이 세우는 것임.

을 영원한 역사이다. 때가 이르면 성취할 주관 역사와 섭리 역사의 하이라이트에 미래 역사에서 본격적으로 펼칠 재림 역사가 있다.

제7문: 앞으로 하나님이 주관하실 미래 역사는 선천 문명을 매듭짓고 그 위에 짓고자 하는 새로운 문명 체제로서의 집이다. 당연히 새 역사 집을 지을 주관자로서의 뜻과 계획과 목적과 구체적인 추진 방법을 마련해 두고 계시리라. 그 의중을 간파해야 이 연구가 그것을 밝히고 전해 인류가 하나님의 뜻을 이루기 위해 총력을 기울일 수 있다.

해석: 예수는 "너희가 이 성전을 헐라 내가 사흘 동안에 일스기리라"다고 하셨다. 왜 "이 성전을 헐라"라고 하셨는가? 헐고 나면 다시 일으켜 세울 대책을 준비하셨기 때문이다. 즉, "당연히 새 역사 집을 지을 주관자로서의 뜻과 계획과 목적과 구체적인 추진 방법을 세워 두셨다." 그러므로 선천 진리관, 선천 세계관, 선천 신앙관, 선천 문명관이 허물어짐을 염려할 필요가 없다. 남김없이 허물고 나면 새롭게 일으킬 모든 대책을 이미 만세 전부터 마련해 두셨으니, 그것도 46년에 걸쳐 세운 성전을 사흘 동안에 일으키리라고 하셨다. 이 사흘 동안이란 당시로서는 알고 보니 '부활'을 의미하는 것이었지만, 상황이 달라진 지금은 하나님이 장차 이룰 인류 역사에 대한 단호한 주관 뜻이자 추진 의지 천명이다. 하나님이 장차 이룰 미래 역사 방향이며, 그를 통해 이룰 미래 문명 체제이다. 즉, 시편 69편에서 지침한바 "하나님이 시온을 구원하시고 유다 성읍들을 건설하시리니, 무리가 거기 거하여 소유로 삼으리로다(35절)" 하심이로다.

제8문: 하나님이 진정 미래에서 이루고자 하는 주관 역사 계획과 뜻과 그려진 설계 도면을 보지 못한 채 집을 짓고자 한다면 그 결과가 어떻게 되겠습니까? 부족한 이 자식이 하나님의 계시 뜻을 받들어 창조 목적에 합당한 새집을 미래 역사에서 짓고자 하오니, 구상한 하나님의 뜻과 계획을 소상하게 밝혀주소서!

해석: 헌 성전을 허물고 그 위에 새 성전을 세우겠다고 천명하심에, 문제는 '어떻게'란 구체적인 역사 실현 방법이다. 이것을 이 연구는 상세하게 그려진 '설계 도면', 즉, "하나님이 진정 미래에서 이루고자 하는 주관 역사 계획과 뜻"으로 표현하였다. 그것을 알아야 신인 합작으로 미래에 합당한 하나님의 성전을 건설할 수 있다. 때가 때인 만큼 계획 도면을 하나님만 알고 가슴 속에 품고 있어서는 안 된다. 그리고 그 뜻이 하나님 마음 속에 머물러 있어서도 안 된다. 모든 청사진은 다름 아닌 자녀 백성을 위해서 준비한 것이고, 그런 인류에게 "가장 귀한 것을 최고의 것으로 나누어 주기 위해서 작정한 만큼", 이제는 만천하에 공개해야 한다. 그것이 무엇인가? 예나 지금이나 主의 전을 사모하는 자들은 열심을 바친 자녀들이니, 그렇게 한 이유는 主의 성전이 바로 내 아버지가 거하는 집이기 때문이다. 이전에는 하나님만 거하는 집으로 알았는데, 이제 와 알고 보면 우리가 모두 함께 거해야 할 내 아버지의 성전이다. 그래서 하나님이 오랜 세월 아버지와 자식 간의 소원한 마음을 깨우치고 가르쳐 아버지의 집으로 인도해 사랑을 다 해 품 안에 두고자 하신다. 이 모든 때를 순숙시키기 위해 인류 역사를 "그리스도의 인내", 곧 고대한 主 그리스도의 재림 역사를 기다리고 또 기다리게 하셨다. 하나님이 구약과 신약을 통해 천명한 약속을 성취하고, 창조 목적을 이루고, 구원된 영생을 보장하기 위해 이천 년 전 귀하고 귀한 독생자의 생명을 세상을 위해 내어놓은 십자가 희생

역사를 기반으로 인류 모두의 자녀들이 강림하신 하나님과 함께 영생 복락을 누릴 새 성전, 새 기독교, 새로운 인류 문명 역사를 창조하고자 하신다. 그 역사는 십자가를 주는 방법으로, 그러니까 초림한 主 예수의 십자가 희생 역사 위에 세워진 이천 년 기독교의 신앙 전통을 계승시키겠다 하심이니, 이 같은 조건을 현재의 기독교 역사에 적용하면, 인류 구원 섭리를 마감하면서도(선천 기독교 역사) 신앙 전통을 그대로 이을 새로운 기독교 역사 창조는 재림 역사밖에 없다. 그렇게 마감할(허물) 구원 섭리 대상은 비단 기독교란 종교뿐만이 아니다. 선천 인류가 양산한 일체의 문명(종교) 형태가 여기에 속하며, 그렇게 허문 터저 위에 선천이 역사저 건통을 통합한 새로운 문명 형태로서의 재림 역사가 미래 역사에서 하나님의 뜻으로 주관되리라.

제9문: 미래 역사에서의 '신문명 건설 프로젝트'는 제2의 천지창조 계획의 구체적 발현이다.

해석: 태초의 천지창조 역사는 오직 한 분 하나님이 북 치고 장구 치고 하면서 실현한 역사라면, 인류가 맞이할 미래 역사는 분열에 분열을 거듭한 선천 문명을 하나님과 인류가 합심해서 통합할 제2의 천지창조 역사이다. 하나님이 만세 전부터 세운 '신문명 건설 프로젝트'를 구현할 한 중심에 새로운 기독교 창립을 주도할 재림 역사가 있다.

제10문: 인류 역사의 추진 방향과 길을 앞장서 인도하여 주소서! 저희가 과연 무엇을 위하여 역사를 이루고, 문명을 이루고, 미래 역사를 대비해야 하나이까? 그리고 추진하는 과정에서는 하나님의 실현 의지를 어떻게 뒷받침할 것이나이까? 하나님, 역사하여 주시옵고, 말씀하여 주옵소서! 인류의 장래와 미래 역사를 아버지께서 인도하여 주시옵고, 추진 방향을 지침하여 주옵소서!

해석: 인류의 미래 역사는 참으로 아무도 경험하지 못한 역사이고, 예측하기 어려운 역사이며, 예측했다고 해도 확신하기 어려운 역사이다. 하나님이 장차 이루리라고 한 재림 역사 역시 그러하다. 그 도래 때는 아무도 가늠하지 못하고, 현실적으로 구체화된 역사도 없다. 그러니까 예수가 "너희가 이 성전을 헐라. 내가 사흘 동안에 일으키리라"라고 했을 때 유대인들이 믿지 못했듯, 인류가 맞이할 미래 역사가 다름 아닌 재림 역사를 중심으로 펼쳐지고, 그런 과정에서 제3의 차원 문명, 즉 통합 문명, 영성 문명, 천국 문명을 건설하리란 하나님의 계시 지침이 긴가민가하리라. 하지만 그런 의심과 의문과 믿지 못하는 실상을 지금 단계로서는 어찌할 수 없다. 그런데도 하나님의 주관 뜻과 계획을 사전에 천명하는 것은 그 이유가 오직 하나. 모든 역사가 예고한 대로 역사 되었을 때 재차 삼차의 의심과 핑계를 막고, 하나님이 주관한 역사란 사실을 증거하기 위해서이다. 이것은 성경에 기록된 하나님의 약속과 축복과 예언을 일관하는 역사의 본질이다. 그러니까 말씀을 믿는 자는 의롭다고 함을 입을 것이듯, 이 단계에서 미래 역사에 대한 하나님의 주관 계획을 믿고 받들어야 모든 허물어짐이 있을 때 환란을 피하고, 도래할 재림 역사에 동참할 수 있다. 인류가 다 함께 이룰 신문명 건설이고, 다 함께 맞이할 시온의 영광이 되리라.

제67장 사명 재고(再考)

역사란 무엇인가? 동서양의 지성들은 지난날 인류가 걸어왔고 또 이루어 온 역사를 어떻게 바라보았고, 어떻게 생각했으며, 무엇을 알아내었는가? 일반적으로 역사는 "인류 사회의 발전과 관련된 의미 있는 과거 사실들에 대한 인식 또는 기술"[1]을 말한다. 그런데 문제는 사실들의 진반에 대해 그것을 바라보는 관점에 따라 역사는 무엇인가에 대한 정의 규정이 달랐다는 점이다. 에드워드 카는 『역사란 무엇인가』란 책에서 "역사는 역사가와 사실 사이에서 일어나는 계속된 상호작용의 과정이며, 현재와 과거 사이의 끊임없는 대화이다."라고 하였다. 철학자 헤겔은 역사란 세계정신(Weltgeist)이 자신을 전개해 가며 인간의 자유를 발달시켜 가는 것이라고 보았다. 카를 마르크스의 경우에는 생산력과 생산관계의 발달에 따라 역사가 진보해 간다(사적 유물론).[2] 하지만 분명한 사실은 역사의 본질이 정말 그러한가 하는 점이다. 역사의 본질을 꿰뚫기 위해서는 세계의 본질을 밝혀야 하고, 세계의 본질은 창조의 본질을, 더 나아가서는 하나님의 창조 본의를 밝혀야 했다. 그래서 이 순간 역사의 본질을 가닥 잡는다면, 하나님은 창조주로서 왜, 무엇을 위해 천지 만물을 창조하였는가 하는 분명한 목적을 이루기 위해 인류 역사를 주관하셨다. 따라서 **역사는 과거와 미래**

---

1) 다음 백과사전, 역사.

2) 나무위키, 역사.

를 포함한 전체가 하나님의 창조 목적을 이루고자 한 구속 의지 안에 있으며, 하나님의 주관 의지를 대변하는 섭리 역정이다. 인류 역사는 이 본질 궤도를 한 치도 벗어난 적이 없다. 그런데도 지난날은 누가 이 같은 본질을 꿰뚫었는가? 그렇지 못한 탓에 역사의 진로가 갈팡질팡하였다. 그래서 이 연구가 열린 가르침으로 벗어나지 못한 무명의 역사를 종결짓고, 미래 인류를 광명의 세계로 인도하고자 한다.

흔히, 역사는 인류의 과거부터 현재까지의 생활 변천을 나타내는데, 이를 확증할 만한 문자 기록이 남아 있지 않은 시대를 '선사시대'로, 문자를 사용하여 기록을 남기기 시작한 시대를 '역사시대'로 구분하는 것처럼, 하나님의 주관 역사도 그 같은 맥락에 따라 시대를 구분할 수 있는데, 창조된 역사는 태초로부터 출발했지만, 그것을 인지할 수 없었던 '선천 무명 시대'와, 그것을 감지하고 신앙하면서 기록을 남기기 시작한 '성령 각성 시대'로 구분한다.[3] 물론, 성령의 역사와 문자적 기록의 출발점인 구약의 창세기에는 태초로까지 소급하고 있지만, 하나님이 인류 역사를 주관한 성령 역사의 출발점은 역사 주관 의지가 성령의 역사를 통해 태동하고, 인류도 그 같은 역사를 각성하게 된 때라고 할 수 있다. 하지만 그렇게 해서 본 궤도에 오른 성령의 각성 시대도 인류 역사를 주재한 하나님의 본의가 다 드러나지 못한 상태이고, 인류도 다 인지하지 못한 상태였다. 그것이 하나님이 이 땅에 강림하여 창조 본의를 계시하기까지의 '선천 주재 역사'이다. 완수되지 못한 상태라 역사를 본 관점도 중구난방이었고, 창조 목적을 이루고자 한 주관 의지도 확인할 수 없었다. 이 같은 대역사적 과

---

3) 진리의 성령이 보혜사 하나님으로 강림하심으로써 개막된 성부, 성자에 이은 성령의 시대와 구분됨.

제를 해결하기 위해 이 연구는 일찍이 세계론을 펼친 저술 역정을 거쳤다고 했거니와, 일련의 과정은 하나님이 주관한 인류 역사를 매듭짓고 결실짓기 위한 사명 수행 과정이다. 그리고 왜 그처럼 세월과 정열을 바쳐 길을 완수하고자 했는가 하는 본의는 본 편의 "개관 간구"를 통해 밝힌 바대로 인류 역사를 하나님이 뜻한 방향대로 지침하기 위해서이다. 이 같은 사명 역할은 이 연구가 제2편 **"선지 세움론"**에서 밝힌 선지자적 사명 자각의 재확인인 동시에 미래 역사에 대한 계획을 밝힘과 관련해서 선지자로서의 본연적 역할을 재고(再考)하게 한다. 무슨 말인가 하면, 하나님과 교감한 계시 뜻을 인류 앞에서 선포하는 것도 중요하지만, 장차 이룰 하나님의 주관 뜻을 대행하는 것은 선지자가 수행해야 하는 보다 본질적인 사명이다. 그런 사전 대행, 대언, 예언이 구약시대에는 주로 두려운 세상 종말의 도래와 인류 심판에 관한 메시지였지만, 이 연구는 그런 가운데서도 인류의 보편적인 구원 약속과 이상적인 나라 건설에 대한 청사진도 함께 전하고자 한다. 아니, 말씀을 대언해서 전하는 데 그치는 것이 아니라 하나님이 장차 이루고자 하는 문명 건설의 형태와 절차를 보다 구체적으로 밝히고자 한다. 오직 선천 역사를 주관하고 선천 문명을 결실 지은 하나님만 후천 문명을 설계하고 지침할 수 있음에, 이 연구가 그 주관 뜻을 받들고자 한다. 유구한 세월을 거친 선천의 분열 역사를 매듭짓지 못한 상태에서 어느 누가 미래 인류가 나아갈 새로운 정신세계, 삶의 세계를 펼치고 보장할 수 있겠는가? 인간적인 안목과 예측만으로 사명 역할을 감당할 수 있겠는가? 하나님의 뜻을 받들어야 인류의 미래 역사를 지침할 수 있는 본연의 역할을 할 수 있다. 그런 역사 추진 권능은 오직 삼세를 주관한 하나님으로부터 나오는 것이니, 선천 문명을 결실 지은 역사가 그대로 후천 문명을 열 성업 역사로 이어진다. 이것이 이전과는 다른 이 연구의 더 확대된 사명 수행 과제이다.

선지자적 **"사명 재고"**는 지금까지 이룬 길의 단계적인 추구에 근거한 결과 인식이다. 심은 작물이 자라나면 주렁주렁 열매를 맺는다. 그러면 열매를 수확하고 다시 땅을 갈아엎어서 새로운 작물을 심을 준비를 하는 것처럼, 이 연구는 하나님의 뜻으로 선천 문명을 결실 지은 탓에 그 같은 뜻을 받들어 이제부터는 미래의 인류 역사를 지침해야 할 사명이 있다. 돌이켜 보건대, 이 연구가 길을 추구하는 과정에서는 선지자적 사명이 어떤 형태로 구체화할지 알지 못했지만, 때가 되면 역사 앞에서 모종의 역할을 해야 한다는 사명감만큼은 인식하였다. 즉, 길의 추구 본질은 그렇게 믿고 판단한 대로 인류가 언젠가는 맞이할 새로운 세계 질서를 예비하는 것이다. 그것이 현재의 세계 질서와는 일치하지 않은 상태이지만, 언젠가는 이같은 세계관적 질서가 필요할 때가 오리라. 무슨 말인가 하면, 하나님은 장차 펼칠 인류 역사에 대한 문명 형태와 세계 질서를 예비케 한 상태에서 이 연구로 하여금 보다 확대된 선지자적 사명을 재고시켰다. 그만큼 부여받은 사명을 준엄하게 통찰함으로써 인류가 추진해야 할 역사 방향을 지침할 수 있어야 하나니, 그것이 곧 예수의 神적 본질에 기초한 이천 년 기독교 역사를 계승해서 제3의 구원 문명을 건설할 재림 역사를 주도하는 것이다. 이 같은 사명 재고를 하나님이 "개관 간구"를 통해 인가하셨다. 하나님은 삼세를 초월해서 인류 역사를 주관하신 만큼,[4] 그 뜻을 받든 사명자도 당연하게 삼세를 초월한 하나님의 주관 계획과 실현할 방안을 지침

---

4) 인간적인 지혜로서는 한 치 앞도 예측할 수 없지만, 하나님은 삼세 간을 초월해 존재하므로 인류 역사 전체가 하나님의 주관 의지 안에 속해 있음.

할 수 있어야 한다는 당위 신념에 근거했다. 그것이 이전의 사명 인식 안에서는 한계가 있었나니, 하나님이 강림하심에 따른 세계 질서의 변화이다. 이를 통해 인류는 도래한 지상 강림 역사시대를 보다 구체적으로 실감할 수 있게 되리라.

제68장 새로운 문명 건설 요청

인간이 자신의 미래 삶에 대해 기대하고 궁금하게 생각하는 것은 인지 상정이다. 인류가 맞이할 미래 역사도 마찬가지이다. 그래서 당대는 물론이고 후대까지 예지력을 발휘한 예언들이 끊임없이 회자하고, 내로라한 지성들도 나름대로 확보한 식견으로 예측할 수 있는 미래 역사를 전망하고 있다. "과정 철학에서는 현대 산업 사회가 데카르트, 뉴턴적인 실재관에 기초한 자연관, 문명관으로 인해 물질주의적, 실증주의적 사고에 빠져 문명 전체를 경직화, 도식화, 황폐화하고 있다고 보고, 벗어나기 위해서는 산업 사회의 한계를 극복할 기술 개발도 중요하지만, 무엇보다 근본적으로 새로운 실재관(자연관)이 필요하다고 보았다."[1] "이 실재관은 자연과 사물을 전체 연관적, 체계적, 통일적으로 이해하고자 한 유기체적 실재관인 바, 이것이 미래 문명사적 전환을 모색하는 커다란 가치관의 혁신 운동으로서 현재의 신과학 운동이 이를 주도하고 있다고 주장하였다."[2] 하지만 그런 지적 전망은 과연 타당한가? 단지 현재의 시점에서 문제점이 도출된다고 해서 그것이 미래 사회에서 인류가 몸담아야 할 문명 건설의 필수 조건은 아니다. 지금까지 추진된 유구한 역사 맥락과 뿌리를 간과한 근

---

1) 『과정철학과 과정 신학』, 김경재 · 김상일 편, 전망사, 1988. -주자학의 철학적 특성과 그 전개 양상에 관한 연구」, 앞의 논문, p.3
2) 『신과학 운동』, 범양사, 1986. -위의 논문, p.3.

시안적 전망이다. 농경시대의 조상들과 달리 지금은 "트랙터와 콤바인이 농부들을 능가하고, 공업용 컴퓨터는 기술자를 능가한다. 필경사, 성직자, 예언자, 족장도 이제는 더 이상 지혜의 보유자가 될 수 없다. 예측건대, 생물학적 인간이 지배하는 시대가 끝나고 로봇시대가 도래할 것을 전망한 것 등이 그러하다."[3] 전제 자체가 결과에 조건을 맞춘 탓에 예측한 전망이 타당한 것 같지만, 그런 방향으로 몰고 간 것은 인간의 지식이 지닌 한계성이고 착각이다. 필경사와 농부 역할은 그렇다손 치더라도 성직자, 예언자, 총체적인 집단 조직의 리더였던 족장의 역할은 그런 것이 아니다. 인간이 역사를 바라보는 눈은 지극히 편협하다. 역사의 본질을 꿰뚫고 앞서 직시한 예언자는 오히려 기계 문명 탓에 퇴화한 인류 역사의 미래를 밝히는 인도자 역할로서 긴요하다. 장님이 장님의 손을 잡고 이끌면 어떻게 되겠는가? 인류 역사는 창조 이래 유구하게 흘러온 만큼, 역사의 시종과 본말을 꿰뚫어야 미래 역사를 전망하고 요청되는 새로운 문명 건설 방향을 가닥 잡을 수 있다. 선천 문명이 한계성에 이르고 현대 문명이 종말에 처했다는 인식만으로는 부족하다. 인류 역사의 연면한 추진 방향과 주관한 하나님의 뜻을 알아야 한다. 하나님은 과연 미래의 인류 역사를 어떻게 주관하고 어디로 인도하실 것인가?

오늘의 역사를 있게 한 인류가 걸어온 과거를 돌이켜 보면 "특히 주목할 만한 경이로운 시기가 있었다. 그것은 지금으로부터 2,500년 전, 일명 '축의 시대'라고 불리는 시기의 도래이다. 영국의 종교학자인 카렌 암스트롱에 따르면, 이 시대는 인류 정신사에 거대한 전환점이 된 시대였다. 곧 인도에서는 우파니샤드와 고타마 싯다르타가 등장했고, 중국에서는 노자

---

3) 『인생의 모든 의미』, 앞의 책, p.401.

와 공자가 활동했으며, 고대 그리스에서는 소크라테스와 플라톤이, 그리고 이스라엘에서는 엘리야, 예레미야, 이사야가 태어났다. 축의 시대라는 용어를 처음 사용한 사람은 독일의 실존철학자 카를 야스퍼스이다. 그는 1949년에 출간한 『역사의 기원과 목표』에서 동서양을 막론하고 인류의 모든 정신적 기원으로서 인정할 수밖에 없는 시대를 축의 시대라는 개념으로 제시했다."[4] 이것이 오늘날에 이르기까지 인류 문명의 근거로서 역사의 다양성을 대변한다. 결과적으로 인류 문명의 중심축을 이룬 탓에 축의 시대라고 명명했고, 현대 문명도 그 영향력 안에 있어서 축을 이룬 역사였던 것은 맞지만, 그러나 시대의 전환점을 맞이한 지금은 오랜 세월을 거치는 동안 사용한 축이 닳고도 닳아 중심축으로서 역할을 하기 어렵게 되었다. 상당한 세월이 흐른 이 시점에서는 완성된 목표 지점에 도달해야 하는데, 정작 모든 면에서 동력을 잃어버렸다. 그래서 미래의 어느 시점에서 끝내 인류 문명을 완성해야 한다는 관점에서 보면, 경이롭게 여긴 축의 시대는 오히려 중심축이 아니라 인류 문명을 출발시킨 '발아 시대'가 된다. 그렇게 해서 시작된 인류 문명이 개화기와 결실기를 거쳐 지금은 더이상 성장도 발전도 미래에 대한 청사진도 그려내지 못하는 종말기를 맞이하였다.[5] 이 같은 시대의 대전환점에서 하나님이 강림하시어 인류 역사를 추진할 새로운 축을 세우고, 그를 통해 이 땅에 새로운 창조 문명을 건설할 뜻을 밝혔으니, 그것이 곧 이천 년 전에 독생자를 보내어 이루고자 했던 의지 표명이다. 이처럼 하나님이 주관하고자 한 역사 추진의 방향과

---

4) 『지적 대화를 위한 넓고 얕은 지식』, 앞의 책, pp. 174~175.

5) 선천 문명은 총체적으로 하나님의 천지창조 목적을 실현하지 못하고 열매를 맺지 못한 설익은 종말 문명임.

기준선이 분명한 이상, 2,500년 전에 발아하여 인류 문명의 중심축이 된 모든 진리 영역은 각자가 부여받은 사명 역할을 정확하게 인식해서 하나님이 천명한 주관 뜻에 종사해야 한다. 다시 말하면, 선천 하늘을 수놓은 일체의 문명적, 정신적, 역사적 요소는 하나님이 이루고자 한 창조 목적을 완성하는 데 있어서 한계성을 지녔고, 정통 맥을 이었다고 자부하는 기독교마저 허물어질 대상에 포함된 실정이다. 왜 예수님이 유월절에 예루살렘에 입성하여 성전을 허물 것을 命하고, 다시 세울 것이라고 하셨는가? 그들이 바친 신앙이 하나님의 뜻과는 크게 어긋났기 때문이듯, 축의 시대로부터 비롯된 인류 문명도 그러하다.

알다시피, 예수님이 공생애의 첫 시작으로 선포한 메시지는 "회개하라, 천국이 가까웠느니라(마, 4: 17)"이다. 그것이 예수님이 밝힌 복음의 알파이고 오메가이다. "예수님은 하나님 나라의 실현이 임박함을 굳게 믿었나니",[6] 그것은 하나님의 창조 목적과 일맥상통하는, 이 땅에 오신 사명의 핵심 본질이다. 그리고 그 나라의 실현을 위해 전제한 조건은 아주 단순하다. 하지만 유대인들은 그 메시지의 진의를 끝까지 깨닫지 못하였다. 급기야 자신들이 지켜온 신앙 기준에 따라 십자가에 매단 죽음으로 내몰았다. 그래서 때가 찼다고 한 하나님의 나라 도래도 차후로 기약 없이 미루어졌다. 또한, 예수의 죽음과 부활 역사를 지켜본 사도들의 복음 전파 과정에서는 추종한 예수의 숭고한 희생 뜻을 신성화하는 데 주력하여 정작 이 땅에서의 하나님 나라 실현 메시지는 간과하고 말았다. 이후, 기독교 신앙을 신학적으로 정착시키는 과정에서도 하나님의 나라 건설 메시지는 핵심 된 과제로서 추진하지 않았다. 결과적으로 기독교 이천 년 역사는 하나님의

---

6) 『기독교 명저 60선』, 편집부 편, 종로서적, 1996, p.162.

창조 뜻과 어긋나 버린 종교가 되고 말았다. 가톨릭교회에서 성인으로 추대된 "성 아우구스티누스는 『신국론』에서(p.120) 세속적인 사회와 神의 왕국을 플라톤의 이데아 세계와 비슷한 방식으로 비교했고, 토마스 아퀴나스는 더 나아가 인간의 법은 神의 영원한 법과 분리되어야 한다고 제안했다."[7] 예수님은 시종일관 하나님의 뜻이 하늘에서 이루어짐과 같이 땅에서도 이루어져야 한다고 했지만, 그들은 그 뜻을 자의적으로 해석했다. 영화 "하늘의 왕국(Kingdom of heaven)을 보면, 이 땅에 건설할 하나님 나라의 주체가 무엇이고, 어떤 나라인가를 생각나게 한다. 주인공이 아랍 왕에게 물었다.

> "예루살렘은 당신들에게 무엇인가?" "아무것도 아니다. 하지만 또 한 모든 것이기도 하다."

성지 예루살렘을 지키는 것이 하나님의 뜻인가? 아니면 예루살렘을 지키려고 죽음을 각오한 백성들을 구하는 것이 하나님의 뜻인가? 이 땅에 건설하고자 하는 하나님의 왕국은 진정 어떤 나라인가? 기독교가 정립한 교리와 세운 교회를 지키는 것인가? 교리와 교회에 얽매인 백성들을 일께워서 그곳으로부터 건져내는 것인가? 무슨 말인가 하면, 기독교가 지키고 쌓아온 교리 신학과 교회 중심의 신앙을 지키고자 하면 테두리 밖에 있는 나머지 하나님의 자녀 백성을 구원할 길이 막혀 버리고, 반대로 기독교가 지킨 교회 외 신앙 테두리 밖의 백성을 구원하고자 하면 그렇게 지켜온 교리와 교회를 버려야 한다. 이처럼 난감한 딜레마와 이율배반이 있는 탓에

---

7) 『철학』, 앞의 책, p.142.

하나님은 선택도 양단간의 결단도 아닌 아예 일체를 버리고 전혀 새로운 조건 기준을 세워 헤쳐모여 방식을 적용하셨다. 전혀 새로운 형태의 성전 건설을 계획하셨다.

지난날의 기독교 역사는 인류를 보편적으로 구원하고 인류를 빠짐없이 참여시키고자 한 하나님의 구원 의지와는 거리가 있었다. 고대 중국의 시조 황제가 된 진시황은 분열된 중국 사회를 통일하기 위해 법과 제도는 물론이고 사상까지 통일하기 위해 분서갱유(焚書坑儒)를 단행했다. 하지만 그렇게 해서 중국 사회를 통일하고자 하는 목적을 달성했던가? 이것은 지금도 여전한 기독교의 유일 신관과 복음 전도 방식과 무엇이 다른가? 기독교가 하나님 외에 다른 신앙을 용납하지 않고 구원의 길을 인정하지 않는 것은 결국 다른 신앙을 모조리 분서갱유 하지 않고서는 달성할 수 없는 목표이다. 복음 전파란 이름으로 기독교 신앙과 다른 믿음과 다른 사상과 다른 인물을 배척한 기독교 역사는 인류 문명의 다양성을 파괴한 자충수이다. 이런 이유와 잘못 탓에 선천 기독교는 하나님의 구원 섭리로부터 소임을 다하고 퇴진할 수밖에 없다. 하지만 그때의 기한은 인류가 쌓아 올린 세계의 다양성을 포괄하고, 만유로부터 하나님에게로 이르는 길을 열 창조적 신관, 통합적 신관, 재림 역사를 주도할 새로운 기독교를 창립할 때까지이다. 수많은 희생과 투쟁 끝에 인류가 신앙의 자유를 누리고 보장받기에 이르렀지만, 기독교는 여전히 분출하는 다양한 신앙적인 경험과 믿음과 사상을 이단이란 절대 잣대로 걸러내는 데 급급했다. 기독교는 결코 인류 영혼을 보편적으로 구원하는 종교가 될 수 없다. 자체 신앙만이 옳다고 자만하면서 교세 확장에 열을 올린 정복의 역사이고, 피비린내 나는 이단 제거 역사였다. 그래서 기독교는 이 시점에서 역사를 다시 써야 하나니, 전혀 새로운 기독교로 거듭나야 한다. 이런 요청 측면에서 본다면, 예수가 하나님의 아들이냐 아니냐, 하나님과 동일한 神적 본질의 소유자냐 아니냐 하는 문제는 구시대적인 논쟁 과제이다. 중요한 것은 쌓아 올린 기독교 역사를 기반으로 미래 역사에서 새로운 기독교 역사를 펼치리란 하나님의 의지 천명이다. 마땅히 예수의 구원 사역과 神적 본질을 부정한 종교, 사상, 진리, 역사, 문명은 모두 도태되고 마나니, 그들은 하나님이 원한 천지창조 목적을 실현할 수 없다. 이것은 축의 시대로부터 태동한 일체 지적 유산과 문명 전통들이 하나님이 이룰 새로운 문명 건설 역사에 동참할 것인가 말 것인가에 대한 최후 심판 기준이다. 예수님이 그리스도로서 이룬 성업과 神적 본질을 계승했을 때만 하나님이 뜻한 궁극적인 창조 목적을 달성할 수 있으니, 그것이 곧 이 연구가 열린 가르침으로 밝히는 인류의 미래 역사에 대한 지침 요지이다.

하나님이 앞으로 추진하고자 하는 인류 역사의 진행 방향과 주관하고자 하는 새로운 문명 건설 형태는 가장 사랑한 인류를 위해 가장 소중한 것을 내어준 그리스도의 십자가 희생과 神적 성업 역사를 근간으로 한다는 것이 기본 조건이다. 그렇다고 현 기독교 신앙 체제를 고스란히 계승한다는 뜻은 아니다. 오히려 남김없이 허물고 그 위에 전혀 새로운 기독교를 세울 것이니, 그것이 곧 미래 역사에서 제삼의 인류 문명 건설을 주도할 재림 역사이다. 재림 역사는 신앙인들이 간절하게 소망하였지만 이천 년 기독교 역사 안에서는 전혀 진척된 바가 없다. 그리고 이 연구도 초기에는 긴박하게 여겼지만, 때가 아닌 것을 알고 차후 과제로 미루어 둔 바 있다. 그런데 하나님이 미래 역사의 주관 방향이 재림 역사에 있다는 뜻을 밝히심에 따라 바야흐로 재림 역사의 섭리적 태동이 있을 것을 일깨우셨다. 선천 역사의 결실로서 대두된 새로운 문명 건설의 요청에 바야흐로 하나님이 만세 전부터 예비한 主 예수의 재림 역사가 중심 자리를 차지하리라. 모든 조건을 갖춘 때를 맞이하여 지침한 대로 독생자 아들의 재림 역사를 아버지인 하나님께서 주관하시리로다.

제69장 미래 문명 중심

    천지와 세상은 변하고 또 변하는 것이며, 인류가 걸어온 삶의 발자취 또한 그러하다. 역사상 얼마나 많은 민족과 나라가 흥망성쇠를 거듭하였던가? 인류가 이 땅에서 세운 가장 큰 역사적 단위인 문명 또한 그러하다. 천하를 온통 자기 말발굽 아래 둘 것처럼 기세를 떨친 칭기즈칸의 세계 정복 야욕도, 영원히 건재할 것 같았던 로마 제국도 지금은 역사의 한 페이지로 넘겨질 뿐이다. 현재 세계를 지배하는 문명, 지배하는 질서, 지배하는 권력도 마찬가지이리라. 세계의 질서 판도는 변하고 또 변하는 것이며, 중심축 또한 움직이고 또 움직여 오늘날에 이르렀다. 그리하여 지금의 세계를 주도하는 중심축이 기독교 신앙 역사를 공유한 서양이라는 것은 아무도 부인할 수 없다. 하지만 이 같은 질서 역시 예외는 없다. 기독교 역사는 구약 시대에 이스라엘 민족에게 집중되었던 것이 소위 그들이 말한 이방 세계와 유럽 사회로 이동하였다. 엄밀히 말하면, 서구인의 사고방식인 세계관에 의해 헬레니즘화 된, 유대교와는 신앙 체제가 다른 서양식 기독교이다. 이런 기독교가 유대교보다 인류 영혼을 더 많이 구원한 지배 종교로 부상하였다. 기독교를 등에 업은 서양 문명도 처음에는 세계 질서를 주도하는 중심에 있지 않았다. 세력 판도가 분산되어 있었던 탓에 밀고 당긴 견제 상태가 오랫동안 지속되었다. 하지만 결정적인 한판은 고대 그리스의 이성을 중심으로 한 합리적 사고 전통을 기반으로 과학 혁명을 일으킨 데 있다. 이것은 서양 문명 안에서도 축을 이동시킨 역사였다. 기독교가 휘어 잡았던 신권 질서가 퇴진하는 결과를 가져왔다. 하지만 그 위에 세운 인간 중심 질서와 과학 문명은 더 심각한 문제점을 인류 사회에 안겼다는 것이 이 연구의 시각이다. 그래서 미래에서는 인류 역사를 새롭게 이끌 중심축 을 다시 세울 수밖에 없게 되었다. 이런 대세적 판단을 이 연구는 하나님 이 천지 만물을 창조한 본래 목적과 인류 역사를 주관한 근원적인 목적에 비추어 논거를 두고자 한다.

인류 역사는 하나님의 천지창조 목적과 역사 주관 의지를 벗어날 수 없 는바, 그를 위해 섭리 된 방향 역시 일관된다. 그것이 무엇인가? 이 땅에서 이룬 이상적인 지상 천국 건설과 그 나라에서 하나님과 함께할 신실한 자 녀 백성을 마저 구원하는 것이다. 그것이 하나님이 강림하시어 이룰 주관 역사의 최종 목적이다. 이를 위하여 이 땅의 산하와 하늘은 환경오염을 막 아 길이길이 보전해야 한다. 굳세게 지켜서 천세 만세가 물려받을 수 있도 록 일깨워야 한다. 그만큼 이 땅에서 하나님의 나라(지상 천국)를 건설하 는 것은 인류 역사에 대한 확실한 방향 설정인 동시에 창조 역사의 완성 방향이다. 그것이 의미하는 것은 하나님이 아버지로서 약속한 자녀 백성 의 안위와 영혼을 책임지시겠다는 뜻이다. 이를 위해 인류 문명의 질서 시 스템을 완전하게 전환하리라. 대통령은 나라의 안위와 국민의 생명과 재 산을 지키는 데 있어 무한 책임을 지는 것처럼, 하나님은 선천 세월이 다 하도록 헤어나지 못한 인류의 정신적 고뇌와 제도적 모순과 세계의 대립 문제를 해결할 수 있는 전혀 새로운 문명 시스템을 구축하시리라. 인류가 진정한 하나님의 자녀 백성이 되기 위해서는 정신적으로는 고통과 억압으 로부터 자유를 보장받을 수 있어야 하고, 육체적으로는 헐벗지 않고 굶주리지 않아야 하는 것이 기본 조건이다. 지난날은 하나님의 도성과 세속 도성을 차별화하고 구분하였지만, 오늘날은 일치시켜야 하며, 그리해야 선천 하늘에서 만연한 모순, 대립, 갈등, 고통, 불평등을 해소한 천국 문명을 이 땅에서 건설할 수 있다.

이런 목적을 이 땅에서 구현할 수 있어야 하는데 서양 문명이 지배적인 현대 문명은 모든 방면에서 역사 추진 방향이 어긋났다. 하나님의 본의를 정면으로 어긴 무신론자, 진화론자, 유물론자들이 득세하고 있나니, 그들의 세력이 확대될수록 미래 사회는 비인격적, 무목적, 비현실적인 세계상이 되어 버릴 것이 기정사실이다. 살아가는 인생에 목적이 없다면? 목적이 있더라도 본성과 어긋났다면? 마찬가지로 역사에 목표가 없고 본래 운행 방향과 어긋났다면? 삶도 역사도 그 의미가 무색해져 버리리라. 그 같은 결과를 서양 문명이 적극적으로 조장하였다. 치밀한 사탄의 연막전술에 놀아난 탓이다. 그래서 오늘날은 속내 모략을 감춘 어떤 정체불명의 세력과도 부화뇌동할 수 없도록 창조 목적과 주관 뜻을 실현할 수 있는 중심 문명과 주체 민족을 세워 인류 역사를 선도할 필요가 있다. 선택 요건으로서 각종 무신론 사상을 배태한 서양 문명과 배타적인 신앙 장벽을 둘러친 기독교는 제일 먼저 자격 상실 대상이다. 서양이 걸어온 문화적, 신앙적 발자취를 보면 하나님의 영광을 이루기 위해 비상한 정열과 창의력을 쏟았다. 하지만 그렇게 해서 건설한 현대 물질문명은 그들이 자부하고 있는 선진국만큼이나 미래의 인류 사회에서 어떤 하나님의 영광을 기대할 수 있는가? 영국, 프랑스, 독일, 이탈리아, 미국 등등. 그들은 무엇을 이루고자 세계 질서를 이끌고 있는가? 교직자는 복음의 세계적 선교를 목표로 삼고 있지만, 과연 어떤 하나님의 약속을 선포하고 있고, 하나님이 뜻한 주관 섭리를 수행하고 있는가? 살아 계신 주재 뜻을 받들고, 약속을 뒷받침하는 신앙 체제가 허물어져 버렸다. 오히려 인류 역사와 현실 역사로부터 하나님을 몰아낸 상황이다. 르네상스 운동을 기점으로 서양 문명은 천지창조 목적과 지상 천국 건설 뜻과는 거리가 멀어졌다. 재림 역사와 천국 도래는 때가 되면 절로 맞이할 섭리적 귀결인 것처럼 대책 없이 하늘만 쳐다보았다. "인류의 꿈으로 간주하는 세계 시민 정부의 필연적 도래를 독일의 변방 도시 쾨니히스베르크에서 산책하던 한 철학자(칸트)가 구상했다는 것은(1784년) 놀라운 일이지만",[1] 그것은 말 그대로 구상이자 사상적인 전망일 뿐, 앞장서 추진한 세력은 어디에도 없다. 그들이 쌓아온 역사 전통으로서는 불가능하다. 나아가 기독교와 서양 신학은 하나님의 초월 본체적인 존재성을 증명하는 데 실패한 종교이다.

그렇다면 장차 미래 역사에서 하나님의 창조 목적과 섭리 뜻은 누가 수행하고 어떻게 추진할 것인가? 바로 이때를 위하여 하나님이 현대 문명의 중심축을 이동시킬 만반의 대책을 마련하셨나니, 그것이 곧 하나님이 보혜사 진리의 성령이란 새로운 모습과 이름으로 동양의 하늘 아래 강림하신 역사이다. 하나님이 어디에 거하시는가에 따라 천국 위치가 달라진다고 하였듯, 문명의 중심이 기독교 역사에 있을 때는 서양 문명 안에 있었지만, 동양의 하늘 아래 강림하신 지상 강림 역사시대에는 동양 문명 안으로 중심축이 이동한다. 이유는 분명하다. 서양은 지체 문명인 탓에 하나님의 창조 뜻과 유리되어 결별하고 말았지만, 동양 문명은 본체 문명답게 강림하신 하나님을 온전히 뒷받침할 수 있다. 그 사상, 그 진리, 그 전통을 기반으로 동양 문명은 미래 역사에서 하나님의 천지창조 목적과 뜻을 추진

---

1) 『철학 콘서트(3)』, 앞의 책, p.171.

할 중심 문명으로써 우뚝 서리라. 일명 서양식 기독교와 대비한 **"동양식 기독교"**이다. 본체 문명을 중심으로 하나님의 창조 목적과 섭리 뜻을 완수할 전혀 새로운 기독교 역사를 일으키리라. 서양 문명이 하나님의 섭리 뜻을 망각하고 온통 자연 세계를 탐구하는 데 몰두할 때 동양이 道를 구하고 성인이 되고자 한 것은 알게 모르게 천부 본성(창조 본성)을 발양하기 위해서였고, 그리해야 동양인도 장차 하나님의 자녀 백성이 될 수 있다. 하나님이 실현하고자 한 지상 천국 건설 목적과 부합했다. 사사건건 어긋난 서양 문명과 대조적이다. 유교가 추구한 학문 탐구 목적도 알고 보면 인간에게 주어진 천성(=신성=창조 본성)을 최대한 일구어 하나님과 함께하는 천국 백성을 양성하기 위한 섭리 뜻의 구현 일환이다. 동양은 이처럼 하나님이 이 땅에 세울 새로운 문명 질서를 주도하기 위해 예비된 것인바, 그런 대세 섭리의 한 중심에 있는 한민족은 기대된 제3의 통합 문명, 차원 문명, 정신문명을 일으킬 잠재력을 축적한, 종말을 맞이한 인류 문명과 피폐한 인류 영혼을 구원하기 위해 만세 전부터 선지된 사명을 지닌 민족이다. 과거 역사에서는 이스라엘 민족이 그 역할을 중점적으로 수행하였고, 배턴을 이어받은 서양 문명은 근, 현대사를 주름잡은 중심축을 이루었다. 하지만 한민족은 끊임없는 외세 침략에 시달린 보잘것없는 민족이지만, 그러면서도 반만년 역사를 통해 쌓은 문화적, 사상적 역량과 섭리적 저력은 종말을 맞이한 오늘날의 인류 사회가 직면한 총체적인 종말성을 극복할 새로운 문명 창조 에너지이다. 인류 역사가 당면한 이 같은 때를 위하여 하나님이 유구한 세월을 두고 예비시킨 것이라고나 할까?

"일찍이 아시아의 황금시대에 빛나던 등불의 하나인 코리아, 그 등불 한번 다시 켜지는 날에 너는 동방의 찬란한 빛이 되리라(동방의 등불-1929년)."

　인도의 시성 타고르가 예찬한 시인바 그 이유를 이해할 수 있다. 한민족을 미래 역사에서 주역 민족으로 앞세워 만 인류를 구원하고자 한 하나님의 섭리 뜻을 안다면 능히 모든 가능성을 엿볼 수 있다. 후천 역사를 주도할 민족으로서 등단할 것이나니, 그러면 정말 동방의 찬란한 빛이 되리라.

　후천 역사에서 세계와 인류를 구원할 주체 민족으로 세우기 위해 반만년 전부터 하나님이 줄기차게 섭리했다는 사실은 지난 역사를 돌이켜 보면 곧바로 확인할 수 있다. 타고르가 "내 마음의 조국 코리아여, 깨어나소서!"라고 소망했던 것처럼, 한민족은 사명감을 일깨워 미래의 인류 사회를 구원할 제3의 차원 문명을 건설해야 한다. 이천 년 전 기독교가 왜 동쪽이 아닌 서쪽을 향해 전파되었고, 대서양과 태평양을 건너 한반도에 도달한 것인지, 그리고 佛法이 왜 서쪽이 아닌 동쪽을 향해 전해져 한반도에서 열매를 맺게 된 것인지 이유를 알아야 한다. 기독교가 서양 사회에서는 쇠퇴일로를 걷고 있지만 한민족의 영혼 위에서는 살아 숨 쉬고 있고, 부처님을 낳은 인도 땅에서는 불교가 사라진 지가 오래전이며, 중국 공산당은 유교의 道를 삶의 목표와 가치 체계로부터 격리해 버렸다. 하지만 진리는 영원한 것이며, 역사의 섭리 가닥은 돌고 돌아 통합되는 것이니, 道를 일으킨 땅에서는 정작 진리력이 고갈되고 말았지만, 그 맥들이 이어지고 이어져 한반도에서 정착하였다. 그 세월이 실로 반만년이라, 모든 섭리적 조건을 완비한 한민족은 오늘날에 이르러 드디어 새로운 불교, 새로운 유교, 새로운 기독교를 창립할 수 있는 때를 맞이하였다. **한반도로 집결한 선천 道를 진액으로 추출해서 통합하는 것이 바로 한민족이 미래 역사에서 수**

행해야 할 '만민(인류) 구원 사명'이다. "이슬람교도는 코란이 아랍어로 기록되었다는 사실을 들어 아랍어가 곧 神의 언어이며, 낙원에서 사용하는 언어라고 믿는바",[2] 그것은 자 문화, 자 종교에 대한 당연한 우월 의식 탓이다. 보다 보편적, 객관적인 조건으로서는 한민족이 사용하는 한국말과 한글이 그와 같은 자격을 모두 갖추었다. 이 연구가 증거하고 있듯, 한국말과 한글은 인간의 사고 의식과 혼연일체 되어 세계(우주)의식과 교감하고, 즉각적으로 소통할 수 있다. 하나님과 대화하듯 뜻을 전하고 말씀을 받들 수 있는 '직통 언어'이고, 가능하도록 구조화된 문자이다.[3] 이처럼 모든 측면에서 문화적, 역사적, 지정학적 조건을 갖추고 예비한 탓에 때가 이른 오늘날 동양 문명의 심장부인 한반도에서 하나님의 지상 강림 역사를 실현할 수 있었고, 이 연구 또한 하나님의 위대한 말씀을 대언하게 되었다. 그래서 **"교육의 위대한 말씀"**은 그대로 **"하나님의 위대한 말씀"**이다. 위대한 말씀의 가르침으로 인류를 광명한 진리 세계로 인도해 영생 복락을 누릴 지상 천국을 건설하리라. 이 본의, 이 뜻을 한민족이 깨달아야 하나니, 위대한 말씀을 받드는 여기에 한민족의 위대한 역사 비전이 있으리라. 진정 예고된 태평양 시대를 이끌 신문명 창조의 주역 민족으로서 세계무대에 찬란하게 등단하리라.

---

2) 『생각의 역사』, 앞의 책, p.392.

3) 하나님의 뜻 자체가 인간의 의식이며, 그런 의식을 즉각적으로 표현할 수 있도록 구조화된 것이 한국말이고 한글임.

제16편

대결론

기도: 이 모든 것은 저의 생각과 뜻이 아닌 하나님의 말씀을 받든 기록이며, 하나님이 진리의 성령으로서 역사한 뜻인 탓에 대결론을 내리고자 하는 현 단계 역시 제가 아닌 하나님이 역사하여 결론 내려 줄 것을 믿습니다. 정녕 이 책의 저자는 제가 아니며, 일거수일투족 부족한 이 자식을 가르침으로 일깨운 하나님이 저자이십니다.

말씀: "예수그리스도의 종 바울은 사도로 부르심을 받아 하나님의 복음을 위하여 택정함을 입었으니, 이 복음은 하나님이 선지자들로 말미암아 그의 아들에 관하여 성경에 미리 약속하신 것이라. ~(롬, 1: 1~7)."

증거: 사도 바울은 모든 학문을 통달한 석학 중의 석학. 그런 그가 종이라고 자신을 소개함. 그렇게 말하기까지는 많은 삶의 변화가 있었다. 그는 예수를 메시아로 인정하지 않았다. 유대인이 바란 메시아-영광스러운 제국을 통치하는 황제의 모습 기대. 그런데 예수는 정반대의 모습. 가장 가난한 모습. 세상 권세 앞에 비폭력, 용서, 십자가에 매달려 죽음. 추종자를 우습게 앎. 해외 원정까지 하면서 박해함. 그런데 부활한 예수 만남. 박해하던 자가 변하다. 예수를 위해 죽고 사는 자가 됨. 자발적으로 예수그리스도의 노예라고 고백함. 가치관과 태도가 달라짐.

제70장 개관(구원의 책)

1. 길을 엶

이 연구는 꿈 많은 청소년 시절부터 "길을 위하여"를 출발시켜 진리를 추구하였고(1976년), 삶의 역정을 거치면서 저술 활동을 지속한 세월을 보냈다. 그렇게 한 심중 깊은 뜻은 그것이 곧 나 자신에게 주어진 존재 본질을 각성한 탓이고, 진정으로 이루고 싶은 바람이 있었기 때문이다. 하지만 이 같은 뜻을 인생 과제로써 실행하기 이전부터 본인은 한 가지 당찬 생각을 가졌는데, 다름 아닌 '말세에 대처할 책' 한 권을 쓰고 싶다고 생각한 포부였다.[1] 그리고 이 같은 뜻은 일정 시기에 세상에서 수행해야 할 천부 사명인 것을 깨닫고 긴 여정 동안 뜻을 이루고자 매진하였다. 그리하여 지금까지 여러 권의 책을 저술하였지만, 그러나 세상 인식에 변화를 일으키거나 역사에 영향을 끼칠 만한 반향은 확인하지 못하였다. 기대하고 노력했지만, 그럴 만한 책은 아직 저술하지 못했다.

그래서 말세에 대처할 책은 먼 후일의 숙제로 남았다. 꼭 맞아떨어질 만한 역사적, 진리적 여건을 갖추지 못했다. 뜻을 가지고 이루고자 했지만,

---

[1] "나는 일찍이 말세에 대처할 책 한 권을 쓰기 위해 어떤 지고한 도덕적 가치와 길을 찾아 고심하였다. 그러나 내가 지금도 과연 무엇을 어떻게 써야 할지 몰라 하였는데, 하나님이 은혜 주심으로 말미암아 그 뜻이 바로 하나님이 내린 인류 최후의 지상 명령인 것을 내가 이제 알았으니, 힘써 일생을 바쳐서라도 하나님과 그 의의 나라를 증거하리라."-1983. 3. 20.

반응 없는 결과라면, 비록 바른 생각이라고 해도 공염불에 불과하다. 그런데 이제 이 연구가 "세계교육론"의 전체 과정을 결론 내려야 하는 단계에서 돌이켜 보면, 이 책은 인류 문명이 직면한 종말 상황에서 인류 영혼을 빠짐없이 구원하고자 한 것이 일관된 주제이다. 그리고 이 같은 목적을 실현하기 위한 현실적 방법이 "교육의 위대한 말씀"이다. 따라서 **"세계교육론"의 저술 목적을 관통하는 것은 바로 종말에 처한 인류 영혼을 말씀으로 구원하는 것이다. 하나님의 인류 구원 의지와 진리력과 섭리 뜻을 담은 책이야말로 일찍이 기대했던 '말세에 대처할 책'으로서 조건을 갖춘 것이 아닌가? -제1문** 천지 만물이 우주적 종말을 맞이한 오늘날 하나님의 말씀 권능과 지혜와 생명력이 정녕 만 영혼의 무지를 깨우쳐 천지 세상을 구원하리라.

"네덜란드 공동생활 형제단의 한 수도사인 토마스 아 켐피스(1380~1471)가 수도사의 경건 생활 지침서로 쓴 『그리스도를 본받아』란 책은 성 아우구스티누스의 『고백록』과 존 번연의 『천로역정』과 더불어 경건 문학 중 최고의 위치를 차지하는 기독교 3대 고전으로 불린다."[2] "수도사가 쓴 이 작은 책 한 권이 그토록 많은 독자의 인생을 뒤바꾸고, 또한 끊임없이 지혜와 용기를 넣어 주고 있다는 사실은 믿어지지 않을 정도이다. 지난 5백 년 기독교 역사에서 이 책이 끼쳐온 방대한 영향력은 측량하기가 거의 불가능한 일이다. 지혜의 길이와 생각의 명료함, 그리고 사람을 변화시키는 노력에서는 아마도 성서 다음가는 책이라고 할 만하다."[3] 하

---

2) 크리스천 북뉴스, 다음 통합 웹.

3) 『기독교 명저 60선』, 앞의 책, p.39.

지만 아무리 지혜의 깊이와 생각의 명료함으로 수많은 사람을 감동시키고 변화시켰다고 해도 하나님의 권능 어린 말씀과 진리로 만 영혼을 인도할 구원 의지를 담은 책과는 격이 다르다. "내가 어떻게 하여야 구원을 얻으리까?"라고 한 빌립보 간수의 물음에 대해 사도 바울이 "主 예수를 믿어라. 그리하면 너와 네 집이 구원을 얻으리라(행, 16: 30~31)"라고 한 것도 수많은 영혼을 회심시킨 성경 말씀이다. 성경 말씀은 성령의 역사와 하나님의 역사 의지로 뒷받침된 것이지만, 엄격하게 따진다면 예수님의 말과 사도 바울의 말은 구분된다. 여기서 사도 바울의 "너와 네 집이 구원을 얻으리라"라고 한 것은 바울이 그렇게 믿은, 主 예수가 구원의 主라는 확신의 토로이다. 主 예수를 믿으면 그분이 구원할 수 있는 권능을 가진 분이란 사실을 일깨움이다. 하나님의 구원 의지를 대변하는 처지에서는 지극히 간접적일 수밖에 없지만, "교육의 위대한 말씀"은 그렇지 않다. 직접적이다. 그래서 이 책은 종말에 처한 오늘날 말세에 대처할 책으로서 조건을 갖춘, 인류를 향해 선포하는 대구원의 메시지가 될 수 있으리라.

2. 간구

하나님 아버지, 부족한 이 자식이 하나님의 말씀과 뜻을 받든 "교육의 위대한 말씀", 그리고 "세계교육론"에 대한 대단원의 결론을 내리고자 합니다. **모든 것은 제 생각과 뜻이 아닌 하나님의 말씀을 받든 기록이며, 하나님이 진리의 성령으로서 역사한 뜻인 탓에 "대결론"을 내리고자 하는 현 단계 역시 제가 아닌 하나님이 역사하여 결론 내려 주실 것을 믿습니**

다. 정녕 이 책의 저자는 제가 아니며, 일거수일투족 부족한 이 자식을 가르침으로 일깨운 하나님이 저자이십니다. -제2문 그래서 하나님의 뜻을 받들어 수행한 이 자식이 이 단계에서 하나님의 전에 나아가 드릴 수 있는 간구는 하나님의 말씀을 기록한 이 책이 인류를 하나님에게로 인도할 보편적인 구원 역사를 일으키리라는 믿음을 확신해서 천명하는 것입니다. 정말 하나님이 지침한 "교육의 위대한 말씀"을 깨닫고 받들어서 실행하면 너와 네 집을 구원하는 것은 물론이고, 종말에 처한 인류 사회를 구원해서 새로운 차원 문명으로 인도할 것입니다. 하지만 이 자식이 아무리 믿고 주장해도 하나님의 구원 뜻이 함께하지 못하고, 구원 의지가 뒷받침되지 못한다면 지금까지 받든 말씀이 영속할 세계를 보장하는 생명력을 발휘할 수 없고, 미래의 구원 역사를 주도할 수 없습니다. 그러므로 **"세계교육론"을 결론짓고자 하는 이 시점에서 이 자식이 간절히 바라는 것은 하나님이 저희와 세상을 불쌍히 여기사 저술 결과로 인류가 도무지 헤어나지 못하고 있는 세계의 대립과 갈등과 고통의 역사로부터 벗어나는 "구원의 책"이 될 수 있도록 역사하는 것입니다. 그리고 그 구원 의지를 뒷받침할 말씀의 임함이 미래의 역사를 밝히는 가장 결정적인 결론 말씀이 되리라고 굳게 믿습니다.** -제3문(2022. 10. 5. 18:00)

3. 성경 말씀

"예수그리스도의 종 바울은 사도로 부르심을 받아 하나님의 복음을 위하여 택정함을 입었으니, 이 복음은 하나님이 선지자들로 말미암아 그의 아들에 관하여 성경에 미리 약속하신 것이라. ~(롬, 1: 1~7)."(이 복음 곧, "교육의 위대한 말씀"은 하나님이 선지자들로 말미암아 이 책에 관하여 성경에 미리 약속하신 것이라)

4. 말씀 증거

2022. 10. 5, CTS 기독교 TV, 18시 30분, 생명의 말씀.

제목: "기쁘게 그리스도의 종이 되리라(로마서 강해 1)"

말씀: 사도 바울-몸이 쇠약, 로마서를 쓸 당시 나이가 많음. 박해, 핍박 받아 쇠약해질 대로 쇠약해짐. 그래서 구술한 것을 제자가 대필해서 로마 교회에 전달. 몸은 쇠약해도 복음을 전하려는 마음은 강렬했다. 그때의 땅 끝은 스바나, 즉 스페인까지 복음을 전파하고자 함. 그 열정 본받아야 함.

사도 바울의 충격적인 표현-로마서 1장 1절. 로마 교회에 편지를 보내면서 자신을 예수그리스도의 종이라고 소개함. 즉, 자신은 예수그리스도의 노예이다. 그것이 뭐가 그렇게 충격적인 표현이냐? 그때의 사회상. 지금은 평등 사회. 그러나 1세기의 로마 사회는 철저히 노예제도 시행. 로마 제국의 많은 전리품. 노예 시장이 여기저기 있었다. 사람 취급받지 못함. 이름도 없었다. 가축처럼 삶. 꿈도 뜻대로도 살지 못함. 주인 시키는 대로, 당나귀와 노예는 같다고 기록됨.

사도 바울은 모든 학문을 통달한 석학 중의 석학. 그런 그가 종이라고 자신을 소개함. 그렇게 말하기까지는 많은 삶의 변화가 있었다. 그는 예수를 메시아로 인정하지 않았다. 유대인이 바란 메시아-영광스러운 제국을 통치하는 황제의 모습 기대. 그런데 예수는 정반대의 모습. 가장 가난한 모습. 세상 권세 앞에 비폭력, 용서, 십자가에 매달려 죽음-신성 모독죄. 율법주의자인 바울의 눈에 예수가 마음에 안 듦. 추종자를 우습게 앎. 해외 원정까지 하면서 박해함. 그런데 부활한 예수 만남. 박해하던 자가 변하다. 예수를 위해 죽고 사는 자가 됨. 자발적으로 예수그리스도의 노예라고 고백함. 가치관과 태도가 달라짐.

하지만 반감을 품은 사람들의 이유-인간은 본성적으로 자유에 대한 구속을 싫어한다. 노예가 되라는 것은 탐탁찮다. 그러나 분명히 알아야 할 사실. 예수님께 매인 자가 된다는 것은 오히려 세상에서 이룰 수 없고 얻을 수 없는 자유와 평안을 누린다. 세상의 자유는 유한. 하나님의 자유와 평안과 기쁨은 영원하다. 세상이 주는 기쁨이 아님. 참된 자유와 평안과 만족. 그래서 천국 백성이 되기 위해서는 예수님께 매인 자가 되어야 한다. 그런데 다음과 같은 의문? 사람은 쉽게 변하지 않는 것이 또한 진리이다. 어릴 때나 나이가 들어도 똑같다. 참 안 변한다. 믿음과 신앙도 안 변한다. 사도 바울도 그러했을 것이다. 그런데 그가 어떻게 급변하였는가? 예수를 핍박하던 자가 예수의 복음을 전하는 자가 되었는가?

첫째-사랑의 예수님을 뜨겁게 말해야 한다. 인생에 새겨지도록 십자가의 흔적으로 말해야 함. 시리아의 다메섹으로 가는 여정, 예수님을 잡아 죽이려고, 그런데 이 여정에서 예수를 만남. 예수님이 바울을 찾아와 사명을 줌. 예수를 뜨겁게 체험함. 이후 입만 열면 하나님의 은혜 찬양. "~ 은혜와 평강이 있기를 원하노라(롬, 1:7)." 사랑하는 성도 여러분, 사도 바울을 본받아 이런 변화가 있기를 원합니다("교육의 위대한 말씀"이 하나님이 권능을 부여한 구원의 책임을 깨닫고, 기존 믿음에 변화가 있기를 원합니다).

둘째-하나님의 말씀을 통해 예수님에 대해 확신해야 합니다. 그리해야 내 인생을 맡기고 집중할 수 있다. 왜 신앙이 흔들리는가? 다메섹으로 가는 길에 예수를 만나 변함(모든 세상의 무신론자들이 "교육의 위대한 말씀"을 받들어 변함). 회심 이후 진일보해야 함. 바울이 예수를 만나고 회심했다고 해서 곧바로 확신한 것은 아님. 무언가 근거가 필요했다. 자신이 만난 예수가 구원의 예수인지 구약을 살피고 확신함("교육의 위대한 말씀"이 진정 하나님의 의지를 뒷받침한 **구원의 책**인지 확인함). 구약의 말씀과 비교한 결과 예언한 말씀이 그대로 성취되었구나. 『로마서』내용은 선지자로 말미암아 미리 약속한 것이다. 그 결과, 구약에서 예언한 예수가 자신이 만난 그 예수였구나("교육의 위대한 말씀"이 곧 하나님의 위대한 말씀이고, 하나님이 만 인류를 구원하고자 지침한 구원의 책이 맞다). 비로소 바울이 자기 인생을 모두 맡김. 갈, 1: 17-예수님의 제자들을 만나려 예루살렘으로 가지 않고 아라비아로 감. 확신의 과정을 거친 것.

그러므로 우리는 하나님의 말씀을 통해 변화되어야 한다. 하나님의 말씀으로 돌아가 예수님에 대해 확신해야 함. 말씀과 씨름하여 영적으로 거듭나야 함(그 말씀이 지상 강림 역사시대에서는 "교육의 위대한 말씀"을 통해 현현됨. 고로 이 책과 씨름해야 영적으로 거듭남). 하나님의 말씀은 우리의 영혼과 골수를 쨌다(하나님의 열린 말씀의 가르침). 예수를 믿는 사람은 누구라도 예수님의 종이 되어야만 천국 시민으로서 누릴 것을 다 누릴 수 있다. 자발적, 자원해서 예수님께 매인 자가 되길 하나님은 원하신다. 아멘.

5. 길을 받듦

예수님을 핍박하던 사울이 예수님의 복음을 생명을 바쳐 전하는 사도 바울이 된 것은 하나님이 은혜로서 역사한 구원 권능이다. 그리고 그것은 오늘날 하나님의 권능을 받든 "교육의 위대한 말씀"이 만 영혼을 구원하기 위해 끌어내어야 할 본보기 역사이기도 하다. 이에, 이유와 확인 근거를 '간구 기도 대 응답 말씀'으로 대비해서 하나님이 성령으로 역사한 계시 뜻을 논거하고 해석하고자 한다.

제1문: "세계교육론"의 저술 목적을 관통하는 것은 바로 종말에 처한 인류 영혼을 말씀으로 구원하는 것이다. 하나님의 인류 구원 의지와 진리력과 섭리 뜻을 담은 책이야말로 일찍이 기대했던 '말세에 대처할 책'으로서 조건을 갖춘 것이 아닌가?

해석: "세계교육론"의 전체 저술 주제가 인류의 보편적 구원을 기치로 내세웠다는 것은 익히 밝힌 바이지만, 이 연구가 포부를 가진 것처럼 이 책이 정말 "말세에 대처할 책"인가 하는 것은 나 자신 의문이었다. 세상에는 이미 인류 영혼을 고무하고 감동하게 해 하나님을 알게 한 저작물들이 있고, 선지자와 사도들이 대언한 약속 말씀도 있다. 하지만 그 같은 성업을 통틀어 인류 영혼을 구원한 역사가 현 상태까지이다. 그렇다면 그런 역사를 통해서도 구원받지 못하고 회심하지 못하는 대다수 '남은 자'들은 누가, 어떻게 할 것인가? 그런데도 이제는 시한이 차 인류 역사가 종말을 맞이하고 말았나니, 이 같은 역사의 마지막 때를 대비해 하나님이 온 힘을 쏟은 것이 말세에 대처할 책으로서 조건을 갖춘, 하나님이 직접 보장하는 최후의 구원 약속 말씀이다. 그래서 이전에 선지자가 한 대언 약속과는 차

원이 다른 하나님의 인류 구원 의지를 온전하게 대변하는 책이다. 이것은 나의 판단도 해석도 아니며, 하나님이 命한 말씀을 직접 확인해야 한다. 하나님의 원대한 뜻과 구원 의지와 권능 부여가 '말세에 대처할 책'을 뒷받침한다. 무엇 때문에 이런 구원 목적을 지닌 책을 인류의 종말 앞에 내놓으리라고 한 것인지에 대한 이유를 **"대결론"**을 통하여 확인할 수 있게 되리라.

제2문: 제 생각과 뜻이 아닌 하나님의 말씀을 받든 기록이며, 하나님이 진리의 성령으로서 역사한 뜻인 탓에 대결론을 내리고자 하는 현 단계 역시 제가 아닌 하나님이 역사하여 결론 내려 주실 것을 믿습니다. 정녕 이 책의 저자는 제가 아니며, 일거수일투족 부족한 이 자식을 가르침으로 일깨운 하나님이 저자이십니다.

해석: 이 연구가 밝힌바 "교육의 위대한 말씀"은 하나님이 저자이기 때문에 대결론도 하나님이 내려 주실 것이라고 하였으니, 이런 믿음에 관한 확인 여부는 하나님이 응답한 말씀의 역사로 결정된다. 한 물건을 두고 "이 물건의 주인이 누구인가?"라고 물었을 때, 손을 드는 자가 없다면 그 물건의 소유자는 확인할 수 없게 된다. 마찬가지로 "이 책의 저자가 누구인가?"라고 물었을 때, 형식적인 측면에서는 본인이 쓴 것이 맞지만, 본질적인 측면에서는 아니라고 부인한 마당에서 지목한 하나님이 참 저자란 사실을 밝히지 않는다면 "세계교육론"은 저자도 모르고, 결론도 내릴 수 없는 저작물이 되고 만다. 대망한 인류의 보편적 구원 목적이 무산되어 버리리라. 이 절박한 순간에 하나님이 성령으로 임재하사 분명한 소재 권한을 밝히셨나니, 이 응답 말씀이 대단원의 대미를 이룰, 하나님이 내리는

"세계교육론", 그리고 "교육의 위대한 말씀"의 대결론이다.

주신 말씀(롬, 1: 1~7)을 간구 기도와 대비해서 해석하면, "부족한 이 자식은(예수그리스도의 종 바울은) 하나님이 내게 이르신 말씀을 전하기 위하여 선지자로 부르심을 받았으니(사도로 부르심을 받아 하나님의 복음을 위하여 택정함을 입었으니), 이 "교육의 위대한 말씀" 책은(이 복음은) 하나님이 종말을 맞이하여 인류를 구원하기 위하여 성령으로 미리 약속하신 말씀이라(하나님이 선지자들로 말미암아 그의 아들에 관하여 미리 약속하신 것이라)." 즉, 이 책의 성격과 이 책을 위해 역사한 이유와 이 책이 지닌 구원 권능을 확증하고 뒷받침함으로써 이 책의 저자가 하나님이란 사실을 분명하게 천명하셨다. 다시 말해, 모든 것은 "성경에 미리 약속하신 것이라." 만세 전부터 계획하고 예정한 뜻을 때가 이른 오늘날 하나님이 성령으로 역사하고 일깨운 인류 구원 뜻을 밝힌 책이다.

제3문: "세계교육론"을 결론짓고자 하는 이 시점에서 이 자식이 간절히 바라는 것은 하나님이 저희와 세상을 불쌍히 여기사 저술 결과로 인류가 도무지 헤어나지 못하고 있는 세계의 대립과 갈등과 고통의 역사로부터 벗어나는 **구원의 책**이 될 수 있도록 역사하는 것입니다. 그리고 그 구원 의지를 뒷받침할 말씀의 임함이 미래의 역사를 밝히는 가장 결정적인 결론 말씀이 되리라고 굳게 믿습니다.

해석: "교육의 위대한 말씀"이 간구한바 인류의 영혼을 고무할 진정한 구원의 책이 될 수 있기 위해서는 이 같은 구원 역사를 뒷받침할 말씀의 임함이 미래의 역사를 밝힐 가장 결정적인 결론 말씀이 되리란 전제 조건

을 앞세웠다. 이런 기도에 대해 하나님은 어떤 응답 말씀을 계시하셨는가? 일찍이 사도 바울이 회심한 구원 역사를 본보기로 내세움으로써 만 말을 대신하셨다. 사도 바울처럼 세속의 부정적인 인생관, 가치관, 신앙관, 세계관 일체를 변화시키겠다고 하심이니, 이것은 하나님이 인류 영혼을 구원한 역사 중 가장 심각한 악조건을 갖춘 상태에서 영혼을 가장 획기적으로 변화시킨 본보기 사례이리라.

이로써 전제한 하나님의 "인류 구원 의지를 뒷받침할 말씀의 임함"은 확인되었나니, 이에 부족한 이 자식은 하나님이 명시한 이 같은 계시 뜻을 받들어 인류 영혼을 놀랍게 변화시킬 준엄한 말씀을 생명을 다해 증거하 겠습니다. 하나님의 말씀과 함께한 "세계교육론"의 저술 과정에서 어려움은 있었지만, 한편으로는 하나님의 한량없는 은혜 속에 파묻혔던 행복한 시간이었습니다. 하나님, 제가 이제 예정한 **"완수 기도"**의 말씀을 받들고 나면 하나님의 뜻을 구할 새로운 길을 출발하고자 합니다. 하나님, 이 추구의 길을 끝까지 인도하여 주시옵고, 함께하여 주옵소서! 머나먼 여정에 은혜만 더해 주신 아버지 하나님, 감사합니다. 아멘.

제71장 결론 의의

1. 말씀의 교육화

우리가 뜻을 세우고 목표를 정했다면 어떻게 구체화하고 이룰 것인가 하는 방법도 함께 세워야 한다. 대선에서 대통령 출마를 선언한 후보는 국민 앞에서 자신이 대통령이 된다면 나라를 어떻게 운영하겠다는 국정 청사진과 함께 실현 가능한 정책적 비전까지 제시해야 한다. 하물며 종말에 처한 인류 문명과 인류 영혼을 구원하기 위해 강림하신 하나님에게 있어서랴? 그래서 역사상 수많은 영웅과 호걸들이 시도한 무력 통치 방법이나 하나님의 비상 권능 수단인 이적과 기적이 아닌, 인류 영혼을 말씀의 가르침(교육)으로 구원하기 위해 뜻을 명확히 밝힌 것이 "세계교육론"의 **"결론 의의"**이며, 저술 목적의 전부이다. 인류를 조건 없는 믿음의 영역 체제로부터 합리적인 판단의 세계로 끌어내어 하나님이 뜻한바 구원 의지의 진정성을 밝히고, 무지를 일깨워 진리성을 가늠할 수 있게 하였다. "평생 전쟁과 종교적 박해, 망명 생활로 전전해야 했던 코메니우스는 오랜 사색과 연구를 거듭한 끝에 인류가 평화롭게 공존하는 공동체를 실현하는 유일한 길은 하나님의 형상으로 태어난 모든 사람에게 새로운 인격성을 가르치는 교육뿐이라는 결론을 내렸다."[1] 이 판단은 실로 선지자적인 생각

---

1) 「코메니우스와 율곡의 교육론에 관한 비교 연구」, 앞의 논문, p.10.

이다. 그것은 옳았나니, 교육은 만 영혼을 구원할 수 있는 위대한 힘을 지녔다. 교육은 지금 당장 바위를 쳐 샘물을 솟구치게 할 수 있는 것처럼 기적을 일으키는 것은 아니다. 긴 세월과 인내가 필요하다. 그런데도 하나님이 인류를 빠짐없이 구원하기 위해 가르침의 방법을 택한 것은 교육은 인류 사회 안에서 이미 제도적으로 정착되어 있고, 나이와 인종과 국가적 차별 없이 참여할 수 있기 때문이다.[2] 지극히 선택적인 종교적, 신앙적 방법과 달리 하나님이 이 땅에서 실현하고자 한 구원 목적은 특출한 사상가나 나폴레옹 같은 영웅이 등장한다고 해서 이룰 수 있는 것이 아니다. 만인이 스승화되어야 하고, 그러한 스승이 만 영혼을 일깨웠을 때라야 달성된다. 그래서 이 연구가 이와 같은 목적과 뜻을 "세계교육론"으로 체계 짓고 구체화하였다.[3] 철학, 사상, 학문과 달리 교육 영역은 하나님의 섭리 뜻에 따라 제도적으로는 근대 들어 보편성을 확보한 상태이지만, 사상적인 측면에서는 단편성을 면하지 못하였다. 인류사의 밑거름이 된 성인과 위인들의 철학과 사상, 행적 중에서 교육과 연관된 사상과 행적을 발췌해서 짜깁기한 형편이다. 그것이 선천의 세계적 본질이 지닌 교육론의 한계이다. 하나님이 교육으로 인류 영혼을 구원하고자 한 섭리적 본의를 간파하지 못한 탓이다. 그래서 이 연구는 하나님의 구원 목적과 뜻을 받들어 인류 영혼을 하나님에게로 인도할 수 있도록 교육론의 범위를 넘어 세계관 역할까지 할 수 있도록 체제를 종합적으로 갖추었다. 교육 목적과 방향, 도달

---

2) 인류를 보편적으로 구원하기 위해 이미 제도적으로 보편화한 교육적 방법과 시스템을 최대한 활용하고자 함.

3) 교육론, 그리고 교육을 통해 인간성을 일깨우고자 하는 것은 하나님이 뜻한 전체 세계 구원 역사의 일차적 목표이다. 언급한바 하나님이 뜻하신 세계 구원 섭리는 장대한 것이니, 여기에 대한 종합적인 뜻은 다음에 새로운 과제로서 서술할 기회를 가질 것임.

목표, 구현 방법, 실행 수단, 원리, 근거, 타당한 이유, 제도적 구현 방안 등 등. 선천의 세계관과 우주론은 심오한 진리성과 철리는 담고 있지만, 인류 영혼을 구원하고 역사를 직접 추진시킬 동력을 제공하는 데는 부족함이 있다. 하지만 "세계교육론"은 교육론이기 이전에 세계관으로서 갖추어야 할 이념과 목적, 사상, 원리, 작용, 지침, 역사를 추진할 주체와 시스템을 완비한 상태이다. 선현들은 道와 진리는 각성했지만, 세계 운행의 궁극적 목적과 뜻을 모른 탓에 본질을 꿰뚫어 인류가 나아갈 방향을 지침하지 못 했다. 이 같은 문제를 보완한 "세계교육론"은 근대 세계를 연 데카르트의 『방법서설』이래 인류를 전혀 새로운 차원 세계로 인도할 제2의 '방법서 설' 역할이다. 하나님이 천명한 인류를 보편적으로 구원할 현실적 구현 방 법으로서 새로운 문명을 건설할 중추적인 원동력을 제공하리라. 고대로부 터 인류 사회는 배움에 대한 열망과 이에 부응한 위대한 스승의 가르침이 있어 비상한 진리 문화를 꽃피웠고, 정신 맥을 연면하게 계승하였나니, 배 움과 가르침과 계도를 통한 교육적 전통으로 갈길 모르는 인류 영혼을 하 나님에게로 인도하고, 종말에 처한 인류 문명을 새롭게 건설해야 하리라.

2. 말씀의 성전화

밝힌바 "세계교육론"은 교육으로 인류 영혼을 구원하고자 한 하나님 의 뜻과 의지와 말씀을 기록한 책이다. 이 같은 교육론 저술 역정은 본인 이 교사로서 퇴임하면서 저술한 『길을 가며 가르치며 생각하며』부터 치면 총 9권이다(교육수상집, 교육의 위대한 사명, 원리, 실행, 지침, 말씀(전편

1, 2), (후편 1, 2). 그중 사명은 출판한 상태이고 원리, 실행, 지침은 탈고한 원고 상태이며, 지금은 "말씀 후편"의 최종 결론을 내리고자 하는 시점이다. 이에, "교육의 위대한 사명"을 하나님의 전에 바쳤을 때 하나님은 이 책에 대한 의의를 다음과 같이 규정하셨다. 이것은 본인이 판단한 뜻이 아니며, "세계교육론" 전체에 대해 권능을 뒷받침하는 하나님의 계시 지침이다.

간구: 하나님, 장대한 인류 구원 역사의 첫 기반인 『교육의 위대한 사명』을 거룩한 아버지의 전에 바치나이다. 열납하여 주시옵고, 말씀의 역사가 있길 간구하나이다.

성경 말씀: "~ 여호와의 궤가 가드 사람 오벧에돔의 집에 석 달을 있었는데, 여호와께서 오벧에돔과 그 온 집에 복을 주시니라. ~(삼하, 6: 9~15)"

말씀 증거: 2021. 8. 30, CTS 기독교 TV, 새벽 4시 30분, 생명의 말씀.
제목: "복을 받은 사람"
말씀: 하나님의 임재를 상징하는 법궤를 천막에 모심. 다윗-성전을 짓고 하나님을 좋은 집에 모시고 싶다. 하나님이 기뻐하심. "네가 내가 거할 나의 집을 짓겠느냐?" 하나님은 복의 근원이다. 하나님은 좋은 것을 다 갖고 계심. 하나님이 오벧에돔에 대해 관심을 가지고 그 집안에 복을 주셨다. 사울이 20년 동안 이스라엘을 다스렸으나 하나님을 상징하는 법궤를 등한시함. 아비나닷 20년 동안 거들떠보지도 않음. 다윗이 왕이 됨. 하나

님의 법궤를 예루살렘에 모시고 원하는 모든 사람이 하나님을 가까이할 수 있게 하자. 그러나 이송 도중 사고가 나 아무도 법궤를 모시지 않으려고 하자 오벧에돔이 나서서 모심. 3개월이 지나자 오벧에돔 가정에 복을 내림. 다윗이 샘이 나 다시 법궤 이송을 재개하여 이스라엘에 모심. 하나님은 복을 주기를 원하는 분이시다. "처음 에덴동산. 생육하고 번성하라." 즉, "하나님께 가까이함이 내 복이라(시, 73: 28)." 오벧에돔이 집에 법궤를 모신 것은 복을 주는 하나님을 모신 것이다. 요세푸스란 이스라엘 역사가—이스라엘에서 제일 가난한 집이 법궤가 떠날 때 제일가는 부자가 되었다. 엄청난 복을 받음.

구약시대-법궤 모심. 지금은 우리 마음속에 모심. 그래서 우리는 오벧에돔처럼 복을 받을 수 있다. 구약시대의 약속-무병장수, 부귀영화, 만사형통, 자손번성…… 그러나 신약시대-어디에도 그런 약속이 없다. 오히려 가난한 자가 복이 있다. 받는 것보다 주는 것이, 핍박받는 것이 오히려 복이다. 왜 이렇게 달라졌나? 하나님 나라 때문. 구약시대에는 하나님 나라에 대한 희망이 없었다. 예수, 천국이 이미 임하였고 시작되었다. 지상 천국을 꿈꾸던 구약시대와 달리 우리는 이미 천국에서 살고 있다. 오직 성령 안에서 하나님 나라의 의와 평강과 복이 있다(롬, 14: 17).

종교개혁의 최고 인물-루터, 칼뱅. 서양 역사를 완전히 한 바퀴 뒤집어 놓았던 사람. 서양 인물 10명에 칼뱅이 속함. 그의 신학 사상은 워낙 논리적임. -청교도의 뿌리, 미국 청교도 사상의 뿌리. 오늘날 미국 자유주의 사상의 뿌리. 그런데 그의 전기를 보라. 우리가 생각하는 복을 받지 못했다. 영예 외는 건강, 장수, 자식 등 아무것도 받지 못했다.

하나님의 복 3가지—하나님 나라에 사는 자녀에게 주는 특별한 복

1) 하나님 나라에 속한 신령한 복-구원의 복

2) 영생의 복=반드시 받아야 하는 복. 하나님 나라에 사는 백성에게 주길 원하는 특별한 복이요, 하늘에 속한 신령한 복인 구원의 복과 영생의 복이 엄청난 복이다. 이 복을 하나님의 자녀에게 허락하심. 세상 모든 복을 다 누렸다고 해도 하나님이 예수님을 통해 주신 하늘에 속한 신령한 복을 놓치면 모든 것을 다 놓친 것이고, 가장 저주받은 존재가 된다.

3) 자족하는 복-어떤 상황에서도 만족하고 하나님께 감사한다. 온 세상 다 얻어도 자족하지 못하면 불행하다. 수고의 대가를 주는 하나님. 하나님의 자연법칙에 무임승차는 없다. 자기 한계를 뛰어넘어 최선을 다해 노력한다. 노력했다고 해서 수고의 대가를 다 받는 것은 아니다. 복은 하나님이 주시는 것임.

결론: 하나님은 복을 주길 원하신다. 기쁘게 정성을 다해 모시면 복을 받을 수 있다. "여호와를 기뻐하라. 저가 네 마음의 소원을 이루어 주시리로다(시, 37: 4)." 하나님 나라에 사는 사람은 복에 대한 기준이 틀림.

길을 밝듬: 오벧에돔이 하나님의 법궤를 자신의 가정에 모심=하나님을 모심=오벧에돔이 집에 법궤를 모신 것은 만복을 주는 하나님을 모신 것임. 그 결과 이스라엘에서 제일 가난한 집이 법궤가 떠날 때 제일가는 부자가 됨. 이 말씀을 통해 "교육의 위대한 사명"을 열납하면서 준 하나님의 뜻은 이 책이 바로 지상 강림 역사시대에 있어서 법궤 역할을 하리란 뜻이다(말씀=법궤). 이유는 모든 사람이 하나님을 가까이할 수 있는 방법으로서 말씀을 받들고 실행할 수 있게 하려고 "세계교육론"을 현대 문명사회에서 법궤로 부활시켰다. 즉, 하나님의 임재를 상징하는 법궤가 구약시

대에는 천막에서 이스라엘로 옮겨 모셔졌고, 신약시대에는 각자의 마음속에, 그리고 오늘날 개막된 성령의 시대에는 인류의 보편적 구원 의지를 밝힌 "세계교육론"에 모셔졌다. 그래서 이 책을 가정에 두고 말씀을 받들면 그것이 그대로 이 땅에 강림하신 하나님을 모시는 것과 같다(오벧에돔이 하나님의 법궤를 집에 모신 것과 같음). 말씀이 성령으로 임재하여 머무는 그곳이 하나님이 함께하는 법궤 자체이다. 강림하신 하나님이 각인의 마음과 각인의 가정과 각인의 민족 안에 머물러 복을 내리고 인류를 구원하기 위해 구약시대에 종적을 감춘 법궤를 "세계교육론"이 그 역할을 대신할 수 있도록 하셨다. 하나님이 권능으로 부여한 '현대판 법궤'란 사실을 깨닫고, "교육의 위대한 말씀"을 하나님의 위대한 말씀으로 받들어야 하리라.

3. 말씀의 경전화

"교육의 위대한 말씀"을 통하여 이 연구는 하나님의 인류 구원 뜻과 약속을 뒷받침하기 위하여 교육적인 사상은 물론이고 선현들이 일군 동서양의 사상을 두루 섭렵하였다. 역사상 수많은 선각이 진리를 일구고 깨달은 바, 그중에서도 동양의 주자는 장재, 정이 등 선현들이 명확하게 설명하지 못한 理에 대한 개념을 집대성함으로써 공자 이래의 유교를 새롭게 한 대업을 이루었다. 서양의 토마스 아퀴나스는 기독교 신학을 집대성한 『신학대전』을 저술함으로써 이 책은 기독교 신학의 경전이라고 불릴 만큼 가톨릭 신학 구조를 완성하고 정통 스콜라 철학을 체계화한 업적을 이루었다.[4]

그리고 오늘날의 시점에서 완수를 앞둔 "세계교육론"은 교육을 주제로 하여 오랜 세월 동안 동서 간에 산재한 창조 진리를 집대성함으로써 세계 사상의 본류를 가닥 잡았다. 이 같은 성업 역사를 완수할 수 있게 된 것은 천지 만물을 창조한 하나님이 인류 역사와 함께하면서 진리의 성령으로서 역사한 본의를 일깨워 주셨기 때문이다. 그래서 이 같은 주관 의지와 역사 뜻을 받들고 증거한 이 책은 바로 하나님의 말씀 자체이다. 하나님의 말씀을 기록한 책은 예나 지금이나 경전화되었나니, 역사는 언제나 전에 없던 일이 일어남으로써 이루어지는 것이고, 새롭게 일어난 역사는 새롭게 쓰여야 한다(기록). 그래서 성부시대에는 구약 성경이 쓰였고, 성자시대에는 신약 성경이 쓰였다. 그리고 앞으로 맞이할 성령의 시대에는 후천 오만 년 인류 역사를 지침할 새로운 말씀의 경전화 작업이 이루어져야 하는바, 오늘날의 이 같은 뜻을 위하여 하나님이 부족한 이 자식의 생애를 구속하셨고, 일찍이 "나의 네게 이른 모든 말을 그것에 기록하라(렘, 36: 2)"[5]라고 命하셨다. 하나님의 이 같은 뜻과 말씀과 의지 표명은 그 자체가 이미 후천시대에 새롭게 쓰일 말씀의 경전화를 염두에 둔 역사였으므로 엄중한 섭리 뜻과 목적을 필생의 사명 과제로 받들어야 한다. 그래서 하나님의 구속 의지로 일관된 길의 추구 과정과 하나님의 命을 받들어 펼친 저술 성업과 그중에서도 열린 가르침으로 인류 영혼을 구원하고자 한 "교육의 위대한 말씀"은 반드시 후천의 새 하늘, 곧 성령의 시대를 열고 성령의 시대를 뒷받침할 경전으로 결집되어야 하리라.

---

4) 『지도로 보는 세계사상사』, 앞의 책, p.207, 249.

5) 『길을 위하여 1』, 졸저, 아가페, 1985, p.415.

제72장 완수 기도

1. 길을 엶

하나님, 이 자식이 드디어 하나님이 命하시고 역사하시고 계시하신 뜻을 받들어 길을 완수하였습니다. 저의 앞길을 열어주시옵소서! 아멘.

2. 간구

돌이켜 보면, "세계교육론"은 세계론 저술의 한 과정으로서 2008년에 초고 형태로 탈고한 "세계도덕론" 다음 과제로서 계획하였지만, 인쇄본 형태의 소개본을 단행본으로 출판할 기회가 주어져 차후 과제로 미루었다. 그리하여 2019년, 이 출판을 마무리하고 다시 세계론 저술 과제로 돌아와 본 교육론을 집필하게 되었다. 그리고 첫 과제로서 교육수상집 『길을 가며, 가르치며, 생각하며』를 저술하였다. 이 과정에서 교육론을 펼치기 위한 자료를 보충하였고, 2020년 8월 31일, 퇴임 후 약 6개월 동안 『교육의 위대한 사명, 원리, 실행, 지침』을 탈고하였다. 그리고 『교육의 위대한 말씀』 집필에 착수했지만, 자료가 부족할 뿐 아니라, 정리하다 보니까 시간이 걸리더라도 내용을 더 숙고해서 심화해야 할 필요성을 느꼈다. 그래서 『교육의 위대한 사명』을 출판한 소정의 기간에(2021. 9. 10) "말씀"의 저술 체제를 구상하였다. 처음에는 단행본 분량이라고 생각했는데, 주제를 정하고 보니까 분량이 많아 부득불 전·후편으로 나누었다. 그리하여 2021년 12월 28일부터 지금까지 집필 작업에 매진하였다. 그리고 바야흐로 완수를 눈앞에 둔 이 시점에서 본 저술에 관한 의미를 최종적으로 정리한다면, **"세계교육론"은 이 땅에 강림하신 하나님이 교육을 통해 종말에 처한 인류를 구원하기 위하여 역사한 구체적인 실현 방안이다.** 하나님은 무소 부재하고, 초월적인 神이시라 세상 어디에도 구원 의지가 미치지 않는 곳이 없지만, 일체 역사는 상호 교감적이다. 하나님이 종말에 처한 인류 문명과 그 안에 속한 인류 영혼을 구원하고자 하지만 당사자인 자녀 백성들이 공감하지 않는다면 무의미하다. 하나님은 지금도 살아 역사하는데 굳이 구약과 신약이란 성경을 정경화했는가? 말씀이 어디에도 전파될 수 있도록 지상에서의 역사 기반을 마련하기 위해서이다. 그리해야 하나님이 세상 어디서도 말씀으로 임재할 수 있는 역사를 동시다발적으로 펼칠 수 있다. "세계교육론"도 하나님이 말씀으로 인류를 구원하고자 한 지상에서의 일차적인 기반 다짐 작업이다. 그래서 **일련의 구원 역사 의지를 교육론으로 체계화한 것은 곧 인류의 무지를 깨우칠 수 있는 열린 가르침의 정본 지침 과정이며, 정본 교과서가 된다.** 하나님의 말씀을 펼칠 정본 교육 과정 구성과 정본 교과서를 마련해야 이를 통해 하나님의 뜻을 받들 구원의 사도(스승)를 육성할 수 있고, 열린 가르침의 교실 문을 열 수 있으며, 말씀의 성전 학교를 세울 수 있다. 이 연구가 기치로 내세운 인류를 보편적으로 구원할 수 있는 주체와 완성 목표인 '만인의 스승화'와 '만인의 성인화'를 달성할 실질적 기반이다. 인류를 보편적으로 구원하고자 한 하나님의 역사 뜻은 결코 현실과 동떨어진 목표일 수 없다. 열린 가르침의 정본 교육 과정과 정본 교과서를 통하여 인류가 구원 뜻과 말씀을 깨닫고 받들면 하나님이 진리의 성령으로서 역사하시리라. 하나님의 권능 어린 가르침이 만 영혼을 계도하고 인도하리라.[1] 이런 의미에서 "세계교육론" 저술을 완수하는 것은 하나님이 말씀으로 인류를 구원하기 위한 지상에서의 기초 다짐 역사이다. 이것을 기점으로 뜻을 뒷받침한 구원 역사가 본격화되리라. 그렇게 역사 될 수 있도록 하나님, 이 "세계교육론"이 정녕 열린 가르침의 정본 교육 과정 구성이며, 만 영혼을 일깨울 정본 교과서가 될 수 있도록 하여 주소서! (2022. 10. 7. 11:30)

3. 성경 말씀

"서기관들과 바리새인들이 모세의 자리에 앉았으니, 그러므로 무엇이든지 저희의 말하는 바는 행하고 지키되, 저희의 하는 행위는 본받지 말라. 저희는 말만 하고 행치 아니하며 ~ 너희 선생은 하나요 ~ 땅에 있는 자를 아비라 하지 말라. 너희 아버지는 하나이시니, 곧 하늘에 계신 자이시니라. ~ 너희 지도자는 하나이니, 곧 그리스도니라. ~(마, 23: 1~12)."(무엇이든지 저희의 말은 위선이나니, 하는 행위를 본받지 말라. 그 말씀과 행위를 본받을 선생은 한 분뿐이다. 정본은 오직 하나뿐이다. 그러니까 **"교육의 위대한 말씀", 이것이 정본 교과서이며, "세계교육론" 이것이 정본 교육 과정 구성이다.** 따라서 이외의 말과 행위는 정본이 아니다. 또 확언하시니

---

1) 하나님이 인류 영혼을 가르침으로 구원하기 위한 말씀 역사의 정본 교과서.

"너희는 다 형제이며 너희 아버지는 하나이시니 곧 하늘에 계신 자이시니라." 하나님은 창조주이기 이전에 우리에게 생명 주신 인류 모두의 아버지이시다. 당연히 모든 인류는 하나님이 사랑하는 자녀이고, 너와 나, 우리는 모두 형제자매이다. 하나님의 인류 구원 섭리가 유대교→기독교에서 동양으로 이동하여 바야흐로 후천 역사에서는 하나인 정본 기독교가 세워지리라. 또한, "지도자는 하나이니, 곧 그리스도니라." 하나님이 후천 하늘에서 주관하실 역사 형태는 선천 하늘에서 꽃 피운 다양한 문화와 사상과 종교 중에서도 主 그리스도의 神적 본질과 복음과 사역과 십자가 희생을 정통으로 계승한 차원 문명, 곧 동양식 기독교 문명을 건설할 것이다. 아무리 역사가 변하고 문명이 전환되고 기독교란 종교가 달라져도 인류 역사를 주관하는 선생은 하나요, 우리 아버지도 하나이며, 우리를 지도하는 자는 그리스도 한 분뿐이시다.)

4. 말씀 증거

2022. 10. 7, CTS 기독교 TV, 16시 30분, 생명의 말씀.

제목: "뒤늦게라도"

말씀: 돌아가신 이어령 교수님, 자신의 지나온 삶은 자신이 이룬 능력이다. 남이 우러러볼 만큼 지식과 지혜가 탁월했다. 그런데 그분이 하나님을 만난 이후 능력이 하나님의 선물로 바뀜. 자기 실력, 잘나서…… 그런데 그것이 하나님이 준 선물이었다. 어버이날, 스승의 날, 부모님과 선생님은 선물 받을 자격이 있다. 하나님과 우리 사이, 우리는 하나님의 선물을 받

을 자격이 있는가? 자신은 죄인 중의 괴수라고 바울이 고백. 그렇다면 마땅히 처벌받아야 한다. 받을 만한 자격이 있는데 하나님이 구원, 영생, 천국을 선물로 주셨다면? 나 같은 죄인이란 고백을 까먹었는가? 은혜를 얼마나 느끼는가? 자신이 죄인인 사실을 알 때 모든 것이 하나님의 은혜이다. "너희가 그 은혜로 인하여 믿음으로 말미암아 구원을 얻었나니, 이것이 너희에게서 난 것이 아니요 하나님의 선물이라……(엡, 2: 8~9)."(말씀은 하나님의 은혜이고 선물이다. "세계교육론"을 펼친 말씀의 주체와 소재를 분명히 함) 자기 삶의 행위로 주어진 것이 아니다. 자기 행위로 인함이었다면 자랑해도 되었으리라. 평생 자랑할 것은 예수그리스도뿐이다. 선물에는 주는 사람의 땀방울이 스며 있다. 태어났는데 우리가 설계하고 만든 것은 하나도 없다. 하나님이 공짜로 준 선물. 영생, 구원, 천국 선물을 공짜로 받았지만, 그러나 그것은 예수그리스도가 십자가에서 대가를 지급한 은혜이다. 귀하신 몸이 십자가에서 찢기고 피 흘렸기 때문이다. 그래서 모든 것이 하나님의 은혜라고 고백함. 하지만 내가 한 것, 내 노력, 땀방울도 조금은 있지 않으냐? 봉사, 헌금, 예배 등등. 열심히 했다. 약간 서운하다? 하나님의 선물 안에는 그런 것도 조금은 포함되어 있지 않은가? 아니다. 내 것으로 생각한 것 자체가 하나님의 은혜이다. 하나님의 것을 사용한 탓에 하나님의 은혜이다(지금까지 이룬 길의 완수 과정이 모두 하나님이 인도하고 주관해서 이루어 준 결과물임). 요즘의 기도와 은혜는 너무 상투적. 그렇게 하지 말라. 물질과 능력이 하나님에게서 오는 것을 인정하지 않으면서 위장하고 포장하면 안 됨.

두 가지 묵상-사역에 관한 묵상. 목회의 본질은 같다. 단지 환경이 다를 뿐. 목사님은 군 목회를 오랫동안 하지 않았습니까? 환경이 본질을 바꾸면 변질이고, 본질이 환경을 바꾸면 변화이다. 목회의 본질은 교회를 살피는 목사이다. 이 교회에 처음 부임한 5년 전으로 되돌아간다면 다시 그와 같이 사역하고 지금과 같이 이룰 수 있을까? NO! 그래서 은혜를 다시 정리함. 은혜란 만일 다시 시작하면 같은 능력으로 같은 결과를 이루어낼 수 없다. 하나님의 은혜인 탓. 내 생각과 하나님의 생각이 다르다면 하나님의 생각이 맞다. 하나님은 정당하시다(하나님의 말씀이 정본이다. 기존 사상, 기존 진리, 기존 신앙의 주장이 "교육의 위대한 말씀"과 다를진대, 이 책에서 밝힌 하나님의 말씀이 맞다. 하나님이 이 순간에 뜻을 분명히 밝히심).

예수님이 첫 번째 외친 말씀-"회개하라. 천국이 가까웠다." 처음과 끝이 같다. 리더에게 요구되는 능력-내적 능력, 자기 성찰, 그러지 못하면 많은 사람에게 실망을 안김. 이어령 교수가 마지막 수업에서 강조한 양치기 리더-건전한 리더. 양 떼 한복판에 들어가 같이 먹고 같이 자고 같이 싸움. 그래서 하나님이 피조물의 모습으로 이 땅에 오심. 그것이 복음이다(이전에는 主 그리스도를 통해서였지만, 오늘날은 직접 강림하심. 그것이 "교육의 위대한 말씀"임).

리더의 외적인 능력=책임지는 것, 하나님이 맡기심. 복음에 빚진 자이기 때문. 이 시대의 위기는 리더의 위기이고, 리더십의 위기이며, 그것은 바로 인격의 위기이다. 참된 지도자는 야훼 한 분뿐이다. 바리새인, 서기관 같은 사람은 하늘나라에 필요 없다. 하나님의 온전한 선물을 받기를 원합니다. 하나님의 말씀 깨닫기를 원합니다. 조금 늦더라도 깨닫기를 원합니다. 아멘.

5. 뜻을 받듦

이 연구 역시 지금까지 추구한 길의 완수 과정을 묵상했다. 나로서 과정을 다시 추구하고 "세계교육론"을 재차 저술하라고 한다면 그것은 불가능한 일이다. 아니, 한 줄도 기억해서 쓰기 어렵다. 그렇다면 이 책은 내가 내 생각으로 쓴 것이 아니고, 하나님이 일깨워 쓰게 하신 것이 맞다. "교육의 위대한 말씀" 총 16편을 보면 하나님이 맨 선두에 서서 말씀으로 길을 지침하셨다(건전한 리더=참된 지도자). 그래서 말씀만 바라보고 책을 저술하였다. 하나님의 창조 뜻과 구원 의지와 품은 미래 역사에 대한 비전을 밝혔다. 그것은 이 연구에만 한정된 것일 수 없다. 사랑하는 자녀 백성을 위해 하나님이 마련하신 우리 모두의 선물 보따리이다. 그렇다면 이 시대에 이 땅에 강림하신 하나님이 자녀를 위해 마련한 선물 보따리 안에는 무엇이 들어 있는가? 이 연구는 말씀 제목이 "뒤늦게라도"인데, 말씀 증거가 끝날 때까지 완수 기도와 연관 지을 근거를 찾지 못했다. 결국은 이 말씀이 "세계교육론"의 대미를 이룰 것이므로 어떤 말씀이 주어질 것인지 내심 기다렸다. 증거 말씀을 통해서는 맨 마지막에 "조금 늦더라도(뒤늦게라도) 하나님의 말씀 깨닫기를 원합니다."란 이유를 밝혔지만, 길의 완수 과정과는 연관 짓지 못했다. 정작 본인을 향해 한 하나님의 말씀이란 사실을 알아채지 못한 채······

그런데 시골로 내려가 하룻밤을 지낸 아침에 누렇게 고개 숙인 황금벌판과 신선한 산하를 바라보면서 예전처럼 즉각적이지는 못했지만, 뒤늦게나마 하나님이 특별하게 마련한 선물에 대한 진의를 문득 깨달았다. 어제는 선물 보따리가 포장되어 있어 미처 알지 못했는데 이 순간의 묵상 중

(2022. 10. 8. 09:10) 포장 끈이 풀리면서 하나님이 주신 선물 내용을 보았다. 그것이 과연 무엇인가? 마치 명절날 부모님이 일 년 내내 땀 흘려 지은 농산물을 귀한 자식들 먹이려고 이것저것 정성껏 챙긴 보따리처럼, 하나님도 사랑하는 자녀 백성들에게 주기 위해 창조 이래 선천 세월을 바쳐 준비한 선물이나니, 그것이 곧 자녀들이 하나님과 함께할 **"구원"**과 **"영생"**과 **"천국"**을 보장하는 약속을 담은 보따리이다. 이 같은 일깨움이 곧 하나님이 권능으로 부여한 **"구원의 책"**, 하나님의 보편적 인류 구원 의지를 천명한 "교육의 위대한 말씀"이 전하는 대결론 메시지이다. 한 자녀도 빠짐없이 안길 선물 보따리를 하나님이 완수한 말씀 속에 넉넉하게 준비해 두셨으니, 즉각적이면 금상첨화이겠지만 조금 늦더라도 한 자녀도 놓침 없이 본의 깨침과 본성의 회심과 말씀 받듦이 있길 하나님이 기다리고 또 기다리시리라.

이에, 이 땅에 강림하신 하나님이 오늘날 사랑을 다 해 권고하는 말씀을 이 연구가 전하노니, 그것은 인류가 진정으로 기억하고, 또 깨달아 행하기를 원하는 하나님의 말씀이다.

"나 여호와가 이같이 말하노라. 칼에서 벗어난 백성이 광야에서 은혜를 얻었나니, 곧 내가 이스라엘로 안식을 얻게 하러 갈 때라. 나 여호와가 옛적에 이스라엘에 나타나 이르기를, **내가 무궁한 사랑으로 너를 사랑하는 고로, 인자함으로 너를 인도하였다** 하였노라. **처녀 이스라엘아, 내가 다시 너를 세우리니 네가 세움을 입을 것이요**, 네가 다시 소고로 너를 장식하고 즐거운 무리처럼 춤추며 나올 것이며, 네가 다시 사마리아 산들에 포도원을 심되 심는 자가 심고 그 과실을 먹으리라. 에브라임산 위에서 파수꾼이 외치는 날이 이를 것이라. 이르기를, 너희는 일어나라. 우리가 시온에 올라가서 우리 하나님 여호와께로 나아가자 하리라(렘, 31: 2~6)."

다시 확언하노니, "교육의 위대한 말씀"은 이 시대에 이 땅에 강림하시어 종말에 처한 인류를 구원하기 위해 천명한 하나님의 위대한 말씀이시다. 일찍이 하나님이 "만물을 주체적으로 다스리라"[2]라고 命하신 바대로 인류 역사를 주권적으로 다스릴 하나님의 창조 뜻과 구원 의지와 실현 권능을 말씀 위에 집중시키셨다. 말씀을 전할 파수꾼이 에브라임산 위에서 외치는 날이 이를 것이라고 하였는데, 그 파수꾼과 그 외침의 날이 오늘 이 순간이다. 그 파수꾼이 에브라임산 위에서 외친 그때로부터 여호와는 이스라엘 모든 가족의 하나님이 되고, 그들은 내 백성이 되리라(렘, 31: 1).

"여호와여, 主의 백성 이스라엘의 '남은 자'를 구원하소서 하라(렘, 31: 7)."

"보라 내가 그들을 북편 땅에서 인도하며, 땅끝에서부터 모으리니……(렘, 31: 8)."

"나 여호와가 말하노라. 보라, 날이 이르리니, 내가 이스라엘 집과 유다 집에 새 언약을 세우리라. 나 여호와가 말하노라. 이 언약은 내가 그들의 열조의 손을 잡고 애굽 땅에서 인도하여 내던 날에 세운 것과 같지 아니할 것은 내가 그들의 남편이 되었어도 그들이 내 언약을 파하였음이니라. 나

---

2) 『길을 위하여 2』, 졸저, 1986, p.91.

여호와가 말하노라. 그러나 그날 후에 내가 이스라엘 집에 세울 언약은 이러하니, 곧 내가 나의 法을 그들의 속에 두며, 그 마음에 기록하여 나는 그들의 하나님이 되고, 그들은 내 백성이 될 것이라. 그들이 다시는 각기 이웃과 형제를 가리켜 이르기를, 너는 여호와를 알라 하지 아니하리니, 이는 작은 자로부터 큰 자까지 다 나를 앎이니라. 내가 그들의 죄악을 사(赦)하고, 다시는 그 죄를 기억지 아니하리라. 여호와의 말이니라(렘, 31~34)."
아멘.

세계교육론 총서 목차

■ 약력

1957년 경남 진주 출생. 진주고등학교 졸업(47회). 경상대학교 사범대학 체육교육과 졸업. R.O.T.C.(19기) 임관. 서남대학교 교육대학원 졸업. 1984년 3월 1일, 교직에 첫발을 내디딤. 2020년 8월 31일, 정년을 맞아 퇴임함. 자아와 세계에 대해 눈떴을 때부터 세상의 분파된 진리에 대해 의문을 품고 "길은 어디에 있는가"란 명제 하나로 탐구의 길에 나서 현재까지 다수의 책을 저술함(총 46권).

■ 주요 논문 및 저서

『길을 위하여 1』(1985), 『길을 위하여 2』(1986), 『벗』(1987), 『길을 위하여 3』(1990), 『세계통합론』(1995), 『세계본질론』(1997), 『세계창조론 서설』(1998), 『세계유신론』(2000), 『작은 날개를 펴고』(2000), 『환경은 언제나 목마르다』(2002), 『자연이 살아가는 동안』(2003), 『세계섭리론』(2004), 『세계수행론』(2006), 「진로 의사 결정유형과 발달 수준과의 관계」(2006), 『가르침』(2008), 『세계도덕론』(2008), 『통합가치론』(2008), 『인간의 본성 탐구』(2009), 『선재우주론』(2009), 『수행의 완성도론』(2009), 『세계의 종말 선언』(2010), 『미륵탄강론』(2010), 『용화설법론』(2010), 『성령의 시대 개막』(2011), 『역사의 본질 탐구』(2012), 『세계의 섭리 역사』(2012), 『문명 역사의 본말』(2012), 『세계의 신적 본질』(2013), 『지상 강림 역사』(2014), 『인식적 신론』(2014), 『관념적 신론』(2015), 『존재적 신론』(2016), 『본질로부터의 창조』(2017), 『창조성론』(2017), 『창조의 대원동력』(2018), 『창조증거론(1, 2)』(2019), 『길을 가며 가르치며 생각하며』(2020), 『교육의 위대한 사명』(2021), 『교육의 위대한 원리』(2023), 『교육의 위대한 실행』(2023), 『교육의 위대한 지침』(2023), 『교육의 위대한 말씀(전편 1, 2)』(2023), 『교육의 위대한 말씀(후편 1)』(2024), 교육의 위대한 말씀(후편 2)』(2024)

세계교육론 총서 제8권

교육의
위대한 말씀
후편 2
세계교육론 결론

초판인쇄 2024년 08월 09일
초판발행 2024년 08월 09일

지은이 염기식
펴낸이 채종준
펴낸곳 한국학술정보(주)
주 소 경기도 파주시 회동길 230(문발동)
전 화 031-908-3181(대표)
팩 스 031-908-3189
홈페이지 http://ebook.kstudy.com
E-mail 출판사업부 publish@kstudy.com
등 록 제일산-115호(2000.6.19)

ISBN 979-11-7217-479-8 93370